邱燮友
周何
田博元
編著

國學導讀（五）

三民書局印行

第三冊

第四冊

第五冊

國學導讀　序

一

「國學」一詞，涵義甚廣，它包涵中國學問或中國學術而言。中國是個古老的國家，也是個古老的民族，它屹立於東亞，如今依然保持繁榮蓬勃的氣象。

由於這個國家，這個民族，具有一種隨時自我調適的本能，兼融並蓄的特性，建立了「天行健，君子以自強不息」（《易經．乾卦》）的哲學，效法自然界運轉不息、日新又新的精神，以達歲月常新的境界。這種本能和特性，就如同西方哲學家黑格爾所說的「揚棄」哲學，把好的保留發揚，把壞的改革拋棄，做到新陳代謝的作用。因此，中國能世代更替而不衰竭，中國雖是一個古老的國家，但也是一個現代化的國家；而國學是一項古老的學術，也是一項現代化的學術。

中國早期對學術的分類，大半採用四部的分法，即經、史、子、集四部。清代古文家姚鼐將天下的學問分為義理之學、考據之學和詞章之學，而曾國藩更增益以經世之學。晚清以來，西學東漸，中西學術交流頻繁，而國學一詞，於是流行，並與西學相對待。國學又有中學、國故、國粹之稱，張之洞曾有「中學為體，西學為用」的名言，被當時人所重視；章太炎著有《國故論衡》，並發行《國粹學報》，表揚國學的精華。西方研究中國學術，又有漢學、華學、中國學之稱。儘管當時對國學一詞有許多異稱，如今國內的稱謂大致約定俗成，一概稱之為國學。

中國學術，涵蓋古今，縱橫三萬里，上下五千年，舉凡中國的一切學問，都包羅其間。無論經學、子學、史學、文學、語言學、文字學等著述，都在中國學術的領域，可說是體大而思微，博大而精深，凝聚了先民生活的經驗、民族的特質，表現了東方文化的智慧和異彩。

二

今日各大學的中國文學系或國文系（簡稱爲中文系或國文系），便繼承了中國學術的傳統領域，並兼具現代文學的領域，使中文系或國文系的課程，豐富而博大，除了兼備傳統文學與現代文學外，有關社會、歷史、文化的課程，也在陶融之列。所以中文系或國文系的課程，以語言文學為主體，從傳統到現代，並兼具中國學術中的經學、史學和哲學等領域，達到德、智、體、羣、美五育並重的效果。

如今各大學中文系或國文系已成為培育中國學術與現代語言文學人才的場所，儘管各大學中文系或國文系發展的重點各有差異，表現的特色各有不同，但在課程上大致有其共同之處。例如各所師範院校，除了培養學生具有高深的學問外，還負有培養優良教師的使命；又如有的大學中文系加強語言文字的應用，有的強調文藝創作的特色，有的強調中文應用的重要，使其畢業後，能適應時代或社會的需要，而對中文系或國文系同學畢業後，有更大的就業空間，有更開闊的前程。

三

《國學導讀》不是一部教科書，它是一部實用性極高的參考書，也是一部工具書，它如同中文系或國文系課程的檢索，國文學科入門的手冊。

我們編撰《國學導讀》的用意，在使中文系或國文系的同學，或有志報考該學系的青年，以及有志進修是項學術領域的人士，可以通盤了解當前中文系或國文系課程的內涵，進而引導他們進入中國學術或現代漢學的領域。尤其近四十多年來，漢學資料的驟增，研究方法的新穎，科際整合的開拓，已不是停留在就文學研究文學的時代。然而中文界既能掌握新知識的資源，更能以新觀念、新方法、新批評來研究中國學術，開展漢學研究的新里程碑。

我們為了編纂這一部書籍，曾將臺灣地區各大學中文系或國文系的課程加以收集調查，開列出各大學中文系、國文系現行所開列的課程，但以專業課程為主，不包括共同必修課程、教育課程，以及通識課程。然後每一科目聘請名家學者執筆，就該科目的內涵加以報導，寫成導讀。導讀的方向，包括學習該科目的目的、研究的方法、應用的資料、前人研究的成果、未來開展的空間和前瞻性，以及主要參考書等。相信這些導讀的文章，能得到學習者的喜愛，引發後起之秀學習中國學術的興趣，進而進入高深學術的研究，成為未來研究中國學術的新秀。

四

本書的結構，共收六十二篇導讀，依科目的性質分成七大類，共五冊：

第一冊　總　論　語言文字類
第二冊　經學類　史學類
第三冊　哲學類（學術思想類）
第四冊　古典文學類
第五冊　現代文學類以及書法、應用文

總論部分包括國學概論、治學方法、西方漢學和日本漢學、文獻學。國學概論，各校開課的名稱不一，或稱古籍導讀、讀書指導、國學導讀等。文獻學卽文史資料討論。語言文字部分包括文字學、聲韻學、訓詁學、修辭學、國文文法、國語語音學、語言學等。國語語音學，又稱國音及語言運用。經學部分包括周易、詩經、尚書、禮記、左傳、論語、孟子、學庸、爾雅、經學概論、經學史等科目。史學部分包括史記、漢書、中國史學概論等科目。哲學部分包括老子、莊子、墨子、荀子、韓非子、呂氏春秋、淮南子、佛學概論、宋明理學概論、中國哲學概論、中國思想史等課程，而經學類的科目，其實也是哲學類的範圍，只因歷代圖書分類經、子分為二部，經學是以儒家思想的經典為主。古典文學部分包括中國文學概論、中國文學史、歷代散文、詩學、詞學、曲學、古典小說、敦煌學、吐魯番學、樂府詩、昭明文選、歷代駢文、楚辭、文心雕龍等科目。現代文學包括比較文學、中國民間戲曲、中國民間文學、現代文學導讀、現代詩、現代散文、現代小說、現代戲劇、文藝美學等科目。而書法及應用文，列於第五冊中。

五

今人做學問，應具有多元化的功能和遼闊宏觀的胸襟，否則容易成為井底之蛙，所見褊狹。《莊子・秋水篇》有一則寓言：敍述一個河神叫河伯的，當秋天水漲時，百川之水注入河中，河面遼闊，因而自滿，以為「天下之美，為盡在己」。等他到了北海，海面遼闊，不見水端，這時才對北海之神——北海若說：「如果我不到你這邊來，那我就危險了，我將貽笑於大方之家。」其實，任何學問都是極具內涵和深度的，就是窮畢生之力，也難以窮盡；但是一得之愚，只在取捨之間。希望讀者，讀此書時，也有一得之愚，有所啟悟。

邱燮友　民國八十二年三月於國立臺灣師範大學

國學導讀　第五册　目次

文藝美學　丁履譔

比較文學　金榮華

現代詩　楊昌年

現代散文　鄭明娳

現代小說　楊昌年

現代戲劇　馬森

中國民間戲曲　曾永義

民間文學概論　應裕康

應用文　董俊彥

書法學　汪中

現代文學導讀

龔鵬程
周慶華

一・引言

一般人所信守的文學觀念，在當代曾遭到伊格頓（T. Eagleton）、德多洛夫（T. Todorov）等人的質疑。伊格頓說：「文學根本就沒有什麼本質。」（伊格頓，《當代文學理論導論》）德多洛夫說：「或許文學並不存在（因爲令人滿意的文學定義尚未發現）。」（德多洛夫，〈文學概念〉，劉若愚，《中國文學理論》引）兩人都指出了過去大家對文學的「錯誤」認知。尤其是伊格頓，他一再申論，我們不可能給文學下一個「客觀的」或「精確的」定義；如果有人給文學下定義，那是他爲決定如何閱讀的問題，而不是判定他所寫事物本質的問題。既然文學不存在，有關的文學理論，也是一種幻覺。伊格頓說：「所以說它是一種幻覺，這首先意味著文學理論不過是社會意識形態的分支，根本沒有任何可以把它同哲學、語言學、心理學、文化的與社會的思想充分地區別

開來的單一性或特性；其次，它還意味著，它希望把自己區分出來，緊緊抓住一個叫做文學的對象，這是打錯了算盤。」（同上）

如果文學正如伊格頓等人所說，只是一種幻覺，而文學理論也只是學術上的神話，那古來所有文學作品都將無所「安頓」，所有文學理論都將失去「憑依」，而我們現在要討論現代文學也不可能了。這豈不駭人聽聞？所幸文學並不像伊格頓等人所說那樣虛幻。雖然目前還沒有令人滿意的文學定義，但這並不表示文學不存在。正如劉若愚所說：「像語言哲學家已指出『宗教』、『詩』和『貓』這種字眼也不可能有精確的定義，但這並不就表示宗教、詩和貓並不存在。」其實，前人把文學當作「文飾之學」（可以蕭統《文選・序》：「事出於沈思，義歸乎翰藻」的釋義為準）或「語言藝術」（康德（Kant），《判斷力批判》），以有別於「非文飾之學」或「造形藝術」及「感覺藝術」，已經闡明了文學的本質，不能說沒有文學的存在。在這個前提下，談論現代文學自然是可能的了。

雖然如此，要談論「現代文學」還是有許多困難。例如「現代文學」的範圍到底是什麼，我們並不清楚；而「現代文學」的數量到底有多少，我們也不了解，這要如何談論？不過，現代文學畢竟是一個很吸引人的課題，可以從中採取不少的「意義」。因此，我們不採取虛假的歷史敍述法，而嘗試以呈現問題的方式，間配以詮釋和批判，來揭示現代文學可能的意義。

在後面的幾節裏，我們準備把「現代文學」的指涉對象和實質內涵作一番交代，然後就「現代文學」的主要思潮和意識論爭加以批判，最後再將現代人對「現代文學」的詮釋和評價給予再詮釋和再評價。這樣做，會把一般人稱爲「現代文學」的那些作品忽略過去，而讓人誤以爲我們所談的不是現代文學，而是「現代文學」的外緣問題。這也無可奈何。因爲「現代文學」所包容的作品類型和數量太多了，而談論的「方法」也不勝指數，要實際對那些作品進行貌似客觀的描述，根本是草率不負責任的做法。

二・現代文學的指涉對象

「現代文學」究竟何所指？「現代」到底是純粹的時間語詞，還是含有價值意味的語詞？如果是純粹的時間語詞，所有在「現代」發生的「文學」，都可以稱爲「現代文學」；如果是含有價值意味的語詞，則在「現代」發生的「文學」，是否爲「現代文學」，還得看「現代」所代表的意義如何，才能確定。這實在是一個很困擾人的問題。

現在坊間有一些以「現代」標名的文學史，如李輝英的《中國現代文學史》、劉心皇的《現代中國文學史話》、夏志清的《中國現代小說史》，他們所說的「現代文學」，是指五四以來的新體白話文學。新體白話文學，又稱爲「新文學」，如王瑤的《中國新文學史稿》、蔡儀的《中國新文學史講話》、司馬長風的《中國新文學史》、周錦的《中國新文學史》，就是以「新文學」

命名。這樣看來，「現代文學」就不止具有文學史上的斷限意義，還具有文體上的區別意義。前者容或有年代的爭議（究竟是一九一七年，還是以一九一九年爲新舊文學的界限）；後者就必須嚴守分際，把非新體白話文學排除出去。非新體白話文學，包括文言文和黃遵憲、梁啟超等人所倡導的「新文體」。朱光潛有段話說：

由古文學到新文學，中間經過一段很重要的過渡時期。在這時期一些影響很大的作品，既然夠不上現在所謂「新」，卻也不像古人所謂「古」。梁啟超的《新民叢報》、林紓的翻譯小說、嚴復的翻譯學術文、章士釗的政論文，以及白話文未流行以前的一般學術文與政論文都屬於這一類。他們還是運用文言，卻已打破古文的諸多拘束，往往盡情流露，酣暢淋漓。容易引人入勝。我們年在五十左右的人大半都還記得幼時讀《新民叢報》的熱忱與快感。這種過渡期的新文言對於沒落期的古文已經是一個大解放，進一步的解放所要做的事不過把文言換成白話而已（朱光潛，〈現代中國文學〉，一九四八年一月《文學雜誌》第二卷第八期）。

朱光潛連這些新文言都排除在「現代文學」之外（只當它是過渡文體），那些清末民初以來還在流行的文言文（清末民初以來用文言寫作的風氣，仍然很盛），更不用說了。而一般撰寫「現代文學」

（或「新文學」）史的人，正是把這些新舊文言文，一併劃歸在「現代文學」的領域外。因爲「現代文學」（或「新文學」）是相對於「傳統文學」（或「舊文學」）來說的。這一「現代」「傳統」（或「新」「舊」）既可以當作時間區分，也可以當作價值區分，而通常都被當作價值概念看待。也就是說，凡是可以廁入「現代」的文學，比起「傳統」的文學，都要高出一等，甚至是唯一的好文學（以前許多人稱新文學爲「活文學」，而稱舊文學爲「死文學」，就是一個明證）。

此外，也有不把「現代」當作價值概念，如錢基博的《現代中國文學史》所指的「現代」，就是純屬時間概念。而晚近在討論文學史的分期時，也比較趨向於這種說法。不過，大家又常給它加上「年代」的限制，如將晚清以前的文學稱爲「古代文學」，晚清到五四的文學稱爲「近代文學」，而五四到一九四九年的文學，才是「現代文學」（一九四九年以後的文學，又稱爲「當代文學」。在大陸還把一九七六年以後的文學，稱作「新時期文學」）。這時所指的「現代」，就僅限於一九一九年到一九四九年間。

以上兩種「現代文學」，都沒有嚴格的限制內涵。另外有一種承自十九世紀末到一九三〇年左右發生在歐美的現代主義文學，就不同了。現代主義文學所揭櫫的「文學」概念，基本上是由前法國象徵主義文學和英國唯美派（頹廢派）文學而來的，特別強調語言功能和形式實驗，充分體現了「爲藝術而藝術」的精神。五〇年代和六〇年代，在臺灣出現的《現代詩》、《創世紀》、《現代文學》等刊物所指稱的「文學」，就是屬於這一類。這樣「現代」一詞，就跟時間脫離了關係，而變成一個價值語詞，專門用來「對抗」不够「現代」的東西。這跟第一種說法，又有很大的差距。

然而，不論那一種說法，都有問題。例如以白話、文言來區分新舊文學，就會遇到標準難以確定的問題（也就是沒有人能提出判定白話和文言的準則）。錢玄同曾在一篇文章評梁啟超的「新文體」說：「梁任公先生實爲近來創造新文學之一人。雖其政論諸作，因時變遷，不能得國人全體之贊同，卽其文章，亦未能盡脫帖括蹊徑。然輸入日本文之句法，以新名詞及俗語入文，視戲曲小說與論記之文平等，此皆其識力過人處。鄙意論現代文學之革新，必數梁先生。」（錢玄同，〈寄陳獨秀〉）像梁啟超的文章就被認爲是「新文學」（跟朱光潛等人的看法不同），我們憑什麼反對？還有，用文言來寫新事物，或在寫作時文白夾雜，我們能說它不是「新文學」嗎？這種例子非常多，執著新體白話文學才是「新文學」的人，又要怎麼解釋？

又如把「新文學」限定在一九一九年到一九四九年間，也會遇到「斷頭斷尾」的問題（沒有人能處理有些「先寫作後發表」的情況）。此外，我們也不知道持這種說法的人，要怎麼看待前面所提白話、文言的問題。而且這種分期觀念，還會有某些負作用。如大陸學者嚴家炎卽說：「把鴉片戰爭以來的中國文學切成『近代』『現代』『當代』三段，這種史學格局顯然存在著根本性缺陷。一是分割過碎，造成視野窄小褊狹，限制了學科本身的發展。二是以政治事件爲界碑，與文學本身的實際未必吻合。」（嚴家炎，《二十世紀中國小說史・序》）除了嚴家炎所說，這種分期法還「帶有馬克思主義特殊的歷史觀印記，而且文學史緊密地與革命史、中共政權發展史聯結爲一體」（龔鵬程，〈「二十世紀中國文學」概念之解析〉，第十一屆古典文學會議論文），可能給研究者增添更多的困擾。

又如用西方現代主義文學的標準來界定「新文學」，也會遇到有「貌合神離」、狀況無從辨別的問題（也就是沒有人能肯定何者才是眞正的現代主義文學）。白先勇曾爲歐陽子所編《現代文學小說選集》寫了一篇序，其中有段話說：「三十三位作家的文學技巧，也各有特殊風格，有的運用語言象徵，有的運用意識流心理分析，有的簡樸寫實，有的富麗堂皇，將傳統溶入現代，借西洋揉入中國，其結果是古今中外集成一體的一種文學。」照這樣說，他們所標榜的「現代」文學，「只是文學技巧上的學習，而非意識型態的模仿」（同上），那當代的文學又有那些不是這樣呢？我們從那裏去分辨？

顯然一般人以爲「現代文學」有一定的指涉對象，只是個神話罷了。我們若順著其中任何一種說法來談，恐怕都不會有什麼結果。不如把白話／文言、近代／現代／當代、現代主義／非現代主義的界限一概廢除，就當它是二十世紀文學。這時「現代文學」所指的就是二十世紀在中國發生的文學（這個概念，目前在大陸相當流行），「現代」一詞就純屬時間概念（範圍要比以前所說的大些），而「文學」一詞也不附加「條件」（當然，我們這樣做，也不過是一種權宜之計）。有這個概念作基礎，往後在論說上，應該會比較方便。

三・現代文學的實質內涵

當「現代文學」被用來指涉新體白話文學時，新體白話文學的特性或本質，就是「現代文學」的「內涵義」。當年倡導新體白話文學的人（我們所以稱它爲「新體白話」，是因爲它承自「舊體白話」而略事改良，更加接近口語），曾爲新體白話文學勾繪了一幅藍圖：

吾以為今日而言文學改良，須從八事入手。八事者何？一曰，須言之有物。二曰，不摹倣古人。三曰，須講求文法。四曰，不作無病之呻吟。五曰，務去爛調套語。六曰，不用典。七曰，不講對仗。八曰，不避俗字俗語（胡適，〈文學改良芻議〉，趙家璧主編，【中國新文學大系】(1)）。

余甘冒全國學究之敵，高張「文學革命軍」大旗，以為吾友（胡適）之聲援。旗上大書特書吾革命軍三大主義：曰，推倒雕琢的阿諛的貴族文學，建設平易的抒情的國民文學；曰，推倒陳腐的鋪張的古典文學，建設新鮮的立誠的寫實文學；曰，推倒迂晦的艱澀的山林文學，建設明瞭的通俗的社會文學（陳獨秀，〈文學革命論〉，同上）。

> 我們現在應該提倡的新文學，簡單的說一句，是「人的文學」，應該排斥的，便是反對的非人的文學。……我所說的人道主義，並非世間所謂「悲天憫人」或「博施濟眾」的慈善主義，乃是一種個人主義的人間本位主義。……用這人道主義為本，對於人生諸問題，加以記錄研究的文字，便謂之人的文學（周作人，〈人的文學〉，同上）。

這裏有語言形式的革新，也有思想觀念的變易，合而顯現了新體白話文學「應有」的特色（這一點，胡適在《中國新文學運動小史》中有更精要的說明：「我們的中心理論只有兩個：一個是我們要建立一種『活的文學』。另一個我們要建立一種『人的文學』。前一個理論是文字工具的革新，後一種是文學內容的革新。中國新文學的一切理論都可以包括在這兩個中心思想裏面。」）不論往後從事新體白話文學創作的人，是否在思想觀念上都趨於一致（使新體白話文學呈現一種同質性），我們都可以肯定他們對於「求新求變」的信念（尤其是語言的改革），始終沒有改變。而這一「新變性」，就是新體白話文學的特性所在。

當「現代文學」被用來指涉一九一九年到一九四九年間文學時，一九一九年到一九四九年間文學的特性或本質，就是「現代文學」的「內涵義」。這種情況比較複雜，可以從兩方面來看：第一，如果它所指的是這三十年間所有的文學，就得涵蓋「文」「白」兩類文學，而這兩類文學並沒有共同的「性質」，要確定它的「內涵義」就非常困難；第二，如果它所指的只是這三十年間的新體白話文學，那它的「內涵義」就跟前者一樣。依各種跡象顯示，把「現代文學」用來指涉這一時期文學的人，不會「承認」新體白話文學以外的文學，所以我們可以不考慮第一種情況。雖然如此，這裏所說的「現代文學」，跟前面所說的「現代文學」，也不能畫上等號。因爲把這三十年間文學「歸在一處」的人，可能有附會政治的嫌疑，而將其中「從文學革命到革命文學」一條軌道神異化了。本來文學內在的種種變化，是一種必要的「疏離」，但在外力干涉下，卻會產生「對立」的狀況。有人曾經分析兩者的差別：

任何一種文學，在活動和發展的歷程中，皆可能產生形式和內涵的變化，這種變化，就是一種「疏離」。但是，它並不因外在的，如政治的、經濟的、或社會的壓力，而脫離文學的軌跡，喪失文學的立場。相反的，它更能承襲文學的秉賦，光大文學的特性，這種不脫離文學本質的變化，可說就是一種「疏離的文學」。……文學在活動與發展的過程中，因受著外力的支配與控制，使它無法遵循本身的路線前進，以致逐漸喪失其固有的特性，終而成為文學本身的對立體。凡屬於這一類型的創作活動和創作的作品，皆可稱之為「文學的疏離」（李牧，《疏離的文學》）。

「疏離的文學」和「文學的疏離」顯然不可「同日而語」，而主張把五四以後三十年間文學歸爲「現代文學」的人，似乎有強調「文學的疏離」面的意思。如果是這樣，這一時期文學的特性，就在於它的「疏離性」。

當「現代文學」被用來指涉現代主義文學時，現代主義文學的特性或本質，就是「現代文學」的「內涵義」。這就單純多了，我們只要看看下面幾段言論就能了解：

我們是有所揚棄並發揚光大地包含了自波特萊爾以降，一切新興詩派之精神與要素的現代派的一羣。我們認為新詩乃是橫的移植，而非縱的繼承（紀弦，〈現代派的信條〉，一九五六年二月《現代詩》第十三期）。

今後我國的作家，如欲達到夠格的水準，惟有向西方學習，思想和技巧一律學習。我曾聽見有的人說：「思想我們是有了，該向外國作品學習的就是技巧而已」。這話證明他毫無思想（王文興，《新刻的石像·序》）。

我們的理想是，要促進中國的文藝復興，少壯的藝術家們必須先自中國的古典傳統裏走出來，去西方的古典傳統和現代文藝中受一番洗禮，然後走回中國，繼承自己的古典傳統而發揚光大之，其結果是建立新的活的傳統（余光中，《掌上雨》）。

姑且不論他們所說是否有相互矛盾，也不論他們在實踐時是否有歧出（如前文所引白先勇之言）。我們都可以肯定他們所指的「現代文學」，有很強烈的習取西方語言技巧和思想觀念的傾向（其實這種傾向從民國以來已經形成，只是沒有人敢這樣明顯地表態），套用他們自己所說的話，就是「橫的移植」。因此，「移植性」就成了這一類文學的特性。

以上這幾種「現代文學」概念，各有不同的實質內容，很難一概而論。不過，我們已經分辨過這幾種概念潛在的難題，以及無法跟實際情況密切印合的窘境，所以提議改採「二十世紀文學」概念來取代。這個概念，最早是由大陸學者提出來的（一九八五年第五期《文學評論》刊載〈論二十世紀文學〉，首次使用「二十世紀文學」一詞。該文後經《新華文摘》同年十二期、《評論選刊》次年第一期轉載。該文作者黃子平、陳平原、錢理羣等，後來又將他們在《讀書》上連載的對話錄及對「二十世紀文學」各種反響的意見，匯錄成《二十世紀中國文學三人談》。該書在一九八八年出版，爾後這一論題仍在繼續發展，如北京大學在一九九〇年舉辦過一場「二十世紀中國文學研討會」，而由嚴家炎主編的六卷本《二十世紀中國小說史》第一卷和六卷本《二十世紀中國小說理論資料》第一卷也接著出版了）。他們所說的「二十世紀文學」，是指整個二十世紀中國文學應代表一個不可分割的有機整體，是古代中國文學走向現代文學，並匯入「世界文學」的歷程（也就是在中西文化碰撞中，從文學方面形成現代民族意識的進程）。所以整體走向是「走向世界文學的中國文學」，總體主題是「改造民族的靈魂」，而現代美感特徵，就以「悲涼」爲基本核心。可見「二十世紀文學」這個概念，是架構在「近百年來中國正處在現代化進程中」的歷史理解上。如果是這樣，「二十世紀文學」的特性，就在一個「現代化」上。

然而，這種說法不無簡化問題的毛病，完全忽略了現代文學反現代化的一面（龔鵬程，〈傳統與反傳統——以章太炎爲線索論晚清到五四的文化變遷〉，淡江大學中文系主編，《五四文學與文化變遷學術研討會論文集》），而且對於現代化概念的複雜性也缺乏反省（龔鵬程，〈「二十世紀中國文學」概念之解析〉）。今天我們重新檢查二十世紀中國文學，不能再僅以「現代化」來界定它的性質（如民初張恨水、徐枕亞等鴛鴦蝴蝶派的駢體小說，以及民初以來爲數不少的舊詩文，又有什麼「現代化」的痕跡），反而應該承認它的「多元性」。如果沒有更好的解釋，我們就可以確定「多元性」就是二十世紀文學的特性。

四·現代文學的主要思潮

有關「現代文學」的指涉對象和實質內容，已經談過了，現在要看看在現代流行的一些思潮。這些思潮都被認爲對文學創作有相當程度的影響，想要了解「現代文學」的人，也得設法加以把握。

我們所說的思潮，是指文學思潮。文學思潮是許多思潮中的一種，此外還有政治思潮、經濟思潮、社會思潮、教育思潮……。而文學思潮本身，又可以再區分各種不同類別的思潮：在西方，文學思潮多以某種「主義」來指陳，如古典主義、浪漫主義、寫實主義、象徵主義、唯美主義、神秘主義、未來主義、表現主義、達達主義、超現實主義、存在主義、結構主義、魔幻寫實主義、解構主義等。在我國，原沒有什麼「主義」，因此在論述思潮的變遷時，用詞也多不一致，有的以「運動」來表達，有的以「精神」來指陳，有的以「派別」來界說，更有的是一些不同的名詞。自古以來，「言志」（「緣情」）和「載道」，一直是我國文學思潮的主流。到了近代，受到西方文學的影響，我國的文學史家和文學批評家，也喜歡用「主義」來說明某種文學思潮。不過，有些具有文學思潮的主義，兼具創作的法則，甚至根本就是一種創作法則的應用，如寫實主義、象徵主義、唯美主義、表現主義、超現實主義、結構主義、魔幻寫實主義、解構主義等；而有些主義只能用作思潮的說明，如人道主義的文學思潮、自由主義的文學思潮等。

一種思潮的出現，可能是由思潮內部演變來的（後一思潮對前一思潮的改易或反動），也可能是由歷史文化和時代環境孕育來的（如近代西方的政治革命、經濟革命、社會革命，就是在啟蒙運動、工業環境和貧富懸殊的社會等因素下產生的）。如同其他思潮一樣，文學思潮的內涵，也在不斷的推移和演變（當某種思潮漸次興起之際，可能就是另一種思潮漸次沒落之時，如西方古典主義的消逝，就有浪漫主義的出現。但是文學思潮的推移和演變，並非全依這個模式，原有的和新興的，可能重疊很久，如浪漫主義之後就是寫實主義，然而浪漫主義並沒有因現實主義的出現而立刻消逝，反而還保留到今天）。而我國現代文學思潮的演變，雖然不盡同於西方，但也受到西方某些思潮的影響。現在我們就選擇幾種比較重要的思潮來看看：

在五四前後，國人最先接受的思潮是寫實主義。寫實主義著重眞實「反映」，陳獨秀在他的〈文學革命論〉中，就曾提出「推倒陳腐的鋪張的古典文學，建設新鮮的立誠的寫實文學。」而最初倡導此類文學的是「文學研究會」的成員。「文學研究會」是新文學運動後第一個正式成立的文藝社團，在一九二一年一月一日成立於北平，同年五月在上海設立分會，發起人有周作人、朱希祖、耿濟之、鄭振鐸、瞿世英、王統照、沈雁冰、蔣百里、葉紹鈞、郭紹虞、孫伏園、許地山等十二人。他們所揭示的宗旨是「爲人生而藝術」，走的是寫實主義的創作路線。沈雁冰說：

眞的文學也只是反映時代的文學。我們現在的社會背景是怎樣的社會背景？應該產生怎樣的創作？由淺處看來，現在社會內兵荒屢見，人人感著生活不安的苦痛，眞可以說是「亂世」了，反映這時代的創作應該怎樣的悲慘動人呵！如再進一層觀察，頑固守舊的老人和向上進取的新青年，思想上衝突極利害，應該有易卜生的《少年社會》和屠格涅夫的《父與子》一樣的作品來表現他……總之，我覺得表現社會生活的文學是眞文學，是於人類有關係的文學，在被迫害的國裏更應該注意這社會背景（沈雁冰，〈社會背景與創作〉，趙家璧主編，【中國新文學大系】(2)）。

這段話約略就是他們共同的信條。在「文學研究會」稍後，有一個主張浪漫主義的文藝社團成立了，那就是「創造社」。「創造社」的主要成員，包括郭沫若、郁達夫、成仿吾、張資平、鄭伯奇等人。初期的「創造社」，打的是「爲藝術而藝術」的旗幟，走的是浪漫主義的路線。成仿吾說：

除去一切功利的打算，專求文學的全與美，有值得我們終身從事的價值之可能性。而且一種美的文學，縱或它沒有什麼可以教我們，而它所給我們的美的快感與安慰，這些美的快感與安慰對於我們日常生活的更新的效果，我們是不能不承認的。……我們要追求文學的全！我們要實現文學的美（成仿吾，〈新文學之使命〉，同上）。

這一「求全求美」的信念，曾被「創造社」的成員堅守了一陣子，一九二五年「五卅慘案」以後，才開始轉變。本來「創造社」的成員大多在國外住過，他們見到了外國資本主義的缺點，也感到中國淪爲次殖民地的痛苦，於是想以浪漫主義的文學作品來宣洩自己、撫慰自己。但是「五卅慘案」發生後，他們覺悟了，浪漫並不能解決實際問題，人也不可能永遠逃避現實。從此他們積極轉變態度，向「革命文學」的路途邁進了。郭沫若說：

> 我們現在所需要的文藝是站在第四階級說話的文藝。這種文藝在形式上是寫實主義的，在內容上是社會主義的。除此以外的文藝，已經是過去了（郭沫若，〈文藝家的覺悟〉，鄭學稼，《由文學革命到革文學的命》引）。

「革命文學」，肇始於郭沫若在一九二六年五月《創造月刊》第三期發表的〈革命與文學〉一文。該刊第九期，再發表成仿吾的〈從文學革命到革命文學〉。不久，以蔣光慈爲首發組的《太陽月刊》問世（一九二八年元月），「創造社」立卽引爲同好，一唱一和，共同爲「革命文學」吶喊。我們從《太陽月刊》發表的文章，大致可歸納出以下幾點：⑴肯定文學的階級性，要求文學服從政治，以爲階級鬥爭的武器；⑵認定現在是無產階級革命的時代，必須宣揚「無產階級革命文學」，以促進無產階級的革命運動；⑶要求「革命作家」要有馬克思和列寧的世界觀，具體參加戰鬥；⑷主張「革命文學」的表現形式要通俗淺顯，能爲大眾接受和理解。這完全是馬克思和列寧「文學黨性論」的翻版。後來中共的文學史家曾經指出：

在中國，「五四」之後，由於十月社會主義革命的影響，馬克思列寧主義在中國有了廣泛的傳播，許多知識分子，經歷了由急進的民主主義者向共產主義者的轉變；蘇聯的文學理論開始被介紹到中國來。共產黨人李大釗、蕭楚女、惲代英、鄧中夏等同志，都發表了一些文藝理論主張，反對文學無目的，主張徹底反帝反封建，指出革命主力是工農兵等，都是中國最早的馬克思主義文藝理論的觀點（李牧，《疏離的文學》引）。

其實，在中國推行「黨性文學」思想最有功勞的人，還是「創造社」這些成員，以及蔣光慈、魯迅和瞿秋白（後二人曾翻譯許多馬列主義文學思想和文學理論的書）。一九三〇年三月二日「左翼作家聯盟」成立於上海，「創造社」也一併成爲中共的外圍組織（徐訏，《現代中國文學過眼錄》），共同效忠在社會主義的大纛下，而社會寫實主義文學，也一變而爲社會主義寫實主義文學。這股思潮，發展到毛澤東在「延安文藝座談會」上的講話（一九四二年五月二日），可說達到了最高峯。在這篇〈講話〉裏，毛澤東不但一再指出文學必須服從政治，強迫作家去寫工農兵，要求作家要「刻畫資產階級的黑暗面；歌頌無產階級的光明面」，還擬訂了一個文藝批評的標準。他認爲「文藝批評有兩個標準，一個是政治標準，一個是藝術標準」。他進一步解釋說：

任何階級社會中的任何階級，總是以政治標準放在第一位，以藝術標準放在第二位。我們的要求，則是政治和藝術的統一，內容和形式的統一，革命的政治內容和儘可能完美的藝術形式的統一（《毛澤東選集》）。

這篇《講話》也就成了日後中共制訂「文藝政策」的藍本，而一切的文學創作和文學批評也無不奉爲圭臬（雖然從一九七六年以後，這套思想受到強烈的質疑，而在創作實踐上也一度呈現「百花齊放」的景象（周慶華，《十年來海峽兩岸文學交流的省思》，一九九〇年六月《臺灣文學觀察雜誌》第一期），但是在中共還沒有放棄「四個堅持」前，恐怕不會有太大的「變動」）。在三〇年代初期，相應「左聯」的文學理論而興起的思潮，有黃震遐、范爭波、王平陵等人所倡導的民族主義文學，以及胡秋原、蘇汶（戴杜衡）等人所倡導的自由主義文學；而在三〇年代後期，「左聯」作家爲響應毛澤東〈抗日救國宣言〉，自動解散「左聯」而另組「中國文藝家協會」，有以周揚爲首所倡導的國防文學，以及以魯迅爲首所倡導的民族革命戰爭的大眾文學。這些流派都沒有形成氣候（如民族主義文學，只是以反蘇反共爲目的，而未反日本帝國主義的佔領東北，自然不像「左聯」的主張那麼受人歡迎；而自由主義文學在當時危急的局勢中，也起不了什麼作用；至於國防文學和民族革命戰爭的大眾文學，原本就是社會主義寫實主義文學的延續，最後也都消融在該思潮裏）。一九四九年以後，在臺灣所出現的文學思潮，計有反共戰鬥的文學思潮、現代主義的文學思潮、三民主義的文學思潮、社會寫實的文學思潮（鄉土文學），以及正在起步的後現代主義文學思潮等。這些思潮，有的是爲因應戰時的需要（如反共戰鬥的文學思潮），有的是爲因應政治現實的需要（如三民主義的文學思潮、社會寫實的文學思潮），有的是爲因應時代潮流的需要（如現代主義的文學思潮、後現代主義的文學思潮），都曾在此地產生過一定的震撼力。

從人類的歷史來看，任何一種思潮的出現，都有它的背景（原因）和目的，文學思潮也不例外。但是別的思潮大都可以「落實」到現實情境中，來驗證它的效應，而文學思潮卻辦不到。因爲文學語言只是一個「象徵系統」，無法像鏡子那般「反映」社會現實（如各種寫實主義的主張那樣）；而「言不盡意」的先天限制，也使人難以充分傳達他所要傳達的思想感情（如浪漫主義的主張那樣）；同時語言的「衍生性」（每一個「意指」同時又是一個「意符」，每一個「概念」同時指向其他的「概念」），更會促使文學不斷的自我「解構」（蔡源煌，《從浪漫主義到後現代主義》），讓企圖賦予文學某種意涵（思想）的人空忙一場。所以說各種思潮只能停留在理念階段，不能在實際創作上有所「印證」。一向想藉某種思潮來影響創作的人，似乎都缺乏這種反省能力（這不是說文學創作是不可能的，而是說文學根本不受制於某一思潮，它自有一個別於現實世界的「想像世界」，而在這個「想像世界」裏，正蘊涵著豐富的意義）。因此，在對這一連串文學思潮進行審視之餘，我們不得不提醒自己：不能再跟前人一樣瞎扯什麼主義，否則就會自陷於迷霧之中，而摸不清方向了。

五・現代文學的意識論爭

就在各種文學思潮瀰漫現代文壇之際，一些意識上的論爭也出現了。如在語言運用方面，有人主張用白話，有人主張用文言。又如在語言表達方面，有人主張要通俗，有人主張要嚴肅。又如在文章取材方面，有人主張取自現實生活，有人主張取自情感生活，有人主張兩者皆可。又如在文章主題方面，有人主張要強調地域觀念，有人主張要強調普遍觀念。這些論爭都是爲了解決實際創作的問題，而在時序上，每一種主張都是創作的「先行活動」，也就是創作的意識，所以我們稱這些論爭爲意識論爭。檢視這些論爭，有助於了解現代文學在發展過程中所面臨的問題。

從一九一七年一月《新青年》第二卷第五號刊出胡適的〈文學改良芻議〉一文起，到一九一九年底《新青年》第六卷第六號止，這中間披露很多討論「文學改革」的文章。還有從一九一七年到一九二〇年，其他各雜誌有關此類的文章也不少。文學史家總稱這一期的文學改革運動爲「新文學運動」（早期一般人的稱法稍有不同，有的叫做「文學革命」，有的叫做「新思想新文化運動」，有的叫做「新思潮運動」。後來胡適於一九五八年五月四日在「中國文藝協會」八週年紀念會中講演，希望稱它爲「中國文藝復興運動」。最近大家覺得胡適的講法不妥，不如改稱「啟蒙運動」）。「新文學運動」最大的特徵，就是文體的解放（改文言爲白話）。這在清末已經醞釀多時了（李瑞騰，《晚清文學思想之研究》）

到了《新青年》時代，漸漸進入「白熱化」的階段。陳獨秀說：

改良文學之聲，已起於國中，贊成反對者各居其半。鄙意容納異議，自由討論，固為學術發達之原則；獨至改良中國文學，當以白話為文學正宗之說，其是非甚明，必不容反對者有討論之餘地，必以吾輩所主張者為絕對之是，而不容他人之匡正也（陳獨秀，〈答胡適之〉，趙家璧主編，【中國新文學大系】(1)）。

錢玄同說：

現在我們認定白話是文學的正宗：正是要用質樸的文章，去剷除階級制度裏的野蠻款式；正是要用老實的文章，去表明文章是人人會做的，做文章是直寫自己腦筋裏的思想，或直敘外面的事物，並沒有什麼一定的格式。對於那些腐臭的舊文學，應該極端驅除，淘汰淨盡，才能使新基礎穩固（錢玄同，《嘗試集・序》）。

胡適說：

我們認定文字是文學的基礎，故文學革命的第一步就是文字問題的解決。我們認定「死文字（文言）定不能產生活文學」，故我們主張若要造一種活的文學，必須用白話來做文學的工具。我們也知道單有白話未必就能造出新文學；我們也知道新文學必須要有新思想做裏子。但是我們認定文學革命須有先後的程序：先要做到文字體裁的大解放，方才可以用來做新思想新精神的運輸品。我們認定白話實在有文學的可能，實在是新文學的唯一利器（胡適，《嘗試集．自序》）。

在胡適等人極力鼓吹白話文學的同時，由陳獨秀主編的《新青年》，從第四卷第四期開始全部刊登白話文，而胡適藉來支持他主張白話文學根據之一的《白話文學史》也出版了。此外，《新潮》、《每週評論》、《小說月報》、《少年中國》、《東方雜誌》、《暑期評論》、《建設》、《解放與改造》等雜誌，以及《晨報》副刊、《時事新報》的「學燈」、《國民日報》的「覺悟」等，也都全部刊載或大量刊載白話文，一股解放文體的潮流已經形成。

這次的文體改革，不但革掉了文言的積習，也革掉了舊白話的積習（不够口語化）。而做得最徹底的大概是胡適，他說：「要有話說，方纔說話。有什麼話，說什麼話；話怎麼說，就怎麼說。要說我自己的話，別說別人的話。是什麼時代的人，說什麼時代話。」（胡適，〈建設的文學革命論〉）後來大家就稱他們所提倡的爲新體白話文學。然而，正當胡適等人醉心於文體改革時，有一部分反對白話文的言論也登場了。如林紓說：

若盡廢古書，行用土語為文字，則都下引車賣漿之徒，所操之語，按之皆有文法，不類閩廣人為無文法之啁啾，據此，則凡京津之稗販，均可用為教授矣。若《水滸》、《紅樓》，皆白話之聖，並足為教科之書……作者均極博羣書之人。總之，非讀破萬卷，不能為古文，亦並不能為白話（林紓，〈致蔡鶴卿太史書〉，一九一九年三月十八日《公言報》）。

嚴復說：

北京大學陳、胡諸教員主張文言合一，在京久已聞之，彼之為此，意謂西國然也。不知西國為此，乃以語言合之文字，而彼則反是，以文字合之語言。今夫文字語言之所以為優美者，以其名辭富有，著之手口，有以導達奧妙精深之理想，狀寫奇異美麗之物態耳。……須知此事全屬天演，革命時代，學說萬千，然而施之人間，優者自存，劣者自敗，雖千陳獨秀，萬胡適、錢玄同，豈能劫持其柄，則亦如春鳥秋蟲，聽其自鳴自止可耳（嚴復，〈書札六十四〉，趙家璧主編，【中國新文學大系】(2)）。

胡先驌說：

向使以白話為文，隨時變遷，宋元之文，已不可讀，況秦漢魏晉乎？此正中國言文分離之優點，乃論者以之為劣，豈不謬哉！且〈盤庚〉〈大誥〉之所以難於〈堯典〉〈舜典〉者，卽以前者為殷人之白話，而後者乃史官文言之記述也。故宋元語錄與元人戲曲，其為白話大異於今，多不可解。然宋元人之文章則與今日無別。論者乃惡其便利，而欲故增其困難乎（胡先驌，〈中國文學改良論〉，同上）？

章士釗說：

惟以人之一時思想所得之，口耳所得傳，淫情濫緒，彈詞小說所得描寫，袒裼裸裎，使自致于世，號曰至美，是相率而返於上古猺猺狉狉之境，所謂苦拘囚而樂放縱，避艱貞而就平易，出於犬賦之自然，不待教而知，不待勸而能者也……且文言貫乎數千百年，意無二致，人無不曉，俚言則時與地限之，二者有所移易，誦習往往難通，黃魯直之詞，及元人之碑碣，其著例也。如曰死也，又在彼而不在此矣（章士釗，〈評新文學運動〉，同上）。

主張白話文學的人，多從現實教育（新民）立場來論說，而反對白話文學的人，卻從學理或歷史經驗來駁斥，自然對不上，而變成各說各話了。這場論辯，並沒有分出勝負，喜歡文言的人，還是照寫他的文言。而且，有些白話文學的先驅，如沈尹默、魯迅、劉半農、周作人、陳獨秀及稍後的郁達夫、俞平伯、左舜生等，後來都寫舊詩，而且否定自己過去「新詩」的作品（徐訏，《現代中國文學過眼錄》）；喜歡白話的人，也不理會旁人的叫囂，而依舊擁抱他的白話（後者有教育當局的提倡，並通令全國實施白話教育，日漸風行，自然不在話下）。

以上的爭論，主要在於語言的運用方面。另外，在語言的表達方面，也出現了通俗／嚴肅的對壘。主張語言表達要通俗的是一羣通俗文學（晚清通俗文學的延續）的作者，而主張語言表達要嚴肅的是「文學研究會」、「創造社」以及「左聯」的一些成員。後者曾一再指責前者只爲娛樂讀者，而忽視文學表現（反映）人生的高尚使命。如鄭振鐸說：

> 文學就是文學；不是為娛樂的目的而作之，而讀之，也不是為宣傳、教訓的目的而作之，而讀之。作者不過把自己的觀察的、感覺的情緒自然的寫了出來。讀者自然的會受他的同化，受他的感動。不必，而且也不能故意的在文學中去灌輸什麼教訓。更不能故意做作以娛悅讀者。如果以娛樂讀者為文學的目的，則文學之高尚使命與文學之天眞，必掃地以盡（鄭振鐸，〈新文學觀的建設〉，同上）。

沈雁冰說：

舊派把文學看作消遣品，看作遊戲之事，看作載道之器，或竟看作牟利的商品，新派以為文學是表現人生的，訴通人與人間的情感，擴大人們的同情的。凡抱了這種嚴正的觀念而作出來的小說，我以為無論好歹，總比那些以遊戲消閑為目的的作品要正派得多（沈雁冰，〈自然主義與中國現代小說〉，同上）。

有些「左聯」的人，還詆斥這些通俗文學是「封建小市民文藝」，而連帶罵起通俗文學的作者，說他們是文丐、洋場小子、文學流氓、文娼、無恥文人、遺老遺少、封建餘孽（龔鵬程，〈論鴛鴦蝴蝶派——民初的大眾通俗文學〉，一九八六年十月《文訊》第二十六期）。面對這一波波攻勢，通俗文學作者也「有話要說」，如胡寄塵在《最小》第三號，就作了這樣的回應：「專供他人消遣，除消遣之外，毫無他意存其間，甚且導人為惡，固然不可。然所謂消遣，是不是作安慰解，以此去安慰他人的苦惱，是不是應該？且有趣味的文學之中，寓著很好的意思，是不是應該？這樣，便近於消遣了。倘若完全不要消遣，只做很呆板的文學便是，何必作含有興趣的小說？」當然，雙方還是各持己見，互不退讓。後來，國防文學興起，通俗文學作者被爭取加入「中國文藝家協會」，而通俗文學作者也自感國事蜩螗，大戰將起，必須改變作風（如張恨水《彎弓集・自序》就說：「夫小說者，消遣文字也，亦通俗文字也。……今國難臨頭，必以語言文字，喚醒國人，更又何待於引申……吾不文，然吾固以作小說為業，深知小說之不以國難而停，更於其間，略盡一點鼓勵民氣之意，則亦可稍稍自慰矣。」），因此，一場通俗／嚴肅的論辯，也就暫告一段落了。

在「新文學運動」蓬勃展開那一時期，大家除了爭語言的運用和語言的表達，也爭題材的選擇。如「文學研究會」和「創造社」的成立，就是緣於各自不同的理念（一主寫實主義，一主浪漫主義），前者主張取材於現實生活，後者主張取材於情感生活，造成彼此對峙的局面。我們從下面兩段話就可以看出雙方意見的差異：

> 這一句話（指「將文藝當作高興時的遊戲，或失意時的消遣的時候，現在已經過去了」），不妨說是文學研究會集團名下有關係的人們的共同態度。這一態度，在當時是被解作「文學應該反映社會的現象、表現並且討論一些有關人生一般的問題」。這個態度，在冰心、廬隱、王統照、葉紹鈞、落華生及其他許多被目為文學研究會派的作家的作者裏，很明顯地可以看出來（沈雁冰，【中國新文學大系】(3)〈導言〉）。

> 文學上的創作，本來只要是出自內心的要求，原不必有什麼預定的目的。然而我們於創作時，如果把我們的內心的活動，十分存在意識裏面的時候，我們是很容易使我們的內心的

> 活動取一定之方向的。這不僅是可能的事情，而且是可喜的現象。……如果我們把內心的要求作一切文學上創造的原動力，那麼藝術與人生便兩方都不能干涉我們，而我們的創作便可以不至為它們的奴隸（成仿吾，〈新文學之使命〉，同上⑵）。

這裏「文學反映社會現象（人生問題）」和「文學表現內心的活動」的不同，就是取材於現實生活和取材於情感生活的不同。「文學研究會」和「創造社」在初成立時，類似這種壁壘分明的言論觸處可見。後來「創造社」的成員向左傾，再也不提原先那一套說詞，而很快的祭起寫實主義的旗幟，這就跟「文學研究會」的主張不謀而合，彼此也就不再爭議了。不過，從「創造社」後期所主張的社會寫實主義，到了「左聯」時代，又窄化成社會主義寫實主義，並且到處推銷這一主張，以至引起許多人的反感，又開啟了一場論戰。當時反對社會主義最力的是主張「文藝自由」論的胡秋原和自稱「第三種人」的蘇汶。胡秋原說：

> 藝術只有一個目的，那就是生活之表現、認識與批評。偉大的藝術，盡了表現之能事，那就是為了藝術，同時也是為了人生。在資產階級頹殘、階級鬥爭尖銳的時代，急進的社會主義者與極端反動主義者，都需求功利的藝術。這只要看蘇聯的無產者文學與義大利棒喝主義文學就可以明白了（胡秋原，〈阿狗文藝論〉，一九三一年十二月《文化評論》創刊號）。

蘇汶說：

> 總觀胡先生的大文（指〈阿狗文藝論〉），從他的普列漢諾夫崇拜，對文學的指導生活的理論或主張的非議，一切等等看來，我們可以認識他是一個絕對的非功利論者。反過來「左翼文壇」的指導理論家們正指出那一種文學有用，那一種文學沒有用，我們要那一種，我們不要那一種。這兩種馬克思主義者之間的距離，是不可以道里來計算的（蘇汶，〈關於「文新」與胡秋原的文藝論辯〉，一九三二年七月《現代》第一卷第六號）。

蘇汶主要在聲援胡氏，抨擊「左聯」。先前隸屬「新月派」的梁實秋，就曾對郭沫若等人所倡導的「革命文學」大加撻伐，他說：

> 在文學上講，「革命的文學」這個名詞根本的就不能成立。在文學上，只有「革命時期中的文學」，並無所謂「革命的文學」。站在實際革命者的立場上來觀察，由功利的方面著眼，我們可以說這是「革命的文學」，那是「不革命的文學」，再根據共產黨的理論，還可以引伸的說「不革命的文學」，就是「反革命的文學」。但是就文學論，我們劃分文學的種類派別是根據於最根本的性質與傾向，外在的事實如革命運動、復辟運動都不能藉用

做衡量文學的標準。並且偉大的文學乃是基於固定的普遍的人性，從人心深處流出來的情思纔是好的文學，文學難得的是忠實——忠於人性；至於與當時的時代潮流發生怎樣的關係，是受時代的影響，還是影響到時代，是與革命理論相合，還是為傳統思想所拘束，滿不相干，對於文學的價值不發生關係。因為人性是測量文學的唯一的標準（梁實秋，《偏見集》）。

這些批評所獲得的，當然是對方更強烈的反擊。不過，我們可以看出胡秋原等人的主張，傾向於自由取材（梁實秋的「人性論」也有「只要能表現人性的題材都行」的意思），這跟偏執於從現實生活取材或從情感生活取材是有差別的。這場論爭也是沒有什麼結果（雖然有馮雪峰出來講「左翼的批評家往往犯著機械論和左傾宗派主義的錯誤」類似「左聯」有意妥協的話，但是實際上他們還是堅持社會主義路線），往後仍然是各行其是，頂多偶爾放些話刺激刺激對方罷了。

從有關文章取材的論爭以後，比較大規模的論爭是七〇年代發生在臺灣的「現代派」和「鄉土派」的論爭。這一場論爭的「名堂」固然很多，但是其中關於文章主題的爭執，則是重頭戲。當時「鄉土派」主張要強調地域觀念，「現代派」主張要強調普遍觀念，這從下面兩段話可以看出一點端倪：

值此國難方殷之時，我們希望我們的文學不要再以異國的、留學生式的文學為主；也希望在臺灣的作家不要身處危難而仍然成天作新式或舊式的鴛鴦蝴蝶派的夢。我們要關心我們的現實，寫我們的現實，這就是鄉土文學。它最主要的一點，便是反買辦、反崇洋媚外、反逃避、反分裂的地方主義（尉天驄，〈文學為人生服務〉，一九七七年八月一日《夏潮》第十七期）。

文學作品是作者全人格的反映。因此，作品中不僅透露出他對現實社會的看法，也反映他的人生觀和世界觀。每一個從事寫作的人，都不免受到他個人主觀經驗的局限，他所眞正瞭解到的總難免是片面的、片段的人生。所以，作者必須具有極大的誠懇去觀察人生，「沈靜地觀察其全體」。……用階級觀點來限制文學，正如用階級觀點來推行政治一樣，都是走不通的絕路（彭歌，〈不談人性，何有文學〉，一九七七年八月十七日～十九日《聯合報》副刊）。

這看來好像是三〇年代文學論爭的「翻版」，其實不然。「鄉土派」對地域觀念的強調，以及對政治上或經濟上「對立者」的排斥，已經造成一股沛然莫之能禦的氣勢，使維護大一統觀念的「現代派」疲於回應。換句話說，「現代派」擡出「文學表現普遍人性」（三〇年代梁實秋已經說過了）或「胸懷大陸，放眼全世界」一類的口號，已經說服不了「鄉土派」，只有加深彼此的歧見，而這種情況是以前所不曾見過的。雖然論爭已經沉寂了一陣子，但是彼此的「積怨」並沒有完全消除，不知道將來還會有什麼變化。

從以上的幾次意識論爭，我們可以感覺到現代人對於文學前途的思考，相當的積極。論爭的本身，也暴露了文學創作所要面對的問題（也就是語言的運用、語言的表達、題材的選擇以及主題的安排等問題）。然而，遺憾的是，參與論爭的人，大都基於一片激情，很少理智地去了解對方的論點，並反省自己言說的理據是否充足，以至浮泛之論四處充斥，而問題仍然沒有解決。如白話和文言的劃分，基本上是虛構的，如張漢良即曾認爲白話和文言的對立，是語言二元論神話，因爲「白話文和文言文並非對立的語言系統；兩者本無先驗的、獨立的語言質素，足以作爲彼此區分的標準。就語音、語構，和語意三層次而言，兩者沒有本質上的差異。如果有區別，也僅在於語用層次，亦即語言使用者對以上三種層次的慣例的認知、認定，和認同問題。其次，所謂『語體』的白話文，和文言文一樣，已經不再是口語，而是被書寫過的文字。」（張漢良，〈白話文：一個過去的傳奇〉，一九八三年五月四日《中國時報》副刊），而論爭雙方卻還熱衷於玩這種無聊的遊戲。另外雙方在辯論那一種語言比較能傳達思想感情時，完全忽略了使用者支配語言的能力問題，以至辯了老半天，還是不著邊際。又如通俗和嚴肅的爭辯，也是陷於一片膠著，不知道語言表達的方式，全看「預想」的讀者而定，沒有什麼一定的通則。至於題材的選擇和主題的安排，爲什麼要「這樣」不要「那樣」，要「這樣」不要「那樣」怎麼可能，以及要「這樣」不要「那樣」對文學有什麼意義，論爭雙方似乎都不曾措意，以至辯說萬千，不過是一堆空話。可見這幾次論爭是很讓人失望的！雖然如此，前人所發掘出來的問題，仍是從事文學創作者所須面對的（今後還應該再深化它），就這一點來說，那些論爭還是有啟迪作用的，我們不必全部加以抹煞！

六・現代文學的詮釋策略

看過了「現代文學」的主要思潮和意識論爭，我們要繼續談現代人對「現代文學」的詮釋。由於「個別」的詮釋案例不計其數，不是我們所能掌握，所以不可能在這裏談這個問題。我們所能談的是現代人的詮釋方向，也就是現代人對「現代文學」的詮釋策略。話雖是這樣說，我們還是沒有把握有多少個詮釋策略，於是在處理上不得不有所變通。現在我們的辦法是先理出一個詮釋理論的架構，然後舉出現代人的詮釋策略來印證。這樣我們所沒有舉出的部分，就可以由讀者來填充，而可以免去我們不能盡舉的遺憾。

一般所說的詮釋，主要在於發掘作品的意義。作品的意義約略有三個「層次」：一個是作品語言的「涵意」（「內涵意」）和「指涉」（「外延義」）；一個是作品語言所隱含的世界觀或人類的存在處境；一個是作品語言所未自覺的個人慾望和信念或社會的價值觀和社會關係。第一個層次的意義要經由「解釋」，第二個層次的意義要透過「理解」，第三個層次的意義要藉用「批判」，合而展現一個完滿的詮釋方案。而在詮釋的過程中，可能產生兩種「詮釋循環」：一種是詮釋者在尋求局部意義和整體意義的一貫性（也就是說在詮釋作品的意義時，各部分的意義必須衡諸整體的意義）；一種是詮釋者都得在「先行架構」或「先期理解」中從事詮釋活動（也就是說詮釋者必須根據他已知的知識範疇和他對存有的體驗以及生命的體會，來決定他爲作品所作的詮釋）。而這兩種詮釋循環也可能相互重叠，變成一體的兩面〔伽達瑪（H. G. Gadamer），《眞理與方法》；霍伊（D. C. Hoy），《批評的循環》；德多洛夫（T. Todorov），《批評的批評》〕。既然如此，詮釋作品就很難獲得一個客觀的意義（通常只能獲得主觀的意義）。不過，一個自我要求很高的詮釋者，他會努力尋求他個人意識範疇和作品中所揭櫫的意識範疇的融合，使他的詮釋具有相互主觀性。

根據這樣的理論架構，來看現代人對「現代文學」所作的詮釋，就比較容易理解了。如大陸學者陳思和曾提出一個「整體觀」的概念，他說：

> 作家、作品、讀者三位一體所構成的不同的文學層次，在不同的時間與空間中互相繼承、補充、發展、更新，相成相依，形成了中國新文學史的開放型整體。……正因為新文學的整體是開放型的，它所隸屬的每一個文學階段，也同樣具有開放的特性。……二十世紀中國文學作為一個開放型整體的另一個基本特徵，卽它的發展運動不是一個封閉型的自身完善過程，它始終處於與世界性的社會思潮和文學思潮的不斷交流之中（陳思和，《中國新文學整體觀》）。

這種整體把握「現代文學」的作法，跟一九四九年以來的文學史觀（把「現代文學」切割成一個一個小塊）大不相同。這在當今的大陸，逐漸要形成一種風氣（前面所述黃子平等人提出的「二十世紀文學」概念，就是在同一種觀念下產生的），而將把「現代文學」推向參與追尋現代化的舞臺上，讓「現代文學」和「現代政治」、「現代經濟」、「現代社會」等共同擔負實現現代化的任務。這種詮釋方式，顯然會遭到另一種「現代文學」反現代化的詮釋方式（見前）的挑戰。但是我們要知道他們所以會發展出這種詮釋策略，跟他們的存在處境有密切的關係。也就是說，大陸近年來的開放改革，正是以「四個現代化」爲標幟，文學史者就把這種社會意識和願望投射到文學史中，形成他們的先行架構或先期理解，然後藉著詮釋循環，從實際作品裏挖掘出有益於現代化的質素（意義）。這樣的詮釋策略，就很難發生在臺灣學者身上（主要是存在處境和歷史認知相異的緣故）。

又如一些學者在詮釋五四前後文學所隱含的存在處境時，有底下幾種「趣味」迥異的說法：

中國文學的新時代，確有別於前代，亦有異於中共文壇的地方，那就是作品所表現的道義上的使命感，那種感時憂國的精神。當時的中國，正是國難方殷，人心萎靡，無法自振。是故當時的重要作家——無論是小說家、劇作家、詩人或散文家——都洋溢著愛國的熱情（夏志清，《中國現代小說史》）。

「這些作品……英雄不受知於時代是一個共通的題目——由於社會的紊亂，生活的不安定，政治上的不滿，遂導致各式各樣『自哀自憐』的現象：郁達夫酗酒，魯迅自嘲，徐志摩自築「象牙塔」，郭沫若哀鳴、懺悔，張資平、葉靈鳳寫其半黃色的小說，李叔同出家。」這種種頹廢、逃避、自哀自憐的現象，雖各有其個人的原因，但從歷史的眼光看來，這些個人小問題的背後卻隱現著一個「時代」的大象徵——中國知識分子，有史以來第一次集體感受到與政治社會的疏離（李歐梵，〈五四運動與浪漫主義〉，葉維廉主編，《中國現代文學批評選集》）。

傳統對近代政治小說的研究，在主題風格上均以夏志清教授「感時憂國」的觀點為依歸。近年來劉紹銘教授更以「涕淚飄零」一語來綜述現代小說的成就……對這樣的史觀，筆者並不反對……筆者所想強調的是，文學史的寫作原多「後」見之明；是故如果對照當前的文學理論及政治小說發展，我們是否能在同一主題下，再挖掘出不同的風格來？在嘆息眼淚之餘，我們是否能找出小說家喧嚷訕笑的時刻（王德威，《從劉鶚到王禎和——中國現代寫實小說散論》）？

一個說五四前後的作家在「感時憂國」，一個說五四前後的作家在「自哀自憐」，一個說五四前後的作家在「喧嚷訕笑」，顯然他們所發掘到的五四前後作家的存在處境各有不同。而他們就以這樣各自所發掘當時作家的存在處境爲前提（假設），然後到作品中找印證。這不一定跟他們自己的存在處境有關，但卻符合第一種詮釋循環的情況。換句話說，他們所發覺「感時憂國」、「自哀自憐」、「喧嚷訕笑」等意義，是衡諸整體意義來的。正因爲他們所見只是整體意義中的一部分意義，而各自在觀察時的角度（立場）又不一樣，所以才會出現這種互不相涉（也許有某種內在的關聯）的結果。

照這樣看來，只要不是故意歪曲，任何一種詮釋策略都容許存在，而詮釋的結果也應該獲得尊重。文學作品本來就蘊涵無窮盡的意義（不論是語言面的意義或非語言面的意義），而不同的詮釋結果，就是對作品的多重肯定，也是對詮釋心靈的多重刺激。雖然我們不能進一步舉出各種詮釋策略的運作情形，但是經由上面的爬梳，也不難看出現代人是怎樣在詮釋「現代文學」，多少可以作爲日後自己實際從事詮釋工作的借鏡。

七・現代文學的評價標準

最後，我們要談現代人對「現代文學」的評價問題。評價和詮釋不同，詮釋主要在解釋作品的意義，考察作品的幽微（就是作品所隱含的存在處境和社會價值觀等），然後將它化暗爲明；而評價主要在評斷作品對評價者「意示」了什麼。對評價者來說，評價會促使他對於作品的好壞採取「迎」「拒」的態度；就讀者來說，評價可以引導他對於評價的對象（作品）加以衡量，對於他由這一篇文字引起來的心理反應，給以重新組織。而要評價，必然會牽涉一個標準的問題。這個「標準」在評價的活動中，也許會被提示出來，也許只是隱含在裏面，但都不能缺少它。現在我們所要談的就是這一部分。因爲有關「現代文學」的個別評價太多了，我們無法一一加以檢查，但是從現代人藉以評價的根據（標準）來看，可以了解現代人評價「現代文學」大略的方向。

在這裏我們要先強調一點，現代人襲自西方許多文學批評的方法（如新批評、現象學、詮釋學、接受理論、結構主義、解構主義、精神分析學、政治批評），表面上有不少方法不涉及評價（如現象學、詮釋學、接受理論、結構主義、解構主義、精神分析學），但實際上都隱含了評價。因爲批評者在選擇批評對象時，已經含有價值判斷在內（就批評者來說，他所以選擇該批評方法，也顯示了一種價值判斷），然後在解析的過程中，批評者又獨鍾於某一個意義（類似前節所述那種情況），又含有第二層次的價值判斷。如果現代人也利用那些方法來批評「現代文學」，那該方法的「準則」，就是評價標準，這我們就不多說了。現在我們要說的是「明白」提出一套評價依據的那種情況。

在現代人對「現代文學」的評價中，有的偏重在以語言技巧（如雋語、反諷、暗喻的運用，以及結構的「統一性」）爲依據；有的偏重在以思想內涵爲依據。前者如顏元叔評梅新、洛夫等人的詩（顏元叔，《文學經驗》）、楊牧評鄭愁予、夏菁等人的詩（楊牧，《傳統的與現代的》、《文學知識》）；後者如劉紹銘評張系國的小說（劉紹銘，《傳香火》）、夏志清評沈從文、張愛玲、陳若曦等人的小說（夏志清，《文學的前途》、《愛情・社會・小說》、《新文學的傳統》）。當然，也有結合這兩種評價標準，而別立一種評價標準（不偏重在語言技巧方面，也不偏重在思想內涵方面），如夏濟安評彭歌的小說（夏濟安主編，《文學雜誌》第一卷第二期）、葉維廉評聶華苓的小說（葉維廉，《中國現代小說的風貌》）、陳芳明評余光中的詩（陳芳明，《詩和現實》）。在以思想內涵為評價標準的那個範疇裏，有一種純以政治立場作為依據的情況，就是馬克思主義文學批評，這在大陸曾經風行二、三十年，都沒有什麼改變。大陸學者劉再復說：「以往我們的文學研究框架大體上是一種政治發散式的研究框架。這種框架，表現為三個特點：一是把政治參照系作為唯一的參照系；二是把政治標準作為評判文學的主要標準；三是以政治歷史的分期來代替文學史的分期。這種研究框架，只能說明一部分文學現象，而無法科學地說明大量的文學現象，尤其是無法把握文學的內部規律。」（劉再復，《生命精神與文學道路》）從這段話不難體會大陸過去二、三十年文學批評的窘況。

以上幾種評價標準，應該都有它們存在的理由，只是這些理由已經難以追溯了。而將來是否還會有新的評價標準出現，我們也無法在這裏預測。但是從人類的好奇本性來看，探求新的評價標準，應是必然的趨勢。這樣說來，已有的評價標準，不可能成為一種範限，「現代文學」將會被後人一再的評價，而永無止息。

八・結語

根據我們上面所說關於「現代文學」的指涉對象、實質內涵、主要思潮、意識論爭、詮釋策略、評價標準等問題，大致可以構成一個理解「現代文學」的規模。如果說我們的談論仍嫌粗略，還可以再深入，那表示我們在發掘問題上，已經有些微的貢獻了。後來者可以在這個基礎上繼續發揮，使「現代文學」更明朗化，而成爲豐富我們生命內涵的一大根源。

在這一點願望以外，我們也得指出本論述一個未曾涉及的課題，就是發生在現代的文學研究（包括文學史）和文學批評（又包括理論批評和實際批評）以及文學批評史和文學批評的批評（又包括批評的理論批評和批評的實際批評）。這一部分也值得去探討，而我們只談到發生在現代的文學創作那一部分，不免有所偏重。這是沒有辦法的事。不過，從我們的論述中，也可以看出一種研究文學的方式，勉強可以彌補不能論及文學研究那一部分的缺憾。

九・參考書目

一　初階書目

劉心皇	《現代中國文學史話》	正中	一九七一年
尹雪曼主編	《中華民國文藝史》	正中	一九七五年
周　錦	《中國新文學史》	長歌	一九七六年
司馬長風	《中國新文學史》	傳記文學	一九九一年
鄭學稼	《由文學革命到革文學的命》	亞洲（香港）	一九六〇年
侯　健	《從文學革命到革命文學》	中外文學	一九七四年
夏志清	《中國現代小說史》（劉紹銘編譯）	傳記文學	一九七九年
夏志清	《新文學的傳統》	時報	一九八五年
程發軔主編	《六十年來之國學》	正中	一九七五年
徐　訏	《現代中國文學過眼錄》	時報	一九九一年
李　牧	《疏離的文學》	黎明	一九九〇年
葉維廉主編	《中國現代文學批評選集》	聯經	一九七九年
葉維廉	《中國現代小說的風貌》	四季	一九七七年

梁實秋	《偏見集》	時報	一九八六年
余光中	《掌上雨》	時報	一九八六年
顏元叔	《文學經驗》	志文	一九七七年
劉紹銘	《傳香火》	大地	一九七九年
劉紹銘	《涕淚飄零的現代中國文學》	遠景	一九八〇年
楊　牧	《傳統的與現代的》	志文	一九七七年
陳芳明	《詩和現實》	洪範	一九七七年
覃子豪	《論現代詩》	普天	一九六九年
劉紹唐	《小說與戲劇》	洪範	一九七七年
姚一葦	《欣賞與批評》	聯經	一九八九年
王德威	《從劉鶚到王禎和——中國現代寫實小說散論》	時報	一九八六年
劉再復	《生命精神與文學道路》	風雲時代	一九八九年
嚴家炎	《論中國現代文學及其他》	新學識	一九八九年
陳思和	《中國新文學整體觀》	業強	一九九〇年
彭品光主編	《當前文學問題總批判》	青溪新文藝學會	一九七七年
尉天驄主編	《鄉土文學討論集》	遠景	一九七八年

陳永興主編　《臺灣文學的過去與未來》　臺灣文藝　一九八五年
葉石濤　《臺灣文學史綱》　文學界　一九八七年
彭瑞金　《臺灣新文學運動四十年》　自立晚報　一九九一年
蔡源煌　《海峽兩岸小說的風貌》　雅典　一九八九年
周玉山　《大陸文藝新探》　東大　一九八四年
陳信元　《從臺灣看大陸當代文學》　業強　一九八九年
鄭明娳　《當代文學氣象》　光復　一九八八年
文訊雜誌社主編　《當前大陸文學》　文訊雜誌社　一九八八年
文訊雜誌社主編　《苦難與超越——當前大陸文學二集》　文訊雜誌社　一九九一年
趙家璧主編　《中國新文學大系》　業強　一九九〇年

二　進階書目

威靈漢（J. R. Willingham）等　《文學欣賞與批評》（徐進夫譯）　幼獅　一九八八年
伊格頓（T. Eagleton）　《當代文學理論導論》（聶振雄等譯）　旭日（香港）　一九八七年
佛克馬（D. Fokkema）等　《二十世紀文學理論》（袁鶴翔等譯）　書林　一九八七年

阿特金斯（G.D. Atkins）等編 《當代文學理論》（張雙英等譯） 合森文化 一九九一年
韋勒克（Wellek）等 《文學理論》（梁伯傑譯） 水牛 一九八七年
王夢鷗 《文學概論》 藝文 一九七六年
龔鵬程 《文學散步》 漢光 一九八五年
龔鵬程 《文學與美學》 業強 一九八七年
龔鵬程 《文化、文學與美學》 時報 一九八八年
龔鵬程 《近代思想史散論》 東大 一九九一年
蔡源煌 《文學的信念》 時報 一九八三年
蔡源煌 《當代文學論集》 書林 一九八六年
蔡源煌 《從浪漫主義到後現代主義》 雅典 一九八八年
伽達瑪（H.G. Gadamer） 《眞理與方法》（吳文勇譯） 南方 一九八八年
霍伊（D.C. Hoy） 《批評的循環》（陳玉蓉譯） 南方 一九八八年
德多洛夫（T. Todorov） 《批評的批評》（王東亮等譯） 久大、桂冠 一九九〇年
徐道鄰 《語意學概要》 友聯（香港） 一九八〇年
戴華山 《語意學》 華欣 一九八四年
黃宣範 《語言哲學》 文鶴 一九八三年

姚一葦　《藝術的奧秘》　開明　一九八五年
姚一葦　《美的範疇論》　開明　一九八五年
劉昌元　《西方美學導論》　聯經　一九八七年
羅　青　《什麼是後現代主義》　五四書店　一九八九年
賴澤涵主編　《三十年來我國人文及社會科學之回顧與展望》　東大　一九八七年

文藝美學

丁履譔

壹　緒論：名稱、界限、內容、範圍、目的

「文藝美學」作爲一門大學部或中文系的課程，在教師教學與學生學習上，有難與易的兩個極端。就其易處而言，本課程範圍很廣泛，它與文學史、藝術史、美學史、文學概論、藝術概論、文學批評、文學原理、作品欣賞等皆有所涉，有些部分是重疊的。目前以「文藝美學」爲書名的有王夢鷗先生之書，以「文學與美學」爲書名的有趙滋蕃先生之作。一九八九年六月間淡江大學中研所舉辦「文學與美學會議」海峽兩岸皆有學者發表論文，現已集印成書，由文史哲出版社出版。筆者亦應邀發表論文。

但是，就其難處而言，若把「文藝美學」解釋爲「文學的美學」，則問題就很複雜，它牽動了整個美學研究的範圍，更牽動了東西方美學史及美學原理的重建問題，這在西方知識界固然是

一門專業的研究，而在中國更是一門剛剛起步，等待著學者們努力探討，未成定型、定論的新興學科。

大陸方面近年出版了許多文學及其他造形藝術方面的書都好冠以「××美學」，學者們指出這是一種「美學」泛濫，這對美學的研究不見得有益，容易混淆了眞正的「美學」本意，試比較劉文潭教授近年所翻譯的波蘭美學學者佛拉第斯勞・達達基茲（W. Tatarkiewicz, 1886-1980）所寫之《西洋六大美學理念史》便可知「美學」理念的眞實狀況。葉朗先生完成了《中國美學史大綱》（一九八五）以後，在一篇論「中國當前美學」的文章中說：「東方古典美學形態顯然有自己的特點。但是，由於國內外學術界對東方美學的研究一直相當薄弱，所以，我們一時還難於對東方古典美學的形態，作出完整的理論概括和理論表述」（《文學與美學》，頁七，文史哲出版社）。

當一門學科發展到需要一本厚厚的辭典以處理其中的術語及其概念時，便可知這門學科的複雜性。近年大陸出版了一本《美學辭典》，其中有一條「文藝美學」：

> 美學的分支學科，與生活美學並列，下屬學科有文學美學和藝術美學，是研究文學和藝術在審美的創作、欣賞中的特徵和規律的學科。文藝美學著重研究文藝作者按照社會、階層、個人的審美意識（情感、趣味、觀點、理想）去感受和概括反映生活美醜屬性，按照美

的規律，創造出有優美形式的藝術形象體系，適應和提高欣賞者的審美欣賞的趣味和能力，以激起欣賞者的美感，並給予審美教育的規律。文藝美學不同於研究有關文藝的一切問題的文藝學（文藝理論），不同於從心理學角度研究文藝創作和欣賞中有關心理學問題的文藝心理學，不同於從社會學角度研究文藝創作和欣賞中有關社會學問題的文藝社會學，也不同於從哲學角度研究文藝創作和欣賞中有關哲學問題的文藝哲學等。文藝美學和文藝理論、藝術哲學在日常用語中常常混同，也有人認為三者等同，但多數人認為在科學用語中應該盡可能把三者區分開來。文藝美學有賴於上一級美學解決重大的原則問題，也有賴於下一級部門美學（例如文學和藝術美學、再下面的例如小說美學和電影美學等）提供實踐和理論研究的成果。（木鐸出版社，頁四六九）

以上這一段對「文藝美學」的解釋，固然是陳義過高而且抽象，不易把握，又因可能參考外文資料，所以，初學者對範圍及內容的把握實在不易。況且，學者們也並沒有對這一詞語或術語形成共識。只能算是嘗試性的解釋。而且，在此一試探性的解釋中，否定的多，肯定的少，因此，「文藝美學」的眞正範圍與內涵究竟是什麼，尙需繼續探討，難作定論。

趙雅博教授在他厚達六百頁的《文學與藝術心理學》一書中，有專章談「文藝心理學與其有關的美學與藝術的異同」：「目前有關藝術理論學科的研究，雖然可以說是五光十色，雜然並陳，但可以成科者，不外有：一、美學，藝術哲學。二、美的心理學。三、藝術科學，藝術社會學。四、文學批評。五、美學，藝術史。」

如果把「文藝美學」解釋爲「文學的美學」，則一方面要掌握美學的整個領域，然後再延伸到文學的研究，這是一個多麼廣濶的領域！由於範圍的不確定及知識領域的有待開拓，作爲這一領域的導讀者有其層層的困難。

但是，話又說回來，由於現代人對知識的渴求與需要，又不得不勉爲其難。許功明先生在《藝術人類學的發展脈絡》（《思與言》，二十五卷一期，一九八七年五月）一文中指出藝術人類學對整個人類學知識領域的重要性，藝術人類學已成爲人類學研究的獨立系統，歐洲方面已有很好的成績了。

當代人文學者 G. M. Kinget 在所著《論人》第十章中指出，美的追求是生命現象之一，一切藝術形式，都是生命意識不可缺少的元素。(*The Will to Beauty, On Being Human: A Systematic View*, 1975, p. 132)

由以上所述，可知「文藝美學」的範疇與教學方式，一方面是開放的、外向的；另一方面則是融合的，內聚的，它可作爲一個中心點，也可以作爲一個橋樑，去建立與其他社會科學及人文學科之間的往來關係，同時，用這些不同的知識領域去研究、考察，並且喚起人們對文學藝術品味的欣賞與分析，以提升生命的價值感。

作爲一門導讀性的課程，一方面要顧到入門的方法與途徑，並引導學者從事某一專題的深化研究，以及在此一範圍內有那些材料及研究成果可資利用。學問之道固無捷徑，但不使人走錯路，進而步上坦途，是本文陳述的原則。然而在設計論述的過程中，是試探性的，正像人類其他知識之形成，是前有所承，後有所繼，不敢遽下定論。這一切的努力向著兩個目標前進：一、知識的，二、趣味的。以藝術（廣義的）的知識擴大藝術的趣味，用藝術趣味（美感經驗）帶動藝術知識的研究。美國哲學家桑他耶那說：「在生活中對美的感受能力比美學原理更重要。」（The sense of beauty has a more important place in life than aesthetic theory has ever taken in philosophy. *Introduction or A Sense of Beauty* by George Santayana）同樣的，美學原理可以使我們的美感更雋永有味。這便是他寫《美感》一書的著眼處。

貳　美學之展開：幾個重點

一・西方美學

(一) 康德 (Immannel Kant, 1724-1804)

有關他的生平及哲學之全部內涵，此處無法容納，且此類書不難找，此地但述他的美學大要。康德的美學思想主要展示在《判斷力批判》的前半部，但是要想對這部分有徹底的瞭解，必然要從他的全部哲學架構中去作前後的照應才不致誤解，此點，當今康德專家 S. Korner 特別提醒讀者，茲將此前半部有關美學之創意稍作大綱式敍述。

1. 審美判斷或趣味判斷的四個要點：

(1)從質的方面看審美判斷：

審美判斷不是認知的，不是邏輯的，而只是美感。（第一節，以下所引章節悉依 J.B. Bernard 英譯本）

審美趣味是一種不憑任何利害計較而單憑快感或不快感來對一個對象或一種形象顯現方式進行判斷的能力。這樣一種快感的對象就是美的。（第五節結語）

(2)從量的方面看審美判斷：

紫色對這個人是柔軟的，可愛的。但對另一人則是衰敗的與死亡的感覺。……每一個人都有他自己的趣味。（七節）

這樣看來，好像趣味判斷是主觀的，個別的。但這是對經驗的感官而言。若就主體判斷的先驗而言，審美判斷有其普遍可傳達性，康德叫「主觀的普遍性」（六節）或者又叫做「普遍的可傳達性」（九節）所以，本節的結語是：「美不涉及概念而又使人愉快的。」

(3)從關係方面看審美判斷：

所謂「關係」指的是對象和它的目的之間的關係而言。

有兩種美：自由美和依存美。前者不以對象究竟是什麽的概念為前提；後者卻要以這種概念以及相應的對象的完善為前提。前者是事物本身固有的美；後者卻依存於一個概念（有條件的美），受到某一特殊目的概念約制的那些對象。（十六節）

J.B. Bernard 在英譯「導言」中解釋這段話說：「一件美的事物除了其自身及觀賞者外，無任何目的；而一個有用的東西卻對某人有某種用處。」Bernard 並且說，此意自聖奥古斯丁以來卽有論述。對「自由美」而言，也可以解釋爲：「目的的無目的性」（purposiveness without purpose）（十節）依此意推之，純粹美或自由美或自身美的事物，世間並不易找到，絕大部分的美（不論自然美也好，藝術美也好），總得歸到「依存美」上。當代俄國形式主義者認爲人類的活動大致有四種功能：實用的，理論的，象徵的，美感的，四者互動互生。（詳見 J. Dudley Andrew: *The Major Film Theories*, p.79）

(4)從方式方面看審美判斷：

「凡是不憑概念而被認爲必然產生的愉快的對象就是美的。」（二十二節結語）康德認爲「概念」來自「定性判斷」，而審美判斷乃是「反思判斷」。（導言第四段）所謂「方式」（modality）是說審美判斷必然由個別的範例或個別的事物產生。此一判斷雖是個別的、主觀的，但卻又是共同的、普遍的。吾人若不作如此假設，則「認知」與「傳達」皆不可能，人與人便不能互相瞭解，而事實並非如此。這便是「範例的有效性」（exemplary validity）。

自今而觀之，康德「美的分析」對其後的美學思想之貢獻約有：(1)他把審美現象的許多衝突很清楚的揭示出來，待後人去思索解決。(2)他提出美的本質或特性問題，一方面糾正了經驗派美感卽快感的說法，另一方面也糾正了理性派「美」卽「完善」的看法。眞、善、美三者既是互相區別，又是互相連繫的。(3)美感雖是一種感性經驗，卻有理性基礎，這個基本思想是由康德首先提出。所謂「先驗綜合判斷」，康德自己在「導論第八節結語」也說：「美感判斷的對象是判斷的主體而不是任何主體以外的經驗對象。」（Bernard, p. 38）(4)由於康德強調審美經驗的「共同感覺力」和「普遍可傳達性」，所以他沒有走向其後的以個人爲主的浪漫主義或印象主義。相反的，他在第四十一節中對藝術的社會性有所強調及論述。從美的共同性與彼此可經驗性，在人類社會化的過程中，審美判斷甚至於是「人」的責任。（四十一節末段，Bernard, p. 173）

2. 對崇高的分析：

(1)「崇高」與「美」二者之異同：

康德美學思想，即所謂審美判斷，大致分爲兩類，即「美」與「崇高」。在「美的分析」中他強調「美的形式」，已如上述。在對「崇高的分析」中，他認爲：

> 自然之所以能引起崇高的觀念，主要由於它的混茫，它的最粗野，最無規則的雜亂和荒涼，只要它標誌出體積和力量。（二十三節）
>
> 例如暴風浪中的大海原不能說是崇高的，只能說是形狀可怕的。一個人必須先在心中裝滿大量觀念，在觀照海景時，才能激起一種情感——正是這種情感本身才是崇高的，因為這時心靈受到激發，拋開了感覺力而去體會更高的符合目的性的觀念。（二十三節，Bernard, p. 103）

所謂「更高的符合目的性的觀念」就是吾人生命力先遭到阻礙而後受到激發，因而精神得到提高或振奮時所表現的精神力量及勝利之感。因此，「崇高之感」不在於對象而在於心靈的思想與情緒之主觀感受，比起「美」來，更具主觀性。（二十三節，Bernard, p.102）

(2)崇高之兩類：數量的和力量的。

康德把審美判斷中的「崇高」分爲兩類：數量的——體積的無限大。力量的——能引起恐懼與崇敬之心的事物（二十四節）。就對象而言，力量崇高的事物，一方面須有巨大的威力；另一方面，這巨大的威力對於審美判斷的主體並不能構成支配力，「崇高」之感自然產生。（二十八節）

他舉例解釋：

好像要壓倒人的陡峭懸崖，密佈在天空中迸射出迅雷疾電的黑雲，帶著毀滅威力的火山，勢如掃空一切的狂風暴雨，驚濤駭浪中的汪洋大海以及從巨大河流投下來的懸瀑之類的景物，我們的抵抗力相形見絀，顯得渺小不足道。但是，只要我們自覺安全，它的形狀愈可怕，也就愈有吸引力，我們就欣然把這些對象看做崇高的。因為它們把我們心靈的力量提高到超出慣常的凡庸，使我們顯示出另一種異常的抵抗力，有勇氣去和自然的這種表面的萬能進行較量。（二十八節，Bernard, p.125）

> 在這種情況下，自然之所以被看作崇高，只是因為它把我們的想像力提高到能用形象表現出這樣一種情境。在這些情況下，心靈認識到自己心靈的崇高性，甚至超過自然。（二十八節，Bernard, p. 126）

在這些有關「崇高」的章節中，我們可以看出康德所舉「力量的崇高」多爲個人道德修養所致。他說：「如果沒有道德觀念的發展，對於有修養準備的人是崇高的東西，對於無教養的人卻是可怕的。」（二十九節，Bernard, p. 130）所以，「崇高」之感不在自然，而在人的心境。但從自然到心境，由客體到主體的這個轉化過程是需要教養與文化陶冶，這種能力是道德理念發展的結果。

(3)天才和藝術：

在這一部分，他的論述涉及到藝術創作的問題，他首先指出藝術與自然的分別：

> 藝術有別於自然，正如製作有別於一般的動作。藝術產品或結果有別於自然的產品或結果，正如作品有別於作品或效果。（四十三節，Bernard, p. 183）

這也就是說，藝術有賴於創作，而創作須通過自由意志和理性。藝術既然是自由意志的創作，它有別於手工藝，因爲手工藝是實用的、強迫的、被動的：

藝術有別於手工藝，是自由的創作，手工藝也可以叫做掙取報酬的藝術。人們把藝術看作彷彿是一種遊戲，本身就是愉快的，到達這一點才算是符合目的的。手工藝是一種勞動，這本身並不愉快，只有透過它的效果（如報酬），它才有吸引力，因為它是被強迫的。（四十三節，Bernard, p.184）

進而言之，藝術既是自由創作，這種既不訴諸規律，也不訴諸模仿，只有訴諸天才，所以他說：

天才是替藝術定規則的一種才能，是天生的創造功能，才能本身屬於自然，所以我們說天才就是一種天生的心理的能力，通過這種能力，自然替藝術定規則。（四十六節，Bernard, p.188）

康德的藝術天才論，可以與二十世紀的心理學者楊格（C. Jung, 1875-1961）的集體潛意識學說相互印證，楊格認爲藝術家的責任與創作就是在於他要表現一個民族的集體潛意識，他的作品是有表現性、代表性或象徵性的。他要爲全民族乃至於全人類，奉獻他的自由意志，來完成他的藝術品。（詳見他所作《追求靈魂的現代人》第八章〈心理學與文學〉。*Modern Man in Search of a Soul*, 1933）

從藝術創作需訴諸天才與只有天才始可創造藝術，延伸出另一觀點，即：

審美趣味沒有客觀原則，如果想尋出一種審美原則，通過明確的概念來提供美的普遍標準即是白費力氣。（十七節，Bernard, p.84，另於三十三節、三十四節亦有相似論述）

從天才與自由看藝術，康德也曾贊美「詩」的道德或實用功能，這也未嘗不是「美與善」的結合：

詩振奮人的心胸，因為它讓心靈感覺到自己的功能是自由的，獨立自在的，不取決於自然的。在觀照和評判自然（作爲現象）中所憑的觀點不是自然本身在經驗中所能供給我們的感官或理解力的，而是把自然運用來彷彿作為一種暗示超感性境界的示意圖。詩用它自己隨意創造的形象來遊戲。它不是為著欺騙，因為它說明自己只是為著遊戲。但是理解力卻

是可以利用這種遊戲來達到它的目的。（五十三節，Bernard, p. 215）

這好像現代常說文學是虛構的，在虛構的過程中，一方面語言修辭造句可以充分的發揮新陳代謝的功能，並保有語言自身鮮活的生命與生機。另一方面，文學家才能運作並強化符號功能。而強化符號功能的同時，也強化了使用主體的意識活動。這也是「美」的實用性與藝術性的結合。

3. 餘論：

康德在美學上的成就，正如他在西方哲學上的成就一樣，是繼往開來的，根據當代康德哲學專家之一——卡西勒（E. Cassirer, 1874-1945）所著《康德及其思想》一書所論，康德有關美學方面的思想不但未過時，其中精義正被現代學者研究發掘之中。因此，吾人閱讀康德原典——《判斷力之批判》不但可以發掘康德思想之博大精深，而且可以作爲瞭解整個西方哲學及美學的線索與指引。學者們指出，康德在世時，他教導學生多就問題本身去思考、設法解決，而不是塞給人一堆「哲學教條」。（S. Korner; *Kant*, p. 220）

檢視當前國內（文化中國）對「美學」方面的研究，看起來似乎很熱門，其實往往把修辭學或藝術史（泛指），或把某類藝術形式的創作論看做「美學」，甚至把藝術欣賞當作「美學」，這與康德所論「審美判斷」在心靈的活動層次上不是同一範疇的，同名異實，極易引起初學者的誤解。又或在研究的層次上略相似。但由於研究者在時空條件或「意識形態」所限，與康德的美學範疇相去甚遠，甚或避之惟恐不及。李澤厚先生曾言：

如果我們寫出來的美學史與文藝批評史沒有什麼區別，或者差不多，那就沒有什麼意思了。但材料確實就是那麼一些，怎麼辦？只有一個辦法，就是盡量從哲學的角度來加以認識。也許這樣的美學史大家沒有什麼興趣，覺得枯燥、抽象、哲學化；但實際上好的哲學書、美學書，一本比十幾本別的書都有用。康德的《判斷力批判》相當抽象，但能頂上幾十本文藝理論書。總之，如何處理美學與文藝理論的關係問題，也就是如何區分美學史與文藝批評史的不同特點的問題，是我們編寫中國美學史時碰到的第二個問題。（引自〈關於中國美學史的幾個問題〉，收在《美學與藝術》論文集，木鐸出版社）

李氏的這番話一方面說明了康德美學的重要性，同時也敍述了當前中國美學研究的現況。本文在徵引《判斷力批判》原文中譯時，爲了避免歧義，乃直接引用朱光潛先生之譯文，但必檢覈英譯原文，並注明 Bernard 英譯原文，以相對照，儘可能探其原意。德英語言與德中之間在傳達上的差距，無論在語法及語意之間，相信是比較接近的。

劉昌元先生在近作《西方美學導論》中說：「朱光潛《西方美學史》引語豐富，甚有參考價值。」筆者當然同意。但在所著第二章論康德美學時推薦 J. O'Conner 編的 *A Critical History of Western Philosophy* 一書，其論康德一章，所論不見得持平，或許在氣質上與康德並不相契。試觀當今康德專家 S. Korner 在所著《康德》一書，特引叔本華之語作爲全書之卷首：

對於一位偉大的思想家，指出他的錯誤比解釋他整個思想成就要容易得多。

筆者以爲，不但研究康德，研究任何大思想家都宜用此種心境面對它，才有收穫。朱光潛先生認爲讀「美的分析」到「美的理想」部分，人們可能會覺得康德在這裏做了一個一百八十度的大轉變，從形式主義轉到人道主義內容的偏重，事實上康德對美的社會性與道德功能也是他所關心的，考慮到此，則美的純粹形式比不過美的依存性，美與善的結合才是美的最高境界。只要細心把《康德》全書讀完，這個結論自無異議。

在中國哲學的美學思想之最佳表述中，莫過於儒家的「中庸」思想，《中庸》首章說：「喜怒哀樂之未發謂之中，發而皆中節謂之和；中也者天下之大本也，和也者天下之達道也。致中和，天地位焉，萬物育焉。」英國近代美學家李查滋（I. A. Richards, 1893-1979）在其所著《美學的基礎》（*Foundations of Aesthetics*）一書中將《中庸》此語作爲全書的卷首語，可見他對此一思想之崇敬與愛好，這也是中國美學思想的極致，只有美與善結合時，「美」才有它的社會意義與人文意義。

人生理想的境界——眞、善、美，則「美學」的探討在人文教育中是不可缺少的一環，當代英國哲學家 C.P. Snow 曾爲文剖析當今「人文教育」的缺失及「科技教育」的膨脹，這對全世界及未來人類都是不好的。〔詳見《二個文化及科學革命》及《再看二個文化》(*The Two Cultures and A Second Look*, Cambridge Press, 1965)〕

朱子在《中庸》首章注：「蓋天地萬物本吾一體，吾之心正則天地之心亦正矣；吾之氣順則天地之氣亦順矣。故其效驗至於如此，此學問之極功，聖人之能事，初非有得於外，而修道之教亦在其中矣。」這段話如果用康德美學觀點來解釋，則注文的前半段在於強調審美判斷的主體性、主觀性。而後半段在說明審美判斷的共同性、社會性，那是由教育修持(學問之極功)而來。

在中國，自從佛教傳入，歷經魏晉南北朝，唐玄奘時，唯識觀大盛，宋明儒者莫不受其影響。這種強調主體意念的認識論，與康德知識論在主體方面有某些相同之處，當然不宜作過多的附會引伸。陸象山說：「天地上下曰宇，往來古今曰宙。宇宙便是吾心，吾心便是宇宙。宇宙內事乃己分內事，己分內事乃宇宙內事。」這雖是唯心主義的道德律，它也說明了價值判斷的主體性、主觀性，頗與審美判斷相契。

「萬物靜觀皆自得，四時佳興與人同。」(程顥，〈秋日偶成〉)

「感時花濺淚，恨別鳥驚心。」(杜甫，〈春望〉)

如果沒有審美主體的「靜觀」、「感時、恨別」，則「興」不佳、「花」不淚、「鳥」不驚矣。再如：

> 少年聽雨歌樓上，紅燭昏羅帳。壯年聽雨客舟中，江闊雲低，斷雁叫西風。而今聽雨僧廬下，鬢已星星也。悲歡離合總無情，一任階前點滴到天明。（蔣捷，〈虞美人・聽雨〉）

「雨」，從精衛填海，相繇治水的時代就已經從天而降了，由於聽雨的人有「悲歡離合」的心情，所以美感經驗的內容隨「心情」而生。換言之，只有在「審美判斷」時，雨（客觀世界）的感覺與經驗隨著人的感情而改變。但是，在「純理性判斷」時，在氣象學家的邏輯理性的觀察中，「雨」的現象與性質是不變的。人是具備這種分辨能力的。換言之，科學的眞與藝術的眞是不同的，這也是康德在三大批判裏所思考的問題。蔡元培先生的「以美育代宗教說」其理論基礎便是康德的哲學思想。（詳見後）

(二) 克羅齊（Benedetto Croce, 1866–1952）

1. 他在當代美學中的地位：

克羅齊的美學思想上承康德、黑格爾，下開文學批評的方法論，在我國近代以來，經朱光潛先生的介紹，國人凡愛好文學研究及美學思考者，大概都讀過朱氏的《文藝心理學》，其後朱氏在所著《西方美學史》第十九章再度介紹了他的美學思想及其哲學歸趣。在哲學上克羅齊被一般哲學史家列入「新黑格爾派」，而其基本觀點則更接近康德，主觀唯心主義的成分較多，這可以從他所著的《美學原理》及《美學史》二書的思想中看出，而在美學上他也上繼維柯（G. Vico, 1668-1744）的思想，把維柯的關於形象思維學說發展爲「直覺卽表現」的主張，美國學者 M. Rader 在所編的《美學論文集》中說明克羅齊在美學領域裏，比任何其他活著的作家影響都較廣泛，二十世紀的前半世紀的美學思想都在他的影響之下。

美國文學界的知名學者衞姆塞特與布魯克斯合著之《西洋文學批評史》第二十三章〈表達主義——克羅齊〉，對克氏的美學思想作了深入的探討，並批評他對當時的影響：

> 克羅齊對英語世界的影響，主要是由他的英國翻譯者與註評人：考林伍德（Collingwood）、卡勒提（Carritt）、華克萊（Walkley）、卡爾（Carr），表達主義的美學家如早年的美國學者杜卡斯（C. J. Ducasse），美學思想淵博的人如波桑貴（Bosanquet）——一位假充享樂主義者，一九二三年，發表《美學三講》（*Three Lectures on Aesthetics*）——等人的宣揚，甚至敵對的陣營也有助於克羅齊思想的傳播。克羅齊與杜威（John Dewey）

兩人去世的前幾年在《美國美學與藝術評論雜誌》（*American Journal of Aesthetics and Art Criticism*）上，掀起筆戰，前者自稱係後者的經驗與實用的美學思想的泉源，而後者怒指這類美學思想普遍共有，非克羅齊的專利品。一般文學批評家的情形，雅不欲自承受了克羅齊的影響——雖然，一九一〇年前後，文學史家史賓乾（J. E. Spingarn）在美國掀起的「新批評」（New Criticism），自稱淵源於克羅齊。此外，蘇格蘭教授阿貝克隆畢（Lascelles Abercrombie），在一九二六年發表的《詩之理論》（*Theory of Poetry*），也自稱淵源於亞里斯多德、克羅齊、與「普通常識」。克羅齊的影響，很像一八〇〇到一八四〇年康德在法國的影響，是一種普遍的與氛圍的影響，與一種友善的知識氣氛相混合，以致不能一一識別出來。（引自顏譯四八一頁，志文出版社）

那麼克羅齊的美學思想究竟有些什麼內容與成就呢？朱光潛先生有關克羅齊的研究如《西方美學史》第十九章、《文藝心理學》第十一章，中譯克氏之《美學原理》，朱氏並參考義大利學者庫勒斯比所著《義大利現代思潮》一書（Angelo Crespi: *Contemporary Thought of Italy*, London, 1926）作成《克羅齊哲學述評》，此書把克羅齊哲學的思想背景作了深入的探討，對於沒有哲學訓練而研究美學的初學者是值得參閱的。茲參閱相關資料及以上諸書把克氏美學思想略作述解。

他的美學思想是他的哲學架構中的一部分，可用以下圖表加以說明：

2. 重要觀念：藝術＝直覺＝表達＝想像力＝美

知　　　　　　　　行

知解　　　　　　　實用

直覺	個別意象	美	美學	想像
概念	普遍概念	眞	邏輯學	推理
經濟	個別利益	益	經濟學	欲望
道德	普遍利益	善	倫理學	意志

克羅齊最著名的著作要算是他的第一部《心靈的哲學》，他的全部名稱爲「美學——表現與普遍語言學的科學」。它在克羅齊哲學中特別重要，不僅因爲它的研究對象是基層心靈活動——直覺，不僅因爲克羅齊在這方面的成就集康德、黑格爾以來美學的大成，在當代美學著作中沒有一部能和它比美，尤其因爲克羅齊打破二元主義，把康德、黑格爾的唯心主義，推演到它當然的邏輯結論。建立一種比較徹底的唯心哲學，全靠他的美學的學說。所以，如要說克羅齊的美學只是他唯心主義的知識論的延伸，亦無不可。他在《美學原理》第一章〈直覺與表現〉中說：

> 知識有兩種形式：不是直覺的，就是邏輯的。不是從想像得來的，就是從理智得來的。不

是關於個體的，就是關於共相的。不是關於諸個別事物的，就是關於它們中間關係的。總之，知識所產生的不是意象，就是概念。

在克羅齊之前的哲學家們所打不破嚼不爛的硬栗殼，就是知識的對象，亦卽與生命主體對立的外在自然，他認爲這個物——自然，是知識主體憑感官印象創造出來的，而這感官印象並非來自外物，而是來自知識主體自己的經驗，卽他在實用活動中得來的感受、感情、慾念等，經過心靈賦以形式而外射爲對象。因此，知識主體與知識對象的對立並不是內心與外物的對立，而是主動與被動，心靈活動所造成的形式與無形式的渾沌的經驗材料的對立。

一切知識都以直覺爲基礎。直覺是由想像或意象所構成。直覺不是被動的感受而是主動的創造。主動者是心靈，被動者是直覺以下的物質。這物質是一些由實用活動產生的感觸(feeling)，觸動感官，如印印泥般刻下一些無形式的印象（impressions）；惟其無形式，心靈就不能領會它、知解它；心靈要知解它，必本其固有的理性對它加以組織綜合，使它具有形式，由混沌的感觸外射爲心靈可觀照的對象，卽由印象化爲意象。這感觸成了對象、印象成了意象，物質得到了形式，就是直覺、就是表現。所謂直覺是就心靈活動而言；所謂表現是就感觸（物質）成爲對象（有形式的意象）而言，感觸外射於意象，就已在那意象裏表現了。

這直覺或表現或表達，顯然就是藝術的活動。藝術的內容與形式本不可分，如果作抽象的分析，「內容」卽上文所謂「感觸」（或譯爲情感），實用活動所引起的喜、怒、哀、樂、怡適、惆悵、興奮、頹唐那一類模糊不易捉摸的激動，它們必須化爲具體意象，才爲心靈觀照的對象，才有所謂「形式」。藝術創造就是化感觸爲意象，使感觸表現於意象，使內容得到可觀照的形式，那種活動，卽上文所謂「直覺」。因爲藝術所表達的不外是一種感觸，所以可稱之爲「抒情的表達」（lyrical expression），單有感觸或感情，不能成爲藝術，藝術必須表達情感於意象之上，在表達的過程中，心靈就超越了那情感而從那情感中解脫出來。藝術有「淨化」（catharsis）或使人「安靜」的力量，就因爲這個道理。

情感和意象交融成一個完整體，那情感便已「表現或表達」於那意象，便已在那意象中得到了可觀照的形式，而藝術作品也就完成了。這就是說，藝術作品的成就是在內心中完成，它完全是一種心靈的活動。至於把一首詩寫下來，一幅畫畫下來，那是屬於實用的活動而不是藝術的活動。這實用的活動克羅齊叫它爲「外現」（externalization）或「傳達」（communication）。傳達出來的東西——一首詩或一幅畫，被人誤稱爲「藝術品」，其實它只是件備忘錄而已。

直覺（卽表現或表達）完全是心靈的活動，藝術存於創造者與欣賞者的創造與欣賞那個活動中，不存於傳達出來的文字或其他符號。符號是物質的事實，不能叫做「詩」或「藝術作品」。藝術品是情感和意象的融合。你在心中見到那個意象，感到那種情感，它對於你才是藝術作品。在作者如此，在讀者亦如此。欣賞就是再創造（Recreate）。「要瞭解但丁，我們必須把自己提升到但丁的水準。」大詩人和大藝術家的功用就在把我們提升到他們的崇高的水準，分享他們所見到的那種較廣大的天地。

世上沒有「自然的美」，一切的「美」都是人爲的，是被發現出來的，如果沒有想像的幫助，自然美無法存在。同樣的，一個藝術品並非一成不變或俯拾卽是；它須不斷的被欣賞者創造出來。每人每時每境的經驗不同，所直覺到的也就不能一樣，每次再造都產生一個新作品。這同時也說明了美感經驗的不穩定性。

一般人都以爲美是物（藝術品或自然物）的一種屬性，無論有沒有人欣賞它，美總是在那裏，所以許多文藝批評家想盡方法去找美的「客觀條件和標準」，他們也替文藝定了許多規律，以爲作品遵照這些規律就會美，否則便不美，就醜。他們把「美」和「白」、「方」、「重」、「大」那些可感覺的性質一樣看待，這是因爲他們忘記了藝術是心靈的主觀創造，是直覺，是表現。從唯心主義的觀點，外物的屬性與審美判斷沒有直接的關係。

直覺或表現是整一的，不但沒有價值的比較，也不能有「種類」之分別（見《美學原理》第九章），凡是藝術都只是表現，是意象與情感的融合。一般批評家把藝術分爲文學、音樂、圖畫、雕刻等等，文學又分詩、戲劇、小說等等，詩又分抒情的、敍事的、戲劇的等等，如此等類的區分不可勝數。他們又以爲各類有它的特殊規律，以爲創作的指南，批評的標準，例如戲劇的佈局應如何，人物應如何之類。這種規則及分類儘管分得細、分得嚴，批評家和創作家總是互難就範。一旦創作出新的作品，批評家找不到舊的類來容納，便無法評價其高低，例如：「悲喜雜劇」、「散文詩」之類體裁都曾被批評家痛斥過。可是眞正好的藝術都會被人留著，等待著人們去歸類。藝術生發無窮，類和規律也愈來愈多。依克羅齊看法，這種分類辨法正如圖書分類，依其體積大小分別置於架上。藝術整一而變化無窮，每一個眞正的藝術品都有與其他作品不同的地方，都自成一類，自有內在的規律。

由本節前置圖表可知，藝術爲直覺，是基層的知解活動，先於概念活動與實用活動（經濟的與道德的），所以它可以離哲理、利害計較、與道德倫理而獨立。爲了強調藝術的整一性（Unity）與自主性（Autonomy），克羅齊特別提出以下的分別（詳見第十四版《大英百科全書》Aesthetics）：

(1) 藝術不是哲學、科學，或歷史：

藝術只構成意象，不產生概念，不肯定或否定意象的眞實性。因此，批評的態度或活動不同於藝術活動，二者不能同時發生。批評不能不用判斷的或邏輯的思考，這就不能不把單純的意象變成名理的事實，就不能不走到哲學、科學，或歷史的範圍。克羅齊說：「詩人死在批評家裏」，有人會反駁：藝術作品裏也常有哲理，而且眞正的大詩人在他們的作品裏都有他的人生觀、哲學理念，對人生沒有大澈大悟的人根本就不能產生偉大的藝術。這話固然不錯，但是，藝術含有哲理是一回事，藝術抽象的談哲理又是另一回事。哲理在藝術中混化於意象，如鹽混化於水，既已混化於意象，就已不復是抽象的可獨立的哲理，就已成爲直覺的對象。例如，劇中人物可以談哲理，可是哲理在人物口中並不顯出哲理的功用，而是顯出人物性格的功用。

或許有人要問：無論是欣賞或是創作，我們都不能不用理解，否則如何能瞭解作品的意義？推克羅齊之意，他認為直覺與理解不能同時並立，並非說它們不能先後承續，直覺之前可以有名理的思考，幫助瞭解作品的意義，幫助產生直覺；直覺之後，也可有名理的思考，判斷作品的價值，分析作品與其他事物的關係。但是要點在直覺那一頃刻，名理的思考須暫時擱起；我們對於一個藝術作品，須把它當作純意象觀照，不能把它當作概念去思考；當概念去思考是邏輯的推理，不是藝術的觀照。

(2)藝術不是功利的活動：

藝術卽直覺，卽表現，是一個精神或心靈的內在活動，它不是實用性的。過去美學中有功利主義（Utilitarianism）往往與快感主義（Hedonism）攜手，把藝術功能看成快感。藝術可以產生快感是事實，但這種快感與肉體饑渴的滿足所生的快感不同。苦行主義者因厭惡快感便厭惡藝術，以為藝術有傷世道人心。多烘學究以及淺見的政客因快感可利用，便利用藝術做宣傳教條和政策的工具。其實這兩種人都沒認清藝術是直覺，是先於經濟活動的。它的延伸後效有利有害，但那是站在實用立場，不是藝術的立場。

(3)藝術不是道德的活動：

藝術與道德的關係從古以來就成為哲學家與批評家所常爭辯的問題。西方從柏拉圖到託爾斯泰，許多思想家都從道德觀點攻擊或辯護藝術，在克羅齊看來，藝術既無外在目的，又不起於意志，實與道德無關。所謂「無關道德」（Non-moral）既不是「道德的」也不是「不道德的」，只是說在道德範圍以外。說藝術的目的在於引導人趨善避惡、改善風俗……這些事是藝術所做不到的，正如它們是幾何學所做不到的一樣（《美學原理》第十五章）。此一思想一直影響美國新批評學者 J. Spingarn。

3. 餘論：

關於克羅齊的研究，在中文方面有朱光潛先生，已如上述；在英語世界中專家很多，美國有位學者奧西尼(G. N. G. Orsini)在一九六一年出版了一本研究克羅齊的書：《克羅齊——藝術哲學家與文學批評家》（Benedetto Croce: *Philosopher of Art and Literary Critic*）。他是克羅齊的同情者，他認爲克羅齊的思想先後分四個階段，而義大利文原作尚有許多尚未譯成英文，而奧西尼本身是可以閱讀義文原著，所以此書甚有參考價值。所以，如果有人對克羅齊未加深究，很可能產生誤解。奧西尼認爲在英語世界中目前研究克羅齊最正確而全面的要算 W. K. Wimsatt Jr. and C. Brooks, *Literary Criticism: A Short History*, (New York, 1953)，其中有關克羅齊的那一章——二十三章，筆者亦有同感。

克羅齊的《美學原理》副標題爲「作爲表現的科學和普通語言學的美學，它的基本的原理」，之所以用這一副題，是因爲他在所有的藝術媒介中最重視語言，在十八章中說：「語言，是一種永恆的創造，語言上曾經表達過的，不會再重複，除非把已產生的再製一遍。常新的印象，能敦促聲響與意義不斷的變化，那便是說，出現常新的表達。因此，追求一種模範語言，等於追求靜止的運動。」

克羅齊提醒我們，他反對一切說教主義的批評，一切科學的、寫實的、資料的、模仿的，乃至於傳記的文學。同時若從他的直覺論出發，自然助長了主觀主義的印象批評，試觀新批評的一些主張，多少有此傾向。

在創作論方面，後來的學者也曾提質疑與修正，當克羅齊引米開蘭基羅的話說：「藝術家用腦作畫而不是用手」，因爲藝術不是物理的事實。但一般而論，創作的過程卻是一個用藝術媒介形成的過程；沒有音響能成音樂嗎？讀樂譜與音樂二者效果是不一樣的。就雕刻而言，在雕刻過程中，藝術家往往要隨時順著木石的紋路以成形，「作品」在未完成之前，很難有預知的定形，這與「直覺」論有段距離。（詳見：Jerome Stolnitz: *Aesthetics and Philosophy of Art Criticism*, pp. 105-107）

㈢ 美學史與美學原理

1. 美學史：

朱光潛先生在《西方美學史》的凡例及序論中，把美學研究的範圍及方法論已經交代得很清楚了，他說：「本編只是一部略見發展線索的美學史論文集，不能算是一部美學史，因爲次要的美學流派的代表遺漏得很多，就編者的知識水準來說，寫美學史的條件還不具備。在編寫過程中，他認識到了一部比較完備的美學史，只有在美學史專題論文的基礎上才編寫得出來，而這方面的工作，還有待於美學界同道們共同努力。」他又說：「本編的選擇標準有二：一個是足資備鑑，所以選擇來介紹的大半是些帶有積極意義的經典性的論著。另一個是代表性較大，影響較深遠，有助於說明歷史發展的源流線索。」以上所引雖是謙詞，但也有他的嚴肅性，試觀他在二卷末了所選的簡要書目，可知學術成長與成就之不易。筆者在本文中所介紹的康德及克羅齊之美學，其用意也是在突顯二者在西方美學中的地位及其代表性。

美學史與美學的差異在於「美學」更多的面對現在，「美學史」則更多的面對過去。這種分別自然也是相對的；美學固然不能割斷歷史的連繫，美學史也必然有現代的觀點去解釋、評價、及取捨，因爲它們的目標是一樣，卽解釋、解決當前文藝和審美教育中的問題，爲了更完美的達到此目標，才去追溯過去的經驗與智慧。美學史至少有兩層功能：第一，美學史是一般思想史中的一個部門，對美學史的理解有助於對一般文化學術思想發展以及其社會根源的理解。其次，美學思想是文藝創作欣賞實踐的總結和指導，對一個時代美學史的理解，必然有助於對那個時代文藝作品的理解。

認識的意義與實踐的意義二者的關係是呈辯證發展的，也就是說，理論與認知，有其本身的知識意義，但它也同時帶動了實踐，而實踐得到理論的指導，更能獲得它的實用性。美學裏有許多基本問題，例如，文藝對現實的關係、文藝對社會的功能、世界觀與創作方法、內容與形式、形象思維和抽象思維，何謂眞善美？及其彼此之關係、技巧、風格、主題等等，都有其普遍性，各時代的美學家們都逃不過這些基本問題，他們對這些問題都進行過鑽研和討論，都提出過各自的看法。這些看法，有些是正確的，有些是錯誤的，更多的是有正確的部分也有錯誤的部分；有些是只有歷史意義，有些則仍有啟發作用。這中間就需要辨別、分析、批評、披沙揀金，從我們自己的觀點與需要，去建立自己的美學，這就是美學遺產的批判與繼承。也是研究美學史的基本用意。

有關西方美學史的中文資料，則有朱光潛先生所編譯之《西方美學家論美與美感》（丹青圖書公司出版），劃分四個時期：⑴古希臘羅馬時期至文藝復興；⑵十七世紀和十八世紀；⑶德國古典美學；⑷十九至二十世紀初期。每個時期內按人物排列，所選作者均附有簡略的介紹。

2. 美學原理：

美國當代美學家 M. M. Rader 在一九三五年出版一本《美學選集》（*A Modern Book of Aesthetics*, New York）這本書至今已修訂五次，出版以來一直是這類書中的暢銷書，他把過去的美學家及其思想歸納爲十二大類，也就是十二類的美學觀點，也可以稱之爲「美學原理」，這自然是帶有現代人的觀點的，此書的第三次修訂本由劉文潭教授加以譯述，並加增潤，於民國五十六年由商務印書館發行，書名「現代美學」介紹到中文界來，頗受美學界讀者的歡迎，至今一直是一本重要的美學參考書。

劉教授在《現代美學》序論註九說：

我國學者介紹西方美學之論著，僅朱光潛先生所著《文藝心理學》一書，為傳頌一時之名著。然以今日之眼光視之，該書所顯之美中不足之處亦頗不少；諸如：取材過於偏狹，許多重要的美學理論，應談不談，是為缺點之一；所談理論，均經變造，與立論者的原意多所不符，是為缺點之二；遍觀全書，既缺乏系統之編排，復缺少客觀之理路，一至五章貌似融貫，實為恣意揉合之結果，五章之後卽顯零散，是為缺點之三；攻研美學、哲學之素養，實為不可或缺之必要條件，而該書著者，既缺乏哲學之素養，對美學不離哲學之事實，且矯情忽視，（見其「告讀者」首段之自白）其論學之基本態度如此，故對各家理論，皆作「想當然耳」之看法，對其奧妙既無所窺，對其限制也無所見，是為缺點之四。

平心而論，朱氏之「文藝心理學」成書於民國二十五年左右，當時此類書籍可說獨一無二，縱然有其缺點，以歷史眼光視之，其價值是很高的，況且，從朱氏後來的著作目錄及其內容觀之，可以看出作者的心路歷程，不斷的努力與成長，是值得吾人肯定的。

劉教授的《現代美學》在體例上分十二章、三大部，第一部：藝術創造的過程（藝術與遊戲、藝術與美感、藝術與情感、藝術與直覺、藝術與慾望）。第二部：藝術品（藝術與媒材、藝術與形式、藝術與表現）。第三部：藝術的欣賞與批評（審美的態度：感情的移入與抽離、美的孤立說、心理的距離，以及藝術與藝術批評）。附錄部分介紹了四篇當代美學家的論文，末了加入了西方美學詳細目錄，全書三六六頁。

朱光潛先生早年曾寫過一本小書——《談美》，朱自清先生爲他作序，從序中吾人亦可看出當時的學術風尙，他說：

> 新文化是外國的影響，自然不錯，但說一般青年不留餘地的鄙棄舊的文學藝術，卻非眞理。他們覺得單是舊的注、話、評、品等不夠透徹，必須放在新的光裏看才行。但他們的力量不夠應用新知識到舊材料上去，於是只好擱淺，並非他們願意如此，這部小書便是幫助你走出這些迷路的。

言下之意，這本小書是能夠「應用新知識到舊材料上去」，從時間上說，這話也沒錯，以現在觀之，那是一個起步的階段，雖談不上現在大家所談的「比較文學」或「比較哲學」等觀念。這本小書分十五個單元，用西方的美學原理詮釋中國古典的文藝作品，深入淺出，頗得好評，至今如此。不失爲青年優良課內或課外讀物。

筆者自己鑑於美學對藝術批評的重要，曾參考美國當代學者 John Hospers 所寫的一篇〈美學問題〉(Problems of Aesthetics, 1976) 作了一篇文章，收入個人論文集《美學新探》（成文出版社，民國六十九年），把當代西方美學（美國方面）主要是以分析哲學的觀點，作了一番陳述。同時也可以看出當代西方美學受康德的無關心說、形式主義的佛瑞（Roger Fry），克羅齊對新批評的影響，把審美判斷的主觀性分離於科學的眞與倫理的善之外，對當代美學思潮的瞭解，是一篇重要的文獻資料。

(四) 重要參考資料及著作

(1) 朱光潛著，《西方美學史》，二册，漢京文化公司。
(2) 朱光潛譯，《美學原理》，正中書局。
(3) 劉文潭著，《現代美學》，商務印書館。
(4) 劉文潭譯，《西洋六大美學理念史》，聯經出版社。

(5)劉昌元著，《西方美學導論》，聯經出版社。
(6)顏元叔譯，《西洋文學批評史》，志文出版社。
(7)趙雅博著，《文學與藝術心理學》，正統文化公司。
(8)王夢鷗譯，《文學論》，志文出版社。
(9)朱光潛編譯，《西方美學家論美與美感》，丹青出版社。
(10)朱光潛著，《克羅齊哲學述評》，正中書局。
(11)朱光潛著，《文藝心理學》，開明書店。
(12)丁履譔著，《美學新探》，成文出版社。
(13)丁履譔著，《美學與藝術詮釋》，復文書局。
(14)張漢良著，《比較文學理論與實踐》。
(15)郭繼生著，《籠天地於形內》，時報出版公司。

二・中國美學之重建

(一) 觀念與方法

1. 美學的範圍、性質、功能之再認識：

所謂重建，意思是過去不曾有而現在要重建、或過去已有某種內容，但不理想，不合現在要求，所以要重建。中國美學在文獻資料上過去不是沒有，但對「美學」的性質、範圍、及功能，古今在認定上有出入，所以時至於今，仍待努力。這種情形，正像其他的學科一樣，如中國文學史、音樂史、繪畫史、建築史、史學史、科學史、語音史、語法史等等的研究，到現在，在觀念與方法上無不受到西方治學方法上的影響，晚清與民初，在時間上是一個轉捩點，當時的學者們肩負了承先啟後的作用，雖不盡理想，但從那時起，中國的美學研究，步入了新的階段，那就是由本土的觀點轉爲西方的，由傳統的方法，轉爲現代的方法，像蔡元培、王國維、梁啟超諸位，他們便是這一階段治學方法的代表者。也可以說是第一階段的美學奠基者，其後才慢慢發展到近代。如朱光潛、宗白華等。

近二、三十年來，大陸雖出版許多著作，但質與量不成比例，這可以用趙士林先生的一段話：「鑒於時下美學書籍幾成泛濫之勢，本書選材從嚴，書店櫃臺上相當一部分標有『美學』字樣的書籍，實際並非美學，或絕少美學味道，或毫無創造新意。」（《當代中國美學研究概述，前言》一九八八年六月，谷風出版社）由此可見，美學研究的成功與否，功力固然很重要，材料的取捨與詮釋，若沒有對美學有正確的認識，則其範圍、性質、功能更不能把握，結果是很容易徒勞無功。

就以美術史而言，近日石守謙先生在一篇〈探索中國美術史研究的新境〉中說：

美術史對現代之中國人來說，是一個既古老，而又新鮮的工作。說古老，那是因為早在唐宋時代，中國人便已經相當有系統的在對古代的美術品從事研究，並且也有了當時其他文明所無法望其項背的成績（例如完成於九世紀的《歷代名畫記》）；然而，它也是現代一般國人所陌生的學科，因為作為一個學科來說，其領域內的前提、理論以及討論方式，都另外產生了與傳統所使用者相當大的差別，而這些差別的根源則又與我國近代學人受西方美術史研究的影響有關。因為美術史的研究在中國具有如此的性格，民國初年以來從事此種研究工作的學者便都或多或少的感受到出於傳統的，以及來自西方的兩種壓力同時而至。……如果說鄭昶（《中國畫學全史》，一九二九）潘天壽（《中國繪畫史》，一九二六）的繪畫史對傳統的回應多於對西方刺激的回應，那麼當時滕固所寫的《唐宋繪畫史》（一九三三）就正好相反，對西方的美術史學作了正面的反應。滕固曾留學德國習美術史，經過了西方最正統的風格分析學的薰陶，因此也以為「必須廣泛的從各時代的作品裏抽引結論」才是「正當的途徑」，俾將藝術之歷史落實到「作品本身之風格發展」的重點上。滕固在美術史研究上所追求的新境界，雖然在中國美術史學上開風氣之先，具有重大意義，但因當時對作品研究資料欠缺，其風格分析的成績不幸因使用贋品而大打折扣，故而他的美術史也沒有產生預期的典範式的影響。（見《當代》四十五期）

筆者認為石教授的這篇文章實可視為研究中國繪畫史的方法論。可惜未能對大陸近年出版的藝術史加以評述。

事實上，就中國美學與中國美學史的重建而言，方法論的本身尚待重建，何況學科本身的建立，而方法論的形成都與思想史及各類科的發展史有互為因果的關係，這也許是廣大的美學研究羣共同的心聲與期待吧！

2. 蔡元培（一八六八—一九四〇）：

字鶴卿，號孑民，浙江紹興人。清光緒十八年進士，官翰林院編修。一九〇五年加入同盟會。辛亥革命後曾任南京臨時政府教育總長。後來曾長期擔任北京大學校長。是我國近代著名的思想家、教育家、美育的提倡者。他於一九〇七—一九一一年間留學德國，對西方美學作過深入研究，並考察西歐各國藝術教育，歸國後把西方美學思想介紹到中國，並至全國各地演講，提倡美學及美育，舉例而言，他在一九一七年北京神州學會發表〈以美育代宗教說〉，其中有：

> 吾人精神上作用，普通分為三種：一曰知識，二曰意志，三曰感情。最早之宗教，常兼此三作用有之。蓋以吾人當未開化時代，腦力簡單，視吾人一身與世界萬物，均為一種不可思議之事。……迨後社會文化日漸進步，科學發達，學者遂舉古人所謂不可思議者，皆一一解釋之以科學。……近世學者據生理學、心理學、社會學之公例以應用於倫理，則知具

體之道德不能不隨時隨地而變遷，而道德之原理，則可由種種不同之具體者而歸納以得之；而宗教家之演繹法，全不適用。此意志作用離宗教而獨立之證也。知識意志兩作用，既皆脫離宗教以外，於是宗教所最有密切關係者，惟有情感作用，卽所謂美感。凡宗教之建築，多擇山水最勝之處，吾國人所謂天下名山僧占多，卽其例也。其間恒有古木名花，傳播於詩人之筆，是皆利用自然之美以感人者。……要之，美學之中，其大別為都麗之美、崇閎之美，而附麗於崇閎之悲劇，附麗於都麗之滑稽，皆足以破人我之見，去利害得失之計較。則其明以陶養性靈，使之日進於高尚者，固已足矣。又何取乎侈言陰隲，攻擊異派之宗教，以激刺人心，而使之漸喪其純粹之美感耶？

他對「美育」的定義是：「美育者，應用美學之理論於教育，以陶養感情爲目的者也。」從他的著述如〈美育實施的方法〉及〈三十五年來中國之新文化——美術部分〉可看出他對美育的計畫與實踐是一套完整的、全面的理論。在藝術的各種形式如文學、繪畫、雕塑、手工、建築、造林、公園、音樂廳，觀念上古今兼備，東西皆取，制度方面如藝術、音樂學院之設立，無不大力提倡，以現代的術語言之，可以說是硬體軟體兼顧。（詳見《蔡元培美學文選》，聞笛、水如編、淑馨出版社）

3. 王國維（一八七七—一九二七）：

字靜安，號觀堂，浙江海寧人。清末秀才，任學部圖書局編輯。民國時，任清華研究院教授。早年研究哲學、文學，後從事中國戲曲史和詞曲的研究，其他如古代史料、古器物、古文字學、甲古金文無不有成。哲學及美學方面，受康德、叔本華等之影響，其論壯美、優美、有我之境、無我之境等等與此有關。史家陳寅恪先生把他的著作在學術內容與治學方法方面，概括為三條，其中第三條為：「取外來之觀念，與固有之材料互相參證」，「凡屬於文藝批評及小說戲曲之作如《紅樓夢評論》及《宋元戲曲考》、《唐宋大曲考》等是也。」（臺北文華出版公司出版有《王觀堂先生全集》，一九六八）

他在《紅樓夢評論》中說：「嗚呼！宇宙一生活之欲而已。而此生活之欲之罪過，即以生活之苦痛罰之；此即宇宙之永遠的正義也。自犯罪、自加罰、自懺悔、自解脫。美術之務，在描寫人生之苦痛與其解脫之道，而使吾儕馮生之徒，於此桎梏之世界中，離此生活之欲之爭鬪，而得其暫時之平和，此一切美術之目的也。」這顯然是叔本華《意志與表象的世界》一書的翻版，同時也是佛教思想的另一向度。

在《人間詞話》中說：

有有我之境，有無我之境。淚眼問花花不語，亂紅飛過秋千去。可堪孤館閉春寒，杜鵑聲裏斜陽暮，有我之境也。采菊東籬下，悠然見南山。寒波淡淡起，白鳥悠悠下，無我之境也。有我之境，以我觀物，故物皆著我之色彩。無我之境，以物觀物，故不知何者為我，何者為物。古人為詞，寫有我之境者多，然未始不能寫無我之境，此在豪傑之士能自樹立耳。

自從靜安先生提出「有我」與「無我」之境，學者們討論得很多，筆者個人也有一解，即「浪漫的激情——有我之境」；「古典的靜默——無我之境」，這也可以用尼采的兩種美感範疇，即「有我之境——戴奥尼蘇式的（The Dionysian）」與「無我之境——阿波羅式的（The Apollonian）」，這只是一種比喻性的瞭解，不必滯泥。

他對形式主義也有所介紹：

> 一切之美皆形式之美也。就美之自身言之，則一切優美皆存於形式之對稱、變化及調和。至宏壯之對象，汗德（康德）雖謂之無形式，然以此種無形式之形式能喚起宏壯之情，故謂之形式之一種無不可也。就美術之種類言之，則建築、雕刻、音樂之美之存於形式，固不俟論，即圖畫、詩歌之美之兼於材質之意義者，亦以此等材質適於喚起美情故，故亦得視為一種之形式焉。

就康德美學而言，與「依存美」相對的「自由美」或純粹美，固然是傾向於形式主義，但康德的最終原則還是審美判斷沒有客觀原則。

有關靜安在美學及文學批評方面的探討，可參閱葉嘉瑩教授著《王國維及其文學批評》（源流文化公司，民國七十一年）。

4.梁啓超（一八七三—一九二九）：

字卓如，號任公，廣東新會人。曾參與康有為等的戊戌變法，並稱康梁。變法失敗後，鼓吹立憲改革，與孫中山先生領導的民主革命相對抗，民國成立後，曾出任北洋政府財政總長等職。在清末曾主辦《時務報》、《清議報》、《新民叢報》等報刊，大力宣傳立憲改革。有《飲冰室合集》。葉朗先生在《中國美學史大綱》中說：

> 在中國近代美學史上，最引人注目的是兩位人物：梁啟超和王國維。他們都熱心學習和介紹西方美學，並嘗試把西方美學和中國美學結合起來。但他們都沒有能夠建立自己的理論體系。梁啟超才華橫溢，在美學領域作了廣泛的涉獵。他提出了大量的研究課題，例如：美和趣味在人類生活中的地位，藝術的本質和作用，藝術作品為什麼能給人美感（藝術美的構成因素），為人生的藝術觀和唯美的藝術觀的關係，情感的性質和作用，情感教育與趣味教育的重要性，藝術與科學的關係（美與眞的關係），藝術中自然美與人工美的區分和

聯結，藝術作品與藝術家個性的關係，中國新詩發展的道路，地理環境對審美情趣、藝術風格的作用等等，這些課題，有一些已經超出了中國古典美學的研究範圍，因此，梁啟超提出這些課題，就起動了開拓人們的理論視野的作用。（第二十三章〈梁啟超的美學〉）

梁氏在〈論小說與羣治之關係〉一文中之觀點，以今觀之，不免過分誇大，但也代表了當時人們對文藝的認知，茲略作徵引：

抑小說之支配人道也，復有四種力：一曰熏。熏也者，如入雲煙中而為其所烘，如近墨朱處而為其所染。《楞伽經》所謂「迷智為識，轉識成智」者，皆恃此力。人之讀一小說也，不知不覺之間，而眼識為之迷漾，而腦筋為之搖颺，而神經為之紫注。今日變一二焉，明日變一二焉，剎那剎那，相斷相續，久之而此小說之境界，遂入其靈臺而據之，成為一特別之原質之種子。有此種子故，他日又更有所觸所受者，旦旦而熏之，種子愈盛，而又以之熏他人，故此種子遂可以徧世界，一切器世間有情世間之所以成所以住，皆此為因緣也。而小說則巍巍焉具此威德以操縱眾生者也。二曰浸。熏以空間言，故其力之大小，存其界之廣狹；浸以時間言，故其力之大小，存其界之長短。浸也者，入而與之俱化者也。人之讀一小說也，往往既終卷後數日或數旬而終不能釋然，讀《紅樓夢》竟者，必有餘戀有餘悲，讀《水滸》竟者，必有餘快有餘怒，何也？浸之力使然也。等是佳作也，而其卷帙愈繁事實愈多者，則其浸人也亦愈甚；如酒焉，作十日飲，則作百日醉。我佛從菩提樹下起，便說偌大一部《華嚴》，正以此也。三曰刺。刺也者，刺激之義也。熏浸之力利用漸，刺之力利用頓。熏浸之力，在使感受者不覺；刺之力，在使感受者驟覺。刺也者，能入於一刹那頃，忽起異感而不能自制者也。我本藹然和也，乃讀林沖雪天三限，武松飛雲浦一厄，何以忽然髮指？我本愉然樂也，乃讀晴雯出大觀園，黛玉死瀟湘館，何以忽然淚流？我本肅然莊也，乃讀實甫之琴心、酬簡，東塘之眠香、訪翠，何以忽然情動？若是者，皆所謂刺激也。大抵腦筋愈敏之人，則其受刺激力也愈速且劇。而要之必以其書所含刺激力之大小為比例。禪宗之一棒一喝，皆利用此刺激力以度人者也。此力之為用也，文字不如語言。然語言力所被，不能廣不能久也，於是不得不乞靈於文字，在文字中，則文言不如其俗語，莊論不如其寓言。故具此力最大者，非小說末由。四曰提。前三者之力，自外而灌之使入；提之力，自內而脫之使出，實佛法之最上乘也。凡讀小說者，必常若自化其身焉，入於書中，而為其書之主人翁。讀《野叟曝言》者，必自擬文素臣。讀《石頭記》者，必自擬賈寶玉。讀《花月痕》者，必自擬韓荷生若韋癡珠。讀《梁山泊》者，必自擬黑旋風若花和尚。雖讀者自辯其無是心焉，吾不信也。夫既化其身以入書中矣，則當其讀此書時，此身已非我有，截然去此界以入於彼界，所謂華嚴樓閣、帝網重重、一毛孔中、萬億蓮花、一彈指頃、百千浩劫、文字移人、至此而極。然則吾書中主人翁而華盛頓，則讀者將化身為華盛頓，主人翁而拿破崙，則讀者將化身為拿破崙，主人翁而釋迦、孔子，則讀者將化身為釋迦，孔子，有斷然也。度世之不二法門，豈有過此？此四力者，可以盧牟一世、亭毒羣倫、教主之所以能立教門、政治家所以能組織政黨，莫不賴是。文家能得其一，則為文豪，能兼其四，則為文聖。有此四力而用之於善，則可以福億兆人；有此四力而用之於惡，則可以毒萬千載。而此四力所最易寄者，惟小說。可愛哉小說！可畏哉小說

關於梁氏的這種對小說功用的觀點，夏志清先生在〈中國新小說的提倡者：嚴復與梁啟超〉一文中作了很深入的分析與評判，他們只站在功利的觀點而忽略了站在客觀的立場建立嚴肅的文學理論，就小說作爲藝術的一個形式而言，它的美感意義應該大於它的實用性。

5. 朱光潛與宗白華：

他們二位無論是介紹西方美學與重建中國美學或發掘中國古代美學思想方面都扮演著很重要的地位，本節所要介紹的是瞭解他們二位對中國美學重建方面的成就，至於他們對西方美學做了多少介紹，以及吸收西方美學後個人形成了怎樣的美學思想，則不在討論的範圍以內。在這方面，讀者可參閱趙士林先生的《當代中國美學研究概述》（谷風出版社，民國七十七年）。

李澤厚先生在宗白華論文集《美從何處尋》序文中說：

在學界，提起美學，總要講到朱光潛先生和宗白華先生。朱先生海內權威，早已名揚天下，無容我說。但如果把他們兩位老人對照一下，則非常有趣（儘管這種對照只在極有限度的相對意義上）。兩人年歲相仿，是同時代人，都學貫中西，造詣極高。但朱先生著述甚多，宗先生卻極少寫作。朱先生的文章和思維方式是推理的，宗先生卻是抒情的；朱先生偏於文學，宗先生偏於藝術；朱先生更是近代的、西方的、科學的。宗先生更是古典的、中國的、藝術的；朱先生是學者，宗先生是詩人……。宗先生本就是二十年代有影響的詩人，出過詩集。二十年代的中國新詩，如同它的新鮮形式一樣，我總覺得，它的內容也帶著少年時代的生意盎然和空靈、美麗，帶著那種對前途充滿了新鮮活力的憧憬、期待的心情意緒，帶著那種對宇宙、人生、生命的自我覺醒式的探索追求。剛剛經歷了五四新文化運動的洗禮之後的二十年代的中國，一批批青年從傳統母胎裏走出或要求走出來。面對著一個日益工業化的新世界，在一面承襲著古國文化，一面接受著西來思想的敏感的年輕心靈中，發出了對生活、對人生、對自然、對廣大世界和無垠宇宙的新的感受、新的發現、新的錯愕、感嘆、讚美、依戀和悲傷。宗先生當年的《流雲小詩》與謝冰心、馮雪峰、康白情、沈尹默、許地山、朱自清等人的小詩和散文一樣，都或多或少或濃或淡地散發出這樣一種時代音調。而我感到，這樣一種對生命活力的傾慕讚美、對宇宙人生的哲理情思，從早年到暮歲，宗先生獨特地一直保持了下來，並構成了宗先生這些美學篇章中的鮮明特色。你看那兩篇羅丹的文章，寫作時間相距數十年，精神面貌何等一致。你看，宗先生再三提到的《周易》，《莊子》，再三強調的中國美學以生意盎然的氣韻，活力為主，「以大觀小」，而不拘之於模擬形似；宗先生不斷講的「中國人不是像浮士德追求著無限，乃是在一丘一壑、一花一鳥中發現了無限，所以他的態度是悠悠意遠而又怡然自足的。他是超脫的，但又不是出世的」等等，不正是這本書的一貫主題嗎？不也正是宗先生作為詩人的人生態度嗎？（元山書局，民國七十四年）

楊牧先生在宗白華論文集作序說：

宗白華論西方美學，功力深厚，因為他涉獵既廣，思維更是認眞。他能以西方文學與中國文學互為印證、貼切圓融、不卽不離、富於啟發性。五十年來以短文連綴論西方美學與中國傳統文藝的，還有朱光潛和錢鍾書，甚至還有方東美。但朱光潛失之於淺，有時甚至流於俗；錢鍾書為文不可不說是「傑格拮撥」（儀徵劉申叔評左思語），恃才使氣，難以相與；方東美玄奧、不易落實。宗白華論中西異同，意趣妙出，恰到好處。（《美學的散步》，洪

範書店，民國七十年）

楊牧在此文中評朱氏「淺、俗」，沒有舉例，不知何所指，而評宗氏的「意趣妙出，恰到好處」則有舉例，他在同文中舉例說：

例如他論文學的境界（宗氏全文見《中國藝術意境之誕生》）引用蔡小石〈拜石詞序〉，品評說明，以與西方文學思想相為比較，其博大精深約略可見。蔡小石形容古典詞藝有「三境層」，「夫意以曲而善托，調以杳而彌深」：「始讀之則萬萼春深，百花妖靈，積雪紵地，餘霞綺天，此一境也。」又自引江順貽之評，說這是「始境，情勝也」。宗白華則稱此境層為「直觀感相底渲染」，更指出「情是心靈對於印象的直接反印」，乃斷然說道：「西洋藝術裏面的印象主義、寫實主義，是相等於第一境層」。「再讀之則煙濤澒洞，霜飈飛搖，駿馬下坂，泳鱗出水，又一境也。」這是江順貽之所謂「氣勝也」。而宗白華則曰：「氣是生氣遠出的生命」，「這是活躍生命的傳達」，他說：「浪漫主義傾向於生命音樂性底奔放表現，古典主義傾向於生命雕象式底清明啟示，都相當於第二層。」「卒讀之而皎皎明月，仙山白雲，鴻雁高翔，墮葉如雨，不知其何以沖然而澹，翛然而遠也。」此即江順貽之所謂「格勝也」。宗白華說：「格是映射著人格的高尚格調」，所以「這是最高靈境的啟示」。乃下結論道：「至於象徵主義、表現主義、後期印象派，它們的旨趣在於第三境層。」

宗白華以詞的三境層概而括之、暢言西方文學宗派的面貌和理想。初讀彷彿以小喻大，難以倫類，細視之，則覺得詞之境層自亦不小，甚至也可以全面反映中國傳統文學理想三層境界，三種體製、三種風姿，以情勝、以氣勝、以格勝——或如宗白華所說的一為「直觀感相底渲染」，一為「活躍生命底傳達」，一為「最高靈境底啟示」。如此，則持之與西方文學傳統相比較，也就不算扞格異類了。

當然，宗白華在這一方面，也透露了他個人學術背景和時代因素的限制，此尤見於他對於第三境層的詮釋，所謂「格」，都落在近代文藝宗派的理念上。這裏可以看出宗白華對於他當時的文學氣候的敏感，甚至證明他接受時代新思潮的熱衷。象徵主義、表現主義、後期印象派領導歐洲文學藝術有日，宗白華留學歐洲的時候，那些文藝思想理念是歐洲文學藝術方興未艾的主流。……

要認識宗白華、體會他的詩、或是瞭解他的美學，我們必須先感受他的感受、瞭解他心目中的歐洲傳統，尤其是歌德在那傳統中所代表的特殊地位。宗白華以豐富的中國古典學業為基礎，深入探索歐洲文學的神髓，繼而反射追尋中國文化的精華，確能在清澄通明的思維中，毫無保留地為傳統文學點出詮釋欣賞的爝火；他是五十年來我們最值得敬佩的比較文學者之一，更是傳承介紹美學理論和實踐的睿智，殆無可疑。宗白華固然有他不可避免的學術偏好和時代限制，但他能在舉世滔滔中，一方面力言詩畫異同，並非「藍田煙雨圖」而已，向固定陳腐的趣味挑戰，又認眞為〈中國詩畫中所表現的空間藝術〉，為〈晉人的美〉提倡新面貌新領悟，則其信心多來自他對於德國文學傳統，乃至於歐洲藝術靈魂的把握，強調歌德的豐富、諧和、和矛盾。他曾引歌德的話說：「內容人人看得見，涵義只有有心人得之，形式對於大多數人是一秘密。」美的奧秘大略如此，惟心靈無窮盡的探索庶可近之；倏忽而逝，也正如歌德所說：「我願和全人類一樣，最後歸於消滅。」

從楊牧先生對宗氏的評述，一方面可以瞭解宗白華的治學方法與方向；另一方面，也可以作爲我們重建中國美學的重要參考。

李澤厚先生在〈關於中國美學史的幾個問題〉一文中說：

他們是國際上第一流的美學家（筆者按：指美、日學者），但是寫中國美學史還是有弱點。中國美學史還是要靠中國人自己來寫。宗白華先生的《美學的散步》，我對它的評價很高。三十多年來對宗先生的評價是不大公道的。好在宗先生有一個特點，他具有魏晉風度、不在乎。宗白華先生與朱光潛先生兩個人，在我看來是不相上下的；但宗先生不大出名，講朱光潛大家都知道，講宗白華卻很多人不知道。實際上宗先生的《美學的散步》是會在世界引起注意的。它講了一些很好的東西，完全是從哲學角度講的，是美學，不是文藝理論。

中國美學的重建，在實踐上，目前已有些初步的成績，如原始資料的編選，美學史專題研究，美學史的初創等，這些也都需要參考西方的觀念與方法，但是，在參考運用的過程中，應有融會貫通的能力，而不可任意比附，否則便如楊牧所謂「扞格異類」、不倫不類、適足貽笑方家，所以，近年以來，從事於文化比較或比較文學的學者，大都有此共識，如葉維廉先生在〈比較文學叢書總序〉中所言：

收集在這一個系列的專書反映著兩個主要的方向：其一，這些專書企圖在跨文化，跨國度的文學作品及理論之間，尋求共同的文學規律（Common Poetics），共同的美學據點（Common Aesthetic Grounds）的可能性。在這個努力中，我們不隨便信賴權威，尤其是西方文學理論的權威，而希望從不同文化，不同美學的系統裏，分辨出不同的美學據點和假定，從而找出其間的歧異和可能匯通的線路；亦卽是說，決不輕率的以甲文化的據點來定奪乙文化的據點及其所產生的觀、感形式，表達程序及評價標準。其二，這些專書中亦有對近年來最新的西方文學理論脈絡的介紹和討論，包括結構主義、現象哲學、符號學、讀者反應美學、詮釋學等，並試探它們被應用到中國文學研究上的可行性及其可能引起的危機。

他在〈東西比較文學・模子的應用〉一文中說：

要尋求共相，我們必放棄死守一個模子的固執，我們必須要從兩個模子同時進行，而且必須尋根探固，必須從其本身的文化立場去看，然後加以比較和對比，始可得到兩者的面貌。（以上兩文皆見《比較詩學》，東大圖書公司，民國七十二年）

(二) 重要資料及著作

(1)《中國美學史資料彙編》二册，明文書局。
(2)《中國歷代文論選》四册，木鐸出版社。
(3)《中國畫論類編》二册，河洛出版社。
(4)宗白華著，《美學的散步》，洪範書店。
(5)葉朗著，《中國美學史大綱》二册，滄浪出版社。
(6)徐復觀著，《中國藝術精神》，學生書店。

(7)李澤厚、劉綱紀等合著，《中國美學史》，第一、二卷完成至齊梁，谷風出版社。
(8)李澤厚著，《美的歷程》，元山書局。
(9)宗白華著，《美學與意境》，淑馨出版社。
(10)林同華著，《中國美學史論集》二册，丹青圖書公司。
(11)葛路著，《中國古代繪畫理論發展史》，丹青圖書公司。
(12)《中國文化新論：藝術篇——美感與造形》，聯經出版社。
(13)李浴譯，《中國繪畫史》，雄獅圖書公司。
(14)何懷碩著，《苦澀的美感》，大地出版社。
(15)葉維廉著，《比較詩學》，東大圖書公司。
(16)黃永武著，《中國詩學、鑑賞篇》，巨流圖書公司。
(17)葉嘉瑩著，《王國維及其文學批評》，源流出版社。
(18)葉慶炳著，《中國文學史》，學生書局。
(19)劉若愚著、杜國清譯，《中國文學理論》，聯經出版社。
(20)黃慶萱著，《修辭學》，三民書局。
(21)郭紹虞著，《中國文學批評史》，藍燈文化公司。
(22)劉大杰著，《中國文學批評史》，匯文堂印行。

(23) 錢鍾書著，《談藝錄》，未著印刷處所。
(24) 袁德星編著，《東西方藝術欣賞》，空中大學用書，共三册。
(25) 曾祖蔭著，《中國古代文藝美學範疇》，文津出版社。

比較文學

金榮華

一・概說

「比較文學」是將有關的作家、作品、或文學思想相互比較，以求其脈絡關係的一門學科。近年來，它也研究文學與其他學科的關係。

在取材方面，早期的比較文學偏重在國與國之間的作家和作品，即取兩國的作家或作品相互比較，現在也逐漸強調作家或作品的社會及文化背景，即不同社會背景或文化背景的作家和作品，即使同一國家的也可相互比較。

至於所謂「有關的」作家或作品，可以分爲兩類，一類是兩者間明確可知有著影響關係者，如日本僧人景戒於西元第九世紀撰成的《日本靈異記》，作者在序中就說明，由於中國的《冥報記》（唐・唐臨撰，西元第七世紀成書）和《金剛般若經集驗記》（唐・孟獻忠撰，西元第八世紀成書）

兩書的影響，他興起了撰寫同性質的《日本靈異記》之意願。另一類是兩部作品在題材、風格、文體、或意趣等有值得注意的類同之處者，如徐志摩（一八九五—一九三一年）的〈偶然〉和十九世紀英國女詩人羅塞蒂（Christina G. Rossetti, 1830-1894）的〈歌〉（Song）：

偶然

我是天空裏的一片雲
偶而投影在你的波心——
　你不必訝異，
　更無須歡喜——
在轉瞬間消滅了踪影。

你我相逢在黑夜的海上，
你有你的，我有我的，方向；
　你記得也好，
　最好你忘掉，
在這交會時互放的光亮！

Song

When I am dead, my dearest,
  Sing no sad songs for me;
Plant thou no roses at my head,
  Nor shady cypress tree.
Be the green grass above me,
  With showers and dewdrops wet;
And if thou wilt, remember,
  And if thou wilt, forget.

I shall not see the shadows,
  I shall not feel the rain;
I shall not hear the nightingale,
  Sing on as if in pain.
And dreaming through the twilight,

That doth not rise nor set;
Haply I may remember,
And haply may forget.

歌（徐志摩譯）

我死了的時候，親愛的，
　別為我唱悲傷的歌；
我墳上不必安插薔薇，
　也無須濃蔭的柏樹；
讓蓋著我的青青的草，
　淋著雨，也沾著露珠；
假如你願意，請記著我，
　要是你甘心，忘了我。

我再不見地面的青蔭，
覺不到雨露的甜蜜；

再聽不見夜鶯的歌喉，
在黑夜裏傾吐悲啼；
在悠久的昏幕中迷惘，
陽光不升起，也不消翳；
我也許，也許我記得你，
我也許，我也許忘記。

關於文學和其他學科的關係，或彼此有所啟發，或彼此有所假借，情形不一，比較簡單的例子是民國初年白話文運動和現代國畫的關係：

民國初年提倡白話文，理由是白話爲今人的語言，文言是古人的語言，今人應當用今人的語言來傳達意思。姑且不論文言是否果眞是古人的語言，但白話運動成功以後，提倡白話文的理由在中國畫壇上產生了影響。因爲文學和繪畫都是人類表達思想感情的藝術，只是所藉以表達的工具不同。民國二十三年（西元一九三四年），文人畫家豐子愷便提出了「文言畫」和「白話畫」兩個名詞，借用「文言文」和「白話文」的定義——用現代語構成的文學叫白話文，用古代語構成的文學叫文言文——稱那種用古代物象構成的中國畫爲文言畫，用中國畫技法寫現代生活的爲白話畫，認爲「文言畫」固然可以存在，但應當有「白話畫」出現。豐子愷所謂的「白話畫」就是

「現代國畫」，「現代國畫」在初期曾有「白話畫」的別稱，其由來就顯示了文學界的白話文運動對當年國畫界所產生的影響。

二・風格

「風格」是作者在用字造句上所顯示的一種特色，也就是作者的語言特色。這種特色，有些是作者個人的，有些是同時代作家所共有的。同時代作家所共有的風格，也就是時代的風格。

對於某一人或某一種的「風格」，別人可以刻意模仿，也會在不知不覺中受到影響。明朝文壇曾經有一股擬古的風氣，口號是「文必秦漢，詩必盛唐」，其代表人物之一的李夢陽（西元一四七二－一五二九年）認爲：作文和寫字的道理一樣，人們練習書法，講求摹臨古帖，愈像愈好；學寫文章也如此，要仔細地摹擬古人的文句。這種學習作文的理論和方法，就是刻意模仿前人的語言風格，能使一篇文章的外貌和古人所寫的沒有什麼不同。

不過，作文和寫字是不一樣的。寫字講求的是間架運筆，摹臨古帖，確是少不得的入門工夫；作文的重點則在文意，如果只求文字風格的相似，內容則一無新意，無異是捨本逐末，這也就是爲什麼李夢陽等人古文運動所以失敗的原因。而且，如果只是刻意模仿某一種文字風格，卻沒有眞正掌握其意義，便不免出錯。例如，司馬遷《史記》的行文，在遇到「信其事之有而疑其說之非」時，卽在句末加一「云」字。他在〈孔子世家〉（卷四十七）中說，南宮敬叔和孔子「俱適周，蓋見老子云」，意思是南宮敬叔和孔子「俱適周」爲事實，但是是否去「見老子」則存疑，姑錄其說而已。他在〈伯夷列傳〉（卷六十一）中自述：「余登箕山，其上蓋有許由冢云。」意思是箕山上確有一冢，但是是否爲許由之冢則無從證實，記其傳說而已。而李夢陽等人模仿的結果，寫出了下列的句子：「曹縣蓋有王叔武云」（李夢陽，《空同子詩集・自序》）、「余讀金陵諸磯，其東北蓋有燕子磯云」（宗臣，〈游燕子磯記〉），把實有其人的王叔武寫成可能不是眞有其人的王叔武；把當地人命名已久的燕子磯寫成地名存疑的燕子磯。當然，這並非他們的本意。

某甲若是喜好某乙的作品，讀多了，雖不刻意模仿，文字風格或多或少會有相似之處，這是不知不覺中受到的影響。朱熹（西元一一三〇－一二〇〇年）在他的《朱子語類》中說：

> 人做文章，若是看得一般文字熟，少間做出文字，意思語脈，自是相似。讀得韓文熟，便做出韓文底文字；讀得蘇文熟，便做出蘇文底文字。若不仔細看，少間卻用不得。（卷一三九）

文學作品間的關係，所以能以風格上的比較去推求，原因在此。

時代的風格，在多讀了某時代的作品之後，自能歸納總結。漢魏文章與唐人傳奇不同，佛經文字與明人小品有異，其間差別，不難一目了然。朱熹認為《詩經》的〈小序〉絕非孔門之舊，孔安國（西漢人）的《尚書》序也必然出自後人僞託，「文字體製」不合題名者的時代風格是理由之一（《朱文公文集》卷五四〈答孫季和〉）。

周亮工《書影》卷十有一篇關雲長的〈三上張翼德書〉，全文如下：

操之詭計百端，非羽智縛，安有今日？將軍罪羽，是不知羽也。羽不緣社稷傾危，仁兄無傳，則以三尺劍報將軍，使羽異日無愧於黃壤間也。三上翼德將軍，死罪死罪。

近人錢鍾書判定這封信是「近世庸劣人僞託」，就因為它的文字風格「與漢魏手筆懸絕，稍解文詞風格者到眼即辨，無俟考據」（《管錐編》第三冊第九五則）。

三．文體

「文體」指文學作品的形式，就大類而言，有詩、小說、散文、戲劇等區分。

任何文學形式的產生，都有其產生的背景和原因，隨著時空的變遷，人們生活環境的不同，有些文學形式可能日漸式微，有些可能繼續流行，有些可能產生變化。

例如，唐朝僧侶用一種適應大眾的講經方式，把佛經故事以通俗文字改寫，爲了使故事易於記誦和調節聽講時所產生的疲勞，承繼了佛經中以「偈」問答或敍事的方式，將故事用散文敍述一部分後，又用韻文唱一遍，於是形成了將韻、散兩種文體交互敍事的「變文」體。

佛說是我所經（《生經・卷一》）

（前略）乃往過去無數世時，有大香山，生無央數華茇諸藥及胡椒樹。華茇樹上，時有一鳥，名曰我所，止頓其中。假使春月，藥果熟時，人皆採取，服食療疾。時我所鳥喚呼悲鳴：「此果我所，汝等勿取，吾心不欲令人採之。」雖叫喚呼，眾人續取，不聽其聲。彼鳥薄福，愁憂叫呼，聲不休絕，緣是命終。佛言：「……愚騃之子為下士，治行求財，或正或邪，積累財寶，一旦命盡，財不隨身，猶如彼鳥名我所者，見華茇樹及諸藥樹且欲成熟，叫喚悲鳴，皆是我所。人遂採取，不能禁止。」於時世尊則說頌曰：

有鳥名我所　處在於香山
諸藥樹成熟　叫喚是我所
聞彼叫喚聲　餘鳥皆集會
眾人取藥去　我所鳥懊惱
如是假使人　積聚無量寶

既不念飲食　不施如斯鳥
縣官及盜賊　怨家水火等
奪之或燒沒　如我所藥果
不能好飲食　床臥具亦爾
香花諸供養　所有皆如是
既致得人身　來歸於種類
命盡皆捨去　無一隨其身
是故當殖德　顧念於後世
人所作功德　後世且待人
無得臨壽終　心中懷湯火
吾前為放逸　故當造德本

佛說野雞經（《生經・卷一》）

（前略）乃往過去無數世時，有大叢樹。大叢樹間有野貓遊居，在產，經日不食，飢餓欲極，見樹王上有一野雞，端正姝好，既行慈心，愍哀一一切蚑行喘息人物之類。於時野貓心懷毒害，欲危雞命，徐徐來前，在於樹下，以柔軟辭而說頌曰：

意寂相異殊　食魚若好服
從樹來下地　當為汝作妻

於時野雞以偈報曰：

仁者有四腳　我身有兩足
計鳥與野貓　不宜為夫妻

野貓以偈報曰：

吾多所遊行　國邑及郡縣
不欲得餘人　唯意樂在仁
君身現端正　顏貌立第一
吾亦微妙好　行清淨童女
當共相娛樂　如雞遊在外
兩人共等心　不亦快樂哉

……

於是野雞以偈答曰：

吾非不自愛　令怨家梳頭
其與爾相親　終不得壽長

降魔變文（節自潘重規《敦煌變文集新書》）

（前略）須達買園既畢，遂與太子卻歸，忽於中途，逢著六師外道。未問的委，望風且瞋：「太子為一國儲君，往來須擁半仗；長者榮居輔相，匡國佐理之臣，何得辱國自輕，僕從不過十騎？既堯椽不琢，為揚儉素之名；舜甑無羶，約除奢侈之患。加以長纓廣袖，還成壯國之威；金柱玉階，顯譽先王之貴。此乃詩書所載，非擅胸襟，因何行李匆匆，輕身單騎？為當欲謀社稷，為復別有情懷？事須錄表奏王，我斷取其勅旨。」且看詰問事由，若為陳說？

太子國中第二貴　出入百司須准擬
因何從騎不過十　聳轡途程來至此
依實向我說看看　好惡不須生拒諱
太子下馬報尊師　須達買園君不知
擬請如來此說法　寡人情所慕歸依
適看布金事已了　是以如今還卻歸
此言一一咸依實　露膽披肝願照知
六師聞言笑不已　瞿曇幻術難為比
美語甜舌和斷人　生得七朝母卽死

不能玉殿坐瓊樓　　捨父逃走深山裏
所出之言喚作經　　自嘆身金絶殊異
若來此國損平人　　不可開眼而蹋刺
明晨修表奏於君　　得失皆須對御試
無事輒將牛鼻津　　可得比吾江海水

六師聞請佛來住，心生忿怒，頰脹嘶高，雙眉斗豎，切齒衔牙，非常慘酷。

乍可決命一迴　　不能虛生兩度
門徒盡被誅擒　　遣我不存生路
到處皆被欺凌　　終日被他作祖
帝王尚自降他　　況復凡流下庶
吾今怨屈何申　　須向王邊披訴

六師匆遽，粗行大步，奔走龍庭，擊其怨鼓。……

「變文」除了說唱佛經故事外，漸漸地也說唱史事和民間的傳說，於是成了宋朝「說話」的先導。我國的章回小說始於明朝，是以說話人的底本——話本——爲基礎發展起來的。所以，章回小說裏常在文中揷一段韻文，便明白地顯示了在文體上和變文的關係。

「話本」的先導固然是變文，但作爲民間職業說話人的底本，也有其自己的特色，例如，說故事者在每場結束時，如果故事沒有完，有待下一次繼續，習慣上總是說兩句「欲知後事如何，且聽下回分解」之類的話。這些話後來也被寫在話本上，漸漸成了一種固定的格式。這種格式也見於以話本爲基礎發展起來的章回小說，顯示著兩者之間的關係。

韓國在朝鮮王朝時期（西元一三九二－一九一〇年），文人以漢文創作小說的風氣很盛，在長篇的章回小說中，每回之末也常常以「且看下回分解」之類的話作結，如《玉樓夢》共六十四回，前六十三回的文末都是「作如何結果，且看下回」、「是何緣由，且看下回」、「畢竟性命如何？且看下回」等語句；《漢唐遺事》共八十八回，前八十七回的最後都是「未知此事如何？且看下文分解」或「未知下文如何」之類的文句。由於韓國民間在以前沒有職業說話人，韓國的漢文章回小說並非有其自己的話本作基礎，則這種幾乎趨於定型的格式，必然是和中國的傳統長篇小說有關了。

四・題材

「題材」指作品的基本材料。題材的選取和處理，反映作家的立場、觀點和生活經驗，也反映了作家所處的時代和環境。所以，取相當數量的同題材作品加以比較，可以察看一個社會的風尙，可以窺知一個民族的心態。

文學作品數千年來愈積愈多，作家若取已有的故事爲題材，以自己表現的方法，有自己的表現重點，加以重寫，可以稱之爲「舊瓶新酒」。每一次的重寫，作者會在原有的故事裏注入自己的理念，拿它和原有的作品比較，這種理念特別淸楚。此外，作者的才能，作品的藝術成分，以及不同時代、不同環境對作者的影響，也可明白呈現。茲舉〈烈士池〉故事爲例：

烈士池

施鹿林東行二三里，至窣堵波，旁有涸池，周八十餘步，一名「救命」，又謂「烈士」。聞諸先志曰：數百年前，有一隱士，於此池側，結廬屏迹，博習技術，究極神理，能使瓦礫為寶，人畜易形，但未能馭風雲，陪仙駕。閱圖考古，更求仙術。其方曰：「夫神仙者，長生之術也。將欲求學，先定其志。築建壇場，周一丈餘，命一烈士，信勇昭著，執長刀，立壇隅，屏息絕言，自昏達旦。求仙者中壇而坐，手按長刀，口誦神咒，收視反聽，遲明登仙。所執銛刀，變為寶劍，淩虛履空，王諸仙侶。執劍指麾，所欲皆從。無衰無老，不病不死。」是人旣得仙方，行訪烈士。營求曠歲，未諧心願。後於城中，遇見一人，悲號逐路。隱士覩其相，心甚慶悅，旣而慰問，何至怨傷。曰：「我以貧窶，傭力自濟，其主見知，特深信用。期滿五歲，當酬重賞。於是忍勤苦，忘艱辛。五年將周，一旦違失，旣蒙笞辱，又無所得。以此為心，悲悼誰恤。」隱士命與同遊，來到草廬，以術力故，化具肴饌。已而令入池浴，服以新衣，又以五百金錢遺之。曰：「盡當來求，幸無外也。」自時厥後，數加重賂。潛行陰德，感激其心。烈士屢求效命，以報知己。隱士曰：「我求烈士，彌歷歲時，幸而會遇，奇貌應圖。非有他故，願一夕不聲耳。」烈士曰：「死尚不辭，豈徒屏息。」於是設壇場，受仙法，依方行事，坐待日曛。曛暮之後，各司其務。隱士誦神呪，烈士按銛刀。殆將曉矣，忽發聲叫。是時空中火下，烟燄雲蒸。隱士卽引此人入池避難，已而問曰：「誡子無聲，何以驚叫？」烈士曰：「受命後，至夜分，昏然若夢，變異更起。見昔事主，躬來慰謝。感荷厚恩，忍不報語。彼人震怒，遂見殺害。受中陰身，顧屍嘆惜。猶願歷世不言，以報厚德。遂見託生南印度大婆羅門家，乃至受胎出胎，備經苦厄。荷恩荷德，嘗不出聲。洎乎受業冠婚，喪親生子，每念前恩，忍而不語，宗親戚屬，咸見怪異。年過六十有五，我妻謂曰：『汝可言矣。若不語者，當殺汝子。』我時惟念，已隔生世，自顧衰老，惟此稚子。因止其妻，令無殺害，遂發此聲耳。」隱士曰：「我之過也，此魔嬈耳。」烈士感恩，悲事不成，憤恚而死。免火災難，故曰救命。感恩而死，又謂烈士池。

上引故事見於唐、玄奘（西元六〇二—六六四年）的《大唐西域記》卷七〈婆羅尼斯國〉，是一則古印度的地方傳說。這故事後來經多人改寫，最爲人所熟知者是唐、李復言（西元第九世紀）的〈杜子春〉：

杜子春者，蓋周隋間人，少落托，不事家產。然以志氣閒曠，縱酒閒遊，資產蕩盡，投於親故，皆以不事事見棄。方冬，衣破腹空，徒行長安中，彷徨不知所往，於東市西門，饑寒之色可掬，仰天長吁。有一老人，策杖於前，問曰：「君子何嘆？」春言其心，且憤其親戚之疎薄也，感激之氣，發於顏色。老人曰：「幾緡則豐用？」子春曰：「三五萬則可以活矣。」老人曰：「未也。」更言之：「十萬。」曰：「未也。」乃言：「百萬。」亦曰：「未也。」曰：「三百萬。」乃曰：「可矣。」於是袖出一緡，曰：「給子今夕。明日午時，候子於西市波斯邸，慎無後期。」及時，子春往，老人果與錢三百萬，不告姓名而去。子春既富，蕩心復熾。……一二年間，……倏忽如初。既而復無計，自歎於市門，發聲而老人到。……老人曰：「明日午時來前期處。」子春忍愧而往，得錢一千萬。未受之初，憤發，以為從此謀身治生，石季倫、猗頓小豎耳。錢既入手，心又翻然。縱適之情，又卻如故。不一二年間，貧過舊日，復遇老人於故處。子春不勝其愧，掩面而走。老人牽裾止之，又曰：「嗟呼，拙謀也。」因與三千萬，曰：「此而不痊，則子貧在膏肓矣。」子春曰：「吾落托邪遊，生涯罄盡，親戚豪族無相顧者，獨此叟三給我，我何以當之？」因謂老人曰：「吾得此，人間之事可以立，孤孀可以衣食，於名教復圓矣。感叟深惠，立事之後，唯叟所使。」老人曰：「吾心也。子治生畢，來歲中元見我於老君雙檜下。」子春以孤孀多寓淮南，遂轉資揚州，買良田百頃，郭中起甲第，要路置邸百餘間，悉召孤孀分居第中。婚嫁甥姪，遷祔族親，恩者煦之，讎者復之。既畢事，及期而往。老人者方嘯於二槐之陰，遂與登華山雲臺峯，……其上有正堂，中有藥爐，高九尺餘，紫焰光發，灼煥窗戶。……其時日將暮，老人……持白石三丸，酒一卮，遺子春，令速食之。訖，取一虎皮鋪於內西壁，東向而坐。戒曰：「慎勿語。雖尊神、惡鬼、夜叉、猛獸、地獄、及君之親屬，為所困縛萬苦，皆非眞實。但當不動不語，宜安心莫懼，終無所苦，當一心念吾所言。」言訖而去。子春視庭，唯一巨甕，滿中貯水而已。道士（老人）適去，旌旗戈甲，千乘萬騎，徧滿崖谷，呵叱之聲，震天動地。有一人稱大將軍，身長丈餘，人馬皆金甲，光芒射人。親衛數百人，皆拔劍張弓，直入堂前，呵曰：「汝是何人，敢不避大將軍？」左右竦劍而前，逼問姓名，又問作何物，皆不對。問者大怒，摧斬，爭射之，聲如雷，竟不應。將軍者極怒而去。俄而猛虎、毒龍、狻猊、獅子、蝮蝎，萬計，哮吼拏攫而爭前，欲摶噬，或跳過其上。子春神色不動，有頃而散。既而大雨滂澍，雷電晦暝，……須臾，庭際水深丈餘，……波及坐下，子春端坐不顧。未頃，而將軍者復來，引牛頭獄卒，奇貌鬼神，將大鑊湯而置子春前。長槍兩叉，四面週匝。傳命曰：「肯言姓名，卽放。不肯言，卽當心取叉，置之鑊中。」又不應。因執其妻來，拽於階下，指曰：「言姓名免之。」又不應。及鞭捶流血。或射或斫，或煮或燒，苦不可忍。其妻號哭曰：「誠為陋拙，有辱君子。然幸得執巾櫛，奉事十餘年矣。今為尊鬼所執，不勝其苦，不敢望君匍匐拜乞，但得公一言，卽全性命矣。人誰無情，君乃忍惜一言！」雨淚庭中，且咒且罵，子春終不顧。將軍且曰：「吾不能毒汝妻耶？」令取剉碓，從脚寸寸剉之。妻叫哭愈急，竟不顧之。將軍曰：「此賊妖術已成，不可使久在世間。」敕左右斬之。斬訖，魂魄被領見閻羅王，曰：「此乃雲臺峯妖民乎？捉付獄中。」於是鎔銅鐵杖、碓擣、磑磨、火坑、鑊湯、刀山、劍樹之苦，無不備嘗。然心念道士之言，亦似可忍，竟不呻吟。獄卒告受罪畢。王曰：「此人陰賊，不合得作男，宜令作女人，配生宋州單父縣丞王勸家。」生而多病，針灸醫藥，略無停日。亦嘗墜火墜牀，痛苦不齊，終不失聲。俄而長大，容色絕代，而口無聲，其家目為啞女。親戚狎者，侮之萬端，終不能對。同鄉有進士盧珪者，聞其容而慕之，因媒氏求焉。其家以啞辭之。盧曰：「苟為妻而賢，何用言矣。亦足以戒長舌之婦。」乃許之。盧生備六禮，親迎為妻。數年，恩情甚篤。生一男，僅二歲，聰慧無敵。盧抱兒與之言，不應。多方引之，終無辭。盧大怒曰：「昔賈大夫之妻鄙其夫，纔不笑，然觀其射雉，尚釋其憾。今吾又不及賈，而文藝非徒射雉也，而竟不言。大丈夫為妻所鄙，安用其子。」乃持兩足，以頭撲於石上，應手而碎，血濺數步。子春愛生於心，忽忘其約，不覺失聲云「噫」。噫聲未息，身坐故處，道士者亦在其前，初五更矣。見其紫焰穿屋上，大火起四合，屋室俱焚。道士歎曰：「措大誤余乃如是！」因提其髮投水甕中。未頃，火息。道士前曰：「吾子之心，喜怒哀懼惡慾皆忘矣。所未臻者，愛而已。向使吾子無噫聲，吾之藥成，子亦上仙矣。嗟乎，仙才之難得也。吾藥可重煉，而子之身猶為世界所容矣，勉之哉。」遙指路使歸。……子春旣歸，愧其忘誓，復自効以謝其過。行至雲臺峯，絶無人跡，歎恨而歸。

古印度的〈烈士池〉故事，讓讀者強烈地感受到那一分老父對稚兒的情愛；李復言將其改寫後的〈杜子春〉，則讓讀者強烈地對那一分人性深處的母愛發出了共鳴。然後，在二十世紀初，日本小說家芥川龍之介（西元一八九二—一九二七年）又改寫李復言的〈杜子春〉，篇名也叫〈杜子春〉。

芥川龍之介的〈杜子春〉，在情節安排上幾乎全部沿承了李復言的〈杜子春〉，只是把主角杜子春堅持不出聲的原因，由報答老人送財之恩，改爲看破世情後自願向老人學習成仙之術；並且省略了拷打杜子春妻子以逼杜子春出聲的部分，改爲杜子春遭受各種地獄酷刑仍堅忍不出一聲以後，閻羅王派鬼卒帶來了他的父母，那時他的父母正將輪廻到畜生道：

閻王緊皺著眉頭，好久想不出辦法，但不久看起來好像想到了什麼好主意，便對一個鬼卒說：

「這個男人的父母，應該輪廻到畜生道的，快點兒帶到這裏來。」

鬼卒立刻就乘風向地獄的空中飛舞而去。正在想著的時候，又像流星似的，驅趕著兩匹獸，驟然的在森羅殿前降了下來。看到了那獸的杜子春，不覺大吃一驚，原因是那兩匹都是體形非常瘦的馬，但臉形卽或是在夢中也難以忘懷的，就是死去的父母。

「喂！你為什麼坐在峨眉山上？如果不老實供認，這次就給你的父母一點兒苦頭吃。」

杜子春雖然這樣的被恐嚇著，但仍沒有回答。

「你這個不孝的傢伙，你是卽或父母受苦，只要對你方便就認為是對的啊！」

閻王以連森羅殿都要震倒了似的驚人聲音吼叫著。

「打！鬼卒們，把那兩匹畜生，連骨帶肉都打碎！」

鬼卒們一齊地一邊答應著「是！」，一邊拿起鐵鞭站了起來，從四面八方把那兩匹馬毫不留情地打倒了。鞭子颼颼地在風中響著，到處像雨似的把馬的皮肉打破了。馬——成為畜生的父母，像很痛苦似的渾身亂折騰，眼裏浮現出血淚，令人目不忍睹的嘶叫起來。

「怎麼樣？你還不想供認嗎？」

閻王暫時讓鬼卒停下了手上的鞭子，又一次促使杜子春回答。但那時候的兩匹馬已經肉裂骨碎了，氣息奄奄地向階前倒伏了下來。

但杜子春一邊想起了鐵冠子所說的話，一邊拼命地緊閉著眼睛。於是，那時在他的耳邊傳來了幾乎是不能說是聲音的微弱聲音。

「不要擔心，不管我們怎麼樣，只要你能幸福，就沒有比這再好的事了。大王無論說什麼，不願說的就默不作聲。」

那確實是值得懷念的母親的聲音。杜子春不由得睜開了眼睛。然後有一匹馬無力地倒在地上，悲哀地用眼睛定定地望著他的臉。母親在這樣的痛苦中，還為兒子著想，對被鬼卒鞭打的事，還一點兒怨色也看不出來。這與成了大富翁就來說奉承話，變成了窮人就不理睬的世人們來比，是多麼令人感激的盛情啊！杜子春忘掉了老人的戒言，像要跌倒了似的跑到了那馬的身邊，雙手抱住了半死的馬頭，淚一邊滾滾地流了下來，一邊喊出了一聲「媽媽！」

當發覺到那個聲音以後，杜子春仍然沐浴著夕陽，在洛陽城的西門下，呆呆地佇立著，……一切還是同沒有到峨眉山去以前一樣。

「怎麼樣？成為我的弟子這件事，怎麼也不能使你成為仙人了吧！」

偏盲老人一邊含著微笑一邊說。

「不能。雖然不能，可是對於沒有能成這件事，反而使我很高興。」

杜子春的眼睛仍浮現出淚珠，不由得握住了老人的手。

「儘管如何地想成為仙人，但我在那地獄的森羅殿前，看到受鞭笞的父母，是無法保持沉默的。」

「如果你保持沉默的話——」說到這裏，鐵冠子馬上變成嚴肅的面孔，定定地注視著杜子春：

「如果你默不作聲的話，當時就會斷絕你的性命，我已經這樣想過。——你已經不再存有成為仙人的願望了。成為大富翁的事，也一定會比原來更為討厭了。那麼你從此以後想成為什麼呢？」

「不管成為什麼，打算過著有人情味兒的正直生活。」

杜子春的聲音，籠罩在從來沒有的高高興興的氣氛中。（諸葛龍沙譯）

芥川龍之介在改寫的〈杜子春〉中，巧妙而感人地表現了母子之間彼此的關愛，也借老人之口說明，一個人如果只顧自身利益而無視其父母因而受到危害，則爲人神所共憤，不容存活於世間。

這三篇以同一故事爲題材的作品，文體不同，作者的時代和環境不同，各人擅長的技巧和所表達的重點也不同，相互比較，是有不少東西可以探討的。

故事的重述，除了上引之例，作者有意用自己的方法表現自己的重點外，也有一種是在有意無意間把故事作了增刪。這種增刪，在增刪者也許並不是有意識地藉增刪表示其個人的觀點，但經過比較，往往就能顯示出所以增刪的背景。這種情形，在民間故事中常可見到。

民間故事的主要傳播方式是口述。一個故事經過輾轉敍述後，細節部分常會有所增刪更改，因為講故事者的故事得自耳聞，對原故事的細節未必都能記得，於是在有意無意間作了更動。或者因為時代不同、地區不同，講故事的人為了適應聽衆而把故事稍作修改，在不影響故事基本結構的情形下，將聽衆不熟悉的部分省略，改以聽衆所熟悉的事物替代。故事中有使人感到遺憾的地方，在轉述過程中也可能逐漸減弱，或強調其某種意義，或增添情節以作彌補，使故事漸漸傾向陳述者的觀念和理想。這些都是人情之所必然，而故事之時代意識和傳播軌跡，也正可由此而見。

故事重寫，有一種是從反面著筆的，是所謂反寫，也稱為反倣。例如唐朝流行一則「酒瓮道士」的故事，大意是主人好酒善飲，苦無同儔，於是術士介紹一位酒量極好的道士來共飲，這位道士每飲必盡，神色不變，但最後終於不勝酒力而倒，原來是一酒瓮。這故事在唐朝末期出現了反倣，大意是寒冬之夜，衆人圍爐思酒，忽來一人共談，援古引今，高聲縱論。有人疑其為妖，以小劍擊之，隨手而倒，原來是一個裝滿了酒的罏子，於是衆人大樂，取酒而飲（《開天傳信記》，見《太平廣記》卷三六八「麴秀才」條）。

五・溯源

所謂「溯源」，就是探索文學作品之風格、文體、題材、人物、情節單元等的來源。

就人物而言，明人吳承恩（約西元一五〇〇—約一五八二年）《西遊記》中眾所熟知的孫悟空，經胡適、糜文開等人的考證，認爲其來歷出於古印度敘事詩《羅摩耶那》（*Ramayana*）中的神猴哈紐曼（Hanuman）。例如哈紐曼能於空中飛行；孫悟空則是「攢緊了拳，將身一縱，跳將起來，一觔斗就有十萬八千里路。」哈紐曼的身體能變大變小，也能從別人口中跳進其腹內作弄一番；孫悟空向鐵扇公主借取芭蕉扇不成，就變成小蟲在鐵扇公主肚內吵鬧不休。哈紐曼能變形爲人爲貓和其他東西；孫悟空則有七十二般變化。哈紐曼能經火燒而不傷其體；孫悟空則下油鍋受煎熬亦不妨。這兩隻神通廣大的猴子，相像之處實在很多。《羅摩耶那》故事的早期本事，見於中文者，在三國吳時僧人康僧會所譯《六度集經》卷五之第十六篇，及元魏時吉迦夜與曇曜共譯之《雜寶藏經》卷一第一篇〈十奢王緣〉。

就情節而言，如《西遊記》中孫悟空大鬧天宮的故事，陳寅恪指出源於《大莊嚴經論》卷三第十五故事中的難陀王所說偈言：

昔者頂生王，將從諸軍衆，並象馬七寶，悉到於天上。羅摩造草橋，得至楞伽城。吾今欲昇天，無有諸梯登。次詣楞伽城，又復無津梁。

偈中所說「頂生王昇天」和「羅摩造草橋」是兩則互不關涉的故事。「頂生王昇天」述頂生王帶領兵眾到忉利天上：

未至之頃，遙睹天城，名曰快見，其色皦白，高顯特殊。此快見城有千二百門，諸天惶怖，悉閉諸門，著三重鐵門。頂生王兵衆直趣不疑，王卽取貝吹之，張弓扣彈，千二百門一時皆開，帝釋尋出，與共相見，因請入宮，與共分坐。天帝人王，貌類一種，其初見者不能分別，唯以眼眴遲疾知其異耳。王於天上受五欲樂，盡三十六帝，末後帝釋是大迦葉。時阿修羅王興軍上天，與帝釋鬬，帝釋不如。頂生復出，吹貝扣弓，阿修羅王卽時墜崩。頂生自念，我力如是，無有等者，今與帝釋共坐何為，不如害之，獨霸為快，惡心已生，尋卽墜落，當本殿前，委頓欲死。

「羅摩造草橋」述工巧猿納拉（Nala）爲猴子軍造橋渡海，直抵楞伽（錫蘭）事，故事出於《羅摩耶那》，唯今傳《羅摩耶那》中納拉所造爲石島之橋，並非草橋：

羅摩舉行祭典，祭請海洋之神，讓猴子軍過海到楞伽去，但是沒有應驗。於是他怒抓大弓，把天國的武器射進深淵，頓時陸海抽搐，天日昏黑，電光閃馳，雷霆轟震，山岳片片崩坍。羅摩又抓到一枝火熾的投槍來威脅海水使乾。

這時海王即刻冉冉而上，升到起伏的波浪上面，光煥而安詳，四面閃耀著隨從的水蛇。他恭敬地致詞，提醒羅摩，依照古代的慣例，他決不可涉海而過。他對告羅摩去找工巧神毗溼華迦摩（vishwakarma）之子，猴子領袖納拉來幫忙，可以造了橋讓猴子軍渡海。海王說完，沒入波濤，天仍放晴。

納拉馬上被請來幫忙。這隻奇特的綠色猴子，動員了大批猴子，搬運山上大石，費五天工夫，建造了一道石島之路，從大陸直達楞伽，至今被稱為「羅摩橋」。（糜文開譯）

陳寅恪認爲，這兩個不相關涉的故事之所以成爲《西遊記》中孫悟空大鬧天宮的源頭，「殆因講說《大莊嚴經論》時，此故事適相連接，講說者有意或無意之間，併合鬧天宮故事與猿猴故事爲一，遂成猿猴鬧天宮故事。其實印度猿猴之故事雖多，猿猴而鬧天宮則未之聞。支那亦有猿猴故事，然以吾國昔時社會心理，君臣之倫，神獸之界，分別至嚴，若絕無依藉，恐未必能聯想及此。」（〈西遊記玄奘弟子故事之演變〉）

此外，某些只有一個基本情節的作品，有時因爲時地變易，在不斷敍述中會增加一些枝葉，這些枝枝葉葉雖反映了這一種變遷，但也會使故事的外貌產生變化，以致同一種故事看起來似乎各有其本。但是如果掌握住其主要的基本情節上溯，則仍能一線貫串，看出其演變的軌跡和意義。茲以「辨水」故事五則爲例於次：

①《全三國文・卷六二・蒲元傳》

〈蒲元〉乃命人於成都取江水，君以淬刀，言雜涪水不可用。取水者悍言不雜。君以刀畫水，言雜升。取水者叩頭云：「於涪津覆水，遂以涪水八升益之。」

②段成式《酉陽雜俎》前集卷之七

魏賈璐家累千金，博學善著作。有蒼頭善別水，常令乘小艇，於黃河中以瓠匏接河源水，一日不過七八升。經宿，器中色赤如絳，以釀酒，名崑崙觴。酒之芳味，世中所絕，曾以三十斛上魏莊帝。

③張又新〈煎茶水記〉引無名氏〈煎茶水記〉

〈李季卿請陸鴻漸品茶〉，李曰：「陸君善於茶，蓋天下聞名矣，況揚子南零水又殊絕。今者二妙千載一遇，何曠之乎。」命軍士謹信者挈瓶操舟，深詣南零。陸利器以俟之。俄水至，陸以杓揚其水曰：「江則江矣，非南零者，似臨岸之水。」使曰：「某擢舟深入，見者累百，敢虛紿乎？」陸不言，既而傾至盆。至半，陸遽止，又杓揚之曰：「自此零南者矣。」使蹶然大駭，伏罪曰：「某自零南齎至岸，舟蕩覆半，懼其尠，挹岸水增之。處士之鑒，神鑒也，其敢隱焉。」李與賓從數十人皆大駭愕。（《全唐文》卷七二一）

④《太平廣記・卷三九九・零水》

贊皇公李德裕，博達士。居廊廟日，有親知奉使於京口。李曰：「還日，金山下揚子江中零水與我取一壺來。」其人舉棹日，醉而忘之。泛舟止石城下，方憶，乃汲一缾於江中，歸京獻之。李公飲後，歎訝非常，曰：「江表水味，有異於頃歲矣。此水頗似建業石城下水。」其人謝過不隱也。（出《中朝故事》）

⑤朝鮮辛敦復《鶴山閒言》第一百則

金川映水坪是邑內也。皇明時，天使至金川，命進井泉之水，蓋欲嘗水味也。乃以坪溪之水進之。天使飲之，曰：「此水淤傷，不可飲也。水之上流，必有瀑布可觀之處也。」我人諱之，不果見，蓋是朴洞下流也，高瀑從上震蕩噴薄，則水亦破碎淤傷，飲之傷人。此亦深於知味格物者也，不可不知也。

六・媒介

比較文學裏所謂的「媒介」，指的是「翻譯」。在這方面的研究，可分爲翻譯作品和媒介者兩部分，媒介者又分爲個人翻譯者和團體媒介者兩類。

翻譯文學的影響和意義，大致可從下列各點看：

1. 譯文會有不同於用本國文字創作的語言風格，此種不同風格，可能會對原有之風格產生影響。就早期大量翻譯的佛典而言，由於不求華美，只求切合原意，文句組織上不免傾向梵化，而文言與口語也往往夾雜，因而形成一種新文體，和當時流行的駢文、古文都不相同。比較顯著的是不用「之乎者也矣焉哉」等字，多倒裝句法，名詞之前有幾個形容詞等。最突出的是助字「於」的用法：習慣上，在漢文裏「於」字是不用在及物動詞之後的，但在佛經譯文中卻常在及物動詞之後出現，如西域僧人竺法護所譯《佛說海龍王經》中之「護於法音」、「見於要」，鳩摩羅什所譯《法華經》中之「擊於大法鼓」、「供養於諸佛」等。後來國人譯經，即受影響，如義淨（西元六三五—七一三年）所譯《根本說一切有部・毘奈耶卷》也有「詭誑於我」、「必害於我」、「護念於汝」、「欺於我」等句子。對於這種情形，周一良在《論佛典翻譯文學》中說：

大約最先是在韵文中湊字數，逐漸在散文裏也流行起來。雖然文人著作裏沒有沿用，唐代變文和講經文裏卻數見不鮮，而且變本加厲。第一因為講經文是敷演佛經，變文也多採取佛典資料，逐漸受它影響。第二因為民間作家比較自由，不受傳統的拘束，並不認為這個用法有什麼不合。隨意舉幾個例，如八相變文：「見於何物」。降魔變文「每弘揚於三教」、「好接濟於孤貧」。維摩詰講經文：「側耳專聽於敕命」，「怕於居士」，「爾現於菩薩之相」等等，不一而足。這種用法一直傳到皮簧戲詞裏，如「打罵於他」、「怨恨於我」等。

就近代的白話文而言，民國以後，翻譯作品日益眾多，於是有大量的歐化句法出現。報紙上的國際新聞，早年又多半譯自外電，新聞趕時間，匆促中不易字斟句酌，西化句法也就無日無之了，對於我國現代作家的風格，這些都會造成一些影響，如在句中連續使用幾個同位的形容詞，像「他是一個衣著整潔、善於言詞、舉止有禮的青年」；或是在主詞之前以短句作爲形容詞，像「喜歡穿紅衣服的瑪麗」等。

2.譯文可能傳達一種新的文體，如佛經中韵文散文的交互使用。又如民國初年我國文壇上譯介的「商籟」體詩篇。「商籟」是英文 Sonnet 的音譯，由於每首「商籟」的句數固定爲十四行，所以又稱作「十四行詩」。影響所及，我國詩人也創作不少「十四行詩」的詩篇，不過我國的「十四行詩」只是取其形式上的十四行，並不理會西方十四行詩的韵腳規定。

3.比較同一作品的幾種譯本，除了可以見出譯者的不同功力外，也可看出一國文學趣味的變化和語言的發展。英美詩人的作品，在我國一詩經數人翻譯的情形不少。我國的名著如《紅樓夢》《聊齋誌異》等也數度被譯成英法等語言。

就比較同一作品的不同翻譯而言，實際並不限於中文和外文，也包括了文言譯白話。

4.比較譯文和原作時，也會發現譯文有增刪、改編之類的情形。產生這種情形的原因很多，可能是譯者的能力不足，也可能是譯者有意的更動或渲染。林紓所譯的作品中，不乏其例。錢鍾書在《林紓的翻譯》一文中說：

有人說，譯本愈糟糕愈有趣：我們對照著原本，看翻譯者如何異想天開，把胡亂猜測來填補理解上的空白，無中生有，指鹿為馬，簡直像一位超現實主義的詩人。但是，我對林譯的興味絕非想找些岔子，以資笑柄談助，而林紓譯本裏不忠實或「訛」的地方也並不完全由於他的助手們語文程度低淺、不夠理解原文。舉一兩個例來說明。

《滑稽外史》第一七章寫時裝店裏女店員的領班那格女士聽見顧客說她是「老嫗」，險些氣破肚子，回到縫紉室裏，披頭散髮，大吵大鬧，把滿腔妒憤都發泄在年輕貌美的加德身上，她手下的許多女孩子也附和著。林紓的譯文裏有下面的一節：

「那格……始笑而終哭，哭聲似帶謳歌。曰：『嗟乎！吾來十五年，樓中咸謂我如名花之鮮妍』——歌時，頓其左足，曰：『嗟夫天！』又頓其右足，曰：『嗟乎天！十五年中未被人輕賤。竟有騷狐奔我前，辱我令我肝腸顫！』」

這眞是帶唱帶做的小丑戲，逗得讀者都會發笑。我們忙翻開迭更司原書（第一八章）來看，頗為失望。略仿林紓的筆調譯出來，大致不過是這樣：

「那格女士先狂笑而後嚶然以泣，爲狀至辛楚動人。疾呼曰：『十五年來，吾爲此樓上下增光匪少。邀天之祐』——言及此，力頓其左足，復力頓其右足，頓且言曰：『吾未嘗一日遭辱。胡意今日爲此婢所賣！其用心詭鄙極矣！其行事實玷吾儕，知禮義者無勿恥之。吾憎之賤之，然而吾心傷矣，吾心滋傷矣！』」

那段「似帶謳歌」的順口溜是林紓對原文的加工改造，絕不會由於助手的誤解或曲解。他一定覺得迭更司的描寫還不夠淋漓盡致，所以濃濃地渲染一下，增添了人物和情景的可笑。批評家和文學史家承認林紓頗能表達迭更司的風趣，但從這個例子看來，他不僅如此，而往往是捐助自己的「諧謔」，為迭更司的幽默加油加醬。

在我國，個人的翻譯者以林紓最爲特殊。第一，他是一位不懂外文的譯者，所譯作品全賴助手先爲他口譯。第二，他翻的作品數量驚人，共計一八四種，國別則有英、美、法、德、日、俄、希臘、比利時、瑞士、挪威、西班牙等十二國。

林紓（西元一八五二—一九二四年）字琴南，號畏廬，別署冷紅生，福建閩縣人（今閩侯）。清光緒八年（西元一八八二年）舉人。中舉後便專力於古文，並在京師大學堂、閩學堂等處教書。後來偶然得王壽昌之助，翻譯了法國小仲馬（Alexandre Dumas, fils, 1824-1895）的《巴黎茶花女遺事》（*La dame aux camélias*），在光緒二十五年（西元一八九九年）一月出版，獲得無數讚譽，因而對譯書的興趣大增，便繼續譯了不少外國的作品。林紓本人不懂任何外國語，翻譯時必須由一個懂得原文的譯者口譯給他聽，他的本事不僅是以文言譯述外國的文學作品，而且對於爲他口譯的助手，他能「耳受而手追之，聲已筆止，日區四小時，得文字六千言」（林紓〈譯孝女耐兒傳序〉）。由於他不懂原文，下筆又快，自己也知道謬誤常所不免，所以他在所譯《西利亞郡主別傳》的序文中說：「急就之章，難保不無舛謬。近有海內知交投書舉鄙人謬誤之處，心甚感之。惟鄙人不審西文，但能筆述，即有訛錯，均出不知。」當然這不包括他對原著故意有所增刪改編的情形在內。

林紓的節操高潔，晚年的生活，除了靠譯書所得外，並靠賣畫爲生。林紓是位古文家，也擅詩畫，後來雖然因爲譯書而名滿全國，但他自己卻不樂意別人稱他爲譯才。他的翻譯工作，在當時的影響與功績，可分三方面說：

1. 讓當時中國的一部分知識分子，透過他的大量譯作，明白了歐美的家庭情形、社會狀況及國民性。

2. 使當時中國的知識分子認識歐美文學，明白歐美也有文筆一流的大作家。

3. 林紓以一個「古文家」的身分動手譯歐美小說，還稱讚英國作家司各德（Walter Scott, 1771-1832）的文字不下於太史公。在視小說爲「小道」、小說作家還被人看不起的當時，所有寫小說的人都不願以眞姓名示讀者，林紓的舉動是很勇敢的。從他以後，中國文人才有以小說家自命的；也才開始了翻譯世界文學作品的風氣。（鄭振鐸〈林琴南先生〉）

團體媒介者指研究外國文學的社團及刊物，民國初年的「文學研究會」和《小說月報》都在這方面發揮過相當的作用。

「文學研究會」是民國初年著名的新文學團體，由沈雁冰（茅盾）、鄭振鐸、王統照等十二人發起，民國十年（西元一九二一年）一月成立於北京。參加的作家有葉紹鈞、冰心、朱自清、許地山等人。它提倡「爲人生而藝術」的新文學，反對「將文藝當作高興時的遊戲或失意時的消遣」。它的發起宗旨是「研究介紹世界文學，整理中國舊文學，創造新文學」。

「文學研究會」先後共出叢書一二五種，其中介紹俄國、東歐、北歐等地文學作品的翻譯計七十一種。主辦刊物有《小說月報》、《文學週報》等。民國二十一年（西元一九三二年）《小說月報》停刊，該會卽無形解散。

《小說月報》創刊於清宣統二年（西元一九一〇年），由上海商務印書館出版。民國七年（西元一九一八年）後成爲「鴛鴦蝴蝶派」的主要刊物之一。民國十年，該刊第十二卷第一期起由沈雁冰主編，大加改革，成爲「文學研究會」的刊物，除了發表新文學的創作和論文外，也積極介紹外國文學名著，曾編印「被損害民族文學」專號與「俄國文學研究」、「法國文學研究」等增刊。

七・詩與畫

詩和畫在形式上是兩種絕然不同的東西，但是兩者都是人類表達內心所思所感的藝術，只是詩以文字爲工具，畫以線條和色彩爲工具。所以，前人也常有認同詩畫爲一體的言辭，如：

詩是無聲畫，畫是有形詩（郭思〈林泉高致〉）

詩畫本一律，天工與清新（蘇軾〈書鄢陵王主簿所畫折枝〉二首）

古來畫師非俗士，妙想實與詩同出（蘇軾〈次韻吳傳正枯木歌〉）

李侯有句不肯出，淡墨寫出無聲詩（黃庭堅〈次韻子瞻子由題憩寂圖〉）

由於這樣的認知，詩和畫的創作與鑑賞便有了相互啟發及假借之處。宋朝黃庭堅（西元一〇四五—一一〇五年）曾因看畫而悟其與文章同一關鈕，他說：

> 凡書畫當觀韻，往時李伯時（公麟）為余作「李廣奪胡兒馬」，挾兒南馳，取胡兒弓，引滿以擬追騎，觀箭鋒所直發之人馬皆應弦也。伯時笑曰：「使俗子為之，當作中箭追騎矣。」余因此深悟畫格，此與文章同一關鈕，但難得人入神會耳。（《山谷題跋》卷二）

黃庭堅這段話，開始便說「凡書畫當觀韻」，然後悟文章與畫同一關鈕，則其所謂「關鈕」，即是指「韻」而言。但是「韻」又是什麼呢？錢鍾書的解釋是：「畫之寫景物，不尚工細，詩之道情事，不貴詳盡，皆須留有餘地，耐人玩味，俾由其所寫之景物而冥觀未寫之景物，據其所道之情事而默識未道之情事。取之象外，得於言表，韻之謂也。」（《管錐篇》第四冊第一三五八頁）由此而論，則詩和畫的同一關鈕，也就是在處理材料時都必須要留有餘地，使看畫者能就畫中之景物想像未曾畫出之景物，使讀者在詩文中意會到詩文中未曾說出的情事。

在西方，有人有著相同的看法。古希臘的西摩尼德斯（Simonides, 556–469 B.C.）說：畫是一種無聲的詩，而詩則是一種有聲的畫。十八世紀德國的萊辛（Gotthold Ephraim Lessing, 1729–1781）也在其名著《詩與畫的界限》（*Laocoön*）中說，藝術作品不能只讓人看一眼就了事，要能讓人玩索，而且能長期地反覆玩索。爲了使藝術創作能耐人玩索，詩人和畫家都要懂得用暗示的方法，讓讀者或觀者的想像有自由發揮的餘地，因爲人們想像力所能馳騁的領域是無限的（朱光潛譯本第二、十八、八十三頁）。依我國的習慣來說，就是作品要有韻味，要留有可想像的餘地，要使人能「由所寫之景而冥觀未寫之景，據所道之情事而默識未道之情事」。

那麼，怎麼樣才能使看畫者能就畫中之景物想像未畫出之景物呢？讓黃庭堅有所悟的「李廣奪胡兒馬圖」應當就是一個可以作爲說明的實例：畫中的李廣已俘擄了敵人，搶得了敵人的弓箭，奪取了敵人的馬匹，奔馳而回，身後緊跟著的是一羣追兵，李廣則在馬上轉身引弓，箭尚未發，但追兵中有些是已被射倒地了。這是全畫已經畫出的景物，使觀畫者即時會想到的是，李廣這一箭發出去以後是怎樣的一個情形呢？如果畫的是李廣之箭已射出，敵人也已中箭，則就詳盡無餘，觀畫者沒有想像的空間了。換一種方式說：畫面所能表現的只是時空中的一個點，也就是一個事件中的某一點，畫家要選取的，並不是事情發展到高潮的那個點，而是達到高潮之前的那一點，這一點雖非高潮，但對高潮具有暗示力，這樣才能使觀畫者不是看到而是想像到事件中的高潮點。

至於詩，怎樣使讀者能「據其所道之情事而默識未道之情事」呢？杜甫的〈縛鷄行〉云：

小奴縛鷄向市賣　鷄被縛急爭相喧

家中厭鷄食蟲蟻　不知鷄賣還遭烹
蟲鷄於人何厚薄　吾叱奴人解其縛
鷄蟲得失了無時　注目寒江倚山閣

全詩所寫，固然是鷄蟲得失，但是整篇的精神則在末句因鷄蟲瑣事而有所悟之深思情態。前七句之緊扣詩題，已將鷄蟲之事，道盡無餘，而第八句筆鋒一轉，似悟世事之爭，無異鷄蟲得失，產生了讓讀者「默識未道之情事」的效果。要產生這種效果，我國習慣的說法是必須在下筆之前先立意。這個「意」，不是指詩中所要說的事，而是指經由詩中所述讓讀者產生的感受或想像。

有趣的是，黃庭堅因看李公麟的畫而悟到了詩和畫在創作上的相通之理，李公麟的畫畫之道，則是得自詩人「謀篇先立意」的作詩之法。《宣和畫譜》卷七「李公麟」條云：「李公麟作畫，以立意爲先，……蓋深得杜甫作詩體制而移於畫。如甫作〈縛鷄行〉，不在蟲之得失，乃在於注目寒江倚山閣之時；公麟畫『陶潛歸去來兮圖』，不在於田園松菊，乃在於臨清流處。」

不過，詩和畫固然有其相通之處，但畢竟是兩種不同形式和不同性質的藝術，彼此藉以表現的工具不同，因而表現的方法不同，材料的選取也不同。就性質而言，畫是一種視覺藝術，也稱作空間藝術；詩是聽覺藝術，也稱作時間藝術。畫能表現空間，但在時間方面，它只能表現某一個時間點，也就是只能表現某一時間點上的人或事。它只能暗示動作，但無法表現動作，更無法表現連續的動作；如果要表現時間上先後承續的動作，便必須用多幅圖畫表示，那便成了連環畫。詩則相反，它所表現的內容並不受限於某一時間點上發生的事情，但它無法具體地展示某一空間的人或事物，即使它對所有的人及事物之每一部分都細細描寫，也無法讓讀者像看畫一樣有一個落實的整體印象。

對於詩和畫之間的差異和各自的特長，古今中外的認識是相同的，但基於這些認識而發展的方向卻不同。萊辛在《詩和畫的界限》中，以古羅馬的「拉奧孔」（Laocoön）雕像和古羅馬詩人維吉爾（Virgil, 70-19 B.C.）寫拉奧孔和他兩個兒子被巨蛇纏死的敍事詩《伊尼特》(*Aeneid*)爲題材，討論了詩和畫（造形藝術）的差異，以及彼此不能逾越的界限。二十世紀初的一些西方畫家試圖衝破這個界限，嘗試在畫面上表示動作，於是有了「未來主義」（Futurism）的作品；詩人企圖突破詩的局限，嘗試使詩篇也能表現空間——使詩篇文字的排列組合能顯示詩中事物的形相，於是便有了所謂的視覺詩。

在中國，詩和畫是朝著兼取兩者之長的「融合」方向發展的，這便是在畫上題詩，使詩成爲畫的一部分。一幅題了詩的國畫，是詩和畫兩項藝術結合後的另一種藝術，和沒有題詩的畫是名同而實異的。而題在國畫上的詩，也和不是題畫的詩有異。題畫詩的內容，貴乎切畫中之景而抒一己之情，或是闡明畫境，以見旨趣，以寓諷諭，並非看圖識字式的標題詩。因此，在一幅題了詩的畫裏，詩和畫的關係是相倚相成的，如果把它們分開來看，則就減低了各自的藝術性，甚至毫無藝術性可言。

當然，詩和畫的結合，可以引申爲文和畫的結合。畫上題詩，不必一定是形式完整、音韻和諧的詩篇，也可以只是一些詩句，也可以是一小段文辭，甚至只是一個簡單的短句，因爲它們都屬於廣義的文學。例如：近代畫家齊白石喜歡畫菜蔬瓜果，他有一幅畫畫的是一顆大白菜，寥寥數筆，就已充分表現了他的功力和技巧，但這幅畫之深有韻味，則得力於他所題的三個字——菜根香。

有一位沒有什麼名氣的畫家（也許還不算是畫家）畫了一幅蘭花，筆法平平，是從前傳統文人都會畫上幾筆的那類作品。就畫論畫，不見其有出色之處，但是卻很耐人玩味，因爲畫面右上方的題辭是：「生於幽谷，不以無人而不芳」。

詩和畫的結合，有時免不了畫好而詩較弱，或是詩好而畫較弱。那麼，詩和畫如果不能銖兩悉稱，會是怎樣的一個情形呢？前人的經驗總結是：「畫佳而詩書不佳者畫減色，畫稍遜而詩書佳者畫生色。」依之而看上述那幅「生於幽谷，不以無人而不芳」的蘭花，這個經驗總結是很正確的。

現代詩

楊昌年

一．詩的界說

㈠詩是最早發生的文學，淵源於疲勞之祛除，苦悶的象徵，情感的發抒。

㈡詩是文學中的文學，一切文學中最爲精鍊。

㈢以最精鍊而富有節奏的語言，將詩人對世界一切事物的主觀意念，予以形象化和意境的創造，而能給讀者以一種美感的，就是詩。

㈣金聖嘆云：詩非異物，只是人人心頭舌尖所不獲已而必欲說出的一句話；可知詩在文學中屬於主觀的直覺，故凡由主觀所引起的心靈顫動皆可以詩表現。

㈤新體創作應根據舊形式轉變，承繼傳統，接受西方精華而重鑄。

二・創作過程

由印象（一般題材）通過想像、聯想（使一般題材成為精美的創作素材）而運作。

㈠　印象：主題與題材

1.主題：

先定主題，非因靈感之詩句而作詩，而係因主題之需求表現。

2.題材：

題材的選取，印象（粗糙的材料）之搜集。

主題如火，主題與題材的配合之例如下——

劉半農〈相隔一張紙〉寫對貧民的同情：

屋子裏攏著火爐，
老爺吩咐買水果，

說「天氣不冷火太熱，
別任他烤壞了我。」

屋子外躺著一個叫化子，
咬緊著牙齒，對著北風呼「要死」。
可憐屋外與屋裏，
相隔只有一層薄紙！

泰戈爾的散文詩，常以抽象的哲理寄託在具體的自然或事物中表現：

如果當太陽下山時你流了淚，那末你也要失落羣星了。（寫挫折後的再起）
我們蕭蕭的樹葉都有聲響回答那風和雨！但是！你是誰？那樣地沉默著？
我不過是一朵花！（寫弱者）
我不要求你進我的屋裏，你且到我無邊的孤寂來吧！朋友。（寫知己友情的需要）
樵夫的斧頭向樹求取他的斧柄，樹給了他。（寫犧牲）

（二）想像與聯想

使用想像、聯想，在詩作中加入作者的感情、生活體驗以及通變所得。

1. 想像：連絡變化舊觀念以構成爲新觀念的作用。公式是由A至A。例如，印象、露珠——想像：

朝露如晶瑩的鑽戒，向草葉的纖指定情。（白萩詩）

2. 聯想：將相近或相反的事物，就其關連之處從而聯合。公式是由A至B。例如，印象、露珠——聯想二則：

露珠對湖沼說：「你是蓮葉下的大水滴；我是蓮葉上的小水滴。」（泰戈爾詩）

小草有月亮媽媽給她蓋上露珠的被，就是再熱的晚上，她也能安靜的睡了。（楊喚詩）

根據印象，加入作者的情感、生活體驗、通變（變化他人的作品）等作用，構成爲創作的想像、聯想。

1. 情感：

詩作中必應具備的成分，例如英國女詩人勃朗寧夫人的〈十四行之十八〉，寫愛情與親情——

我從未贈男士一束髮絲，
最親愛的，除了將這綹獻給你，
現正在我手指上思慮深深，
我將棕色的髮卷伸展並云
「拿去吧！」隨昨日逝去，我的青春
我髮再也不會跳躍，隨我腳步的歡欣
我不再像女孩們
將它繫著玫瑰或桃金孃，它現在只能
在蒼白的頰上投下陰影，遮掩淚痕，
從低著的頭披垂紛紛，
由於傷心。我原以為死亡的大剪
會將它剪斷，但愛神畢竟正大光明

還是你先拿去吧，……你可以找到，多年來
母親逝世時，在它上面留下的純潔親吻。

2. **生活體驗：**
就是經歷寫境，如現代詩人楊喚的〈小樓〉，表現他生活的黯淡與心情的沉悒——

當風和雨在暗夜裏突然來訪，
這小樓乃一株落盡了葉子的樹，
那憂悒的夢啊！是枚白色的殼，
我呀！就是馱著那白色的殼的蝸牛。

我有一對耽於沉思的眼睛，
樓，有很多扇開向藍天的窗口，
但，陽光的啄木鳥許久也沒有飛來了，
不停地，不停地，我揮動著招引的手。

3. **通變：**

詩材的取得來自生活，同時也來自閱讀，在中外詩文學的領域中，如恒河沙數的詩作，常能引發共鳴，激起詩人創作的衝動，擷取詩材，加入自我，而重新鎔鑄。雖然模擬因襲是不足取的，但《文心雕龍》中所標舉的「通變」卻是可行。鎔鑄之後，常能創新而與原作比美，甚至化腐朽而爲神奇。如王勃〈滕王閣序〉中的名句：「落霞與孤鶩齊飛，秋水共長天一色。」即是採自庾信〈華林園馬射賦〉中的「落花與芝蓋齊飛，楊柳共青旗一色。」而行的通變。新詩發展中，通變之跡多有。例如，楊喚的〈夏夜〉通變自綠原的〈碎琴之五〉：

夜是一個賭徒
有無數顆珍珠
和一枚銀幣

有小河在喃喃作夢
有玉蜀黍像寶石放光
有蟲樂在交響……
這樣，也就夠富貴了
讓我喝點露水

沉醉了　醉了
回去睡。

明天早上
我將溶解在
聲音的隊伍裏。（綠原〈碎琴之五〉）

蝴蝶和蜜蜂們帶著花朵的蜜糖回來了，
羊隊和牛羣告別了田野回家了，
火紅的太陽也滾著火輪子回家了，
當街燈亮起來向村莊道過晚安，
夏天的夜就輕輕地來了。
來了！來了！
從山坡上輕輕地爬下來了。
來了！來了！

從椰子樹梢上輕輕地爬下來了。
撒了滿天的珍珠和一枚又大又亮的銀幣。

美麗的夏夜呀！
涼爽的夏夜呀！
小鷄和小鴨們關在欄裏睡了。
聽完了老祖母的故事，
小弟弟和小妹妹也閤上眼睛走向夢鄉了。
（小妹妹夢見她變做蝴蝶在大花園裏忽東忽西地飛，小弟弟夢見他變做一條魚在藍色的大
海裏游水。）
睡了，都睡了！
朦朧地，山巒靜靜地睡了！
朦朧地，田野靜靜地睡了！
只有窗外瓜架上的南瓜還醒著，
伸長了藤蔓輕輕地往屋頂上爬。
只有綠色的小河還醒著，

低聲地歌唱著溜過彎彎的小橋。
只有夜風還醒著，
從竹林裏跑出來，
跟著提燈的螢火蟲，
在美麗的夏夜裏愉快地旅行。（楊喚〈夏夜〉）

(三) 組織與修飾

組織：將想像、聯想得來的詩句作最適當的排列組合，並注意分行分段及節奏講求。分行的原則是：凡是沒有附屬句的獨立句應排成一行，如果太長，可在適當處停頓另列一行。分段的原則是視內容而定，一段卽是一個要點或階段。節奏的講求，不是尾韻的固定，而是音節（一行中唸起來停頓的次數）要求相當。

修飾：使用各種修辭技巧，並要求句法的精鍊與動感，使用割裂、移換、倒裝等手法以造成詩句的精美。設計音樂性與視覺感，檢查意象是否具體而鮮活。

1. 音節：

節奏是指詩的詞彙、句法的輕重、高低、抑揚、頓挫的音節。與隱藏在詩作中情緒的旋律，和一種只能感覺而不能看到的韻味。音節有高低、輕重、抑揚、頓挫之分；而旋律和韻味，就有舒緩、快速、低沉、昂揚之別，創造音節，重在詞彙的選用與句法的變化，創造旋律與韻味，重在詩作中情緒的發展。

使用精鍊的語言，在構造詩句時安排均衡的音節，如呼吸一般自然，如果詩句在默唸或朗誦時，有礙呼吸的感覺，那就是音節不均衡，詩句生澀，繁冗影響而成節奏的障礙。節奏產生旋律與韻味，短詩中只有韻味（如舒緩低沉或恬和柔美），長詩中則能兼有旋律與韻味，因爲旋律最能表現情緒的起伏與變化。

現在舉一首音節諧和的小詩爲例：

「兄弟」！「不要再流浪了」「不要再流浪」
「臉色已如此之憔悴」「像一片」，「秋天的落葉」
「那間」「童年的小屋」「你一定還能記起」
「屋前的榕樹」「也已亭亭如蓋了呵」！「兄弟！」

「 」號代表音節的劃分，一共四行，每行三個音節（當然還可再分得細一些，使音節多一些），因爲音節大致上差不多，所以在欣賞時能有和諧之感。

2. 精鍊與動感：

精鍊之例如現代詩人洛夫的〈金龍禪寺〉，動感之例如他的〈曉之外〉。

晚鐘
是遊客下山的小路
羊齒植物
沿著白色的石階
一路嚼了下去。（〈金龍禪寺〉）

猛力推開昨夜
我推開滿身的癢
雙臂高舉，任體溫透過十指直衝屋頂
而化為一聲男性的爆響。

掀開窗帘，晨色湧進如酒

太陽向壁鐘猛撲而去
一口咬住我們家的六點半。（〈曉之外〉）

3.音樂性與視覺感：

音樂性的詩例如俞平伯的〈冬夜〉，視覺感的詩例如林亨泰的〈風景 No.2〉。

疏疏的星
疏疏的林
疏林外
幾盞疏疏的燈。

燈火漸漸的稀少
送來月色的皎皎
眼光也微微的倦了。

歲已將晚

月已將圓
人已將去此。（〈冬夜〉）

防風林 的
外邊 還有
防風林 的
外邊 還有
防風林 的
外邊 還有

然而海 以及波的羅列
然而海 以及波的羅列。（〈風景 No.2〉）

4. **意象：**

「意」是詩作的內涵，要求渾然（具體），「象」是詩作的形式，要求鮮活。前者舉印度奈都夫人的詩作〈抗命歌〉爲例；後者舉現代女詩人翔翎的〈春訊〉爲例。〈抗命歌〉一首被稱爲奈都夫人的代表作，詩中表現了她戰鬥的人生觀，不向命運低頭。她以奇妙的比喻來寫命運之殘酷，以及她不屈不撓的抵抗，詩句強力，節奏響亮，人生意義的啟示最具價值。

為什麼用枉然的衝突來煩擾我？
哦！愚蠢的命運，你憑什麼要和我爭勝？
你尖刻的嫉妒豈能把我粉碎？
你詭譎的毒恨豈能把我屠宰？

你儘管用你苛刻的愚行來追逐，
我不會伸出懇求的手向你哀哭。

或者你將在苦味的怨恨中破裂，
我奮勇眼睛的燦爛帝國……
說，你能搶去我親愛的記憶之領土嗎？
在日光的山和星座的天之上。

在我持久乳寶庫中我保有
他們無盡的黃金的光輝不朽。

你可以霸佔我聽覺的疆域，
但我無損的靈魂豈肯停止諦聽？
那花谷的婚禮之笑語，
那過去年代的美麗歌顏，
戰爭暴風雨和無敵之海的
鏗鏘詩篇和洶湧的樂聲。

是的，你可以把我的嘴巴打成抽搐的靜默，
從我唇上摘去發音的能力……，
但，我的心豈能減少他熟悉的語言，
當大地能給她遊翔之鳥以巢穴？
我激憤的心豈能忘卻歌唱，
用春的一萬種聲響。

是的，你可以用突擊的苦楚來征服我的血，
用逼迫的痛苦枷鎖我的雙膝
你將怎樣挫折我自由遠遊的幻想，
他騎在雨的翼上？
你將怎樣繫縛我得勝的心意，
他是風的匹敵和無畏的伴侶。

雖然你否認我存在的希望，
洩漏我的愛，毀滅我最甜蜜的夢，
我仍要消滅我個人的悲哀，
在大眾歡快的深泉之中……
哦！命運，你徒然企圖來制勝，
我脆弱的但又沉著不屈的靈魂。

〈春訊〉一首，以首段特殊排列，二段的層疊句法，三段的迅捷動感，造成了鮮活。

驚蟄過後
突然推窗
突然把耳張向天井；
風
張眼
蛇
張眼　小草
張眼
索索地不再寂寞。

燕歸是春
花朝是春
偶而落雨是春
一個玩河小孩的面頰是春。

一天晚上
寒氣盡去，
那株柳在短牆邊迅速抽芽
把自己站成一個春。（〈春訊〉）

(四) 程序的完成、配合如下

主題的先決。

題材的採取：印象。

想像、聯想的運作，感情、生活體驗、通變的作用。

句法排列／
修飾完篇＼節奏音節、精鍊，動感的要求，音樂性，視覺感的設計，意象的檢查。

現在舉一個包括全部程序的詩例——朱蘊的〈雨後〉：

印象：雨景。

想像：雨的動態：倒瀉於廊外的如水晶的簾，晶瑩的雨珠如明珠在舞，舞於如玲瓏綠玉盤的一角天地！纖纖花草，樹木上的雨點如楚楚佳人，又如鮫人的淚。

聯想：佳人之來溢遠近以清芬（雨後清芬的氣息），服食珍珠可以長生，鮫人之淚的淒美引起同情。

詩篇的完成——

廊外垂著水晶簾
明珠剔透，狂舞
於玲瓏的綠玉盤

纖纖之上，且有
楚楚佳人，溢
遠近以清芬

傳聞，服食珍珠可以長生
遂饕餮，遂暴食，遂狂飲
那些鮫人的淚。

三・近代新詩分期名家作品析介

㈠ 白話詩

白話詩（自由詩）風行於五四（民國六年）至民國十五年，風格顯明眞切而平淺，部分不脫舊詩痕跡，但已能突破舊詩藩籬，句法音韻格律均爲自由。係爲舊詩之反動，價值在改進舊有，建立新途。例如：劉復的〈叫我如何不想她〉。

劉復（西元一八九一——一九三四年），原名壽彭，字半農，江蘇淮陰人，留法，返國任北大等校教授。著有《揚鞭集》、《瓦釜集》。

天上飄著些微雲，
地上吹著些微風。
啊！
微風吹動了我的頭髮，

教我如何不想她。

月光戀愛著海洋，
海洋戀愛著月光。
啊！
這般蜜也似的銀夜，
教我如何不想她。

水面落花慢慢流，
水底魚兒慢慢游。
啊！
燕子你說些什麼話？
教我如何不想她！

枯樹在冷風裡搖，
野火在暮色中燒。

啊！
西天還有些兒殘霞，
教我如何不想她！

這是中國新詩中第一首美好的情詩；第一次用「她」。眞切委婉，由趙元任譜曲而成爲膾炙人口的抒情名作。

㈡ 小詩

風行期較白話（自由）詩稍晚，呈現作者在生活中偶感的心意，表現瞬間的內在情緒的昇浮。在風貌進展上，係就白話詩空泛平淺而行改進，爲白話詩進展到格律、象徵詩的橋樑。例如：

1. 冰心的〈春水四一〉：

冰心（西元一九〇〇―），本名謝婉瑩，福建閩侯人，早年留美的閨秀派女作家，詩集有《繁星》、《春水》。

小松樹
容我伴你吧！
山上的白雲深了

小詩只有三行，表現是孤獨寂寞的需友，以「易位」手法自小樹來說，新穎而深密。

2.劉大白的〈秋晚的江上〉：

劉大白（西元一八八〇—一九三二年），浙江紹興人，名靖裔，以字行，晚清舉人。留日，返國任教。著有詩集《舊夢》、《再造》、《賣布謠》等。

歸巢的鳥兒，
盡管是倦了，
還馱著夕陽回去。
雙翅一翻，
把斜陽掉在江上，
頭白的蘆葦，
也妝成一瞬的紅顏了。

劉大白的小詩較自由詩更精鍊深刻，最好的是使用「轉折」手法成功，從歸鳥、夕陽，到蘆葦、紅顏。由倦鳥之馱帶夕陽（A），進展到白蘆衰老的聯想（B），再進展到白蘆之沐浴夕陽呈紅，聯想到有如一瞬間短暫的紅顏（C），層次連接緊密，聯想佳妙。

㈢ 格律詩

風行於民國十五—二十二年。基於文學發展的原則：新興的風格，常是前一風格的反動。白話詩平淺之弊，屬於先天缺憾、稍晚興起的小詩，未能徹底糾改；眞正能在風格上作重大改變，取代白話詩與小詩地位，而爲詩壇主流的，是格律詩與象徵詩。格律詩以格律形式表現抒情與理念。例如：

1. 徐志摩的〈再別康橋〉：

徐志摩（西元一八九七—一九三一年），原名**章垿**，浙江海寧峽石鎮人，留英學經濟，返國致力文學，任教大學。一九六九年臺灣傳記文學社出版全集六冊。

輕輕的我走了

正如我輕輕的來
我輕輕的招手
作別西天的雲彩。

那河畔的金柳
是夕陽中的新娘
波光裏的艷影
在我心頭蕩漾。

軟泥上的青荇
油油的在水底招搖
在康河的柔波裏
我甘心做一條小草。

那蔭榆下的一潭
不是清泉　是天上的虹

揉碎在浮藻間
沉澱著彩虹似的夢。

尋夢？撐一支長篙
向青草更青處漫溯
滿載一船星輝
在星輝斑斕裏放歌。

但我不能放歌
悄悄是別離的笙簫
夏蟲也為我沉默
沉默是今晚的康橋。

悄悄的我去了
正如我悄悄的來
我揮一揮衣袖

不帶走一片雲彩。

這首詩首段三個「輕輕」，承祧古典韻文中的「頂眞」手法（唐崔灝〈黃鶴樓〉詩以三個「黃鶴」作句與句之間的連結）。二段的「金柳」「艷影」是爲徐氏最擅的「濃美」。三段中有可貴的殉情色彩。四段末與五段首以「夢」「尋夢」連接。五段末兩句出現頂眞。末句「放歌」又與六段首的「放歌」連接。六段末兩句頂眞再現。尾段結束有如行雲流水。留有廣大的想像餘地供讀者尋味，是古典詩「有餘不盡」的原則使用。此詩非僅雍容典麗，貴重處尤在詩人能開展古典修辭手法，將原屬句與句間連接的頂眞手法，進展到段與段間的連接。

2. 聞一多的〈死水〉：

聞一多（西元一八九九—一九四六年），原名家驊，湖北浠水人，留美，歸國執教大學。詩集有《紅燭》等。

這是一溝絕望的死水，
清風吹不起半點漪淪。
不如多扔些破銅爛鐵，
爽性潑你些賸菜殘羹。

也許銅的要綠成翡翠，
鐵罐上鏽出幾瓣桃花；
再讓油膩織一層羅綺，
黴菌給他蒸出些雲霞。

讓死水酵成一溝綠酒，
飄滿了珍珠似的泡沫；
小珠笑一聲變成大珠，
又被偸酒的花蚊咬破。

那麽一溝絕望的死水，
也就誇得上幾分鮮明。
如果青蛙耐不住寂寞，
又算死水叫出了歌聲。

這是一溝絕望的死水，
這裏斷不是美的所在，
不如讓給醜惡來開墾，
看他造出個什麼世界。

這首詩的貴重處在以全然不同甚至相反的意象重新整合，美的翡翠、桃花、雲霞、綠酒、珍珠與醜的銅綠、鐵銹、油膩、黴菌、死水、泡沫同列，以強烈的對比切剖出美好的虛僞。這種整合的新手法對後世詩作的影響甚大。此外在字數與句數、用韻各方面，又可見到聞氏格律的嚴謹。

3. 臧克家的〈生命的叫喊〉：

臧克家（西元一九〇四—），原名臧瑗望，山東諸城人，出身山東大學。任教，編報刊。詩集有《烙印》、《泥淖集》、《罪惡的黑手》等。

高上去又跌下來，
這叫賣的呼聲……
一支音標，沉浮著，
在測量這無底的五更。

深閨無眠的心，將把這
做成詩意的幽韻？
不！這是生命的叫喊，
一聲一口血，喊碎了這夜心。

這首詩是以小販的生活寫實表現詩人的悲憫。譬喻爲音標的測量，以及深閨女子詩意幽韻的誤解，是爲人生的嘲弄反諷，詩作張力強大，悲憫可感。

4. 何其芳的〈預言〉：

何其芳（西元一九一一—一九七七年），四川萬縣人，北大哲學系畢業，新月中堅。詩集有《預言》、《夜歌》等。

這一個心跳的日子終於來臨，
你夜的嘆息似的漸近的足音。
我聽得清不是林葉和夜風私語，
麋鹿馳過苔徑的細碎的蹄聲，

告訴我，用你銀鈴的歌聲告訴我，
你是不是預言中年青的神？

你一定來自溫郁的南方
告訴我那兒的月色，那兒的日光，
告訴我春風是怎樣吹開百花？
燕子是怎樣癡戀著綠楊？
我將合眼睡在你如夢的歌聲裏，
那溫馨我似乎記得又似乎遺忘。

請停下，停下你長途的奔波，
進來，這兒有虎皮的褥你坐。
讓我燒起每一個秋天拾來的落葉，
聽我低低地唱起我自己的歌，
那歌聲像火光一樣沉鬱又高揚，
火光一樣將落葉的一生訴說。

不要前行，前面是無邊的森林，
古老的樹現著野獸身上的斑紋，
半生半死的藤蟒一樣交纏著，
密葉裏漏不下一顆星星，
你將怯怯地不敢放下第二步，
當你聽見第一步空寥的回聲。

一定要走嗎，等我和你同行，
我的足知道每一條平安的路徑，
我將不停地唱著忘倦的歌，
再給你，再給你手的溫存，
當夜的濃黑遮斷了我們，
你可以不轉眼地望著我的眼睛。

我激動的歌聲你竟不聽，
你的足竟不為我的顫抖而暫停，

像靜穆的微風飄過這黃昏裏，
消失了，消失了你驕傲的足音，
啊！你終如預言所說的無語而來，
無語而去了嗎？年青的神！

這首詩是何氏的成名作，述年輕蹉跎的人性與經驗熱情難以兼具的人生歷程。自然眞切而具有價值。何氏詩風特色在「明麗」，承繼古典文學中抒情傳統，更能以新穎句法詞彙表現新的創造。

(四) 象徵詩

美感的存在，明朗與朦朧本是相當的兩個領域，而朦朧隱約常更勝於明朗清晰。象徵詩早在古典文學的歷史中，樹立起地位價值，它的存在係基於人性與美感欣賞的特殊面，同時象徵詩之不流於平淺，使讀者必須通過一些聯想之後方能進入詩境，不但能使讀者具有參與感，而且還能促使讀者使用同情、想像，這一切，也正是符合着人性需要的。

新詩中的象徵手法於民國二十三、二十四年間風行，雖說是由法國歸國學生提倡，來自異國，但追溯我國古典文學發展的轍跡，象徵詩實已早見於前，只不過新與舊不曾做好比較與連接而已。例如：

1. 李金髮的〈棄婦〉：

李金髮（西元一九〇〇－一九七六年），本名淑良，廣東梅縣人，留法，回國服務於文教、外交界，是中國第一位西法雕刻家。詩集有《微雨》、《食客與凶年》、《爲幸福而歌》等。

長髮被偏我兩眼之前
遂隔斷了一切羞惡之疾視
與鮮血之急流，枯骨之沉睡。

黑夜與蚊蟲聯步徐來，
越此短牆之角，
狂呼在我清白耳之後，
如荒野狂風憤怒號：
戰慄了無數遊牧。

靠一根草兒，與上帝之靈往返在空谷裏。

我的哀戚惟遊蜂之腦能深印著……
或與山泉長瀉在懸岩，
然後，隨紅葉而俱去。

棄婦之隱憂堆積在動作上，
夕陽之火不能把時間之煩惱
化成灰燼。從煙囪裏飛去。
長染在遊鴉之羽，
將同棲止於海嘯之石上
靜聽舟子之歌。

衰老的裙裾發出哀吟，
徜徉在邱墓之側，
永無熱淚，
點滴在草地
為世界之裝飾。

這首詩第一、二行象徵棄婦可悲的現實環境，飽受歧視，孤獨隔離不願再見冷眼，鮮血枯骨象徵棄婦之蒼白憔悴，四至八行表示清白被誣，無情的毀謗時在耳後的悲憤。第九句象徵對上帝公理微弱的信賴，而空谷代表希望無憑。無依之哀戚只能印之於遊蜂之腦，或流瀉於懸岩隨紅葉飄逝，三句強調棄婦的無告絕望。時間竟不能改變環境、觀念，隱憂雖歷久而不能稍減。長染一句象徵棄婦如同遊鴉，棲止海石，無家可歸。末段以衰老裙裾象徵棄婦已老，悲淚已盡，而她自己正如一滴辛酸之淚，作爲世界人類的裝飾，以她的悲苦，對比顯示出人間的歡樂幸福。

2. 戴望舒的〈款步〉：

戴望舒（西元一九〇五—一九五〇年），原名戴夢鷗，浙江杭州人，震旦大學畢業後留法。返國編報刊，現代派的創始人。詩集有《望舒草》、《災難的歲月》等。

答應我繞過這些木柵，
去坐在江邊的遊椅上。
囓著沙岸的永遠的波浪，
總會從你投出的素足，
撼動你抿緊的嘴唇。

而這裏，鮮紅並寂靜得，
與你嘴唇一樣的楓林間，
雖然殘秋的風還未到來，
但我已從你的緘默裏，
覺出了她的寒意。

這首詩寫情愛的決裂：首段以波浪永遠囓岸，對比象徵情愛之易變。女子的素足既絕不能投入江流，江水寒涼亦不能撼動抿唇，則女子的抿緊嘴唇，已見有山雨欲來的警兆。二段以楓林之紅作比，秋風未至，寒意已自女子的緘默中早來，象徵情愛未能賡續，決裂已屬難免。

(五) 朗誦詩

風行於民國二十三—三十三年間，正值對日抗戰時期，動亂的大時代影響到文風的丕變，詩人們凛於國難當頭，以詩歌鼓舞國人的同仇敵愾，蔚爲極盛。例如：

1. 田間的〈假如我們不去打仗〉：

田間（西元一九一六—），原名童天鑑，安徽無為人，詩集有《未明集》、《給戰鬪者》、《抗戰詩鈔》等。被譽為「時代的鼓手」，詩作短小有力。

假如我們不去打仗
敵人用刺刀
殺死了我們
還要用手指著我們的骨頭說：
「看！
這是奴隸！」

簡短而注重朗誦節奏的形式，有如進軍的鼓點，充具著激動力量。

㈥ 寫實詩

風行於民國二十六—三十四年，與朗誦詩同為戰亂時代的產物，同為格律，象徵詩的反動。戰爭時代中流離艱苦的題材，具備有史詩的價值。例如：

2. **蘇金傘的〈離家的時候〉**（象徵詩後期作家，抗戰時期詩風改變。）：

從集上揹回一筐煤，
——以後不能再撿柴了。
又帶回幾粒金鷄納霜，
叫正在害瘧疾的兩個孩子吃了。
然後打滿一缸水，
夠一天用的。

於是告訴他的妻子說：
「家裏我眞不敢住了，
以後請你多操心吧！
不過我希望
回來時，你們都還活著。」

從窪洞裏走出來，

孩子躺在床上哭著，
妻子送到高崗上，
一再叮嚀：
「不打仗時，
可要回家。
切記著常來信！」
他茫然的答應著
走了……

兩旁穀地裏，
嘓嘓兒叫得正響。
他後悔不曾捉幾隻，
掛在床頭，
好讓他去後，
代替他，
安慰孩子的寂寞。

這首詩沉哀貞實，寫淪陷區丈夫別家，逃往大後方，在前日盡最後的責任，叮嚀的話正是人類在無奈環境中最低的希望。妻子的叮嚀與行人茫然的答應，顯示渺茫的今後不由自主，結尾高峰再起，以寂寞童心襯出離家者的悲苦，沉重的迫壓極是感人。

(七)　抒情詩

風行於民國三十四—三十八年。抗戰結束，詩風立由朗誦鼓舞與沉痛寫實轉變爲浪漫抒情。例如：

1. **綠原的〈弟弟呵！弟弟！〉**：

綠原：成長於抗戰時期的青年天才詩人。大陸變色之後，於民國四十五年左右於漢口投江自盡。著有短詩集《童話》、《又一個起點》等。

小河彎過浮橋回家了，
最後一隻帆船兒回家了，
蝙蝠也回家了，

螢火蟲也回家了，
月亮也滾著回家了。
弟弟，你還沒有回來！
弟弟，你到哪兒去了？
弟弟，你今晚歇在什麼地方？

是不是
那個野鬍子吹著小笛子，
將你裝進他的黑布袋裏去了？
是不是
那位扶著手杖的老姆姆，
請你到她的茅草屋
去唱一支歌呢？喝一杯茶呢？
或者是
沿著河塘去訪蝌蚪哥兒，
忘記了媽媽的叮囑，

讓露水凝鎖著小眼睛，
讓星星流落在夢邊，
你躺在潮濕的水草地上睡著覺呢？

好靜的夜呀，
弟弟，
你那閃閃發光的金錶兒，
滴滴答答地作響；
你那小小風車兒，
還在吱吱哪哪的轉著哩；
黃色的瓜兒和青色的豆兒，
紅色的胡桃兒和綠色的橄欖，
都在等著小主人回來。

弟弟呀！弟弟！
啄木鳥向林子喊著你的名字，

鸚哥兒向窗外喊著你的名字，
紡織娘悲傷地哭泣，
玫瑰花也在流淚，
還有長尾的松鼠兒呀，
小鴨子和白色的鵝子呀。

弟弟呀！弟弟！
你的小伴侶……
那像春花一般美麗的，
　像璧玉一般美麗的，
像珍珠一般美麗的，
有一頂用鳳尾草結出來的王冠，
一粒冰糖，一張畫片兒，
　和一隻盛著藍色肥皂泡的小水桶
要送給你，送給弟弟的！

弟弟呵，
弟弟，你為什麼還沒有回來。
當南風先生搖著扇兒，
從芭蕉王國旅行回來，
你也該回來了，
你也該騎著小馬兒回來。
用小手蒙住眼睛，
醒來便在媽媽的懷抱裏。

抗戰時與抗戰後，綠原的詩廣泛地受到青年學生們的喜愛。詩作中表現這位青年天才詩人銳敏的感覺，豐富的想像，眞摯熱烈的情懷，以及他新穎精巧的手法。這首詩開頭寫眾多物象的回家，只有弟弟還沒回家；中敍童話裏和生活裏所見的物象都在想著小主人回家；動植物都在喊弟弟的名字；而那小戀人有一些物品要送給他。結尾於盼歸的殷切落實在「醒來便是媽媽的手臂」一親情的溫暖。上天入地，儘以奇異的色香，表眞切之情，反襯出弟弟逝後的孤獨與寂寞，以及作者的自憐與希冀平衡之切。情懷紆結，宛轉細密，淒楚搖曳，確是不凡。

2. 鄒荻帆的〈井〉：

鄒荻帆（西元一九一一—），湖北天門人。和綠原一樣同是抗戰時期的青年詩人，戰時曾從軍入伍。詩集有《青空與林》、《雪與村莊》等。

笨重的釘靴的痕跡。
而在鄰近的潮濕的泥印，洩露了
赤裸的少女的腳踐踩著果實，
櫻桃樹搖曳在井邊，

他們會見的地方現在是多麼寂靜，
而寂靜也是無用的，
在我的心底，情熱的回聲重訴著
他們底私語……水桶濺起的水聲。

這首詩寫青年男女的情愛。「井」是他倆的見證。水聲與熱情相應，詩作活潑俏麗，新美可讀。

四・現代詩名家作品析介

民國三十八年，政府播遷來臺之後，現代詩發展經歷了四十年，極爲蓬勃。但對於新詩發展分期風貌，卻很難有明確的劃分。現依姓氏筆劃，析介名家作品如下：

1. 白荻的〈有時〉：

白荻（西元一九三七—），本名何錦榮，臺灣臺中人，著有《白荻詩選》等。

有時妳會將愛偷偷地炒進菜裏
讓我嚐起分外的酸楚
窗外長著芒果樹在天天枯葉
像妳的愛甘願一層層的死去
只為了長出新慾
「也像你的詩在歷史中時時腐爛
卻又拼命地發芽」
妳淡淡地又將愛炒進菜裏。

白荻的創作特重語言，他的語言的新層面是以直接的、日常簡易性的、新的，綜合來做適當的關聯運用。他是在不斷地表現操作語言，尋找新關聯的能力，認爲詩是一種思考的語言，要求作「對我們所賴以思考和表達的語言，給予警覺的凝視和解剖」詩作意象，常能將人性、物性、生與死、愛與恨等素材凝鍊表現，而使讀者產生一種銳利戰慄的直接感受。

〈有時〉一首寫生活與創作能有女性愛的支持與鼓勵，詩創作自我期許蛻變進展的難能，以及感受到愛的慚愧酸楚，感性強大。

2. 余光中的〈鄉愁四韻〉：

余光中（西元一九二八—），福建永春人，詩集有《舟子的悲歌》、《余光中詩選》等。

給我一瓢長江水呀長江水
酒一樣的長江水
醉酒的滋味
是鄉愁的滋味
給我一瓢長江水呀長江水。

給我一張海棠紅呀海棠紅
血一樣的海棠紅
沸血的燒痛
是鄉愁的燒痛
給我一張海棠紅呀海棠紅。

給我一片雪花白呀雪花白
信一樣的雪花白
家信的等待
是鄉愁的等待
給我一片雪花白呀雪花白。

給我一朵臘梅香呀臘梅香
母親一樣的臘梅香
母親的芬芳
是鄉土的芬芳

給我一朵臘梅香呀臘梅香。

這首詩以長江之水、海棠（海棠葉形的大陸故土）、雪花、臘梅四組意象表現故土鄉愁，聯想沉摯，結尾以臘梅表徵傳統母性的芬芳美德，同樣是母體故土的強烈懷念，最爲眞切感人。

3. 周夢蝶的〈聞鐘〉：

周夢蝶（西元一九二〇—），河南淅川人，詩作有《孤獨國》、《還魂草》等。

乘沒遮攔的湮波遠去
頂蒼天而蹴白日；
如此令人心折，光輝且妍暖
那自何處飛來的接引的手？

雪塵如花生自我的脚下。
想此時荼靡落盡的陽臺上
可有誰遲眠驚夢，對影歎息
說他年陌上花開

也許有隻紅鶴蹁躚
來訪人琴俱亡的故里。

空中鳥跡縱橫；
星星底指點冷冷的
我想隨手拈些下來以深喜
串成一句偈語，一行墓誌；
「向萬里無寸草處行脚！」

悠悠是我我是誰？
當山眉海目驚綻於一天暝黑
啞然俯視，此身仍在塵外。

這首詩宗教崇仰眞切，詩句極爲古典精美，陌上花開，紅鶴蹁躚，人琴俱杳，委婉之中，又有一份惘然之情的迴盪，「向萬里無寸草處行脚」一句標示犧牲、刻苦之旨，藉肉體之磨鍊以昇華精神力量的可貴，啟示人生，價値具在。

4. 洛夫的〈沙包的刑場〉

洛夫（西元一九二八—），原名莫洛夫，湖南衡陽人，詩集有《洛夫選集》等。

一顆頭顱從沙包上走了下來
俯耳地面
隱聞地球另一面有人在唱
自悼之輓歌

浮貼在木樁上的那張告示隨風而去
一付好看的臉
自鏡中消失。

洛夫詩作風格多屬超現實手法，這首詩的意象突兀，一、二兩行以冷漠嘲謔的擬人處理寫頭顱落地，加深悲劇意味。地球另一面可指幽冥世界，死者自唱輓歌造成反諷效果。第二段三行寫人死後，執行死刑的告示隨風而去，好看的臉不再照鏡，詩人僅作客觀的描述，未有任何暗喻，不落言詮的手法，提供了餘地讓讀者自去想像。

5. **商禽的〈滅火機〉**：

商禽（西元一九三〇—），本名羅燕，四川珙縣人，詩集有《夢或者黎明》等。

憤怒昇起來的日午，我凝視著牆上的滅火機。一個小孩走來對我說「看哪！你的眼睛裏有兩個滅火機。」為了這無邪告白；捧著他的雙頰，笑，我不禁哭了。我看見有兩個我分別在他的眼中流淚；他沒有再告訴我，在我那些淚珠的鑑照中，有多少個他自己。

這首詩迸溢著對痛苦壓抑難忍的抗議，表現手法特殊。「牆上的滅火機」中映照變爲「眼裏滅火機」，藉孩子的口所說的「你的眼睛」，便由於「他的眼睛」「兩具滅火機」而變爲「兩個流淚的我」。更進而在那些淚珠裏去鑑照「有多少個他自己」，小孩子的眼睛鑑照出「我」的哭泣。「我」的淚珠鑑照出「小孩」的影像，全詩在這種「迴旋性」動向中暗示出「小孩」即是「我」性格中原始純眞（良知）的象徵，憤怒之後昇起來的暴戾，仰賴良知發揮了滅火機的功能。

6. **楊牧的〈延陵季子掛劍〉**：

楊牧（西元一九四〇—），原名王靖獻，臺灣花蓮人，詩集有《水之湄》、《傳說》等。

我總是聽到這山岡沈忱的怨恨

最初的飄泊是蓄意的，怎能解釋
多少聚散的冷漠？罷了，罷了
我為你瞑目起舞
水草的蕭瑟和新月的寒冷
異邦晚來的擣衣緊追著我的身影
嘲弄著我荒廢的劍術，這手臂上
還有我遺忘的舊創呢
酒酣的時候才血紅
如江畔夕暮裏的花朵。

你我曾在烈日下枯坐……
一對瀕危的荷芰，那是北遊前
最令我悲傷的夏的脅迫
也是江南女子纖弱的歌聲啊
以針的微痛和線的縫合
令我寶劍出鞘

立下南旋贈予的承諾……
誰知北地胭脂，齊魯衣冠
誦詩三百竟使我變成
一介遲遲不返的儒者

誰知我封了劍（人們傳說
你就這樣念著念著
就這樣死了）只有簫的七孔，
猶黑暗地訴說我中原以後的幻滅
在早年，弓馬刀劍本是
比辯論修辭更重要的課程
自從夫子在陳在蔡
子路暴死，子夏入魏
我們都悽惶地奔走於公侯的院宅
所以我封了劍，束了髮誦詩三百
儼然一能言善道的儒者了……

呵呵儒者，儒者斷腕於你漸深的
墓林，此後非俠非儒
這寶劍的青光或將輝映你我於
寂寞的秋夜
你死於懷人，我病為漁樵
那疲倦的划槳人就是
曾經傲慢過，敦厚過的我。

這首詩，以超現實舊瓶新釀手法，藉故事「季札掛劍」而賦以新意，原本是男性對男性的守信，改變爲男女情愛的信守。感受到女性情愛付出的珍貴，遂有「南旋賡續」的承諾。但在事業愛情難以兩全的人生際遇中，奔波事業，情愛蹉跎，待得由俠者改變爲儒者，由儒者改變爲隱者，重返尋求情愛滋潤，已是人亡花落，惟餘憾恨。人生難全，人性蹉跎誤失。理念與感性同具，而詩作意象之剛柔並濟，尤爲出色。

7. 楊喚的〈童話裏的王國〉：

楊喚：（西元一九三〇—一九五四年），遼寧省興城縣人，遺作詩集《風景》。

小弟弟騎著白馬去了，
小弟弟騎著白馬到童話的王國裏去了，
媽媽留不住他，
爸爸也留不住他，
就是小弟弟最愛聽的故事，
和最喜歡的小喇叭，
也留不住他。

啄木鳥知道了
很早很早就給小弟弟
把金銀城的兩扇門敲開啦，
老鼠國王知道了，
很早很早就穿上新的大禮服，
啊！熱鬧的日子，
高興的日子，
美麗的老鼠公主出嫁的日子呀。

（晴藍的天也藍得亮晶晶的
藍得不能再藍啦！）

太陽先生扶著金手杖，
來參加這老鼠國王嫁女的婚禮來了。
風婆婆搖著扇兒，
也匆匆忙忙地趕來了。
……好多的客人哪！
只有小弟弟一個人，
騎著美麗的小白馬。
美麗的公主羞紅臉請客人們吃酒了。
美麗的公主羞紅著臉伴著客人跳舞了。
客人們高興得要瘋啦。
老鼠國王臉笑得要開花啦。
（眞的，這幸福的王國開遍了幸福的花）

醉了的客人們獻給公主的是……
一頂用雲彩編結的王冠。
太陽先生是個聰明的老紳士，
就用一串串的星星做贈禮，
……珍珠似的星星好鑲在那頂王冠上
呀。
風婆婆送公主一把蜂蜜做的梳子。
……好梳公主那烏黑的長頭髮呀。
小弟弟送什麼好呢？
小弟弟送她一個洋娃娃吧！

兩隻年青的小白兔，擡著一頂紅紗轎，
一隊紡織娘的吹鼓手，
一隊螞蟻的小旗兵，
走遠了，走遠了！
老鼠公主從金銀城嫁到百花城去了

聽說公主的女婿，
是一隻漂亮體面的紅冠大公鷄。
夜好靜好深呀！
客人都醉得不能走路了。
小弟弟的眼睛小得只剩一道縫了。
小弟弟要睡了。

小弟弟呀！小弟弟呀！
媽媽和爸爸在叫你呀！
小弟弟呀！小弟弟呀！
你的大喇叭急得要哭啦！

小弟弟快回去吧！
你若是害怕走夜路，
螢火蟲會提著燈籠送你回家。
把好心的風婆婆送給你的糖果，

留給小妹妹吃！
把老鼠國王送給你的搖籃，
留給小妹妹睡；
太陽先生送給你的那顆小小的希望星，
就送給最愛你的小戀人吧！

天才早夭的詩人，最大成就在童話詩。這首詩首段寫出發，二段寫對方的準備，三段寫來賓，夾註號中表現了作者的跳離（嚮往幸福的潛意識），四段寫贈禮，且有組合的配當，五段寫出嫁，六段重點，表現了家的親情與溫暖，是楊喚最爲缺乏，也是詩人最能在童詩創作中付出的愛。

8. 瘂弦的〈上校〉：

瘂弦（西元一九三二—），本名王慶麟，河南南陽縣人，詩集有《瘂弦詩鈔》、《深淵》等。

那純粹是一種玫瑰
自火焰中誕生
在蕎麥田裏他們遇見最大的會戰

而他的一條腿訣別於一九四三年。

他曾聽到過歷史和笑

什麼是不朽呢
咳嗽藥刮臉刀上月房租如此等等
而在妻的縫紉機的零星戰鬪下
他覺得唯一能俘虜他的
便是太陽。

〈上校〉這首詩精巧有味，退伍的，斷腿的上校，經歷過絢爛的大場面，歷史和笑，與現在的平淡瑣事對比，嘲弄性特強，二段以一行爲一段，特具時間長遠的錯覺作用。「妻子的縫紉機」猶如機關槍達達，而「戰鬪」一語雙關，可以解說爲「生活的戰鬪」，英雄已矣，生活現實，妻子必須去設法工作來補貼家用，斷腿的上校只能在太陽下蜷縮回憶，眞是「話到英雄末路，忽涼風索索」，予人以沉重的憮然的抑悒。

9. 鄭愁予的〈錯誤〉：

鄭愁予（西元一九三三—），本名鄭文韜，河北人，詩集有《鄭愁予詩集》等。

我打江南走過
那寫在季節裏的容顏如蓮花的開落。

東風不來，三月的柳絮不飛
你的心如小小的寂寞的城
恰若青石的街道向晚
跫音不響，三月的春帷不揭
你底心是小小的窗扉緊掩。

我達達的馬蹄是美麗的錯誤
我不是歸人，是個過客……

鄭愁予的詩風是「纖麗柔美」，他的詩是「很中國化」的「現代詩」，長於形象的描繪，準確明朗，聲籟美好。此外還有一項重要的特色，他的詩作內涵，多有「浪子意識的變奏」，或是與經歷有關，當然也是他意念中常有大陸故園縈迴的悲愴。正因爲這種題材，使他的詩作時能予人以「蒼涼」之感，稍可中和他的纖麗柔美，而加深一些強度與硬性。〈錯誤〉一詩，膾炙人口，今以表解方式析介如下：

句	解	形式	實質
1.	浪子自江南經過	短促	暗示過客匆匆
2.	少女等待如江南蓮放，開時歡樂落時幽怨，等待之時長，如蓮開蓮落時序變遷之長	忽然開展，以傳統意象之典麗表時序之變遷，擴見最現代之敏感	暗示流浪時長
3.	期待之苦	「東風」與「柳絮」之古典因「不來」「不飛」的句型變化而新奇	亦飄泊者希冀渴望之無成
4.	心如小城（大）	揭起寂寞小城暮景	寂寞深密滋味
5.	夕照蒼茫	以飽和的音響收煞，表詩的漸進性，暗示性	感受之耽溺
6.	等待不來，三月春帷應揭未		

7.	揭 心如小窗（小）之緊掩	小大並喻經過「向晚」意象過程而使讀者接受，是爲詩的催眠力 由「如」之明喻轉進爲「是」的隱喻指出詩中人物認知過程，數行間跌宕起伏表對偶句法 緊掩預留開窗線索	
	空行一頓		
8.	開窗，心跳未寫出		
9.		峰迴路轉	惘然

最婉美的情詩，主題非寫少女情懷之幽怨，實是藉少女幽怨寫浪子意識之變奏（流浪之苦）。可憐的是守候少女的失望惘然，更可想見浪子無休止的流浪的悲戚。易位手法一如杜甫之「今夜

鄜州月，閨中祇獨看」、蘇軾〈江城子〉的「料得年年腸斷處，明月夜，短松岡」。

五・現代新銳詩人作品析介

近二十年來，國內現代詩新銳輩出，今仍依姓名筆劃數爲序，析介作品於后。

1. 沙穗：

生於一九四八年，廣東東莞人，詩集有《風砂》等。今舉他的〈孟宗竹林〉一首。

……獻給燕姬
為了找一棵竹
我們迷失在竹林裏
綠色的陽光
正沿著一棵棵的竹子
一節節的升起

傳說

這是孝子孟宗的淚水
灌溉而成的竹林
不妨妳也滴一顆淚
讓筍子苦一點？
要不露一個微笑
筍子會甜一點

為了找四年前我們刻下名字
的那棵竹　妳說
再找下去　我們
都變成一對竹了

沙穗是國內少見的寫實詩人，〈孟宗竹林〉是一首意象俱佳的情詩，以淡然筆融表眞摰之情，最是自然，精美可感。這首詩同時也證明了古典詩創作「由濃而淡」的原則，眞情的自然高妙，原是不須多事雕飾的。

2. **吳晟**：

生於一九四四年，臺灣彰化人，詩集有《吳晟詩集三種》。今舉他的〈泥土〉一首。

日日，從日出到日落
和泥土親密為伴的母親，這樣講……
水溝仔是我的洗澡間
香蕉園是我的便所
竹蔭下，是我午睡的眠床。

沒有週末，沒有假日的母親
用一生的汗水，辛辛勤勤
灌溉泥土中的夢
在我家這片田地上

一季又一季，種植了又種植
日日，從日出到日落
不了解疲倦的母親，這樣講……

清爽的風，是最好的電扇
稻田，是最好看的風景
水聲和鳥聲，是最好聽的歌

不在意遠方城市的文明
怎樣嘲笑，母親
在我家這片田地上
用一生的汗水，灌溉她的夢。

吳晟的詩作價值在鄉土文學精神，鄉土文學旨在以「禮失而求諸野」的方式，藉著鄉土民眾素樸的生活與精神，來調適現代都市生活的虛妄。〈泥土〉一詩，平實地反映出農村生活，斯土斯人的生活面貌，同時也傳達了被我們尊重、忮求回歸擁有的眞誠素樸，價值具在。

3. **林燿德：**

生於一九六二年，福建人，詩集有《銀碗盛雪》等。今舉他的〈一或零〉。

臺製的仿APPLEⅡ旁

我的思緒融入迴走的電路
在這個數字至上的時代
除了IC缺貨
我們終將對一切眞實無動於衷。

高解度的畫面替代人類想像和感受
百萬
十億
一場戰爭的全數屍首
一個國家的失業人口
壓縮在扁平的磁碟中
變得中性
冷漠
以絕對抽象的符號和程式
我們經常無個性地出現

在任何統計數據中
成為
一或零。

被評為「用詩發音的代表」的林燿德，詩作表現對現代都市文明、科技的反諷，主題龐沛，思維超越而手法明快。這首詩盡寫現代人在現實、冷漠生活中的無奈感受，強力而深刻。

4. 席慕容：

生於一九四三年，蒙古人，原名穆倫席連勃，詩集有《七里香》、《無怨的青春》等。今舉她的〈樓蘭新娘〉一首。

我的愛人　曾含淚
將我埋葬
用珠玉　用乳香
將我光滑的身軀包裹
再用顫抖的手　將鳥羽
插在我如緞的髮上

他輕輕闔上我的雙眼
知道　他是我眼中
最後的形象
把鮮花灑滿在我胸前
同時灑落的
還有他的愛和憂傷

夕陽西下
樓蘭空自繁華
我的愛人孤獨地離去
遺我以亙古的黑暗
和　亙古的甜蜜與悲悽

而我絕不能饒恕你們
這樣魯莽地把我驚醒

曝我於不再相識的
荒涼之上
敲碎我　敲碎我
曾那樣溫柔的心

只有斜陽仍是
當日的斜陽　可是
有誰　有誰　有誰
能把我重新埋葬
還我千年舊夢
我應仍是　樓蘭新娘。

在眾多女性詩人之中，席慕容獨能脫穎而出，贏得廣大讀者的愛好，原因是她的詩作能藉平易的手法表現生活、愛情、鄉愁等普遍性的題材。〈樓蘭新娘〉一首，藉著千餘年前女屍的發現而產生想像。年輕新娘的夭亡，樓蘭古國已成歷史陳跡。詩中沒有亡靈的陰森怖慄，也沒有古國遺跡的滄桑之感，有的卻是似水情柔，以及甘願在地下守著千年舊夢，不願在千年之後曝現碎裂情緣，情愛執著的想像抒寫深密，是爲上乘之作。

5. **陳義芝**：

生於一九五三年，四川忠縣人，詩集有《落日長煙》、《新婚別》等。今舉他的〈歌詩集注〉一首。

一種正確的發聲法
多年來我們一直尋找：
晨曦如何衝破夜霧
花偎近蜂蝶的唇吻
鳥在振翅同時，如何以歌聲
開啟千扇朝陽的窗
我們學習，一種隱忍的驚喜
由第一眼辨識就能直呼出露水的小名。

也一直在尋找
最眞誠的發聲方法：

頰陷的老嫗如何低首望著襁抱中的孫兒
抿起嘴的微笑
光采像燈前新醅成的綠螘
我們體貼
松木燒紅的炭火煮開了水的歡愉
一種歲月流光禁不住的歎息
安詳、平淡，或是刻骨的難忘。

而今一切都臻美善，我們終能了解
自然，永遠是我們共有的師承：
青草向遠方傳喚
山雪向泥中譜曲
虎豹在曠地凝聚飈風
雷聲沈穩踏實地為春帶路
感人的情辭隨雨水下注，還要
似閃電向四野傳達。

所謂歌詩，我們了解
無非是耕鋤自石礫堆中呼吸到新的節氣
在生民的血脈中爬梳出秩序：
一種焚燒的心情
一種擊鼓前進的聲容
如山峰起落如河海激湧……

陳義芝由原有的典麗委婉推進，創作精神兼有現代寫實與古典微言，以悲憫胸懷支持執著理念，最能表現科班出身詩人的風骨。新作《新婚別》被評爲：「以素樸溫婉的語言、伸手可觸的意象，收放自如的節奏，展現對人間、土地、鄉里最綿密的愛意。」〈歌詩集注〉是爲他根植大地、擁抱人生的創作理念之發表，堂堂正正，力量龐沛。

6. 葉翠蘋：

生於一九五六年，福建南平人。今舉她的〈秋入府城〉、〈等〉兩首。

迎春門迎我入門

秋風旋飛
得攏緊衣襟才好
我有不勝寒涼的心事
徘徊在你故鄉的路上
城無恙而心已陷
陷入思念陷入惆悵　陷入
千古的殘夢

唯有安平海灘最解意
給我一列木麻黃
叫我抵擋晚來風急
半生的蒼茫　（〈秋入府城〉）

晨起磨刀
那面磨掉上午
這面磨掉下午

找不到目標試刀的
一把折信刀
把夕陽
割出血來　（〈等〉）

葉翠蘋最善於經營意象，典雅的抒情詩，承祧了古典詩正宗的婉約風格，一九八五年以後詩風轉爲平實。〈秋入府城〉一首，敍寫獨去意中人的故鄉臺南，在安平古堡對他傾訴心意。獨白方式中，以迎「春」門點出情意，以「城陷」喻已陷情網的心境，而引用李清照〈聲聲慢〉中的一句「怎敵他晚來風急」，纏綿情思之外，顯現蒼茫感傷。〈等〉一首，只到第五行始現等待來信的殷切，結句焦慮沉重，意象極爲鮮活。

7. 劉克襄：

生於一九五七年，臺灣臺中人，詩集有《漂鳥的故鄉》等。今舉他的〈兩代之間〉。

四十年代
年輕人在戰亂中生活過來
他們信仰社會主義

回到村裏，種田
回到城裏，經商
回到人羣裏，消失。

八十年代
年輕人在戰亂後成長過來
他們信仰自由主義
回到村裏，教書
回到城裏，參政
回到人羣裏，抗議。

劉克襄的詩作，揉合近三十年來現代詩各派的技巧，詩人從事鳥類報導，詩作題材由生態環境開展到政治批判，熱愛本土，而沒有狹小的地域性，風格客觀冷靜。〈兩代之間〉一詩，剖示今昔人心趨向的差異，發人深思。

8. 羅青：

生於一九四八年，湖南湘潭人，詩集有《吃西瓜的方法》等。今舉他的〈兩棵樹〉一首。

在一個鳥雀都不曉得的地方
我看到一棵樹，站在水泥裏
將軍一般——
身段修長而挺直
腰間掛著幾條油漆帶子
胸前佩著許多指路牌子
嚴肅緊張而不知所措的
檢閱一輛快速濺泥而過的車子。

在一個陽光都不清楚的地方
一棵樹看到我
俘虜似的……
於重重建築的冷冷監視之下
沒有花果，沒有葉
沒有枝幹，沒有根

沒有，沒有，甚至
沒有名字。

羅青的詩，具有理趣，採取邏輯推理程式，而出之以詩的骨風，遣詞用語靈動自如，往往能脫出常軌，因而具有一股洒脫性。〈兩棵樹〉一詩，題材均屬都市反諷，對迷失在現代文明、茫然無奈的現代人，實具有強力的驚醒。

9.蘇紹連：

生於一九四九年，臺灣臺中人，詩集有《茫茫集》等。今舉他的〈獸〉一首。

我在暗綠的黑板上寫了一隻字「獸」，加上注音「ㄕㄡˋ」，轉身面向全班的小學生，開始教這個字，費盡心血，他們仍然不懂，只是一直瞪著我，我苦惱極了。背後的黑板是暗綠色的叢林，白白的粉筆字「獸」蹲伏在黑板上，向我咆哮，我拿起板擦，欲將牠擦掉，他卻奔入叢林裏，我追進去，四處奔尋，一直到白白的粉筆屑，落滿了講臺上。

我從黑板裏奔出來，站在講臺上，衣服被獸爪撕破，指甲裏有血跡，耳朵裏有蟲聲，低頭一看，令我不能置信，我竟變成四隻腳而全身生毛的脊椎動物，我吼著：「這就是獸！這就是獸！」小學生們都嚇哭了。

蘇紹連的作品，詩質濃縮，語言創新，氣氛營造色塊沉重，常能呈現一種袒裼裸裎的悱惻之痛。在這首詩裏，文字的示意作用被廣大而有力地運用著，從「獸」字的奔入叢林，到「我竟變成四隻腳而全身生毛的脊椎動物」，這裏面所蘊含的是「我」與「獸」的不斷融合。我就是獸的這種欲說而小學生仍然無法了解的過程，便把這首詩緊緊地扣住，造成我們內心強烈的震撼。我們必須不放過這首詩除震撼的力量之外所欲呈示的道理。人生旅途中的艱苦跋涉在小學生的觀念中是多麼抽象的存在，他們不斷地被灌輸這種有關生命坎坷的思想，其實他們是無法去了解這些的。唯有自己不斷地追求去尋找，當他們「衣服被撕破、指甲裏有血跡、耳朵裏有蟲聲」時，他們才能夠眞正地體會出生命的眞實景象。

六・參考書目

1. 《現代詩的創作與欣賞》：楊昌年著，臺北文史哲出版社。
2. 《新詩創作與賞析》：楊昌年編著，國立臺灣師範大學中等教育輔導委員會出版。
3. 《感月吟風多少事》：張默編，臺北爾雅出版社。
4. 《剪成碧玉葉層層》：張默編，臺北爾雅出版社。
5. 《現代中國的繆司》：鍾玲著，臺北聯經出版公司。

現代散文

鄭明娳

壹　現代散文的源流

散文一詞，不論在中外，其最原始的意義都是指與韻文相對的散行文體。在我國，大致上是把有韻的詩賦詞曲及有聲律的駢文之外的作品歸屬於散文。因此在清代以前，散文的範圍極廣，它不但包括文學作品，如記敍、抒情的文章，筆記、小說、歷史、傳記文學以及有文藝性的說理文等等。它也包括一般的歷史著作、學術論文及各種應用文等非文學作品。但是民國五四運動之後迄今所指的散文，則大抵限於文學性的作品。它不僅是相對於韻文而言，乃是縮小範圍而與小說、戲劇、詩歌並行的文類。

傳統意義的散文在我國文學史中，具有詩詞歌賦等純文學文類所無法比肩的重要地位。因爲一般古文家是不屑於把散文用來表現雕蟲小技，視爲消閒之用的純文學。它一向肩負著經國之大業、不朽之盛事的重任，因此，寫作散文不外爲宗經徵聖助教化。其次則是爲了使用上的應用文字，文學成分則是最少受到考慮的因素，也因它的範圍廣、實用性強、地位重要，因此能蓬勃生長，乃至成爲足以傲視西洋文學的一個重要文類。散文的發展，到了五四運動後，白話散文與起，與古典散文仍然具有相當的血緣關係。

在我國，具有文學素質的正統散文來自秦漢時代兩個大系統；一爲諸子文，大率兼有哲學及文學的特質。一爲史傳文，兼有歷史及文學的特色。它們是基於哲學與歷史的價值而被看重，卻意外的，又成爲日後文學的重要養料。至唐宋時代，韓愈、柳宗元等八大家的散文創作有很高的成就：敍事生動、寫景自然、抒情眞切、議論透闢、語言純淨準確、意境戛戛獨造，締建了散文的高峯，在純文學上終於能與韻文相頡頏。這種成績，在明代前後七子的擬古風潮中，只有歸有光汲取其養料。他的散文，筆致清淡、意態從容、感情眞摯，且竟能敍寫家庭瑣碎、人倫聚散等平凡事情。非常接近現代散文中的抒情、敍事小品。

明代萬曆年間，思想及文學批評家李贄對文學的藝術理論，不僅提高通俗文學的地位，也影響散文的觀念，他主張文學創作必出於眞誠的本心，爲人要率性任眞。他並且聚徒講學，宣揚自己的理論，公安三袁就是他的崇拜者，晚明公安、竟陵小品成爲一代盛事絕非偶然造成。

不過晚明小品由正式出現到形成風氣，以至明季滅亡，而小品隨之衰微，其間還不到一百年，在中國文學史中本不足以構成重要的一環，畢竟在中國漫長的文學演進史中，歷代都有精萃的散文產生，其個別成就也絕不遜於晚明小品的大家。但是，晚明小品可貴的意義乃在，它形成一股較強勁的力量，促使中國散文的演進流程裏，純文學能佔有主導的重要地位，對於現代散文的生長、啟發具有關鍵性的作用。

相對於載道爲主的正統廊廟文學，古典散文還有一支生力軍則是筆記散文，因爲它是文人學者的隨筆記錄，瑣瑣碎碎，順筆寫出，不必孜孜於從大處落墨。他們也不曾想藏諸名山，傳之其人，更不想借此來應試做官，或干謁權貴，因此文字反而能自然流露出作者的眞性情。有些文人，右手寫道貌岸然的古文，左手卻寫率性任情的筆記。魏晉時名士雅好清談，喜用精鍊的文字來表達微妙的哲理。南北朝時山水文學盛行，酈道元的《水經注》、楊衒之的《洛陽伽藍記》俱是山水遊記的典範。而如劉義慶的《世說新語》等則是雋永的記事小品。兩宋時，筆記雜著、尺牘、日記、題跋等等各種小品式的文類非常發達。甚至道學家的語錄體筆記就是當時的白話散文。這種筆記散文，形式不拘一格，篇幅可長可短，作者寫作又不必有所顧忌，隨心記錄，極爲自然眞切，它發展到明代，再次崛起，以反對前後七子的復古潮流爲主，而成爲晚明小品。至此筆記小品與正統散文暫時匯合，造成較有可觀的純文學發達的氣象。

五四運動之後現代散文興起，論者咸以爲它直承晚明小品而來，後受西洋散文（Essay）影響而蔚爲大觀。實際上現代散文的源流宜歸諸三項：古典散文、傳統白話小說及西洋散文。

古典散文發展的歷史極長，產生的作品很多，它所能提供的養料極難條分縷析；大致說來，應以形式技巧爲主，林非《中國現代散文史稿》第六章說：

中國古代散文在藝術表現方面積累了十分豐富的經驗，諸如刻畫性格的形神具備、描寫景色的富有意境、情節結構的清晰簡潔、抒情議論的緊密融合、運用文字的豐富精煉和滲透著感情色彩等等，這些都在「五四」以後的散文創作中得到了創造性的運用。

司馬遷的《史記》在文學界佔有崇高的地位，因爲他能跳出一般史書純粹記錄史事的梗概，進一步具體描摹事件的趣味。其次是，作者的感情洋溢於文字間，對人物的褒貶又隱藏於篇章之內，令人百讀不厭。又如唐宋的散文大家們，已能在形式上刻意講究，於是有章法上千變萬化之妙，此實爲取之不盡、用之不竭的寶藏。

正統散文對一位文學創作者的影響，可能是正面也可能是負面的，完全要看作者個人是否善於選擇、吸收、消化、融鑄與創新。

筆記體及晚明小品給現代散文較大的影響，應是觀念上的啟發。筆記散文，內容既不必拘限於廊廟文章，形式也自由發展，一篇之中，可以說理、敍事兼而抒情，這種有機的搭配，確然助長文體的活潑性。寫作時，不必顧忌，隨心記錄，文章便自然親切。李卓吾以降的理論家，正式強調文學素質的重要性，同時他自己的文章也實踐了他的理論。爾後公安派強調的「獨抒性靈，不拘格套」正是繼承卓吾的說法而繼續發揚光大。因此晚明小品重視自我，散文的個人色彩加強，但求其「眞」，不怕露出自己的原始面目，我們可以從大部分的作品中明顯看出口語化的文字及個人筆調，以及作者的個性、思想、情感、人品與風格，讀來如見其人。凡此種種，都與現代散文的訴求相同。

現代散文來自傳統的另一宗養料是中國傳統通俗文學，尤其在明代萬曆年間，戲曲、小說、民間歌謠等等都特別繁榮，這種新興的市民文學的特點是「尙眞尙奇」；尙眞則不主摹擬，尙奇則不拘一格，它對當時的公安派也有相當的影響，其中尤以白話小說影響尤爲重要。自宋元以來的話本及明清的章回小說，在文學語言上提供了最直接的樣式。自傳式小說常有許多片斷的散文小品出現，例如沈復《浮生六記》、劉鶚《老殘遊記》，前者以較文雅的口語記錄生活瑣事，其實是典型的散文小品；後者不但有自傳文、遊記文的特色，且有社會批評、傳知散文的典範，〈王小玉說書〉、〈大明湖〉、〈桃花山〉等等都是膾炙人口的名篇。此外，如《三國演義》中的〈三顧草廬〉、《水滸傳》中的〈景陽崗〉、《儒林外史》中的〈王冕畫荷〉、〈荊元市隱〉，以及《紅樓夢》中隨處可以發現人情、物趣等等各色渾金璞玉似的小品散文。楊牧在〈散文的創作與欣賞〉中說：

傳統的白話小說使中國文字的流動性、朗暢性得到最大的發揮，而且它本身有趣味，我們不但可以看它的情節，也可以看它藝術錘鍊的過程。

現代散文在文學運動的初期能獲致較小說、新詩更高的成績，其原始的傳統基礎實不容抹煞。對於傳統，不善於繼承、消化、吸收的人而言，那只是個沉重的包袱，但對於大家，它是個墊腳石，會使他腳步更穩健、內容更豐富、站得更高、做得更好。劉大杰在《中國文學發展史》裏談到明末散文大家張岱時說：

他的詩文，開始確是學過公安、竟陵，但後來他融合二體，獨成一家之言……，他未能為公安、竟陵所囿，他能汲取兩家之所長，棄其短，而形成他自己的特色。其文學理論，並不與公安背，因他同樣主張反擬古、抒性靈。散文的成就，他高出晚明各家之上，題材範圍也擴大了，於描畫山水外，社會生活各方面，都接觸到了。讀過〈夢憶〉、〈夢尋〉的人，便會知道。並且各種體裁，到他手中都開放了，如序跋、像贊、碑銘，這些文體，出之三袁、鍾、譚，還是扳起面孔規規矩矩地寫，到了他，也寫得滑稽百出，情趣躍然，這不能不說是散文上一大進步。

實在說，文學創作者的原始養料，並不能條分縷析、確鑿地指出它的來源，古典詩詞對現代散文意象的塑造、美感的經營也能提供豐富的素材，只不過能注意又有能力汲取的人不多罷了。

對於現代散文的血統，歷來論者大都認爲它同時來自兩個不同的系統，一個是中國古典散文，尤其是晚明小品；一個是西洋散文的影響。但也有人認爲西洋散文影響更大，例如朱自清《背影》序中說：

……現代散文所受的直接影響，還是外國的影響；這一層周先生不曾明說。周先生自己的書，如《澤瀉集》等，裏面的文章，無論從思想說、從表現說，豈是那些名士派的文章裏找得出的？——至多「情趣」有一些相似罷了。我寧可說，他所受的「外國的影響」比中國的多。而其餘的作家，外國的影響有時還要多些，像徐志摩先生以及別的人。

朱氏此說實是基於散文的推動立場而言，在一九一七至一九四九年間，論者將散文的創作推展分爲三期，前後兩期都以推介西方散文爲主。在新文學運動初期，企盼藉西方的理論與作品做爲國人的參考以求突破之道，原是足以認可的事，但是並不因推介之有力，就證明創作之顯然受到重大影響，朱氏舉周作人就是相當站不住腳的例子。

從「同」的立場來看，現代散文承襲古典散文許多既有的類型，例如小品文、序跋、日記、遊記等。且現代散文有許多作品在精神內涵上，都與古典散文同趣。若從「變」的角度來看，現代散文在早期承襲古典素材與精神的比例實在相當高，雖然作者可能努力想擺脫傳統的色彩，但是如周作人等在現代散文初期已有相當成就的作家，他們早年都深受古典文學的薰陶，成長於傳統文化之中，成年之後才接受西方的洗禮，他們具有中國堅實的草根性，其表現在散文之中，大抵是以現代白話的包裝，精神內涵仍以中國傳統文學爲本位。再進一步的演進是採取古典散文的類型，但逐漸改用現代的語言及文章的結構，散文演進到今天，已有一些完全脫離中國傳統的作品出現，這一方面是作者生存環境迥異於前人，他們吸收的養料也幾乎與古典絕緣。因此產生許多純「現代」的散文。另外還有一種現象則是，部分作家愈接近西方文學或都市文明，愈有回歸中國的訴求。因此，文學作品及理論之影響作家創作，雖然有主導潮流，但個別因素及影響實無固定的比例可言。作家的成就，仍要看他對各種養料兼容並蓄，做各種不同程度的消化、吸收與創新的成果。

貳　現代散文的涵義

一・名義

中國傳統散文的涵義太廣，所以，新文學運動之後，對於用白話寫的文學性的散文，並無統一的名稱。一九一七年五月，劉半農在《新青年》發表〈我之文學改良觀〉中說：「所謂散文，亦文學的散文，而非文字的散文。」已有「文學散文」的觀念，並與「詩歌戲曲」相對，惟不包括「小說雜文」在內，可見這時劉氏的觀點「小說」還在「散文」範疇之內，他的「散文」定義是與韻文對立的文類。一九一八年十二月，傅斯年《怎樣說白話文?》，已針對白話散文的寫作而立言，同時他已發現散文在文學上缺乏地位，不如小說、詩歌、戲劇，足見他有四者並列的識見。一九二一年六月八日，周作人在《晨報・副刊》提倡散文的寫作，但是他稱之為「美文」：

外國文學裏有一種所謂論文，其中大約可以分作兩類。一批評的，是學術性的。二記述的，是藝術性的，又稱作美文，這裏邊又可以分出敍事與抒情，但也很多兩者夾雜的。這種美文似乎在英語國民裏最為發達，如中國所熟知的愛迪生、蘭姆、歐文、霍桑諸人都做有很好的美文，近時高爾斯威西、吉欣、契斯透也是美文的好手。讀好的論文，如讀散文詩，因為他實在是詩與散文中間的橋。中國古文裏的序、記與說等，也可以說是美文的一類。但在現代的國語文裏，還不曾見有這類文章，治新文學的人為什麼不去試試呢？

周氏提出的「散文」範圍似乎只限於議論性的文字，這是因爲他引西方以議論爲主的傳統散文爲例的關係。一九二二年三月，胡適在〈五十年來中國之文學〉的篇末論到白話文學的成績，第三項說：

白話散文很進步了。長篇議論文的進步，那是顯而易見的。可以不論。這幾年來，散文方面最可注意的發展，乃是周啟文等提倡的「小品散文」。這一類的小品，用平淡的談話，包藏著深刻的意味；有時很像笨拙，其實卻是滑稽。這一類作品的成功，就可徹底打破那「美文不能用白話」的迷信了。

胡適稱爲「小品散文」。一九二三年六月二十一日，王統照在《晨報・副刊》的〈純散文〉一文，又稱「純散文」，且與小說、詩並列爲三大文類。一九二六年三月十日胡夢華在《小說月報》第十七卷三號發表「絮語散文」則引介法國蒙田、英國培根等的絮語散文（Familliar essay），且援用此名。朱自清在一九二八年七月三十一日發表於《文學周報》第三四五期的〈論現代中國的小品散文〉，則以「小品散文」稱之。爾後，稱「小品文」者日多，林語堂在一九三二年創辦小品文月刊《論語》、三四年《人間世》半月刊、三五年《宇宙風》半月刊等提倡小品文，林氏專名之爲「小品文」，此後它幾乎取代「散文」之名。

現代的「小品文」一詞來自晚明小品。陳少棠《晚明小品論析》第一章云：

> 就晚明「小品」與現代「小品文」相類的地方來說，兩者都屬言志的文學，有作者個別的精神面貌，文字大都以簡潔峭拔為尚，題材則無所不包，一以表達作者之思想性情為主，風格則從容閒雅，少有慷慨激昂之態。故從外形文字方面觀察，晚明「小品」與現代「小品文」確具有若干共通之點，難怪近人往往把現代「小品文」推源於晚明「小品」，甚至將此兩名稱混淆。

當時引介西洋散文時，也以小品文爲主。其小品文的定義與晚明小品講究「獨抒性靈，不拘格套」不謀而合。

「小品文」實際上就是早期的白話散文。林語堂在《人間世》半月刊第四期〈說小品文半月刊〉上說：「〈小品文〉言其小，避大也。」夏丏尊《文章作法》第六章〈小品文〉中界定其意義也說：「從外形底長短上說，二三百字乃至千字以內的短文稱爲『小品文』。」，以上諸論都只強調小品文之外形短小而言，《人間世》創刊號發刊詞才把小品文做一較完整的義界：

蓋小品文，可以發揮議論，可以暢洩衷情，可以摹繪人情，可以形容世故，可以劄記瑣屑，可以談天說地，本無範圍，特以自我為中心，以閒適為格調，與各體別，西方文學所謂個人筆調是也。

此定義實來自西洋小品文的界說，當時散文作家也奉此等要件爲圭臬。但其實，這種狹義的散文義界，實不足發展爲一重要的文類。有識之士已發覺這種困境，郁達夫在【中國新文學大系】《散文二集・導言》中說：

散文的第一消極條件，既是無韻不駢的文字排列，那麼自然散文小說、對白戲劇（除詩劇以外的劇本）以及無韻的散文詩之類，都是散文了啦；所以英國文學論裏有 Prose Fiction Prose Poem 等名目。可是我們一般在現代中國平常所用的散文兩字，卻又不是這麼廣義的，似乎是專指那一種既不是小說，又不是戲劇的散文而言。近來有許多人說，中國現代的散文，就是指法國蒙泰紐（Montaigne）的 Essais、英國培根（Bacon）Essays 之類的文體而說，是新文學發達之後才興起來的一種文體，於是乎一譯再譯，反轉來又把像英國 Essays 之類的文字，稱作了小品。有時候含糊一點的人，更把小品散文或散文小品的四個字連接在一氣，以祈這一個名字的顛撲不破、左右逢源；有幾個喜歡分析，自立門戶的人，就把長一點的文字稱作了散文，而把短一點的叫作了小品。其實這一種說法，這一種翻譯名義的苦心，都是白費的心思，中國所有的東西，又何必完全和西洋一樣？西洋所獨有的氣質文化，又那裏能完全翻譯到中國來？所以我們的散文，只能約略的說，是Prose的譯名，和Essays有些相像，係除小說、戲劇之外的一種文體。

在英國小品文中，哲理性、政治性的論文也被歸入其範疇中，反而較中國爲廣。因此，做爲一種文類，小品文自然有欠充實。雜文的產生便是一種反動。此後小品文的範圍日漸擴大，字數長短也不拘，發展到今天，實有重新被界定的必要。

二・內涵

在文學發展史上，散文是一種極爲特殊的文類，居於「文類之母」的地位，原始的詩歌、戲劇、小說，無不是以散行文字敍寫下來。後來各種文體個別的結構和形式要求逐漸生長成熟且逐漸定型，便脫離散文的範疇，而獨立成一種文類。現代散文亦復如此，所以，我們可以說，現代散文經常處身於一種殘留的文類。也就是把小說、詩、戲劇等各種已具備完整要件的文類剔除之後，剩餘下來的文學作品的總稱，便是散文。而在這其中，散文本身仍然不停地扮演著母親的角色，在他的羽翼之下，許多文類又逐漸成長，如遊記文學、報導文學、傳記文學等別具特色的散文體裁若一旦發展成熟，就又會逐漸從散文的統轄下跳脫出來，自成一個文類。因此，散文本身便永遠缺乏自己獨立的文類特色，而成爲殘餘的文類。在地位上，現代散文反而成爲一直居於包容各種體裁的次要文類，內容過於龐雜，很難在形式上找出統一的要件。因此，在爲散文尋求定義之前，我們必須先了解它在文類上的特色：散文之名爲「散」，不是散漫，而是針對其他文類之格律而言，詩、小說、戲劇各自發展成充分必要的嚴謹條件，已走進一個有負擔和束縛的發展軌跡，而散文仍然能保持它形式的自由。也因此散文的伸縮性非常大，它的母性身分仍然保有其孕育出來的子孫之特色，所以散文「出位」的可能性也比其他文類要大些。

儘管如此，現代散文的作家們仍然努力塑造散文自己獨特的形象，理論家們也一致想爲現代散文定位，使他具有獨立的身分，能跟小說、詩歌在文壇上鼎足而三。

散文中作者與作品的關係乃顯而易見。作者處理題材的基本態度是主觀的，而且進一步在文字中暴露其主觀的敍述角度。不僅因爲散文處理主觀的事物較爲適宜，甚且面對客觀的事物，作者仍以主觀的態度來處理。洪深以「滷汁」來譬喻作家的主觀色彩，他在〈小品文和漫畫〉中說：

> 小品文的可愛，就是那每篇所表示的個人底人格。不論什麼材料，非經通過作者個人底情緒，是不會「夠味兒」的。粗糙一點的說，作者底人格，他的哲學，他的見解，他的對於一切事物的「情緒的態度」，不就很像滷汁麼！如果這個好，隨便什麼在這裏滲浸過的材料，出來沒有不是美品珍品。反之，如果一個作者，沒有適當的生活經驗，沒有交到有益的活人或書本朋友，那麼，從他的滷汁裏提出來的小品，只是一個隘狹的無聊的荒謬的糊塗的人底私見、偏見，怎樣會得「夠味兒」呢！

散文當以「有我」爲張本。以下分別就內容、風格、主題諸方面來討論一個散文家的創作心態，換言之，也就是一個散文家對於自己的散文創作所應該自覺的各種要求：

1. 內容方面的要求：

必須環繞著作家的生命歷程及生活體驗。

作家生活在人世中，必然受到環境的影響，不僅社會環境，並且地理環境、文學環境，都是給予作家生活經驗的機會，培育作家的生命特質。由於作家個別的資質、才氣、修養、個性等都有差異，因此寫出來的作品面貌也不同。就小說而言，其虛構的成分較大，詩歌想像誇張的成分較高，而散文則經常訴諸作者的直接經驗，因此它的內容必然取自作者的生命歷程及生活體驗。其中作者或直接現身說法，或者隱藏幕後，終究難脫離其個人的人生經驗。

2.風格方面的要求：

必須包含作家的人格個性與情緒感懷。

最廣義的風格是指作家或作品的任何特點。作品的特點可能在內容上，也可能在形式上，但形式上的特色正是反映作家人格的特色。因此，好散文的先決條件是作家的人格個性要有足觀者，周作人在〈個性的文學〉中說：

(1)創作不宜完全抹煞自己去模仿別人，(2)個性的表現是自然的，(3)個性是個人唯一的所有，而又與人類有根本上的共通點，(4)個性就是在可以保存範圍內的國粹，有個性的新文學便是這國民所有的眞的國粹的文學。

因此，散文不避忌個人主義。因爲個人主義的價值是視作者自我的品格而定。西洋散文的祖師蒙旦便是個人主義者，被喻爲英國最偉大的小品文家蘭姆，不僅因爲他表現小品藝術的各方面最透徹、最精到，而且是在於他的自我披露。所以研究他的小品文，就是研究他的性格。他的人格，非但可敬，而且可愛，非但多趣，而且溫柔。因此，要充分鑑賞他的藝術，最好先明瞭他一生的經歷。

人格個性和生命體悟，如抽去後天的影響，在中國傳統文學觀念中就是所謂「氣格」，氣格決定於先天，曹丕《典論・論文》云：「文以氣爲主，氣之淸濁有體，不可力強而致。」氣格指先天的體氣、才氣，在文章中流露出不同的氣象格局。例如有的作家稟天地之正氣，發爲氣勢浩瀚的陽剛之文；有的作者持天地之和氣，發爲韻味深美的陰柔之文。以上各種風格，也成爲決定作品境界高低的關鍵性因素。

3. 主題方面的要求：

應當訴諸作家的觀照思索與學識智慧。

文學家不僅是生存於社會的人物，不僅有一己的個性情懷，而且也要有學識與思想。因此散文不但表達作者的情感，也記錄他對人生的見解，不但富於情趣，還要帶有哲學意味。博識是作者必具的條件，有許多學者型的散文家，長期浸淫於經典名著之中，在餘暇之時信筆揮灑，其立論精確、引證淵博，識見卓越自不待言。由於這種人總是意興酣飽才濡筆染墨，因此文采也必燦然奪目。

如果撇開散文作家個人的因素，單就散文作品本身來看，也可歸納出四項特色：

1. 多元的題材：

林語堂在〈論小品文筆調〉中說現代小品文比古代小品文，在範圍上實放大許多，誠所謂「宇宙之大，蒼蠅之微」無一不可入我範圍矣。小品文的範疇已開展如此，散文的界限當更爲遼濶，實在說，它應該是沒有範圍的。這是因爲散文本身沒有特定的藝術形式，所以在表達方式上也可以任意發揮，因此任何題材都可以被包裝進去。尤其二十世紀人類的精神世界開拓出更廣大的領域，散文不僅僅只寫心靈的感懷、生命的際遇，還拓展至思想的層次、專業的學問等等。散文，不只是文學家的專利，在英美最著名的散文家中，絕大多數是在某些方面有特殊成就的人。例如培根、愛默生是哲學家，藍姆則對聖經、古典神話……諸神學術，無不研究。許多散文家是自然史家、歷史家、教育家、政治家，甚至是銀行家。這些新觀念也影響了我國的現代散文，使得散文家的眼界大開。因爲原來觀念中的散文內容「宇宙之大，蒼蠅之微」乃係指個人生命型態中縱面之可以上天入地。而諸種學術之「科際整合」進入散文的殿堂，不僅是作家個人生活橫切面的無限擴大，且是作家羣類的無比拓展。

由於題材無所不包，散文的功能也特別廣大，它不但能描繪事物，例如器物、動物、人物。也能敍寫事件，例如記錄生活、反映現實。也能摹寫景色，例如遊記文學。也能抒發性情、傳達思想和辯證觀念。基於形式的自由，作者常常把諸種功能融爲一爐而又各有側重，造就新穎繽紛的面貌。

2. 開放的形式：

當散文的定義只拘限於小品文時，一般人都認定小品文之「小」乃在其形式體製，尤其字數以少爲尚。其實散文的字數是不宜加以限制的，所以它可以發展成爲長篇的遊記、傳記、日記、報導等文學作品。

散文的形式由其內容所決定，因此散文的形式雖然有歷史的成因，卻是一個開放的系統。如前所述，散文的內容既是無所不包，其形式亦必然宛轉而因物、順時而變通。基本上散文不像戲劇有固定的形式結構，也沒有詩的格律要求，它不必分行，不必追求有規律性的節奏音效，也不必像小說家以固定的模式追求想像世界。散文家對於其他文類的基本形式，可以完全不理會，但也可以參酌選用，散文是「水性」的，完全看作者把它放在怎樣的框架之中，作家有絕對大的發揮餘地，所以有人試圖將散文出位，而吸收其他文類的優點，成爲一種更具「彈性」的文體。也有人在標點符號上翻新立奇，或者絕少使用，或者完全摒棄，都是較具實驗性的嘗試。

3. 流動的結構：

文學作品必然要有結構。形式是硬體層面的包裝，結構一詞則指涉作品中具體情節內涵的安排。從結構的角度，才能將作者處理主題的方式予以分析，從而適切地掌握作者所欲表達的主題。散文的結構具有相當大的變通性，也可以「流動的結構」來概括活絡的散文結構體系的特色。換言之，結構的價值乃是使創作的目的，例如作者所欲表達的思想、情感等，有最理想的、系統的表達次序。在小說、詩歌及散文三種文類中，其結構的訴求並不一致。李廣田〈談散文〉中說：

詩必須圓，小說必須嚴，而散文則比較散。若用比喻來說，那就是：詩必須像一顆珍珠那麼圓滿，那麼完整。它以光澤為其生命，然而它的光澤卻是含蓄的、深厚的，這正因為它像一顆珍珠，是久經歲月，經過無數次凝煉與磨洗而形成的。小說就像一座建築，無論大小，它必須結構嚴密，配合緊湊，它可能有千門萬戶，深宅大院，其中又有無數人事陳設，然而一切都收斂在這個建築之內，就連一所花園、一條小徑，都必須有來處，有去處，有條不紊，秩序井然。至於散文，我以為它很像一條河流，它順了壑谷，避了丘陵，凡可以流處它都流到，而流來流去還是歸入大海，就像一個人隨意散步一樣，散步完了，於是回到家裏去。這就是散文和詩與小說在體制上的不同之點……。

上引文大致對三種文類結構的不同訴求有所說明。散文的結構並非散漫無章，而是它不似小說與詩歌之必然具備特有的必然條件。上引李氏文末又說：

……散文既然是「文」，它也不能散到漫天遍地的樣子，就是一條河，它也還有兩岸，還有源頭與匯歸之處……，好的散文，它的本質是散的，但也須具有詩的圓滿，完整如珍珠，也具有小說的嚴密，緊湊如建築。

這可以說是李氏散文的出位之說。換言之，散文的結構並沒有約定俗成或者它自己發展出來的規範可循。它具有很大的流動性與變異性，對其他文類的長短處，收放自如。

小說具有客觀性的要求，講究敍事的次序，散文則可以由任何地方切片進入主題。詩有主觀性的敍述次序，散文則可自由安排，有時數個母題元素，參差排列，有時跳出主題跑野馬，其成功之作，固是舒放自如，自然有致，但失敗之作，則是東拉西扯，漫無旨歸。是故，如何在散文無機的結構化中建立各篇文章獨自的有機體，是相當重要的課題。

4. 生活的語言：

散文的語言，屬於新文學語言的第一度系統，它與第二度系統的詩語言截然不同；後者講究含蓄、暗示性，語言近於音樂，遠離口語。在第一度語言系統中，小說與散文又有不同。前者講究客觀性，作者脫離現場，所以，即使是描寫客觀的事物，也總帶著主觀的看法。早期提倡白話文的作家如朱自清，認爲最理想的白話文便是洗鍊過的「上口」的語言，這是散文語言最初步的要求，當時也被散文作家奉爲圭臬，較近一步的看法也止於「散文的語言，以清楚、明暢、自然有致爲其本來面目。」晚近有人主張散文語言適度的吸收西洋句法及文言句式，但大抵仍以不悖離白話，以自然有致爲主。我們可以說，散文語言最難達到的境界，乃是以最家常的文字傳達最標緻的意想。

叁　現代散文的類型

一・早期的分類

文學作品的創作，原係自然的生長，到了後來，文學史家和批評家們，爲了整理、研究的方便，並指導創作種種原因而試圖採取自然科學的方法，把文學作品分爲幾個基本類型，並且在每一類中找出若干共同的素質、特徵、原則，成爲該文類的充分條件。於是而有小說、詩歌、戲劇、散文等文學的四大基本類型。類型既定之後，作家創作時，因爲已有既成的規範可以步趨，於是就依據文類的條件而創作，然而文學作品畢竟不是科學產品，各文類之間的區別原無截然的分野，甚至還有許多互相重疊的部分，更何況文學創作必須日新又新，作家也絕不能止於舊瓶裝新酒，不僅同一文類的內容可以千差萬別，且大作家沿用舊類型時，常常打破原有的格局，造成「出位」的現象，文學創作若能突破舊有的格律而創造嶄新的面貌，則有產生新文類的可能。既定的文類形式雖然對創作具有指導作用，但也常常落在層出不窮的新作品之後。因此文類本身也無法永久定型，乃是一直在接受補充新血的狀況之中。同理，我們想要把現代散文，再做分類，原也是基於整理、研究、討論的方便，尤其散文此一文類的基本素質向來缺乏嚴謹的要求，則把它再做細部的分類將更爲困難，因此，至今均無一完滿的分類方法。

我國古時對於散文的界定極爲寬廣，因此散文的類別相當繁瑣，並不適合現代散文分類的參考。晚明小品所具有的文學素質較接近現代散文，其分類雖仍嫌蕪雜，但已具相當參考價值，例如：鄭元勳的《媚幽閣文娛》小品選集卽分賦、文、書、序、傳、記、制辭、雜文等八類。衛泳的《冰雪攜》分爲序、記、賦、引、題詞、跋語、書啟、傳、記、文、辭、說、雜著等十三類。

西洋散文的分類則更不一致，例如亨德把西洋散文分爲五大類：⑴歷史的散文。⑵描寫的散文。⑶演說的散文。⑷教訓的散文。⑸期刊的散文。而備受指責。亨德的分類立足點係同時站在時間及性質雙方面的關係而論。時間，就是散文在文學發展史上所展現的次序。性質，乃是基於當時社會的需求而產生的重要類型，要同時考慮這兩種因素而較忽略文學的素質，亨德的分類便形駁雜，範圍也嫌過於廣泛。例如五個大類，性質難以並列。歷史的散文，實際上就是敍事散文，與描寫的散文實際上不應該分開，因爲散文不能止於記錄事件，還要有場景等描繪，結構與修飾應是散文不可或缺的條件，不能單獨成立。亨德的「演說的散文」則屬於應用文，主要指政治性的演說，要具備煽動性，但演說未必非具有煽動性不可，如果純屬政治性的演說文，其主題「恆必是實用的、臨時的」，則這種具有特定時效的文章應該不屬於文學範疇之內。亨德的第四類散文「教訓的散文」實卽哲理散文，又從意識型態來歸類，且範圍又極爲狹窄，它跟第五類「期刊的散文」無法並列。蓋後者實指英國式的雜文。範圍又大而無當，不但可以涵蓋前四項散文類型，且還包括報導文學、書信、評論、遊記以及典型的 Essay 等。

波頓女士把西洋散文分爲五類：⑴記敍散文。⑵論說散文。⑶戲劇散文。⑷傳知散文。⑸沉思散文。董崇選《西洋散文的面貌》書中指爲「既不徹底，也不太實際」，並指其散文分類法，患了一個很大的毛病，「那就是，分類的依據沒有一貫性。『記敍』、『論說』、『沉思』與『傳知』都是指作者運筆的態度及目標；敍事、論理、思考事理與傳授知識可以算文筆的功能。可是，『戲劇』一類，是指散文的所在，不是指散文的功能。我們可以問：有『戲劇散文』的名目，爲何沒有『小說散文』、『傳記散文』或甚至於『詩歌散文』的名目呢？」

在董崇選的統計中，西洋散文「依其定義的不同，可以從不同的文類中去尋找，到目前爲止，我們提到散文的文類計有：戲劇對白、演講詞、對話錄、歷史、哲學、藝術、宗教及科學等各學門的文章，虛構文學裏的小說與童話等，非虛構文學裏的自傳、傳記、回憶錄、懺悔錄、性格誌、日記、格言錄、函件等傳記類的作品，以及『艾寫』這項特殊的文類。」董氏歸納出六種西洋散文的分類法，第一種是依時間時代分類，「不過，這個工作非常艱難，除了幾千年的散文，本身太過龐大複雜之外，各國語文不同，表達方式各異，也成爲有效分類的障礙。」第二種是依空間地方分類，「可是實際上按地區分類，除了標明各地區有那些作家作品，有那種語言或方言爲寫作工具外，並不可能有其他太多有意義的分類效果。」第三種文類準據是文筆的功能，西洋散文與中國散文都可以分成寫景、敍事、記言、傳知、抒情、沉思與論理等七種。若依內容分，西洋散文又可分爲文學、歷史、哲學、宗教、政經、藝術及其他等七類，但立刻又肯定這種武斷的方法不够妥當。董氏提出第五種分法是依作品的用途分，如中國散文之序、跋、奏疏、詔令、傳狀等等，但西洋散文並未因用處的不同而在體制上產生如我國之懸殊，因此也無法依用途而分類。第六種分類是以寫作風格劃分，又「本身沒有一點科學性，沒有一點可遵行的系統。」依董氏討論的結果，實沒有一樣是最適當的分法。

討論散文分類者實不止以上諸人，但由此抽樣看來，便知要替散文分類是一件吃力不討好的工作。

中國現代散文的分類觀念也早已存在，一般籠統的概念是：議論文、抒情文、小品文、雜感文等，但並不能使人滿意。林慧文在一九四〇年把不具文學素質的散文歸入「文」類，而文學性的散文則分四種：小品、雜感、隨筆、通訊。分法實嫌簡略。蘇雪林在《中國二三十年代作家》第二編中分散文爲九類：(1)思想表現類。(2)諷刺類。(3)幽默類。(4)美文類。(5)遊記類。(6)哲學幽默混合類。(7)日記類。(8)書翰類。(9)傳記類。蘇氏的分類基準並不一致，思想表現與諷刺、幽默、美文所訴求的是內容與形式，而哲學與幽默又可合爲一類，則遊記、日記又何以不能混合？其分類是相當不理想的。

吳調公在《文學分類的基本知識》中也認為「給散文分類是一個煩難的工作。」他提出的分類方法則是：

從現代文學的角度來看，大概不出兩大類：一是側重說理和抒情的散文，這裏面包括詩和政論結合的雜文小品，和有詩而無政論的抒情散文，一是側重敍事的散文，這裏面包括具有新聞性的敍事文，即報告文學，和並無新聞性的敍事文，如敍事散文、傳記、文學、遊記、風土記等。前者以反映作者對生活的見解、評價和抒發內心感受為主，是屬於抒情類型的；後者以描繪作為作者外在現象的人物、景物為主，是屬於敍事類型的。

羅青的分類法與上舉吳氏同調，他分「小品文」為五類：(1)純說理或敍事的。(2)純抒情的。(3)偏重說理或敍事的。(4)偏重抒情的。(5)說理敍事與抒情並重的。

曾昭旭將散文分為三大類：

抒情散文（文學性散文）
敍事散文（科學性散文）
論理散文（哲學性散文）

曾氏對這三項分類的詮釋是：

抒情散文以抒發主觀情懷為主，敘事散文以記述客觀事象為主，論理散文以分析超越之理為主。當然，所謂抒情，並不限於直抒其情的方式，此外還可以借敘事以抒情（包括述事、寫景、詠物），借論理以抒情（包括說理、論事）。要之，其形貌雖然是在述事寫景詠物，或者也似是在講一些道理、批評一些事物，但實際上其本質、其眞正用意還是在抒發一己當時的感情，則本質上還是應當列為抒情散文的。

同樣，敘事散文也並不限於記述一般景物事象，而是凡被置定為一客觀對象而加以忠實紀錄的都是。如報導某些感情經驗、傳述某些知識學理，只要志在作忠於事實的客觀紀錄或傳述，便本質上屬於敘事，至於所敘的事是情是理，則是對象的不同，而無關乎本質的。

同理，論理散文自然也可以廣論性理、玄理、空理、名理、文理、事理、情理、物理……凡天下事皆有理，當然也都可以即任何物而志在窮其理，而凡志在表顯其理的散文，便本質上都可以算是論理散文，而不必問他所涉及的是事是情或是純理。

以上數說純就功能觀點分類，可稱爲功能主義分類法，尙未能充分說明散文之有別於其他文類的形式意義。例如詩，也可以兼具以上各種功能意義，況且詩的功能類型較散文的功能類型更容易顯現於形式上的特色，例如抒情詩、敘事詩已與其形式意義結合，是一種鮮明顯豁的詩之類型，是以這種功能劃分法，較適合於現代詩的文類之用，現代散文的功能意義並不能說明，也不能概括在形式上繽紛奪目的各種散文型態，是以仍有商榷餘地。

楊牧將現代散文分為七類：⑴小品　⑵記述　⑶寓言　⑷抒情　⑸議論　⑹記理　⑺雜文。

楊氏之分類已摻雜了形式的考慮，其中⑴⑶⑺項有形式和結構的意義，但是⑵⑷⑸⑹項則以功能觀點出之，各類錯綜在一起，分類界限顯得相當模糊。例如「小品」一項就可能同時具有⑵至⑺項的分類基礎，如果把⑵至⑹項歸併「小品」中，則散文已無何類別可言了。

余光中把散文分為廣狹義二大類，廣狹之間以音韻為分野：

> 狹義的散文指個人抒情誌感的小品文，篇幅較短，取材較狹，分量較輕。廣義的散文天地宏闊，凡韻文不到之處，都是它的領土……。

余氏再依散文的「功能」分為六類：⑴抒情　⑵說理　⑶表意　⑷敍事　⑸寫景　⑹狀物。余氏的狹義散文界限太窄，使得許多重要散文的類型完全摒除在其範疇之外。廣義者又極為放鬆，如依此定義，則無韻體之現代詩便可納入範圍中了。至於散文的細部分類，余氏則依功能而分。

從以上幾位具有代表性的散文分類看來，不論以形式體裁，或以內容性質區分，都還需再建設更嚴謹的體系。此實是散文本身內涵的流動與龐雜性使然。

二・散文的類型

筆者將散文區分爲兩大體系；第一類是依內容功能的特質而形成的類型，它是現代散文家們自由創作、自然成長的結果，成爲觀念上現代散文的主要類型，它可以再分成情趣小品、哲理小品、雜文等類型，它們是後設性的。在類型的區分上，或爲人情物趣、哲理思想，企圖給讀者以單純的感動。或爲對社會、人生之批評意見，大致上是以寫作的客體來區分。這些類型實爲母題元素，是散文的根基，作者據此而創作典型的小品，也可以將母題互相搭配，因此產生許多橫跨數種類型的散文。大致上我們探究出一篇散文側重於那一類型，便能把它定位於某一類型之下。

另一大類型是從另一個角度來看，係因特殊結構而形成的個別類型。它涉及主體的思考問題，因作者創作的企圖不同，便產生不同的類型。它具有歷史的成因，乃文學史中已然存在的類型，並非後設的劃分。這一類型具備了特殊的體裁與形式，在內容上，它可以囊括小品文的範疇，但卻改變包裝，因而具有獨立的意義。其特殊的結構可分三種，一種是文章格式的獨立、文體結構的特殊，例如日記、尺牘、序跋等已具有基本的形式。另二種是語言結構及情節結構之特殊。例如遊記文學、報導文學、傳記文學的語言結構已有獨立的規則，而傳記、報導文學的情節結構也各自有特殊的條件。

(一) 散文的主要類型

早期對現代散文的範圍，大多止於「小品文」，因爲小品文是散文中體製較有規範、作品產量最豐富、讀者羣也最多的。在筆者認爲，小品文除了它原來的範圍之內的情趣小品、哲理小品外，雜文也應該包括在內。本文將它統歸於散文的主要類型中，以有別於具有特殊結構及內涵的散文。

基本上，散文的主要類型是依寫作的客體來劃分。因爲像情趣小品、哲理小品與雜文等，不僅望文生義，已有不同；如更進一步分析其內容時，又可以發現，因寫作客體不同，散文家就必須用不同的語言策略來面對不同的客體。因此，情趣、哲理及雜文等類型，不僅是客體的不同，也牽涉到寫作主體態度的不同，產生不同的文體，仔細注意它們的文學功能及社會功能也都會有相當的歧異。若就典型性的作品來看，它們都能自成格局，有其整體性的趨向。

散文的主要類型，實可以小品文總稱之。它具備幾項基本特色：

(1)格局精緻；小品文的文字雖然沒有硬性規定，但是以精緻的格局而言，通常不超過一萬字。由於文字較短，焦點容易集中，以便精雕細琢的描寫，郁達夫在〈清新的小品文字〉中說：

原來小品文字的所以可愛的地方，就在它的細、清、眞的三點。細密的描寫，若不愼加選擇，巨細兼收，則清字就談不上了。修辭學上所說的 Trivialism 的缺點，就係指此。旣細且清，則又須看這描寫的眞切不眞切了。

郁氏此說正可以詮釋格局之所以精緻的條件，選材剪裁是極重要的一環。小品文可以從大處著眼，也可以從小處落筆，徐懋庸在〈金聖嘆的極微論〉中說：

……把偉大的宇宙混沌地來看，也不及把渺小的蒼蠅微妙地看之有趣。倘將宇宙看作蒼蠅，便了無意義；若將蒼蠅看成宇宙，則興味無窮。

⑵以實寫爲主；小品文給讀者最親切感、貼己感，因爲它把題材寫得落實，完全在作者與讀者的生活範疇之中，逼眞而親切。故具體的人事誠然可以寫，抽象的事物例如概念思想，也可以落實而寫。總之，小品文拉近讀者與作者間的距離。因此，小品文家喜用「家常絮

語」，在文字上具有親和力，乃是實寫的方式之一。

⑶意境獨到；在〈關於散文寫作〉中，葉聖陶解釋「意境」說：

接觸事物的時候，自己得到的一點什麼，就是「意境」，也就是「君子無入而不自得」一句話裏那個「自得」的東西。

朱自清則解說：

意境似乎就是形象化，用具體的暗示抽象的。意境的產生靠觀察和想像。

意境有造境、有寫境，完全看作者是否具有生活的「吟味力」，才能「境由心造」。

⑷小品文不論是造境或寫境，其境必含情、趣、韻等因素。而與其他散文類型不同，小品文中作者的自我色彩較其他類型更為濃厚。

情是指作者個人的性靈情感。每個人的個性不同、際遇不同、情懷不同，對事物的感受自然也不一樣，文章若能直接反映作者的眞性情、眞感受，則能達到文如其人的地步。是故能獨抒性靈的作品必然不失其赤子之心，若心地稍為矯飾，便不是胸臆中話，就失其純眞可愛。就情眞一點而言，寧失之眞實而有瑕疵，也不願虛假掩飾而徒具亮麗的外貌。這是現代散文，尤其是人物小品與古文大相逕庭之處。人性必然有缺陷，現代散文能從缺憾的人性中找出眞實的光華。

趣是小品文所散發出來的風味，能呈現作者個人的品味。最能透露玄機的便是筆調，此正是**林語堂**所強調小品文的「個人筆調」。筆調因人而異，有嚴整細密者、有瀟灑閒適者、有幽默詼諧者，完全跳出古文莊重嚴肅板滯的牢籠。

韻，是小品文所流露的境界，文章所呈現的層次。對於「獨抒性靈」的文人而言，他的性靈情感直接投射在文章中。就自然顯現出作品的境界來，此所以文格正是人格的反映。然而，文章僅止於性靈的抒發，則其堂奧必不够寬闊，因而，多讀書、多思考，加以人生的閱歷、歲月的陶冶，都足以使一位作者從點的文學生命橫度爲線，進而擴大爲面，乃至無限廣闊，其層次不但有變化，且能深化。

1. 情趣小品：

散文的基本特色之一是作者主觀的色彩，所以，不論是記事甚或說理，文章仍然脫離不了作者個人的感性，因此，就廣義而言，散文必然具有抒情性質。此處所指的情趣小品，是指作品主旨在發抒個人的情感品味，它的表面可以是記敍、描寫，甚或議論，但它全文的重點是在發抒作者的感想、感覺、心情等，因此情趣小品最容易反映作者的人格，而達到「文格乃人格的呈現」層次。

在現代散文的創作量上，情趣小品所佔的比例最大，作者最多，這是因爲人人都有喜怒哀樂好惡等天然之情，情動於中，發而爲文，自以情趣小品最易入手。但是，情趣小品量雖多，質未必就能同比例提昇。因爲情趣是抽象的，駕空而寫，絕難見功，大抵要附會人、事、物上才行。是故，情趣小品仍然取材於作者的生存環境，它可能是蒼蠅之微，也可能是宇宙之大的事件，但不論事之大小，情趣小品不同於報導文學或傳記文學等以事件爲重要描寫的對象，它只把事件做背景，或者做抽樣切片，借此切片而能代表全體，用來烘托作者的感情。所以，情趣小品取材大抵都從細處著眼。

2. 哲理小品：

哲理小品與情趣小品有些重疊的地方，例如二者都常以人、事、物爲寫作的素材。但是情趣小品的終極目標乃是傳達作者個人的情感、品味、風格。而哲理小品則以傳達作者的思想爲主，也就是表現個人的哲學觀，哲學本是探討宇宙人生的問題。許多文學作品實際上已是作者思想的具體表現，如何分辨哲理小品與具有思想性的散文呢？董崇選《西洋散文的面貌》第六章論及哲學散文有清晰的分野：

> 哲學散文是指以表達哲學思想為直接目的與唯一目標的散文。而文學散文可能帶有哲學思想，卻不以表達此一思想為寫作的直接目的或唯一目標。

就效用言，情趣小品使讀者感懷，打動讀者的感性，哲理小品使讀者沉思，打動讀者的理性。哲理小品表達作者的人生觀，思想性較重，因此探討人生問題，發議論，提主張，然而，它仍是以小品文的姿態出現，所以並不能負荷系統性、高深的哲學理論，往往只是把一些身邊瑣事做較深入的透視，運用較特殊的角度，使讀者深思。然而，無論以何種型態出現，它必須運用文學的語言來表達，有文學的技巧在其中，才有別於哲學論文。

3. 雜文：

雜文在我國是古已有之的文類，具有兩千餘年的傳統，但是在文學史上，卻從來沒有像漢賦、唐詩、宋詞、元明戲曲一樣，能產生一個以雜文爲特色的時代。這是因爲雜文雖然事實存在著，卻並未受到重視而堪據有一個文類的地位。新文學運動後，白話散文興起，雜文率先盛行，不但作家輩出，產量豐富，且內容龐雜。其中魯迅個人的雜文產量最多，左派評論家給他的「成就與影響」以極高的推崇。

雜文的定義，實有廣狹之分，狹義的雜文，乃是文人借來做爲批評社會缺陷最直接的武器。批評社會的目的，是冀望社會能改革、進步，原具有積極的社會意義，是故早期雜文之勃興，並非基於製造美文以使讀者賞心悅目。白話雜文創作的第一步乃是揭露社會的眞相，魯迅在〈做雜文也不易〉中說：

不錯，比起高大的天文臺來，「雜文」有時確很像一種小小的顯微鏡的工作，也照穢水，也看濃汁，有時研究淋菌，有時解剖蒼蠅。

再進一步，是批評、攻擊，因此雜文要如匕首、投槍。雜文以其短小精悍的體型、潑辣雋永的本質，銳利前進的氣勢，在文學的各部門裏，獨獨具有衝鋒陷陣的功能。也因此，在此範圍內的雜文都屬於社會批評。在這種雜文造成風氣時，雜文家們因力求改正時弊，於是在文字中便能深入地反映出時代的脈絡，在社會演進的過程中具有相當貢獻，但在文學上，其素質時常是較貧乏的。

廣義的雜文範圍非常廣，可以說在小品文中，典型的情趣小品、哲理小品以外的小品皆屬雜文。甚至於任何一類小品的領域都是雜文所能進入、所能包容的。孔另境在〈論文藝雜感〉中認爲「所謂雜文，該是指各種文體的綜合而言，爲容易使人容易理解起見，我以爲『文藝雜感』一詞最爲妥當」，頗有見地。雜文中的「雜」並非專指內容之駁雜，也涉及形式的不定型，它接受西洋的隨筆與中國的筆記文學以記錄爲主的形式。在內容上，它具有理性的論說。然而，若視之爲「文藝性的論文」則又太窄、太板，忽略了雜文的戲謔性質。雜文的形式是隨筆的、小品式的，而非嚴肅的論文，不能比諸「文藝性的論文」。應該說，雜文是具有作者直接論斷，帶有批評或議論之見的小品文。

㈡ 特殊結構的類型

特殊結構類型的散文，若從結構的觀點來看，其分類的基礎乃從寫作的主體出發，只不過其形式結構的意義具有歷史的成因，在中國、西洋的文學史上都是既存的事實，並且擁有肯定的地位。

特殊結構類型的散文，爲什麼又可以說是從寫作的主體出發呢？因爲它明顯關涉到寫作主體的寫作策略以及切身的生活。例如日記、書信、序跋、遊記等類型，作者在創作時，必然具有強烈的自我色彩，文學性的傳知散文、報導文學、傳記文學等，其寫作的緣起雖因客體的激發而生，但是皆必須融入作者個人的觀點和情感。

值得注意的是，散文的主要類型與特殊結構的類型之間，存在著一個極爲微妙的關係，後者的形式、結構有特殊的要件，但它可以在形構的框架內包容所有散文的主要類型，它不適宜用寫作客體來劃分，乃是因爲任何一種特殊結構的類型，都可以包容主要類型中的一切細類。例如日記、書信體散文，它除了形式結構的獨特外，還可以結合許多情趣小品、哲理小品甚至兼取雜文的內容。遊記亦然，它尤其跟物趣小品中的景物小品有密切的關係。因此，基本上特殊結構類型的散文與主要類型的散文，其內涵時常疊合。從這個角度來看，人情小品、物趣小品等等，如果單獨成篇，乃是一個精純完整的藝術成品。但是它們如果在特殊結構類型的散文中出現時，就變成後者的一個情節單元而已。因此第一大類型往往體製較爲纖巧，第二大類型則往往較爲龐大，後者呈現強大的包容能力。這兩大類型，在內容上乃是相啟相承，後者尤可綜合而融匯前者，在形式結構上則具有獨立的面貌。

1. 日記：

日記體裁在我國歷史上有著相當長久的歷史淵源，雖然它不曾受到重視，但卻是很重要的應用文體。自古「左史記言，右史記事」，我國史官就已替君主的一言一行做「起居注」，這種起居注必定影響了日記體裁。其次是我國盛行的筆記文體，原來就是文人把身邊瑣事、讀書心得隨筆記錄，早已具備日記體的內容，而無日記的形式罷了。

日記此一文類，雖然產生的歷史相當悠久，但是一直未受到重視。在現代文學界中，一直到郁達夫才特別提倡日記文學。他在〈日記文學〉中認爲「日記文學，是文學裏的一個核心，是正統文學以外的一個寶藏」，日記之足以成爲核心，乃是因爲它是所有文學的初發點，許多寫作的人都從日記寫起，它成爲一切文章的基礎。

日記是作家依他個人特有的生活習慣、心理狀況及行爲模式所作的生活記錄。日記原是寫給自己看的，所以最眞誠、最親切，是最不做作的文類。這種以自我爲中心、以日爲單元，記錄生活上的事情、感想，成爲日記的基本訴求。因此日記基本上要有其形式，也就是年歲、日月及氣候的記載，並以「日」爲單元。同時必須連貫的寫下去，成爲一串的日記，具有「連章」的性質。其次，日記所記的內容，應該以作者「自我」爲主，例如景觀或人文式的遊記，雖以日記分段，但未以作者自我的觀感爲主，則只能算遊記，而非日記。其次，日記是一種最自由的文體，其內容也無所不包，在其他的散文類型裏可能是嚴重的缺點，但在日記中，反而還是它眞實的要件。由於它不必只記某一事某一物，因此反而具有自由活潑的風格。

以自我爲中心，記錄生活中的事情、感想，這是日記的本來面目，可稱爲原始日記。後來文人發現，文章以「日」爲全篇的段落劃分，以獨白爲表達的手法，是一種別緻的寫作方式，於是產生日記體文學。

2. 書信：

書信體裁在我國可以遠溯至《尙書》。在中國文學中，它實是一個相當重要的應用文類。書信與日記都是散文類型中體製最單純的，兩者都與作者有密切的關係。日記可以說是作者的「獨白」，書信則是寫給第二個人看的，可以說是「告白」，其對象一個是自己，一個是作者的親友。因此它們都是極具親和力的文類。

在現代散文的書信範疇中，捨棄純應用的書信文字。具有文學價値的書信，不僅僅在於傳達意旨，且傳達感情、思想。要讓讀者感動省思，書信散文必須保持書信的形式、風格。書信面對一位特別對象說話，則眞摯誠懇、質樸自然是它必然的風格。而書信除了談論事理，又多會牽涉到情感，在表情達意上，也必然要能深厚雋永。至於書信的文字，跟日記一樣，必須是親切的、溫馨的，娓語體性質的語言最爲恰當。

書信在文學上受到重視後，還有一些文人，借用書信的體式，強化書信的旨意，美化書信的形式，講究修辭技巧與章法結構。因此，除了原始書信，又有書信體文學。

3. 序跋：

序跋，是爲了介紹特定著作而放置在書前或書後的特殊散文類型，書首稱序，書末稱跋。它所描述的對象都環繞著作品以及作者爲核心的各種問題，或以上二者與撰寫序跋人的關係上，含有濃厚的應用性質，此點與日記、書信極爲類似。序跋的上品，其文學價值與功能可與小品等量齊觀。序跋另一重大特色在於其後設性質，序跋作者涉及原書的討論時，多少會和文學理論以及實際批評發生關係。

林紓曾討論過序跋之異，主要在於形式。其實序跋的本質是相同的。在現代文學中出現的序跋，已打破了古典序跋的嚴格界限。中國傳統的序跋體中，有純粹應用性的贈序、壽序、賀序等體例，這類序體純屬酬酢之用，並無文學價值；此外有詩序，詩序在現代詩中並不流行，如出現時常可視爲詩結構的一部分，有若干詩作也附有詩人自撰的後記，其體例均十分精短，功能侷限在題解和說明的範圍，只能算是詩的注解，本文中所指序跋仍以詩文集之序跋爲主。在傳統觀點中，序跋貴在精簡峭拔。序跋體裁發展到晚明，已漸漸擺脫了純粹應用的性質而滲雜了更濃厚的文學趣味，不拘體格以通達爲尚。而現代文學中的序跋尤其突破了體裁的拘限，常常動輒萬言，其中也包含了許多人生境界、時事感評。

序跋依作者的不同，可分爲自序跋與他序跋，而除自序跋與他序跋兩類型之外，又有一特殊類型：代序跋。

4. 遊記：

遊記是以記遊寫景爲主要內容的散文類型。它通常是作者遊歷陌生地域的主觀記敍，有明顯的敍事秩序；而且作者脫離了日常生活固有的生存空間，屬於一種特殊體驗，它的篇幅可寬可窄，有的可以擴展至數萬言以上。因以上種種特性，所以遊記雖不乏小品中以人格美和藝術造境爲訴求的特質，但是它的發展，已儼然獨立於小品之外，別樹一幟。

遊記的要件有三：

(1)眞實的經驗：

遊記必須出自作者親履，否則只是虛構的遊記體小說。

(2)以記遊爲終極目的：

許多散文類型都可能出現遊歷的情節。例如報導文學、回憶錄等，皆非以記遊爲目的，在這種情況下，遊歷的事件只是背景，故無法以遊記的類型來看待。

(3)必須呈現心靈活動：

如果完全隱晦作者的心靈活動，而純粹以解說旅途中的客觀現象，則只是應用性的旅遊指南，如果只是知識報導如人文、水文、地理等，充其量只可歸入傳知散文的範疇中而不成爲遊記。

遊記的特色也可歸納出兩大項：

⑴敍事重時空結構：

遊必有方，行必有止，因此時空的敍述結構在遊記中較其他散文類型佔有更重要的地位，例如春夏秋冬四季皆有不同的景觀，而隨著行進路線的不同也會發現不同層次的景觀，因之作者活動的時空序列性是遊記結構上的一大特色。

⑵分散的主題：

遊記必然出現許多不同的場景，否則就無所謂「遊」了，不同的場景也構成個別的焦點，因此遊記固然可以劃定範疇，如朱自清的〈歐遊雜記〉以歐洲爲範圍。袁昌英〈成都、灌縣、青城山遊記〉以成都、灌縣、青城山三地爲範圍，朱自清〈滂卑古城〉以滂卑古都爲範圍，但或大或小，都將作者的注意力分散到或大（都市、山脈）或小（林木、樓臺）的個別景觀中，在各種散文類型中，除了日記、書信較可能出現繁瑣的主題外，遊記無疑是主題相當駁雜的一種類型，但是這種分散本身又有其統一性，其統一性建立在不變的作者本身以及遊記本身的串連性上。

5. **傳知散文**：

傳知散文幾無小品中的「自我」色彩。因爲它的目的乃是傳授知識，也可說是一種單純處理資訊和記錄的體裁，後述的報導文學，尤其是考證式報導文學，常隱含了傳知散文的手法，但報導文學更加入了作者行動的介入，而傳知散文則僅限於作者思維的介入。本來文學作品的直接、或主要目的並不是傳授知識。眞正傳授知識的自有各學門教科書或各種專門論著等，可謂傳知論文。可是有些專門學科學者，其本身同時具有文學素養，把學問也處理得兼具文學之美。在古今中外歷史上，有許多這種文章時常被節選入文學選集中。這些例子給後人以相當的啟發，於是在撰述專門學術時，也運用文學技巧，能增加其可讀性，而加速知識的傳布。新文學運動後，胡適、章依萍等人特別推崇吳稚暉的《上下古今談》一書，就因爲它是「十分有趣味的談科學常識的作品」，當時推行目的乃是想把專業知識平易化、通俗化。蓋專門知識本身已很難入門，研究或介紹的專書又都是連篇累牘的硬體文字，自難討人歡喜。如果改用文學的語言，優美的表達方式，讀者便容易吸收消化。

一般而言，傳播知識都以論文寫就。論文寫得有內容、深刻，專家學者很容易做到，但是要把論文寫得漂亮易讀，則不簡單。傳知散文是專門知識與文學素質的整合作用，其內容務求專業化學識，富於理性的滲透性，其文字則求感性的渲染力，使讀者閱讀時，不但知識得到灌溉、理性受到啟發，且心靈受到牽引。

由於現代學識進步發達，知識領域無限擴展。因此傳知散文的內容幾乎無所不包，不僅文學、史學、哲學，甚至如自然科學、應用科學等等，只要宇宙之內的學問，都是傳知散文的素材。

6. **報導文學：**

報導文學，原稱報告文學（Reportage），是以力求客觀的報導性文字，針對特定時空下的歷史問題、社會結構，乃至人種與生態環境的發展、變異、衝突的過程，搜集與體驗各種見聞與紙上資料，而加以記錄報導的散文體裁，而執筆報導文學的散文作者，也可稱爲「報告者」。報導文學所報導的客體必須綜合了「文學的眞實」與「歷史的眞實」。所謂「文學的眞實」就是透過報告者的心靈提出的詮釋與批判所構成的價值體系，「歷史的眞實」則是報告者所掌握的資料與個人體驗的眞實性。因爲報導文學的本質必須兼容這兩種「眞實」，失去「文學的眞實」，它便淪爲純粹的報導，失去「歷史的眞實」，則缺乏客觀的特性。爲了兼顧兩者，不僅僅在於主題和資料雙方面的信實度，報告者也必須將報導語言和文學語言加以平衡、融匯。換言之，報導文學作品有其特殊的語構規則，有別於其他類型化的散文體裁，必須以客觀而不失文學趣味的語言來進行陳述，此點和後述的傳記有共通之處。至於僅就知識、觀念、學問做報導分析，而不涉及實際行動及事件者，則歸入傳知散文中。

7. **傳記文學：**

傳記文學是以個人眞實歷史爲主題的散文類型。它兼具文學性與報導性，其貫時性與以特定個人生涯爲中心主題的特質，則與報導文學較偏重時空橫斷面，及以特定種族或生物集團的動向爲中心主題的特質有所不同。

傳記文學雖重事實，仍須著重其文學的素質，因此傳記文學在求眞與求美的雙重尺度下，兼有史學與文學雙重的性格。不過，我們論述傳記文學仍應和史傳分開，胡適曾在〈東方短傳之短處〉一文提出：

> 傳記大抵靜而不動。何謂「靜而不動」？（靜 Static，動 Dynamic）但寫某人為誰某，而不寫某人之何以得成誰某是也。

這段話大抵道出了中國傳記的特色，那就是偏於靜態的記實體例，而「動」、「靜」之際，正是史傳與傳記文學之間的分野，傳記文學必須深入傳記人物的心理層面予以刻畫，不獨以鋪陳事功爲足，傳記文學不僅僅在敍述一個人的履歷，而應呈現出傳記人物的完整人格，描繪出其人生形象，更要注意到整個時代背景。因此史傳是非文學性的史料，傳記文學則不僅以事實爲基石，更必須有其文學的要素，換言之，傳記文學的範圍是跨越了文學與史學的統一物，求眞求美兩者俱不可偏頗。

肆　現代散文的內容

散文的內容大致可以歸納爲下列四類：情節、性格、事物、議論。散文大致上至少具備其中一項，也可以同時兼具數類。

一・情節中心

以情節爲中心的散文必然具有人物、事件，其事件有開展、演變，乃至衝突或波瀾等，造成散文的興味點並呈現主題。以情節爲中心的散文大多具有時空背景，且具綿延性、時間遞嬗、空間轉換、人事更動等。

琦君〈第一雙高跟鞋〉的內容大要如下：

「我」非常喜歡高跟鞋，打從八歲時，見鄰家小姐出嫁時有一排高跟鞋，就盼望自己快長大、快當新娘，要穿一輩子的高跟鞋，長工阿榮伯見「我」穿阿姨的高跟鞋過癮，於是用木頭削出一雙高跟鞋，成爲「我」的第一雙高跟鞋。平時把它收藏在花廳裏，與小朋友們扮新娘時就拿出來穿。小朋友都搶着當新娘，阿榮伯邊給孩子打鼓敲鑼，邊望着他的傑作高跟鞋格外高興。扮了好幾年新娘後，「我」去了杭州，阿榮伯把高跟鞋收在紅木榻抽屜裏。「我」在杭州考取了中學，阿姨爲「我」買了雙高跟鞋，可是父親不准穿，「我」氣得寫信向阿榮伯哭訴。阿榮伯叫他姪子寫信來說：「不要哭，妳回來時，我再給妳釘雙大的」。「我」一直到高中畢業才回家鄉，腳下穿的是一雙漂亮的高跟鞋，阿榮伯卻已經去世。那第一雙高跟鞋上已全是灰塵，緞子顏色亦舊。第二天來了一羣女友，都是當年穿過那雙高跟鞋的新娘子，大家一同去阿榮伯墳上點香上供。

〈第一雙高跟鞋〉由上述簡單的情節串連起來，由市售高跟鞋之不准穿到可以穿，由阿榮伯之手製高跟鞋之可以穿到穿不下，情節在演進中告訴讀者歲月流動的痕跡：母親眼角的皺紋增加，而阿榮伯去世了，但是小姑娘們由扮新娘到做眞新娘了。時光流逝固然使新生代成長，但也讓老一輩無聲無息的凋零，這種淡淡的哀傷全由生動的情節自然烘托出來。以情節爲中心的散文，要由情節本身暗示主題便好，作者萬不可跳出來多做詮釋，散文乃能雋永有味。

二・性格中心

性格指人物的感情、脾氣、格調等特色。散文敍寫人物，往往不是呈現作者自己的性格特徵就是書寫別人的特徵。以性格爲中心的散文時常不注重時空背景，其「情節」也僅僅就生活中截取一個極小的切片，放大特寫。蓋人物性格的特色往往就在極小處見出，所以性格中心最常處理的方式是小題大做。

丘秀芷〈至情淸歡〉第一則「銅板」敍寫「我」近來時常到弟弟家爲年邁的父親做飯。有一天，要回家時發現搭客運的零錢欠兩元：

「爸，您有沒有兩塊錢？我搭車的零錢不夠。」

父親進他房裏老半天，我聽到銅板的聲音一直響。正納悶：父親是不是找不到兩個一塊錢的銅板。

父親終於出來了，兩手捧一堆銅板。有十元的、五元的、一元的。我說：

「爸！我只欠兩塊錢！再說搭車用十元的銅板划不來，他們不找的。」

「你全拿去，下次搭車。」他只挑出十元的，其餘的全塞給我。

以後，每次我要回家，他就給我好幾個五元和一元的銅板，還不許我不收。

後文敍述父親不僅每天設法積存銅板給她，且經常買糕點水果叫她帶回家給兒女吃。這篇散文的興味點就在父親的「固執」上。在他尚未發現女兒需要銅板時，從來不曾想到把銅板留給她，可是一旦發現女兒需要時，他幾乎是全力以赴在爲女兒籌銅板，他似乎不肯理會女兒只是偶爾欠缺兩個銅板，並非天天匱乏，雖經女兒一再申明終究無效。這麼一樁小小事情，讀者已可看見一位可愛的老人，他一直被兒女們妥善照顧中，可是，他也需要付出他的愛心來照顧別人，只是他一直缺乏「管道」，所以，一旦知道女兒欠缺銅板，他便不停的付出銅板。這證明人類固然需要被愛，但也需要付出愛。當然，本文的對象還是一位老人，因爲這種受與授的模式都是屬於老人的。也因此，懂得孝心的晚輩，如文中女兒以及女兒的兒女們都完全接納老人付出的愛。以性格爲中心的散文，其表達的主旨不外是人類個性及情懷的殊相或共相。

三・事物中心

事物的涵蓋極廣，舉凡景物、動物、植物或其他無生物，只要是人身以外者皆可歸諸事物。以事物爲描寫中心的散文看似已離開人類的思想行爲，其實不然。像朱自清〈月朦朧，鳥朦朧，簾捲海棠紅〉原是以介紹一幅繪畫爲主的散文，但是作者除了用中性文字介紹其內容，同時也夾入感性文字介紹其情境。繪畫者在畫幅上透露出來的情韻被朱氏發掘，復將此種情境表現於文字篇幅之中。例如畫中圓月給人「純淨」、「柔軟」、「和平」、「如一張睡美人的臉」之感，海棠花葉的嫩綠色，彷彿掐得出水等等，由這幅畫的景物之境，作者聯想到畫裏隱藏的情境。是以，透過本文，讀者不但可以看見朱氏個人觀賞翫物的品味，也能略窺畫者的人生意境呢。

韋暈〈枯河〉敍述一條「河」的一段「生命」。枯河的盡頭有一簇簇上了年紀的馬查里樹，這些樹在結滿一顆顆紅晃晃的小果子時，就被一羣一羣的小雀子咕碌碌給吞食了，原本衰老的馬查里樹一下子就老了十年。那條河，不用說一直是枯萎著的，「就像快走完了生命路途的馬查里樹，在灰色黃昏來臨時，變成了果陀等待而終於沒有來臨的那片荒野。」只有天空的白雲、紅雲、黑雲……對枯河岸上的馬查里樹有幾分依戀，但最後也還是走了。以後，不論晨曦或暮色中，再也不見雀兒在樹梢頭飛繞，那幾棵馬查里樹像已跑完了自己的路，只留下頭上幾根白髮。西北風卻仍無情地從河的另一端吹過來，想把這些樹連根拔起。河灘則更加枯瘦了，一條條肋骨凸現於乾裂的泥沙間。

有一天，枯河出現了奇景：「一個老太婆打從什麼地方來，也沒誰知道她怎樣到這個河灘來，我們只看到她一整天傴僂著身體用一把破掃帚去掃河灘上的枯葉。」在敍述「枯河」及其周邊人文環境的同時，作者在開頭及中間不斷揷入廣播電臺的強風豪雨特報。「我」亦不時回憶起三年前這條枯河曾因一連串豪雨，引起山洪暴發，使枯河頓時變成一片汪洋。作者只寫到雨季來臨的前奏，「我」就「回家」了，日子過了許久，枯河的故事已逐漸淡忘時，再走到枯河邊，那把破布傘下的老女人已不見了。「但那株瓜蔓的黃色小花依舊迎風搖曳。」

這篇散文頗用力於敍述枯河的自然生態及人文環境都瀕臨枯萎的臨界點，但那並不是作者眞正的寫作目的，文中不時夾雜著人類虎虎有生氣的談笑，例如巴士駕駛員的無聊對話、水果攤販等人——包括「我」對「枯河」坐壁上觀的態度，在在說明枯河不具備生命，馬查里樹不是生物，甚至那破傘下的老婦人也不是岸上有閒情逸致者的同類。「他們」都是「枯河」構成的一部分，跟岸上的人類社會形成一個鮮明的對比。也唯其老婦人是人，不是植物或者河床，此一對比的強烈諷刺作用更爲凸顯。由此可見，以事物爲中心內容的散文，總是蘊含作者的人文或自然思考在內。

四・議論中心

以議論爲中心的散文，是由議論牽引著散文進行，敍述的內容乃是爲支持議論而存在。其散文的形式是敍中有議、議中有敍。例如魯迅〈無常〉便是典型例子。

〈無常〉原是佛家語，指人世間所有事物都在變異毀壞的過程中，爲人類無法掌握。後來引申爲死的意思，又引申爲「勾魂使者」之名稱。文中的「活無常」是指民間祭祀中由人扮演的無常角色。本文首段指民間迎神賽會時出巡的神皆掌有隨意殺人之權柄，活無常卽其中之一。此段爲「議」。第二段說，這些鬼物們，大概都是由粗人或鄉下人扮演，接著敍述這些被扮演出來的鬼物們之外貌形狀，之後又說：

據傳說，鬼王是用一只腳走路的；但他究竟是鄉下人，雖然臉上已經畫上些魚鱗或者別的什麼鱗，卻仍然只得用了兩只腳走路。

本段到此爲止是先敍後議。其「議」當然是飽含諷刺。因此接著又敍述觀眾對這些假鬼物不很敬畏——只除了念佛老嫗和她的孫子們爲面面俱到起見，給他們一點尊敬的儀節。第三段以下則全力寫「活無常」，敍述活無常在民間最常看見的裝扮，不論在迎神的路上或廟中乃至中國古書記載，皆一一敍來。可是在印度佛經裏，活無常卻是於古無徵，何以他獨獨受中國人的歡迎呢？

凡有一處地方，如果出了文士學者或名流，他將筆頭一扭，就很容易變成「模範縣」。

作者是說中國文人添油加色，使活無常活躍於中國。但此段開始已夾敍夾議，筆鋒針對陳西瑩而多含諷刺之語。魯迅指陳氏所撰《模範縣與毛廁》使無錫一躍而成「模範縣」，活無常亦不過經此等文人點染而出名。此段筆涉陳西瑩後，魯迅嘲諷之氣一發不可收拾，連續用陳氏文章中的句子一再貶斥陳氏之不公云云，再拍回到活無常之可親可愛。接著再敍述活無常在戲裏比在廟中泥塑、書中墨印的要可愛得多，連續幾段敍述戲臺上的活無常，迎神時的無常等等，作者很讚美無常具有人情味，「不擺教授先生的架子」云云。讀完全文，讀者當可意會本文敍述多而議論文字少，但是文章實在是以敍述爲輔，議論爲主，其議論正是對魯迅所痛恨的人物做辛辣的批評貶抑。

參考書目

一．

中國現代散文理論　俞元桂主編　廣西人民出版社
散文藝術論　傅德岷　重慶出版社
散文藝術初探　佘樹森　福建人民出版社
散文創作藝術　佘樹森　北京大學出版社
現代散文藝術論　吳歡章　黑龍江朝鮮民族出版社
散文創作技巧論　涂懷章　學林出版社
現代散文類型論　鄭明娳　大安出版社
現代散文構成論　鄭明娳　大安出版社

二·

英國小品文的演進與藝術　張沅長等　學生書局

中國文學鑑賞舉隅　黃慶萱、許家鸞　東大圖書出版公司

中國現代散文十六家綜論　俞元桂等　華東師範大學出版社

現代小說

楊昌年

一・小說論

㈠　小說表現重點之改變

十九世紀以前全重故事，十九世紀以後重理想，以具體的人生經驗說道理，故事退居次要。表現繁複精微，顯示深刻完整的人生經驗，故事狹小而主題深廣。

㈡　小說的影響以及後來居上的因素

影響：改變歷史觀念（如《三國演義》），教育影響（如《罪與罰》）。由於小說之進步，能在日益繁雜的社會給讀者以多方面的滿足，閱讀小說已由消遣、解愁更進一步能獲慰安作用及認識人生，是爲後來居上的因素。

㈢ 小說與作家

一切藝術不是掩飾罪惡的，而是創造人類的新生命和改變舊有社會的。藝術的使命重大如此。法批評家普爾泰（F. Bminetiere）說：「藝術是透過作者的氣質表現出來的自然。」作者藉藝術來表現自己的個性，表現的顯示就是完成了的藝術品。

文藝本是苦悶的象徵，作家創作小說時，無論是反芻或是創造，都是以眞切感情寫成的文學。作家不一定要在紙上寫出紅的字眼，才算是眞正的血；也毋須在紙上寫出淚的字眼，才算是眞正的淚。個人與時代社會的苦悶，都可以藉著作家的藝術技巧在小說裏淋漓表現。

新的文藝要描寫實際人生，而不被實際人生的事實束縛，要描寫自然；而又絕不是脫離實際人生的文藝。作家創作小說，客觀主觀兩方面都極重要。小說與作家間的問題是：

1. 作家的經驗：

作家仗持本身經驗與運用藝術的材料來從事寫作。就人物言，可能是寫實的，也可能是理想的。理想人物是作者主觀理想的產物，寫實人物是作者客觀摹寫的產物。理想人物的作者不問社會所有的人是什麼樣，只憑自己的理想，將一個無用的人寫成有用的人，或將一個不美的女人寫成美女，這種作者態度，自然暢所欲言，但與實際相差甚遠；寫實人物的作者，平實地將社會上實存的人摹寫出來，卽使將使讀者失望，也都毫無隱飾地照實描寫。以上兩例，無論是理想或是寫實，作者方面，最低限度必須具備經驗。設若作者缺乏經驗，寫出來的作品，將使讀者產生空虛不眞之感。

2. 作家的思想：

一切的藝術家都是思想家。整理發表由經驗得來的結果，是作家所盡的責任；同時，在整理發表中加入思想特性也屬必須。

3. 作家的情緒：

作家貢獻情緒，藉作品傳達給讀者，但如企求情緒具備不朽價值時，應當具有下列五個標準：

(1)情緒之純正或適節：作品給予讀者的情緒應是純正化與適節化的。
(2)情緒之活躍或有力：作品能使讀者感動興奮，依仗作品的活躍有力。
(3)情緒之繼續或確實：作品給予讀者的感情，能使讀者確實產生共鳴並延伸繼續。
(4)情緒之範圍或變化：情緒範圍的大小與多樣，多角性。
(5)情緒之階級或性質：情緒的特性、適應某一類讀者。

4. 作家的想像：

想像是作者經驗，思想，情緒的總和。作家的想像可分為：

⑴實在的想像，描寫實在的想像，例如使作品中人物的聲音、容貌、思想、品性，均能集中地使讀者接受。

⑵非實在的想像，如神奇的，似是而非的想像。

5. 作家的素質：

作家猶如一位永無休止的獵人，傑作問世，可以滿足萬千讀者，但卻不能使作家自己滿足而休止，繼續追求的結果，常因時代的進展與文體風格的改變而落伍，或因年齡的增長創作動力的減退而力不從心。作家欲維持壯盛的創作動力，必應具備的條件是：⑴多彩多姿的生活：寫境的充實。⑵豐富熱烈的情感：造境的精彩。⑶創新的寫作技巧：表達的特殊。⑷敏銳的觀察力。⑸同情心。⑹堅持力與正確的創作動力。

㈣　小說的特質與要素

1. 特質：

⑴有好意識（主題）有啟示性或教育性。⑵須有一曲折動人的故事。⑶須有人物刻劃。

(4)有佳妙的描寫技巧。(5)有完整之結構。

2. **要素：**

(1)情節：何事……除主要情節外尚須有輔助情節以免單調。(2)人物：何人。(3)背景：何時何地。

(五) 小說的道德使命

道德使命不一定能使作品不朽，但完全缺乏高尚道德目的者必將流於細瑣，卑下與人生脫節而不能流傳。故知小說表現，不能逃避人生，不能逃避人生問題。（如史杜伊夫人的《黑奴籲天錄》影響到戰爭的勝負與美國的政策，其價值是道德的而非功利的。）

(六) 小說的分類

1. **短篇小說：**

(1)與長篇不同，非字數而是性質，長篇寫整個人生，短篇寫人生的某一部分，表現手法濃縮，使用象徵以期概括既廣而深的主題，且具備戲劇化的特性。

(2)特色：

故事發展集中於一個主題呈圓形向外推展。

適度使用三一律原則，同一人物（少數）同一空間（範圍有限）同一時間（一天）。

使用最經濟的手法，以尖銳深入的觀點去發表人生，取材精緻，而具備不朽價值，旨在表現人生中精彩部分而非敍述報告故事。

材料遠較散文爲多（不同於散文）而結構完整，風格顯著，成功的短篇，其文字表現的功能遠較中、長篇更佳。

精鍊，萬字左右（但決非長篇之節略或綱要）。

2.長篇小說：

(1)係表現整體人生的錯綜複雜關係。

(2)特色：

表現主題嚴肅，以此主題統御全局，而使組織不致零亂。

以作家對主題所體認的情感，發表而獲讀者的共鳴與同情。

嚴密的結構注意全局的呼應，避免重複矛盾缺漏，在複雜變化之中把握緊密和諧。

字數：六萬字以上。

3.中篇小說：

(1)手法結構一如長篇，但人與事較長篇爲簡。

(2)特色：

介乎長短篇之間，寫作較易成功，長篇情節多卽易零亂，情節少卽易單調沉悶，短篇情節少易單調，情節多易擁擠。而中篇適度剪裁可收兩者之效，而無兩者之弊。不必顧忌短篇的需求經濟，亦少有長篇組織的困難。

對觀察人生的要求較長短篇爲低。

短篇常有匆促之弊，長篇有冗瑣之弊，中篇能有適度之調整。

字數：三萬字至四萬字之間。

二・小說創作程序

(一) 定主題

1. 主題是小說之靈魂：

讀者閱讀作品除爲故事情節感動之外，尙能受到影響啟示，甚至可獲得一種力量，此一影響啟示以及力量的來源，即為作者在作品中提出的一個或多個主題（問題）。

(1)問題業經解答，是作者對社會上某種問題的是非已作明確的判斷，影響讀者共鳴贊成。（如《儒林外史》）

(2)問題未經解答，作者留下問題使讀者玩味思索判定，此一問題究應如何解決才合理正當。（如《異鄉人》）

2. 主題亦為作家思想意識的表現，作家人生觀的表現：

小說正是描寫人生，表現人生，啟示人生，創造人生的，因此，小說之中必有作家的思想及人生觀，而作家的思想意識、人生觀透過小說型式，藝術技巧表現出來時，就是小說的主題。

3. 主題與小說：

(1)無主題：所表現的思想，中心意識，作者人生觀，寫作動機，企圖影響讀者啟示讀者的均無。

(2)主題模糊：將使讀者產生猜測，猜測作者創作動機與意旨，甚至發生誤會。

(3)主題歪曲：靡爛人心使之消沉墮落，或鼓動仇恨盲目反對現實等。

(4)主題正大：亦須有良好的表現技巧，因為小說不同於政論專論，而是藝術品，發揮主題方法必須自然（主題應隱藏在技巧之後）。

4. 主題的特性：

(1)求眞——就創作原始動力而言，應爲個人而文藝。
(2)求美——就追求技巧美而言，應爲文藝而文藝。
(3)求善——就作品發生之影響而言，應爲人生而文藝。

5.**主題處理原則**：

(1)不可利用主題作小說的開始，當由人物與故事來襯托，而不可由主題來牽引故事。
(2)主題的大小應與篇幅的長短配合。
(3)避免陳舊的主題，力求新鮮特殊。
(4)主題應是含蓄而非顯露：成功的小說中，沒有一個主題性的字句，要使讀者主動地去自己尋找。如藥溶於水有效而無痕。

(二) 選題材

小說故事的情節，雖然複雜變化萬端，但都是在表露存藏於人類內心的欲念與思想，以及發表在外的行動與生活，而行動的表現必然具有影響。故知每一成功的情節（能反映時代意義的）均非絕對的虛構。作家要求深刻表現的先決條件，是爲以冷靜細密來觀察人物的行動與心態。

1.**故事情節的來源**：

(1)作者先有認爲正確的理想，時在腦中考慮，考慮成熟決定選取小說的形式來描寫，於是便根據此一理想，創造人物的性格及故事的情節，務求主題發揮能充分表現。

(2)作者在偶然場合中，遇到或聽到一事，獲得靈感啟示，進入作者原有的思想和經驗中，醞釀成熟而寫出，寫出的小說與事實不盡符合，甚或與事實完全不一樣。

(3)在新舊的交替時代，作者渴望舊的社會得到新的改造，但既不願過於暴露現實的黑暗面，使一般追求光明的人們感覺灰心，又不能知而不言，故意粉飾太平，遷就社會，使人們安於小成一得自滿，增長其虛驕之惰性，於是只好在歷史、寓言、傳說之中去找尋典型人物，組織適切的故事，來反映現實，作爲對現實社會一種間接的鼓勵與忠告。（超現實素材）

(4)作者根據活生生的事實寫出，便成純客觀的寫實作品：不過每件發生的事實未必都是小說的故事，有成爲小說故事可能的畢竟是極少的，因之流行的寫實小說，大部分的材料均經嚴格的觀察認眞的搜集，通過整理精密分析，然後才能將情節排列聯綴而爲一完整的故事。（使一般素材成爲精采的創作素材）

(5)作者苦悶的象徵：在作品中寄託理想，發抒情感表現自我。

2.**故事的適用性**：

(1)某種故事型式初看似乎是完整合理的，但表現故事的人物不眞實，了無生氣，作者機械地派定某一人物代表某一關係，在故事中完成爲作者的理論所需的幾件工作。因爲人物缺乏生命力，而使讀者看不出所描寫的人和事有眞的性格及充分的理由，因此不能相信，不表同情，不感興趣，所以一定要是活生生的人，表現活生生的事才行。

(2)心理上的不協調：作者發現一個正確的理論是容易的，但要構成一個完整的故事表現自己的理論則甚難。原因是作者雖然找到了故事，但並不曾完全同情於自己所要描寫的正面人物，完全深恨於故事中反面的角色，所以，作者的情感決不能有絲毫的勉強，必須根據眞正的所見所思所感而寫，在理智與情感衝突時寫不出什麼。情感跟不上理智，勉強而寫的必無生命。

(3)過於注意人物的特殊而忽略了普遍性與典型性，故事與人物成爲傳奇，奇聞怪誕使讀者懷疑。

(4)文不對題，結構草率：作者已預定某一理論爲小說之主題，當然不是任何故事都能勝任表現此一理論，如果結構草率即易文不對題，矛盾支絀，故事發展與作者預定主題關係微弱時，故事本身將不能負起說明主題的責任，作者常會裝上一條光明的尾巴打出招牌，或找到一個空隙插進一段理論的敍述使作品成爲標語化、口號化。

(5)注意題材的時代性，以能具備比較永恆價值的爲上（如人生、人性的顯示與調適）。

3. 搜材方式——向人生、人性取材：

(1)寫境——現實材料：(寫實)
對社會人物的觀察，敏銳觀察社會上各類人物的性行。對社會各事的觀察，深入各階層搜集材料，親身體驗。

(2)舊事取材：神話、歷史、傳說舊材料之新綜合即成爲藝術材料。(超現實)

(3)虛構——造境：但須合情合理不可與主題矛盾衝突。

(4)其他方式：觀察自然，報章雜誌之搜材，卡片摘記。

(5)時下的小說創作，題材獲得比主題確定更爲重要，因之，小說創作常自選擇新穎題材開始。

(三) 設計人物、情節

1. 人物設計原則：使人物具生命：

(1)眞實性：人物特性的具備，早在寫作之前，作者意念對人物必須先有確定的了解：惟有如此，作者才能確切而靈活地表現人物使之眞實。

(2)讀者的參與感：小說中人物之所以具備眞實生命，主要是由於讀者們對人物能有情感，而且還要讀者們能分享人物的情感。惟有使讀者參與到人物的環境裏，才能引發讀者們的共鳴與同情。

(3)人物性格的合理性：神話傳奇式的人物已隨著時代而過去，要使讀者認知人物是個活生生的人，和讀者們一樣的人，他們和現代人一樣的具備著各種優點、缺點，由於人性的調適不當，人物行事的是非善惡將因時空環境的不同而表現各異。

(4)組合與分化：作者設計人物，常用所熟知的多種性格予以組合在一個人身上表現（如阿Q綜合多種人性缺失）。或是將一個人的幾種意識分化在幾個人身上表現（如羅貫中的個人意識分化成劉備、諸葛亮、關羽三人）。

(5)細節表現：表現人物的重點不用空泛主觀的概述，而是要著力寫出一些特殊的細節事件，由事件的歷程結束，自然而客觀地把人物特性介紹給讀者。

2.情節設計：

(1)原則：

真實性：必要使讀者能接受（通過情節所引發的感性理性），寧取可信的不可能，不取不可信的可能。

不尋常：要有使讀者出乎意外的成分，具備神秘感，使用懸疑以滿足讀者的好奇心，使讀者能有機會使用想像力，使他們能有參與的感受。

衝突：小說與戲劇一樣，應有「衝突」的焦點。戲劇與小說是人類意志與不可思議的力量或自然的殺力相衝突的一種表現，利用舞臺或文字把我們的生活顯示出來，其中表現人與命運的衝突，與社會法律的衝突，與死亡的衝突，與自身（野心、私欲、偏見、愚行、惡意）的衝突，並強調自然「天性」與人道的矛盾：弱肉強食，以優勝劣是自然而非人道。人們不求目前一時而謀慮將來，追思已往是合理但不自然。以柔濟剛，寬大公正，以補救人類之不平等是合理但不自然。團結家族鞏固婚姻，以爲社會進化之基礎是合理但不自然。克己制欲合理中節，以爲社會進化的基礎是合理但不自然。迷信武力崇拜謀建公理權威進化之基礎是合理但不自然。一切矛盾衝突的感情，劇作家之表現於舞臺觀眾之前，小說家則借藉人物情節表現於讀者之前。

讀者的適應性：必需考慮一般讀者的智識能否配合接受（主題潛藏的深度）；一般讀者的記憶能否適應（懸疑時久或篇幅過長的淡忘）。

主要情節與輔助情節的設計：小說有如花樹，主要情節是樹幹，輔助情節是枝葉，兩者缺一不可。

(2)佈局：亞力斯多德的戲劇佈局，同樣可作小說佈局的參考。

如圖中箭頭所示的「導發」，表示主角對於事件從原本不知到漸知的過程。情節由圓圈內的兩個部分積成：「複化」是從故事開端到主角遭遇改變之前的一部分；「定局」是由改變開始到故事結束的一部分。小說之中，情節的複化與定局常是緊連的，以致大意的讀者常不易分辨兩者的界限。時常在情節複化時就已預示了定局的必然。

有時小說的情節設計在定局將成之時突又改變，奇峰陡現，改變的發展與定局即將顯示的情形完全相反（當然作者一定可以由前顯示的情節中交代出因果關係的），那就是「突變」。由此展開另一情節，再依導發、複化、定局的階段來進行新的設計。

四　決定體式與手法

1. **體式：**

(1)自述式：第一人稱。

以自我爲主角或以自我爲旁觀者，貫徹全篇。故事之發展應單純不能繁複。可使用心理分析但應合理。全書發展必須有（我），若不可能時，則用日記書信補敍。

(2)他述式：第三人稱。

人物多情節繁，錯綜複雜時適用他述式。作者必應具有強大的組織力，成功的他述式有更多的自由更少的拘束。作者應始終避免主觀，冷靜靜察，自然觀導，面面俱到。

(3)日記式。

(4)書信式。

(5)自述式與他述式的比較：

自述式：主觀，人物突出，情多事少，重共鳴感染，以自我爲中心。

他述式：客觀，人物均衡，情事並重，重組織，數頭並進發展。

2. **手法：**

(1)平敍法：用平鋪直敍之口吻將故事從頭到尾陳述出來，容易寫，讀者也容易接受，但缺點是過於刻板。

(2)倒敍法：利用回憶方法將故事寫出。

(3)突起法：由突出的一點開始，然後回溯並向後延伸。

(4)合攏法：雙管並進，漸漸合一。

(5)錯綜法：以現在、過去、未來三種時態人事間雜錯綜進行，或以主線、支線交叉進行，這是時下最常用的手法。

(五) 設計結構

1. **根據：**

(1)環境是結構的背景，是人物的行動，人物環境決定之後再安排結構，配合故事主題與塑造人物之性格而設計結構。

(2)有以事實爲根據的輪廓，而須用想像創造來使之豐潤，故事以接近和諧成熟完整爲要求。故寫境與造境的結合，最後故事所包括的眞實性，不是特殊而是普通，不是個人而是典型。

(3)需注意以最簡明經濟的手法表現。

2.編排與剪裁：

(1)故事多的，多頭式（如《三國演義》、《儒林外史》）是以故事爲主，將每個故事支脈先訂發展方向及結局，再定穿揷方法連綴支脈編爲整體。

(2)情節多的（如《紅樓夢》），以人物爲主，依性格行爲而發展，據此以演繹其情節。

(3)多餘人物，無關緊要的場面，不必要的穿揷，冗長乏味的對話，刪除。

(4)主要情節與輔助情節的區分。

(5)描述使用繁簡手法，以自然曲折爲原則，不可因求整齊而增加平凡部分，不可因求變化而造成零亂。

3.結構：

(1)短篇小說的結構：

開頭

以對話開始的：使情景浮現而用對話開始。描寫人物性格用對話開始。暗示主題，而用對話開始。借對話說明以引起本文。爲引讀者注意，而用對話開始。

不以對話開始的：使情景浮現夾敍人物。以描寫人物爲主，用「他」「她」「某某」開始。直接敍述事件。以描寫環境開始。

本體，包括事實、情緒、危機、高潮、頂點、收場。

結尾，即收場的延長。

(2)長篇小說的結構：長篇內容雖是複雜，總不外「主線」（主要情節）與「支線」（輔助情節）的交織。作者安排結構，應注意「觀察點」（小說中主要人物敍述事實的地位）與「力點」（事實的分配）。

觀察點的區分：主要人物的觀察點，附屬人物的觀察點，許多人物混合的觀察點，由全篇主觀看的觀察點，純客觀的觀察點。

力點：均衡的力點、反覆的力點、焦慮的力點。

(六) 其他

1. 強調、誇張、渲染：

(1)強調與誇張：

故事內容過於充實時，因避免累贅擁擠拖泥帶水而必須剪裁刪除；故事內容貧乏時，必須加強故事的眞實性時應用強調。

強調係依照故事的情節予以適當的發展，誇張係竭力渲染甚至超過眞實性的限度。寫實生動是爲寫作要旨，應將眞象強調至適當程度，雖然讀者可能疑心是「言過其實」的誇張而實際正是「恰到好處」的眞實。

(2)渲染：

故事的藝術氣氛卽其中所包含的情調，如缺少情調，或情調烘托不適當，卽呈枯燥生硬無趣，不能吸引讀者，是故藝術氣氛必須渲染。

注意故事發生的時空，盡可能烘托故事演變時的情景，以加強其眞實性。

風景線的描述渲染應與故事爲一體，注意動的描寫，避免靜的鋪陳，且須避免錯誤。

人物生活習慣的渲染。

寫某某的特性，可用擬人，刻劃人物特性可用擬物。

2. **過場與高潮**：

(1)過場卽交代，作者如何處理故事糾紛，解決人物衝突，故事與故事的啣接，情節與情節的融合，不勉強，看不出補綴，不多不少，不快不慢。故事情節不能作跳躍式的進展，在趨向高潮途中，太慢卽迂緩平庸，太快卽急促躐等。

過場交代不可太淸楚（破壞故事的神秘性及含蓄意義）不可太不淸楚（讀者不得要領，不知來由）必須有交代，亦應有虛懸疑問。

過場宜簡便，扼要，自然，使人看不出是過場，而過場情節即爲高潮的伏筆。

(2)高潮：

在許多預爲安排的驚心動魄的過場中，將故事逐步發展，發展到超出讀者預料，而仍不違背常理與人性，將事的糾紛與人的衝突獲致出奇制勝的解決，是爲高潮。

高潮出現應自然（雖然形式突然）必是以前一連串先發生的事件所產生的合理的結果。

高潮出現應說明或表現小說的主題。

最高潮——將故事中每個頭緒集中在一起而爆發（發展故事時已暗伏若干小結，最後形成一大結，讀者自解小結而作者解開大結）。

3.注意事項：

(1)開端結尾必須相互照應。

(2)人物發展故事發展有順序。

(3)故事的穿挿（正反對比，繁簡疏密之調劑）。

(4)人物登場與結束。

(5)高潮要出奇，收場（結局）要令人滿意。

(七) 短篇小說結構分析

由於時下短篇小說極盛，可以想見在日益繁忙的現代人生中，短篇的興盛仍將持續。所以特別介紹短篇的創作結構，以供學習者參考取法。

1. 小小說：

(1)性質：小小說的性質常與笑話相似，情節重點安排在結尾。沒有很多的起伏，通常只安排一次高潮，高潮出現即是結束。如圖示：

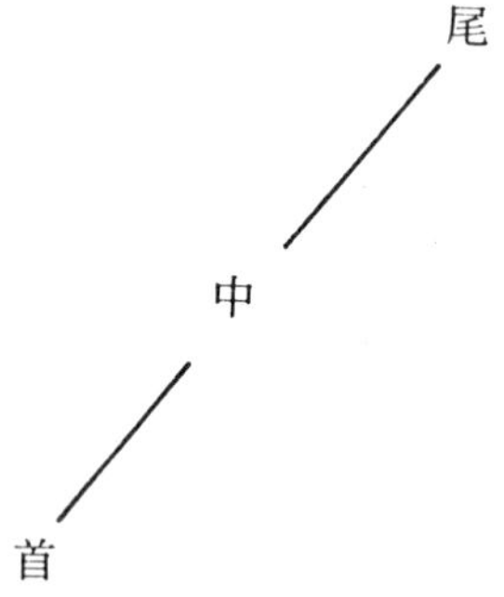

其中首中尾三段的安排並不是不可變動，有時也可變更順序安排，但通常是以此種安排較多。

(2)創作要點：

字數：幾百個字到三千字。

內涵：不是長篇的片段，也不是短篇的濃縮，具備有獨立的創作形式，有主題、題材、人物、情節、結構……等與一般短篇相同的成分。

嚴守三一律原則（見前短篇小說特色）

人物：性格明朗一致，主角必須是篇中最突出引人注意的人物。

簡潔迅速：文字使用要求簡潔，主角出現與性格顯示，衝突問題的發生與處理要求迅速。

修飾：由於短小，小小說在修飾上的要求比短篇更高。

結尾：要求「適可而止」，必須留有餘味，保留一些層次供讀者自去想像。

2. **意識流小說**：

意識流（Stream Consciousness），是直敍體的一支，根據作者（或是作者所創造的人物）的意識爲展開情節的線索，順著意識的流動、感覺的進展而進行，可以說是一種「無形式的形式」。特點是：

(1)過去，現在，未來時空的各種情節錯綜進行，有關時態，地點等的標明儘量省略。

(2)儘量省略用以連接的詞語文句。

(3)要求緊密：不僅是作者的意識層面，連下意識，潛意識的層面也都該儘量剖出。

(4)對話可以不必單列，對話的人物也不必標明。

(5)包括獨白與心理分析成分。

(6)雖然意識流動常有旁支衍伸，但全篇仍須具有明確的主線以表現主題。

(7)進展要求迅速，文字要求簡潔。

意識流以流動飄忽、放任、自由爲其特色，情節的進行常是跳動而不規則的。如圖示：

3.回溯式：

「回溯式」與「直敘式」相反，一般來說小說創作較少採用此一形式。要點是：

(1)先揭示結局，由結局而後推回到發生。

(2)不但要表達過去的情節，更要表達隨著情節發展而起伏的人物情節。

(3)軌跡模式常爲推理小說採用。

(4)首尾呼應最爲緊密，有時回溯到最後又回到結局發生的層面。

回溯式的圖示：

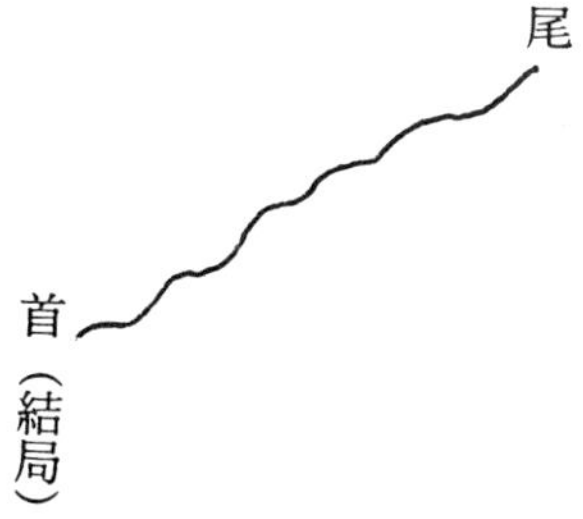

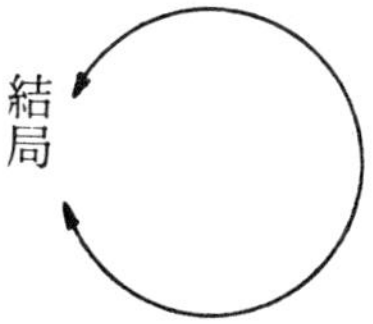

4. 主從錯綜式：

主從錯綜方式，時下已漸風行，要點是：

(1)根據主題、題材，先行設計主線情節；同時設計另一條支線。

(2)支線情節發展，必應具備有輔助主線，說明主線的作用。

(3)支線情節宜簡少，不可喧賓奪主。

(4)結構安排常是自支線開始，然後主線，支線錯綜進行，最後落於主線的結局。

主從錯綜式的圖示：

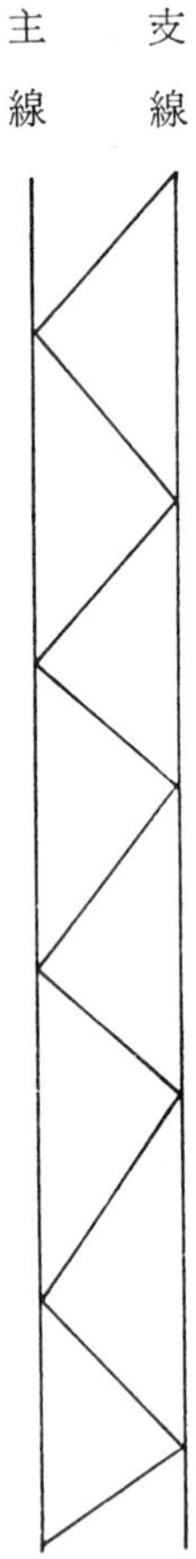

5. **時空錯綜式**：

「時空錯綜式」是時下一般短篇小說最常採用的方式，重點是：

(1)以現在的時間、空間、人物、情節與過去的時間、空間、人物、情節兩線錯綜進行。

(2)一般方式是以現在時空開始，最後仍回到現在時空。

(3)題材中若有屬於未來時空部分的，同樣地也可以實施錯綜表現。

(4)敘述、意識流，都可以在篇中間雜使用。

時空錯綜式的圖示：

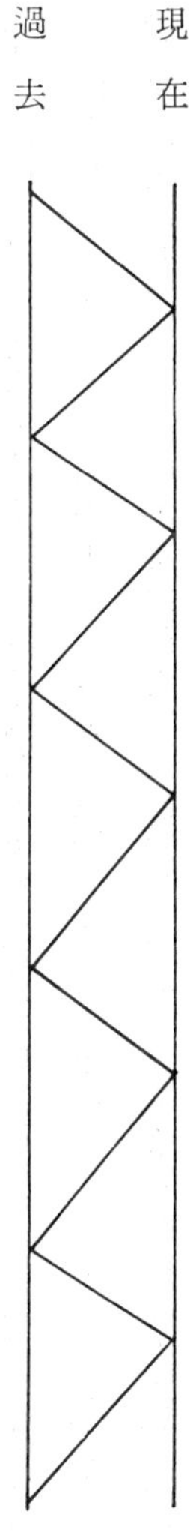

三・描寫的原則與示例

小說創作藝術的成功與否，有賴於作者根據經驗、感情，以及想像聯想組織而成的描寫功能。今將小說描寫大項的原則與成功的片段示例於後：

㈠ 人物描寫

1. 創作原則：

(1)人物與人性：

人物在小說中的地位：任何小說均是描繪人生，人物描繪成功小說才能成功，故事和情節都只是用來說明人物在生活中的遭遇，思想感情所發生的變化，作者根據這些變化來表現人物，使其活潑鮮明而不朽。故知人物在小說中爲主，故事情節爲副，係因小說中主角之存在而存在。

表露人物旨在表露人性：人性是人物內心所潛藏的思想感情以及引起他表示於外的行爲。由於人性的不同，遂使人類有美醜善惡的內在之不同。人性是社會上比較永久的元素，人類總是求榮譽，怕譏笑，重輿論，喜財貨，愛兒女，敬慕勇敢、大度與成功的。惟有寫內在的人性，作品才能經得起時空的考驗而不朽，能發揮人性光輝的作品，自能指引人類給予鼓舞安慰與正確導循。

(2)塑造人物的重點：

眞實感：梁啟超說：人生和宇宙是永遠不會圓滿的，具備有先天性的缺憾。熟悉的小說人物，如在《三國演義》裏，孔明的優點在鞠躬盡瘁，另一面正是他獨斷不能用人，疲累致命的缺點。關羽的傲上，張飛的凌下，正是日後死亡的主因。林黛玉的狹小多疑使自己沈疴不起，薛寶釵的權術深沉換得的是鏡花水月的空幻。羅米歐與朱麗葉是耽於理想的唯美主義者，免不了要爲爭取新道德的勝利，而充作犧牲的羔羊。哈姆雷特原屬於內向、主觀、重感情、有思想的性格，但在環境的變化與打擊的沉重之下，使他對善良與道德失去信心，鬼魂附體促使他去執行冷酷的懲罰。人類社會中本無「絕對」，當然也絕沒有「絕對的完美」，理想的人生，完整無疵的人性只有在單純平淺的童話裏才有。鑒於此，作家塑造人物的重點，首要的就是必須眞實，給予靈魂與思想以爽朗的、憂悒的、粗獷的、深沉的、荏弱的分別，寫的眞實的人，才能使人類讀者覺得逼眞，能夠相信。

共性與個性：共性是人類所共有的——即人性——有共同優點與共同缺點，不因時空不同而有不同。個性，某一人的特性——人人不同。

小說人物的綜合性：作者不能僅就所觀察到的某一個人來做為小說中的人物，時常要綜合許多人的氣質而塑造成人物的典型，這樣才能獲得更多的共鳴。

精神狀態的把握：不但要把握人物外在的現象（如生理的，環境的事實），且須把握其精神狀態——性格及其心理活動，這種心理活動不僅是一般的心理描寫，更須發揮潛在意識與下意識。

(3)塑造人物的原則：

塑造人物並非敍述，敍述僅是說明，平舖直敍的；而塑造人物要求的是精細的觀察，深入透視的把握其特點。一切事物均有它原有而與別的事物不同的特點，這便是作者必須把握表露的。應該要收集資料：出身、年齡、家庭環境、社會環境、教養、性格、外貌、心理、語言、態度、嗜好、習慣。運用小說中適當的時空，以適當表現方法寫人物的共性與個性。

2.外型描寫：

(1)原則：外型塑造，包括容貌衣飾神態——不必太多太詳，但應把握特點，淸晰表露。塑造人物外型，主要的是要切合人物的身分，原則有二：

細緻：刻劃人物，要確實把握，不可含混，必須把握重點，特徵，以細緻的刻劃之筆來寫。

角度：不必一定取正面描寫，善取描寫角度，常能收事半功倍之效。如毛姆寫一位肥胖的女人，全篇沒有一個胖字，只說她的腳束在那嫌小的鞋裏，圓墩墩的小腿，鼓起肉球，不斷地抖著，每走一步，鞋跟就產生一次激烈的顫動，好像是不勝負荷，隨時都可能垮下來。由這些，對這女子的癡肥、蹣跚不難想見。再如羅曼羅蘭寫約翰克利斯朵夫的童年，這孩子只會哭，誰都討厭，連祖父看了都會咆哮，只有他的母親露意莎叫他：「我的小耶穌，我的小金魚！」祖父母沒有不疼愛孫子的，就如此情形，刻劃出幼年時的克利斯朵夫，長相實在是個醜小鴨。

⑵示例：

……她的襯衫結在頭頸上，讓她的修長單薄的身材在布層底下形成的青春稚嫩的胸脯微微顯露出來。她的眼睛又圓又大，是介於海上的蔚藍和深黑二者之間難定的顏色，使眉間喜氣，因潤濕的眼皮更顯得柔和，在女性的眼中等量混和了靈魂的溫婉與熱情的力。是亞細亞和意大利婦人眼中所特有，鍾靈於驕陽如焚的光焰，夜，海，天的靜朗的碧藍的天仙似的色調。她的面頰是豐滿的，圓的，有著結實的輪廓，略帶黃色的氣候所致的棕黑但不是北地病態的憔黃而是南國健美的白皙，有如數世紀間風吹浪打的大理石的顏色。她的嘴，兩唇較我們那裏的婦人們略厚而闊大的，形成心地良善憨直的皺摺，短短的但是潔白的牙齒，在火炬的光中閃爍，有如海邊陽光照射的水底里珠貝的細殼……（拉馬丁〈葛萊齊拉〉中的女主角）

3. 表情動作描寫：

(1)原則：表情動作直接溝通表現人物的氣質與個性。性格內向的人容易臉紅，豪爽的人則不然。輕佻者經常眉開眼笑，穩重的人則不然。粗豪者飲酒的動作是「牛飲」，矜持者則只是輕輕沾唇的「品味」。作家以敏銳的觀察力去搜集這些細節，而使用恰當的技巧表露在文學作品中固定呈現。一般說來，陽剛性的表情，用句多節短，緊縮有力；陰柔性的表情，多用纏綿細緻的句子表現。表情與動作的描寫有時不易分得清晰，借動作來顯示表情是常見的。表情可以自人面部或身體上看出，由表情傳達了人物的心理活動。複雜的心情，不易表達的，常常就用表情來傳達，而動作描寫的原則，在於「簡約」（必須節略、撮要、揀選），務使讀者能感受到動作的描寫確具「生動」。

(2)示例：

李彤的身子一擺便合上了那隻「恰恰」激烈狂亂的拍子。她的舞跳得十分奔放自如，周大慶跟不上她，顯得有點笨拙。起先李彤還將就著周大慶的步子，跳了一會兒，她便十分忘形的自己舞動起來，她的身子忽起忽落，愈轉圈子愈大，步子愈踏愈顛躓，那一陣「恰恰」的旋律好像一流狂飆，吹得李彤的長髮飄帶一齊揚起，她髮上那枚晶光四射的大蜘蛛銜住她的髮尾橫飛起來。她飄帶上那朵蝴蝶蘭被她抖落了，像一團紫繡球似的滾到地上，遭她踩得稀爛。李彤仰起頭，垂著眼，眉頭縐起，身子急切的左右擺動，好像一條受魔鬼笛制住了的眼鏡蛇，不由己在痛苦的舞動著，舞得要解體了一般。幾個樂師愈敲愈起勁，奏到高潮一齊大聲喝唱起來。別的舞客都停了下來，看著李彤，只有周大慶還在勉強的跟隨她。一曲舞罷，樂師們和別的舞客都朝李彤鼓掌喝采起來。李彤朝樂師們揮了一揮手，回到了座位，她臉上掛滿了汗珠，一綹頭髮覆到臉上來了。周大慶一臉紫脹，不停的在用手帕揩汗。（白先勇〈謫仙記〉）

4. 性格描寫：

(1)原則：人生的悲劇係由於性格造成，因性格而造成的矛盾與衝突，正是小說情節與人物發展的過程，把握這一些，便把握了小說的生命。小說作品中創造一個人物，必須賦與他以個性與思想。

類型：湯姆生《科學概論》把人類分爲行動，思考，感情三型。另一分野爲活動型與靜止型，前者受環境而變。後者始終不變。又表現在爲人處世方面的有：外圓內方，外方內方，外圓內圓，外方內圓（僞君子）。

方法：主觀分析：作者主觀分析，平面的難以突出。

客觀分析：小說中安排故事與人物性格吻合，表現具體，借事件或用物表性格，借環境表性格，借嗜好表性格，藉生理現象表性格，借景物表性格。

對話：根據言爲心聲的原則，在對話中不但可見人物內在性格思想，同時也可從人物在現場的行爲動作中、談話中反映出他的企圖。自對他人的影響中反映。

⑵示例：

「被彈片削去的」。他不經意的說：「那時我還在青年軍當兵。一顆砲彈就落在我們班當中，死了五個人。我還算運氣好，只丟掉了兩個脚趾頭。」

我們這才知道亞布羅諾威還加入過青年軍。可是他不像學校裏那些教官，從來不誇耀自己的英勇事蹟，也從不講當兵的故事。小趙大周我私下談起過，大周認為這正是亞布羅諾威偉大的地方，有漢朝大將馮異之風，我倆也完全同意大周的看法。

有一天游完了泳，亞布羅諾威和我們三人和另一位同學，騎著脚踏車從河邊回來。剛游完泳，全身的筋骨如重新換過似的，傍晚的風習習吹來，分外覺得舒適。路上那位同學又問起亞布羅諾威過去當兵的經驗，亞布羅諾威卻嘆息著說：「過去的就過去了，還有什麼好提的？我也曾經熱血沸湧過，現在早已冷卻了。當初也曾夢想做一番事業，現在呢，年已近不惑，還是孑然一身，一事無成，還有什麼好說的呢！」

我們從未聽過亞布羅諾威這樣悲觀的論調，不由的疑惑的互望了一眼，這豈是我們所崇拜敬愛的老師所應當說的話？老師不是常常拿追尋眞理、堅持理想來勉勵我們嗎？我感到脊骨內升起一股寒意。好在亞布羅諾威只微嘆了一口氣，沒有繼續說下去，我們也都不再說話。（張系國〈亞布羅諾威〉，藉事件表性格的特殊）

5. **心理描寫**：

⑴原則：不僅以動作表現心理活動且需注意潛意識的影響。把握人物心理與景物相對時所生的影響。運用獨白聯想、移情、回憶等描寫心理。運用音響影響人的感情。最重要的是傳達感情，感情爲人物的靈魂，人物必須具有感情始能生動。由於感情的矛盾衝突造成人物心理起伏浪潮，作者必須把握此種變化而善加描述。（個人與社會，理想與現實，理智與感情，出世與入世，人性與個性，靈與肉等等矛盾衝突。）

⑵示例：

也許怪小鎮的星月、銀河太美，像巫女撒下了奇幻網羅。一切出落得那樣淒麗飄渺。就看見尹鵬那一襲英挺挺的黑色披風。而燦亮的一顆金梅花也在領端、肩頰和袖口炫耀地閃呀閃地爛著光。

白燦燦的馬刺。紅棕色的戰馬。烏亮烏亮的長統靴。而軍號在小鎮的山谷裏吹著。她在恍惚中充滿了奇異的衝動，血管的流液誇張地運轉那絲絲的神秘，令它膨脹，奔躍，終至不可收拾。她是一個女奴，已沒有了自己的意志。她只感受到一團原始的生命，她要令它充實。

一年多的流蕩，她感到生命像借自死亡。若不緊緊抓住幸福，像恣意地愛，放肆地享受青春，撕毀一些生活中的顧忌，使生命過得紮實。赤裸。發光發亮，也許一粒子彈，一場轟炸，幾日饑餓便草草結束了十七年的荒寂生命。

就是那樣的行動，她緊緊抓住尹鵬不放。何況尹鵬也確曾迷戀她的青春，她的姿色和她那帶著點兒憨氣的癲狂糾纏。（孟絲〈燕兒的媽媽〉，寫迷亂心理）

(二) 自然描寫

1. 創作原則：

自然描寫對人物情節的進展關係甚大。如寫戀愛常以春宵爲背景；寫離愁常以秋月爲背景。可見「情」與「景」是不可分離的，情緣境生，境隨情變。作家之描寫自然環境，當取畫家觀察景色的態度。學畫以寫生爲入門，小說描寫也當以寫生爲初步。對於景物，需有精密的觀察然後將景與情連繫起來。表達因景生情或以情視景的種種情景相應的變化。

2. 全景與場景：

「全景」是「要看到的景物的全部」，常是屬於普遍性的。場景是「生動的影像」——一個蓬帳裏，或是花園的一角是屬於個別特殊的。小說中描寫重點常在場景的著力，而場景的表現當時，需要全景作爲背景的襯托。兩者必須極有效地結合一致。全景與場景是一種測距，作者由此建立起視線，借著全景的角度或部分角度，作家遂能憑感覺探出適合於他篇章主題的測矩。例如攝影師拍攝一件羣眾事件的影片，安排自己的位置在一座高樓窗口，以便利鳥瞰羣眾，視線就如陣風掃過街道那樣周全；但如果要求讀者感覺羣眾事件的細節，他的視線就必須自窗口下降，焦點落在某一個人或一堆人的臉上。全景與場景的交互運用，有如攝影中長短鏡頭的交互運用，生動或平凡，全在作家的匠心妙用。

3. 示例：

那些日子天氣晴和已很久了，有一天正是七月中天氣最好的一天。從清早起天色就很明朗；朝露不是火燒似的顏色，而是淺紅四射成虹彩狀。太陽不像盛夏的火熱與火紅，也不像風暴前的濃紫色，卻是一片燦爛的光輝，靜悄悄浮泛在又窄又長的烏雲底，發散著清新與明亮，四周還烘托著薄薄的紫色的霧氣。上面一層的雲彩在變幻，形成幾條長蛇的模樣；閃著鎚打過的銀片那種成塊狀的光亮。……不時有活動的光線在游離——欣然飛起一種壯觀的強光。（屠格涅夫〈白靜草原〉，全景例）

來到一處極淺的，周圍經開墾過的窪地。我頓時生出一種奇怪的感覺。這個窪地像是一個普通的鍋子形狀，周圍的邊是傾斜的；底上凸立著幾塊大白石，像是爬到那邊去開秘密會議的樣子。那窪地裏邊既黑暗又淒寂，掛在上面的天空，是那麼單調而憂鬱，竟使我心裏難受得很，有一兩隻小動物在礫石中發出軟弱而可憐的叫聲。（屠格涅夫〈白靜草原〉，場景例）

㈢ 事件描寫

小說作者以其描寫功力在各種題材事件中表現重點。由於事件的多樣，表現的采姿也各自具備。例如：

1. **眞情**：

「啊！」一個年老的女人聲音在柴門外面憂悒的低聲叫道：「該回來吃飯啦，還沒有洗完麼？」

被呼喚的洗衣少女，停下工作，擡頭向柴門望去。雖然聽到這呼喚聲，她心中一酸，但她卻勉強的用一種帶點頑皮的，快活的聲音回答說：

「媽！你又急了！我還沒有把衣服洗完哩！」

「算了吧！餘下的明天洗吧！」

「你忘了嗎？」少女帶著感情的向母親提醒說：「我今夜把衣服晾乾，明天一清早就跟著舅舅走了。」（姚雪垠〈春暖花開的時候〉）

2. **驚奇**：

她倏地想起那個晚上彷彿見到吉鷗房間的玻璃窗上，有兩個親暱的人影，一個單薄的瘦削肩膀被緊緊擁在兩隻彎臂間，那樣窒息凝重地映在那裏。零亂的芭蕉遮遮掩掩，竟沒法把全部的秘密遮掩去。

那時她差一點失聲吼叫出來，她用手摀住雙唇，用牙齒咬住舌尖。她知道她絕不能叫，不能做任何事。那是她的女兒。她不能對任何人講，即使是尹鵬。她一任自己臥房的燈熄著。那晚原講好要去臺北一趟，阿秀回了鄉下，青兒及龍兒跟尹鵬去看球賽。老奶奶已經去世，家裏沒有一個人。而吉鷗和燕兒……。怎知南珊竟提早回來了呢？她沒有作聲，她慌亂得方寸盡失。而芭蕉葉遮掩下的人影竟那樣親暱凝重地映現出來。她終於悄悄離開臥房，走出大門，假裝遺忘了大門鑰匙而起勁地按起門鈴。吉鷗趕來開門，六十燭光的門燈下，吉鷗的神色格外靦腆。他零散的短髮和起著微縐的襯衫，幾乎使南珊嗅到燕兒的髮香。（孟絲〈燕兒的媽媽〉）

3. **特異**：

玉卿嫂的樣子好怕人，一臉醉紅，兩個顴骨上，油亮得快發火了。額頭上盡是汗水，把頭髮浸濕了，一縷縷的貼在上面，她的眼睛半睜著，炯炯發光，嘴巴微微張開，喃喃吶吶說些模糊不清的話。忽然間，玉卿嫂好像發了瘋一樣，一口咬在慶生的肩膀上來回的撕扯著，一頭的長髮都跳動起來了。她的手活像兩隻鷹爪擱在慶生青白的肩上，深深的掐進了進去一樣。過了一會兒，她忽然又仰起頭，兩隻手匯住了慶生的頭髮，把慶生的頭用力撳到她胸上好像恨不得要將慶生的頭塞進她心口裏去似的，慶生兩隻細長的手臂不停的顫抖著，如同一隻受了傷的小兎子，癱瘓在地上，四條細腿直打戰，顯得十分柔弱無力，當玉卿嫂再次一口咬在他的肩上的時候，他忽然拼命的掙扎了一下用力一滾，趴到床中央，悶著聲呻吟起來，玉卿嫂的嘴角染上了一抹血痕，慶生的左肩上也流著一道殷血，一滴一滴淌在青白的脅上。（白先勇《玉卿嫂》）

四・對話設計

對話和描寫同爲小說創作中的主要成分。今特列出對話的原則、設計種類並予舉例以供參考。

(一) 對話的原則

1. 應有腔調：對話的成立，由於兩要素：話和說話的調子。這兩要素有許多形態；是隨說話者的方言，職業，年齡，性格，性別，說話時的感情等等而有差異的。所以寫對話時須擒住說話人的性格與他的感情。對話既已寫出，便須使性格活躍，然後才可謂之爲「眞的對話」或「美的對話」。其次，對話應有一種腔調，這腔調（卽調子）要含有音樂的要素。沒有腔調的對話是沒有生命的，是死的。

2. 在對話中人的話要適合其出身教養，適應他所處的環境，由人物思想感情中萌發而富有人情味的話。

3. 用人物習慣的口語穿挿人物工作上專門語彙，以表示人物特性與生活習慣。

4. 語調：注意人物在悲哀恐怖或喜悅心情下，對話的緩急高低與不正常的語調狀態。

5. 旁襯：可由旁人的對話說出人物的歷史性格，生活狀態。

6. 對話務必簡短，生動活潑以助人物描寫之逼眞生動。

㈡ 對話種類及例舉

1. **敍述夾對話**：

「那小女兒死了，死在一次逃亡裏，她才五歲，正病著，發著高燒。老師抱著她滾燙的小身體，漸漸地覺得她涼了，還以為是燒退了，想不到她已經悄然氣絕……。」

雅箬的聲音還是那麼幽幽地飄忽，余啟華問她：

「後來呢？」

「老師把她埋了，就用他自己的雙手，在一棵樹下刨坑，刨得不很深，老師的手抖得厲害，他捧起泥土掩蓋那具冰凉的小身體，等到全部蓋密，他以整個身體去抱緊那小小的土堆，就像那小小的，曾經溫熱、活過的親人骨肉還在他的懷裏……。」

「蕭師母呢？」

「比她的女兒死得更早，死在北方的小城裏。老師說：那時他們家的院子裏有一顆老榆樹，圓圓的榆莢常在夜風裏洒下，那就是『舞困榆錢自落』了，老師常夢想著有眞的錢落下來能醫他妻子的病……」

「來臺灣之後，他最怕在夜裏失眠，萬葉千聲都是愁恨，他常常呆呆地在夜裏出來尋落葉，想找一片梧桐，或是一枚榆錢！」（戈壁〈教授之死〉）

2.連續對話：對話前後有形容及說明

點頭、微笑、寒喧，一屋子的西裝革履，衣香鬢影。鷄尾酒，啜著，燈光不錯，點心很精緻，跟著就是音樂揚起，胡圖南擁著苓雅開舞，一對對相擁起舞，蕾玉偎依著志揚，靠得很近，下意識裏有點歉意，想要藉此付出些溫柔來安慰他，柔順地讓他挽著，輕輕地、緩緩地隨著音樂飄著。

熟人太多，第二支曲子沒完，志揚的肩頭就被拍了拍，習慣地禮貌讓開，一個微笑熟悉的年輕的臉過來攬住蕾玉。蕾玉有點心不在焉，眼睛從對方的肩頭望出去，找志揚，看他孤單單地退到一隅，去桌旁端起一杯酒。

有點擔心，好容易挨到一曲完畢，趕緊過去，沒想到那一身火紅的女主人又來使壞。

「呂先生，我還記得你的太太，她現在是不是還喜歡穿得少少的？」

「她……」

「我記得以前她老愛露出肚臍，其實呀！肚臍有什麼好看？黑黑的，露出來眞不衛生，她還跟我說過，要去夏威夷學草裙舞，她去了沒有？」

「她……死了！」

「死了！那一定是冷天露肚臍受了風寒！」

蕾玉忍不住制止她：

「苓雅，不要再說了！」

苓雅眼一飄，好像在說：「這不是也在替妳出氣嗎？」停了停，好像發現了什麼大秘密似的，尖著嗓子，又笑又叫的：

「嗨！呂先生，你……你眞滑稽……」

「我……」

「你穿錯衣服啦！這套衣服是張青川的，怪不得不合身……你們看，眞有趣。」

蕾玉拉著她，她一直在笑，指著志揚：

「你們看，這套衣服跟圖南身上的那套一樣，那是圖南跟青川最近一起去做的……哈哈……好有趣。」

眞沒想到她會來上這一手，知道呂志揚絕受不了，蕾玉趕緊去拉著志揚說：

「我有點暈，志揚，送我回去……」（戈壁〈兩個口的男子〉）

3. 多人對話：

「你說誰？玫寶，佛蘭克辛那屈？我也最討厭他，瘦皮猴，醜男人！」

「你們兩個別說的這樣難聽，他的戲演得可眞不壞啊！」

「算了罷，演得再好我也不愛看，一張臉瘦得只剩下三個拇指寬。」

「喂，你們只顧聊天，該誰攻牌啦？」

「輪到我攻——依我說湯尼寇蒂斯長得倒很漂亮。」

「噓——瘟生！油頭粉面，我最看不得沒有男人氣的男人。」

「Trump!」

「喔唷，我沒算到你還有一張王牌呢。」

「Down 多少？」

「四付。」（白先勇〈藏在褲袋裡的手〉）

4. 兩人對話：不用「道」儘量省略附加成分

(1)句前加形容說明：

南下車上商量程序，鄭文說：

「先去看番王苦難時住過的車棚，攝影留念，然後去系裏，贈送獎學金，系主任是後輩，我已經連絡過了，他們非常歡迎……」

一提起獎學金我就有隱痛，忍不住要提意見：

「申請獎學金的資格只要清貧就行，成績不必要求太高，及格就行，想當年……。」

話頭被番王搶了過去：

「對對對！去它的什麼清貧優秀！當年我跟小馬，一面唸書一面還得想盡辦法不挨餓，送報刻鋼板抄文件什麼都幹，睡眠不夠，營養不足，沒死掉就算是萬幸，沒有充分的時間來唸書，成績怎麼也好不起來。什麼清寒優秀，根本就是矛盾，大人先生們在辦公室裏想出來的一套，完全不切實際！」

好咧！眞是同志，但不知他究竟大方到什麼程度，我得再來問問！

「送佛上西天，救人要救徹，一名奬學金，從大一到大四，要估計所有費用都夠才行。」

番王問我：

「大概要多少？」

「四十萬一定夠！」

「好！就這樣！每年每名十二萬，要不要再多一點？」

「可以啦！年輕人也不該太舒服。」

「一百二十萬！我每年付一百二十萬，如果不夠，只要你們建議，我一定再加。」

「準備多久？」

「十年！」

番王豪氣干雲，當然這數目對現在的他來說沒什麼，想想三十年前吃碗米粉加蛋的困難。

「番王，一碗米粉加蛋大概二十塊，一百萬，大概五萬碗唷！」

「是啊！我還記得那滋味特別好。」

「口袋空空只能吃一碗，要細細品味，好就好在此處。」

鄭文說：
「最後一個節目是水蜜桃。」
看得出番王有點感慨，我問鄭文：
「連絡過了沒有？」
「沒有！」（戈壁〈相見爭如不見〉）

⑵句中加形容說明：

「你要去說服她」，他陪我到門口的時候，向我解釋：「她是一個完美的小媽媽；那是充實於她生活中的一種力量。」
過了一個禮拜，經過一次信件往還，我決定去看她。我說：「玫瑰，我們打算讓妳離開這裏，到高爾衛我朋友的農場去住一個月。在那裏，妳只要餵餵小鷄，沒有旁的事情；妳可以在田間跑跑，有足夠的牛奶可喝。」
隔了一會兒，她的臉上露出希望的光彩，但是很快又消失了，她搖搖頭。
「不，我必須照顧弟弟們……還有爸爸。」
「一切都計畫好了，教會會照顧他們；妳一定要這樣做，要不然，妳會病倒的。」

「我不能」她說，「我不能離開這個嬰孩。」

「好吧！那麼妳帶他一起去好了。」（柯汝寧〈愛爾蘭的玫瑰〉）

⑶句後加形容說明：

「你又呆坐這裏幹什麼了？」

呂仲卿覺得臉上一熱，好像做了甚麼虧心事被識破了一般，搓搓手，訕訕的答道：「我……我在看你打牌呢。」

一說完這句話，呂仲卿就恨不得閉上眼睛，躲開玫寶兩道閃爍的眼光，往他心中慢慢刺了進去似的。

「看我打牌？哈！」玫寶突然尖叫起來，當著人的時候，玫寶總喜歡跟他過不去，她拿起一張梅花十送到呂仲卿面前帶著威脅性的口吻問道：

「這叫甚麼花頭？你倒說說看。」

呂仲卿感到有點眼花，牌上的梅花，一朵朵在打轉子，他聞到玫寶的指尖發出了一絲「柔情之夜」的香味來。

「說呀，你不是說在看我打牌嗎？連花色都不清楚？」玫寶把牌愈來愈逼近呂仲卿，他看見她的嘴似笑非笑的翹著，兩隻耳墜子不停的晃動。另外三位太太都放下了牌，抱著手，在等待著，呂仲卿覺得臉上燒得滾燙。

「說呀！說呀！說呀！」玫寶一直催促著，呂仲卿朝她眨了一眨眼睛，嘴唇抖動了好一會，卻說不出來。（白先勇〈藏在褲袋裏的手〉）

(4)單純對話：

「我準在七日啟程返國，馬航M一〇七，下午四點五十分到。特令爾與鄭文屆時機場恭候，備車迎接，不得有誤，違令者……哈哈！想到就要和老朋友見面，我的心跳加快，眞個是興奮得緊也。」

趕緊搖電話給鄭文：

「番王後天回來，下午四點五十分到。」

「這麼快！不是說要到月中以後嗎？」

「誰知道，信上說他想到和咱們這些老朋友見面，興奮得很，心臟跳動加快，一面寫信一面吞救心。」

「我看不見得，八成是急著想見水蜜桃！」

「水蜜桃！水蜜桃是誰？我怎麼沒聽說過？」

「我看你這是貴人多忘事吧！水蜜桃就是蕭蘋呀！蕭蘋……番王大學時代的白雪公主，你忘啦？」（戈壁〈相見爭如不見〉）

5. **特殊對話：**

(1)包括問話與人物的習慣：

是的，我發現了那屍體。今天早晨，我照例到山谷去砍柴，便看見了叢林裏的那具屍體。在那兒？是的，那地方從山科來的公路離著四、五里路遠，那是竹和杉的雜林，很少有人跡的地方。

看見佩刀嗎？不，什麼也沒有。我只看見旁邊的杉樹下面落著一條繩子。還有——對了，一支梳子掉在附近。屍體的附近只有這兩件東西。這一帶的落葉都被踏亂了，我想這個人在被殺以前一定抵抗了很久。什麼？有沒有馬？馬是走不到那地方去的，因為那兒和馬路隔著一片密林。

昨天我確實遇到過那死人。昨天——大約中午時候；在由關山到山科的路上，那人陪著坐在馬背上的女人往關山去。女的垂著面紗，所以我看不見她的面貌。我只看見紫綢的長衣。馬是斑白的馬。身高嗎？身高大概有五尺四寸——橫豎我是出家人，這些都不清楚。男的——是的，佩著刀，也帶著弓箭。尤其，我記得他有二十幾支箭揷在黑漆的箭囊裏。眞沒想到那人竟這樣慘命。人命眞是譬如朝露，疾如閃電。可憐，他眞是倒霉的人阿彌陀佛……（芥川龍之介〈竹籔中〉）

(2)隱藏式的對話：

教授很年輕，想喚他一聲老弟。××先生，你上次那篇論二十世紀小說的論文很好。自然，你可願考慮發表？自然，聽說你曾有不少作品發表？嗯，好說但巨著尚在未來。自然不能先告訴他。（叢甦〈攸里西斯在新大陸〉）

(3)心態轉變的頓挫：

武弘和我女兒是昨天動身去若狹的，誰想到他會這樣——。但是，現在我的女兒究竟怎樣了？女婿反正死了，可以看開一點，但是女兒的事眞使我擔心。請千萬把她找回來，這是我這老婆子一輩子的希望。不管怎樣，最可惡的那個多襄丸。不但女婿，連我的女兒都

……（泣啜無言）（芥川龍之介〈竹藪中〉）

(4)視點轉移：

「唉！我母親眞是了不起，那天她對我說，在我九歲以前，就已經唸完了三字經、千字文、烈女傳、唐詩三百首……。」（視點不明）

「唉！我母親眞是了不起，那天她對我說，說她在九歲以前，就已經唸完了三字經、千字文、烈女傳、唐詩三百首……。」（視點轉移，例一）

「唉！我母親眞是了不起，那天她對我說：『在我九歲以前，就已經唸完了三字經、千字文、烈女傳、唐詩三百首……』你說，我母親偉大不偉大？」（視點轉移，例二）

(三) 對話設計抽樣

1. 求恕：

(1)硬式的：「上回那件事，就算是我的錯好了！」
(2)不卑不亢的：「上回那件事，我眞是欠考慮，希望妳不要放在心上。」
(3)軟式的：「關於我的錯誤，請妳一定要原諒我，否則我眞是於心難安。」
(4)談判式的：「好吧！就算是我有錯，但是一面鐃鈸不響，兩面鐃鈸匡郎，錯在我們兩個，妳也有分！」

2.惡徒搶婦女的戒指：

(1)流氓式：「他媽的，快把這玩意兒給老子脫下來！」
(2)俠盜羅賓漢式：「夫人，如妳這一雙美麗的玉手，任何裝飾品對妳都是多餘的，在下我能否有這分榮幸，爲妳脫下這個……」

3.嫉妒追問：

(1)硬式的：「我問妳，妳爲什麼跟那個男的在一起？」
(2)旁敲側擊式：「我妹妹說，那天晚上看到妳——還有另外一個人……。」
(3)諷刺式：「難怪那天晚上我找不到妳，妳的朋友多，忙得很……。」
(4)苦肉計式：「那天晚上我找不到妳，想必妳有要事，我孤零零地一個人回來，好寂寞，一直在想著妳……。」

五・參考書目

《小說原理》：陳穆如編，中華書局。
《小說面面觀》：英、弗斯特（E. M. Forster, 1879-1970）著，李文彬譯，志文出版社。
《小說創作法》：美、羅勃史密斯（Robert Smith, 1905-）著，楚茹譯，阿波羅出版社。
《近代小說研究》：楊昌年編著，臺北蘭亭書局。
《小說賞析》：楊昌年編著，牧童出版社。

現代戲劇

馬森

一、何謂現代戲劇

所謂「現代戲劇」，當然是有別於我國的傳統戲劇而言。我國的傳統戲劇指的是元雜劇、明傳奇以及有清以降的崑曲、皮黃（又名大戲、京戲、平劇、國劇等）以及各地的地方戲。傳統戲劇的特點是以「唱、唸、做、打」的表演方式來演出歷史的故事。前人曾言皮黃戲是「無言不歌、無動不舞」，固然有些誇張，但是歌與舞是今日所見的國劇及地方戲的主要的組成成分，卻是實情，故研究戲劇的人通常把傳統的戲劇稱作「戲曲」，即在強調其歌唱的重要。也因為這個緣故，國劇譯成英文以後，就成為 Chinese opera 或 Peking opera，意為歌劇，而不是普通的戲劇了。

在西方，歌劇在十八世紀亦視為戲劇之旁枝，唯在近代則屬於音樂，與以口白對話為主的戲劇有別了。西方的戲劇（drama），專指希臘悲劇以降以韻文或散文寫成的對話，配以動作，可以在舞臺上演出的一種文體。戲劇在希臘時代卽被視爲一種重要的文學形式，這一點亞里士多德在其所著論悲劇的《詩學》（*On Poetics*）一書中言之甚詳。故我國之現代戲劇，除移植了西方戲劇以對話爲主要表現媒體的形式及舞臺規格之外，也頗重視戲劇的文學性。

我國的現代戲劇是西方現代戲劇的移植，特別是以西方現代的寫實劇做爲移植的主要對象。因爲是一種新劇種的移植，所以在劇本的寫作上和演出的形式規格上，都與西方的現代戲劇無異。因其新，開始時稱作「新劇」。跟傳統的「戲曲」比較，因爲以對話和寫實的動作來取代「唱、唸、做、打」，所以又稱作「話劇」。

洪深在〈從中國的新戲說到話劇〉一文中對「話劇」的解說是：

> 話劇，是用那成片段的、劇中人的談話所組成的戲劇（這類談話，術語叫作對話）。前數節所述春柳社的新戲，以及文明戲、愛美劇等，都應當老實地稱作話劇的。有時那話劇也許包含著一段音樂、或一節跳舞，但音樂、跳舞，只是一種附屬品、幫助品。話劇表達故事的方法主要是用對話。（《現代戲劇》第一卷第一期，一九二九年五月五日出版）

話劇一直是我國對現代劇的稱謂，直到最近的十多年中，我國的當代劇場又受到二度西潮的波及，出現了不以對話爲主要表達媒體的戲劇，才又有人主張應該稱當代的戲劇爲「舞臺劇」，既有別於傳統的「戲曲」，也有別於早期的「話劇」。

然而西方以韻文寫成的「詩劇」，在中國現代戲劇中並沒有發展起來。偶然有以韻文寫成的劇作，爲數至微，且沒有受到重視。其他略帶詩味的散文劇，則統以「話劇」稱之。

二・研究的範圍與方法

我國的現代戲劇是一個移植而來的新劇種，因此尙爲一個嶄新的研究領域。

做爲一個新的研究領域，在研究的範圍上沒有任何局限。以目前的情況而論，可以有兩個重要的研究方向：一是現代戲劇在出現以來的劇作和劇作家的研究，二是對現代戲劇演出以來的劇院及演出方式的研究。這兩個研究的大方向，當然都以蒐集有關的資料做爲前題。

目前蒐集有關的資料並不十分容易，因爲早期的劇作多有遺失，而演出的情況至爲複雜，並非都有紀錄可尋。在紀錄性的資料不足的情形下，口頭採訪的資料則甚爲重要。譬如說訪問劇作家及直接與演出有關的導演、演員和舞臺工作者，他們口頭提供的資料可以補紀錄資料之不足。

至於研究的方法，可以提供下列數項以作參考：

1. 歷史的研究：現代戲劇的發展、現代戲劇舞臺的演變，都可以用史學的方法來研究。
2. 傳記的寫作：重要劇作家、導演、演員以及有貢獻的舞臺工作者的生平，都可以傳記的方式來完成。
3. 社會學的方法：用社會學的方法來透視現代戲劇在現代中國社會發展中所具有的地位、所發生的作用和影響等。
4. 比較文學的方法：主要研究中國劇作家所受西方劇作家之影響，及西方戲劇在中國演出之狀況。
5. 文學批評的方式：主要針對已出版的劇作，當作文學作品加以分析評鑑。
6. 戲劇學的研究：最後，也是最重要的是把現代戲劇當作戲劇來研究。現代戲劇在中國戲劇發展上的定位、劇作的戲劇結構分析、演出的藝術與技術諸問題等，都是重要的研究主題。

三・現代戲劇的發展過程與分期

1. 現代戲的肇始（西元一九〇〇——一九〇七年）

一般研究現代戲劇者，均以一九〇六年和一九〇七年中國留日學生在東京演出《茶花女》和《黑奴籲天錄》爲中國現代劇之始。其實這是種籠統的說法，在十九世紀末期，上海的教會學校已有西方戲劇之演出。例如聖約翰學院嘗演出英語劇慶祝每年之聖誕。鴻年在〈二十年來新劇變遷史〉一文中更特別指出上海徐家匯之「南洋公學」爲我國新劇的發祥地。他說：

中國式之新劇，如今日所演者，其發源之地，則為徐家匯之南洋公學。時為前清庚子年（一九〇〇）。是年年終考試早畢，而離放假之日有一星期，適中院二班生徒多戲迷者，乃就校舍中所懸粉板大書其向日所讀新聞報戲廣告之戲目。因之有人提議，不如即在校內演習，諸生均極贊成。即於是晚演六君子（《戊戌政變紀事》）。當時並無後臺化妝之室，更無預定脚本，即今日新劇所謂幕表者。同校他班諸生來參觀者，均贊美不置。（《戲雜誌》嘗試號，一九二二年四月）

各校中之晚會式的演出，因爲觀眾限於本校師生及學生之家長、朋友，對社會之影響至微，又多半未留下可以徵信的紀錄，因此我們仍不得不拿一九〇六年和一九〇七年「春柳社」的兩次演出做爲我國新劇運動的肇始。

一九〇六年，一些留日的中國學生，受了日本新派劇的影響，在東京組織了一個戲劇團體，定名爲「春柳社」，主要的成員有李叔同（名李岸，又名李哀、李文濤，藝名息霜，原籍浙江平湖，生長於天津，在東京美術學校習繪畫。歸國後執教於浙江兩級師範學校。一九一八年出家爲僧，號弘一。一八八〇—

一九四三年）、曾孝谷（又名曾延年，一八七三—一九三七年）等。

是年因徐淮水災，各界均捐款賑災。十一月，留日學生在東京青年會舉行募捐遊藝會，其中的一個節目是「春柳社」同仁演出的法國作家小仲馬（Alexandre Dumas fils, 1824-1895）的《茶花女》（*La Dame aux Camélias*, 1852）第三幕，由李叔同飾演茶花女，唐肯飾演亞猛，曾孝谷扮亞猛之父。這是「春柳社」的第一次演出，也是中國人第一次以西方的舞臺形式而以中文演出的現代話劇。

翌年，「春柳社」擴大組織，徵求新社員，又有歐陽予倩（原名立袁，號南杰，湖南省瀏陽人，十三歲東渡日本求學。自參加「春柳社」後，終生從事戲劇活動，能編、能導、能演，並大力推展戲劇運動。一八八九—一九六二年）、陸鏡若（名輔，字扶軒，江蘇武進人。日本東京帝國大學文科畢業，曾拜日本新派劇著名演員藤澤淺二爲師，歸國後從事戲劇運動，也是一個編、導、演的全才，不幸英年早逝。一八八五—一九一五年）等加入。「春柳社」又於是年六月，在東京本鄉座戲院演出了大型話劇《黑奴籲天錄》。《黑》劇是曾孝谷和李叔同根據林紓、魏易合譯的美國作家斯托夫人(Mrs. Harriet E. B. Stowe, 1811-1896) 的小說《湯姆叔叔的小屋》(*Uncle Tom's Cabin*, 1852) 改編的。這個戲共分五幕，不但有完整的劇本，而且全以對話寫成，在當日可說是一種創舉。不過演出的方式，與當時歐洲的寫實劇形式尚有距離，可能更接近日本的新派劇。陳白塵和董健主編的《中國現代戲劇史稿》中就說：

它的編演方法，與當時正在歐洲興起的近代戲劇觀念及其形式仍然頗不相同。這是因為，對春柳的話劇活動產生直接影響的，是當時盛行於日本的新派劇。（《中國現代戲劇史稿》，北京中國戲劇出版社，一九八九年七月版，頁五一）

其實，同一年（一九〇七），爲了賑濟徐淮水災，國內學生汪仲賢和朱雙雲組織的「開明演劇會」也演出了以《六大改良》爲題的新戲（見朱雙雲《新劇史》，上海新劇小說社，一九一四年出版）。不過當事人朱雙雲對當時演出的形式語焉不詳，可能雖是演出的時事，仍難脫傳統戲劇的架構形式。據參加過當時國內學生演劇的徐半梅回憶說：

這可以說與京班戲院中所演的新戲沒有什麼兩樣，所差的，沒有鑼鼓，不用歌唱罷了。但也說不定內中有幾個會唱幾句皮黃的學生，在劇中加唱幾句搖板，弄得非驢非馬，也是常有的。（徐半梅《話劇創始期回憶錄》，北京中國戲劇出版社，一九五七年出版）

由此看來，「春柳社」在日本東京演出的《茶花女》第三幕和《黑奴籲天錄》兩劇，應該說是中國現代話劇之始。

2. 文明戲的興起與失敗（西元一九〇八——一九一八年）

不過，中國的話劇並沒有直接沿續「春柳社」在東京演出的成績發展下去，反倒沿續了國內學生受了改良舊劇影響所演出的那種新舊混雜的方式。連「春柳社」的同仁歸國以後所演出的劇目，也一時不能擺脫這種影響。這一個時期的戲，當時被稱作「文明新戲」，或簡稱「文明戲」。歐陽予倩在〈談文明戲〉一文中說：

春柳劇場的戲是先有了比較完整的話劇形式，逐漸同中國的戲劇傳統結合起來的。當時上海的其他劇團，最初對話劇的形式並不熟悉，更不習慣，他們就按照從學校劇以來的經驗，只在舞臺前掛上一塊幕就搞起來了。當時他們所能看到的只是京戲、昆戲；他們所能看到的劇本，大多數只是街上賣的唱本一類的東西；在表演方面，就他們所耳濡目染，不可能不從舊戲舞臺上吸取傳統的表演技術，至少是不可能不受響影。（《中國話劇運動五十年史料集》第一輯，北京中國戲劇出版社，一九五八年出版）

至於「文明戲」這樣的一個名字，可能含有新鮮事物的意味。洪深說：

「新戲」名詞上面加了「文明」兩個字，成為「文明新戲」（後來簡稱爲文明戲），不知是何人為首所做的事，但原先決不是惡意的。是否為了這類的戲是從歐美日本等文明國家介紹來的？或是為了這類的戲已經脫離了舊戲裏有人目為「非人」的動作語調及「野蠻」格式成法的束縛的？或是為了當時演這類戲的人大半受過教育，有知識、有思想、而且很誠摯的存心要呼醒社會、改善人生，不像當時大多數唱此戲的不識字、沒有教育、沒有知識、粗暴、流氓化，甚而是卑鄙下作的？不論是什麼動機，「文明」兩個字，總是恭維的意思。（洪深《從中國的新戲說到話劇》，《現代戲劇》第一卷第一期，一九二九年五月五日出版）

在談「文明戲」以前，我們應該先說一說對「文明戲」頗具影響的改良舊劇。當時的舊劇為那一代的知識分子像梁啟超、魯迅、胡適、傅斯年等所不喜，除了形式上的程式化和喧鬧以外，主要還是內容上的封建意識和說教令一心改革求變的知識分子無法忍受。所以有心的改革者，首先是從內容的改革上入手。譬如被洪深稱為舊戲子的汪笑儂（原名德克金，滿族，曾中過舉人、任過知縣，畢生從事舊劇改良的工作。一八五八—一九一八年）就改編過大量托古諷今的劇目，如《哭祖廟》（蜀漢劉阿斗的亡國之痛，影射當日中國的危機）、《六軍怒》（唐明皇寵幸楊貴妃、楊國忠專權的故事，喻當日的無明君）、《桃花扇》（責奸佞誤國）。內容皆在責清廷的腐敗誤國，並宣揚愛國思想。以後汪氏與上海的幾個也抱有改良舊劇願望的戲子合作，嘗試編製了時裝新劇《潘烈士投海》、《黑籍冤魂》等。他們甚至編演了外國的歷史劇《波蘭亡國慘》（又名《亡國慘史》）。

這類的改良舊劇，主要的是放棄了過去鬼怪色情的內容和封建的意識觀念。有些時裝劇，演員以時裝上臺。但是在演出的形式上，仍然保持了皮黃的唱腔、文武場和象徵式的動作；最多只是減少一些唱腔，增加一些對白而已。我自己幼年時在故鄉看過一齣改良的「時裝新戲」《貧女淚》，就是這樣演出的。而且演員也就是舊戲中的生、旦、淨、丑。

文明戲開始的時候大概與改良舊劇的形式相當接近。當時上海有一位頗有貲財的富家子王鐘聲（原名熙普，浙江上虞人，一八七四？—一九一一年），爲了響應日本東京的「春柳社」，同年在上海成立了「春陽社」，也演出了《黑奴籲天錄》。陳白塵、董健編的《中國現代戲劇史稿》中說：

王鐘聲等人並未看過春柳的演出，更不瞭解日本新派劇，只得由許嘯天另行改編劇本，仍按「改良京戲」的辦法搬上舞臺，未脫盡鑼鼓和皮黃腔，因而這次演出還不像眞正的話劇。不過，他們的演出借用了外國人建的蘭心劇場，採用西洋話劇的佈景、燈光和服裝，並有了整齊的分幕演出形式。這些都引起了國內觀眾的震動，推動了戲劇進一步向話劇形式靠攏。（頁四二）

「春陽社」所演出的《黑奴籲天錄》，其所具有的特徵，應該可以看作是「文明戲」的開始了。

在日本的「春柳社」的一位社員任天知（原名文毅，滿族人，曾入日本籍，名籐塘調美，生平不詳）

曾力邀「春柳社」其他社員回國發展新劇，未獲同意，遂自行返國，於一九〇八年同王鐘聲在上海創辦從事新劇教育的「通鑒學校」，並演出《迦茵小傳》。王鐘聲更以新劇來宣傳革命，於一九〇九年會同另一位熱衷新劇的同盟會會員劉藝舟（字木鐸，一八七七—一九二七年）北上天津、北京，把文明戲帶到北方去，先後演出了《孽海花》、《官場現形記》、《新茶花》等。王鐘聲終因宣傳革命之故爲軍閥殺害。

一九一〇年，任天知在上海創立第一個職業性的文明戲劇團「進化團」，演出了《血蓑衣》、《新茶花》、《東亞風雲》等劇，並提出「天知派新劇」的口號。辛亥革命後，又演出了擁護共和的《黃金赤血》、《共和萬歲》等。「進化團」只活躍了兩年，於一九一二年解散，但是它的成員仍然活躍在演劇界。

在日本的「春柳社」社員也終於在辛亥革命以後陸續歸國。陸鏡若於一九一二年召集在上海的部分「春柳社」社員，成立了「新劇同志會」，於一九一四年組織了「春柳劇場」，演出於上海及江蘇各城市。可惜陸鏡若翌年即病逝，而「春柳劇場」亦因失去領導而結束。

「春柳劇場」的演出風格雖受過日本新派劇的影響，但在國內所演出的劇目，像以家庭悲歡離合爲主題的《家庭恩怨記》、《不如歸》、《社會鐘》等，也是屬於「文明戲」的一類。

文明戲此時走上商業化的道路，一九一四年時，劇團的數目驟增，據《中國現代戲劇史稿》云，僅上海一地即出現過三十多個劇團，演員有一千餘人，其中最有名的劇團計有朱旭東的「開明社」（一九一二年成立）、鄭正秋的「新民社」（一九一三年成立）、經營三、張蝕川的「民鳴社」（一九一三年成立）、孫玉聲的「啟民社」（一九一三年成立）、蘇石痴的「民興社」（一九一四年成立），以及上文所言陸鏡若的「春柳劇場」。

「新民社」演出的鄭正秋編的《惡家庭》，曾創下了文明戲的最高票房紀錄，使得家庭恩怨的主題成爲一時的風尚，如《火浣衫》、《妻黨同惡報》、《可憐的姨太太》、《三雌老虎》、《惡嫂嫂》等，卻都是一些專門迎合觀眾低級口味的淺薄之作了。

「文明戲」的演出，是受了西方舞臺劇的影響，但未脫盡傳統戲曲體制的一種中西合璧的形式。例如雖分幕，但幕次很多，不像西方舞臺劇有所謂「三一律」的規矩，或至少地點集中在少數幾個場所。陳大悲的《浪子回頭》一劇有十六幕之多。有的甚至多至三十幕，其實其中有些幕只是過場而已。此外很多戲中保留了傳統戲曲的「定場詩」、「下場詩」、「自報家門」等格式。在角色方面，也模仿傳統戲曲的分類分做幾個類型。朱雙雲在《初期職業話劇史料》中即言當時的角色分作「能」（指各種角色均能扮演者）、「老生」、「小生」、「旦」和「滑稽」等五個部門（一九三九年重慶版）。每部門又可按照性格細分，例如「生」可分激烈、莊嚴、寒酸、瀟灑、風流、迂腐、龍鍾、滑稽；「旦」則分哀艷、嬌憨、閨閣、花騷、豪爽、潑辣等。

最令人詬病的是「文明戲」的演出多沒有寫成的劇本，而採用分幕大綱的所謂「幕表」制。這一方面可能是由於編劇的人才難得，時間也不足，另一方面也表現了當日的劇團對劇本的輕忽所致。

從一九一四年上海眾多劇團的競演「文明戲」，到一九一八年「文明戲」的消聲匿迹，只有短短數年的生命。洪深曾惋惜地寫道：

所謂文明戲，是整個的倒坍了。戲與演員，同時退化，同時失敗的。講到戲，那已經試驗過，成立的，好的劇本，先只是不肯嚴格的讀熟遵守，漸至完全棄置不顧，僅是極簡單的，利用一點情節了。戲劇的取材，不但不直接向人生裏尋覓（所謂創作），甚至外國的好劇本小說，亦無能使用，而專取坊間流行的彈詞唱本，如《珍珠塔》、《珍珠衫》、《三笑姻緣》等，第三四流腐敗的故事了。在表演的時候，因欲博得觀眾的拍掌或發笑，往往任意動作，任意發言，什麼劇情身分性格，甚至情理，一切都不管，所演的戲竟至全無意識，不及兒戲了。再講到演員，他們在劇場以外的生活，至少要與他們在臺上無聊的行為，同受責備。有時下了戲臺後的罪惡，恐怕影響更要大些。深夜不睡，Wine, Woman and Song，可以使得人不論做什麼行業，都要一敗塗地的。他們放任自己，去幹了許多在他們頭腦清醒不瘋狂的時候，所絕不允許自己去幹的事。他們不但降低破壞了他們的藝術，而且失去了觀眾的恭敬好感與同情，也破壞了自己了。在這個時代，所謂文明戲，是怎樣一個東西呢？ (1)從來沒有一部編寫完全的劇本，只將一張很簡單的幕表貼在後臺上場處。⑵有時連這張幕表，也不肯鄭重遵守。⑶絕對不排練，不試演，不充分預備的。⑷有時演員上場，甚至連全劇的情節還不大清楚。⑸演員在外面過了很放蕩的生活，到上臺時，疲倦，想瞌睡，沒有精神。⑹新進的演員，未受教育，亦無大志，目的只在混飯吃。⑺沒有藝術的目的，自好者僅知保全飯碗，不良者欲藉戲為工具，以獲得不正當的出名。⑻即有要好努力的演員，也只能自顧自，無術使全部改善。⑼佈景道具燈光編劇等，不顧事實，不計情理。——這樣一種東西，還能夠不失敗嚒！（引自【中國新文學大系】《戲劇集．導言》，一九三五年，上海良友圖書公司出版）

其實，綜合「文明戲」之所以失敗的原因，不出兩端：一是輕忽了演員的訓練，認爲任何人只要會講話的就可上臺演戲，不像傳統戲曲的演員自幼即「坐科」苦練，也不像西方的演員有基本的肢體、聲音以及戲劇知識的訓練。二是輕視了劇本的重要性。沒有完整的劇本，不要說難以發揮主題蘊意，即使起碼的結構和情節的邏輯也難以把握，難免使整個演出都令人覺得莫名其妙了。

3. 話劇的確立與發展（西元一九一九—一九二九年）

文明戲既然驟然興起，又驟然消失，那麼剛剛萌芽的話劇是靠了什麼力量發展下去的呢？根據現有的資料，我們可以說話劇之所以得到紮根生長，一是靠了學校劇團的持續不斷的創作、演出，二是靠了業餘劇團（即所謂的「愛美」劇團）的努力。

學校的劇團，我們可以舉出「南開新劇團」做一個例證。據陸善忱述，於一九〇九年，爲紀念南開五周年校慶，演出了《用非所學》一劇（陸善忱述，郭榮生記〈南開新劇團略史〉，【中國近代文學論文集．戲劇卷】，一九八八年，中國社會科學家出版社出版）。據說該劇是由南開校長著名教育家張伯苓親自編導主演的，可見南開對戲劇之重視。以後每年校慶必有新劇目演出，計一九一〇年的《箴膏起廢》、一九一一年的《影》、一九一二年的《華娥傳》、一九一三年的《新少年》、一九一四年的《恩怨緣》、一九一五年的《一元錢》、一九一六年的《一念差》和《醒》、一九一七年的《天作之合》。其中尤以《一元錢》、《一念差》受到社會的注意與好評。一九一六年，張伯苓弟張彭春在美專攻戲劇後返南開執教，使南開的劇運更加蓬勃。一九一八年，由張彭春編導的《新村正》一劇，引起了知識界的熱烈反應，這個五幕劇在內容和演出的方式上已經不是「文明戲」的演法，而非常接近西方的寫實劇了，因此胡適曾讚道：

> 天津南開學校，有一個很好的新劇團。他們所編的戲，如《一元錢》、《一念差》之類，都是「過渡戲」的一類；新編的一本《新村正》，頗有新劇意味。（見《中國現代戲劇史稿》引胡適與TEC關於《論譯戲劇》的通信，原載一九一九年三月十五日《新青年》第六卷第三號）

從一九二一年起，南開劇團開始演出西方的舞臺劇，例如一九二二年演出戈果里（Nikolai Gogol, 1809–1852）的《巡按》（*The Government Inspector*, 1836）、一九二五年演出王爾德（Oscar Wilde, 1856–1900）的《少奶奶的扇子》（*Lady Windermere's Fan*, 1892）、一九二七年演出易卜生（Henrik Ibsen, 1828–1906）的《國民公敵》（*An Enemy of the People*, 1882），翌年又演出了易卜生的《傀儡家庭》（*A Doll's House*, 1879）、一九二九年演出高爾斯華斯（John Galsworthy, 1867–1933）的《爭強》（*Strife*, 1909）。

演出翻譯或改編的西方劇作，是擺脫傳統戲曲的束縛的捷徑，因爲既然是西方的劇本，則不能不按照西方的演法，因此使以後的創作的話劇也逐漸在形式上靠攏了西方的寫實戲劇。

當然我們可以想知，那時候不止是南開一個學校有學生劇團和演新劇的活動。南開之所以特別受到重視，一來是因爲南開的劇團的確出色，二來是因爲當日劇團中的兩個主要演員後來都成了名人，一個是曾任中共國務院總理的周恩來，另一個就是著名的話劇作家曹禺。他們兩人在學生時代都是熱心的團員，而且都扮演女角，也做過翻譯劇本及舞臺工作。恐怕因爲這個緣故，南開那時的劇團史特別有人喜歡去談論、去紀錄。

在學校的演出以外，在社會上一些不以營利爲目的的劇團的演出，稱作「愛美的劇」。「愛美的」一詞是法文 **amateur** 一字的中譯，據洪深說，是戲劇學者宋春舫翻譯的（見洪深〈從中國的新戲說到話劇〉一文）。在西方的愛美劇指的是非職業性的戲劇，一方面可能意謂尚未達到職業性的標準，另一方面意謂帶有職業劇團所無法完成的實驗性和藝術性。一九二一年四月至九月，陳大悲（浙江省抗縣人，出身官僚家庭，因演戲而與家庭破裂，善演悲旦，嘗自許爲「天下第一悲旦」，曾編寫「文明戲」腳本，後大力推動「愛美的劇」。一八八七—一九四四年）在北京《晨報・副刊》發表長文《愛美的戲劇》，後出版成書，結合西方戲劇理論與一己之經驗編成，提倡「人的戲劇」，並介紹了從編劇到演出的各種技術問題，爲業餘的劇團提供了有利的參考。

第一個愛美的劇團是一九二一年三月在上海成立的「民眾戲劇社」，其成員有陳大悲、歐陽予倩、熊佛西、徐半梅、沈雁冰（茅盾）、鄭振鐸等，大力提倡寫實的戲劇，反對把當時西方的象徵主義或其他非寫實的戲劇介紹到中國來。他們並且創辦了一本戲劇雜誌《戲劇》，大事批判「文明戲」的陳腐墮落，爲話劇的發展拓清了道路。同年，朱穰丞等也在上海成立了辛酉學社，也偶然演出，到一九二七年，內部分裂，由朱穰丞、袁牧之、馬彥祥、應雲衛等組成「辛酉學社愛美的劇團」，宗旨是演出具難度的戲。也是在一九二一年，李健吾、陳大悲等在北京成立了「北京實驗劇社」。翌年，陳大悲、蒲伯英等又發起聯合所有學校劇團及非職業劇團組成「新中華戲劇協社」，目的在推動協助各校的演出。

對愛美的戲劇貢獻最大的，當推一九二一年十二月由應雲衛、谷劍塵、陳憲謨、歐陽予倩、汪仲賢等人組成的上海的「戲劇協社」。一九二三年洪深（江蘇武進人，原名洪達，出身世家。清華大學畢業後，公費赴美留學，先學燒瓷，後入哈佛修戲劇，是我國在西方專攻戲劇的第一人。是早期話劇運動的推動者之一。一八八四—一九五五年）加入，次年，執導了他改編自王爾德的原著《少奶奶的扇子》，獲得空前的成功，與一九二〇年汪仲賢嘗試在有兩千座位的「新舞臺」演出蕭伯納（George Bernard Shaw, 1856-1950）的《華倫夫人之職業》（*Mrs. Warren's Profession*, 1893）而慘遭失敗，不可同日而語。據說，《少奶奶的扇子》是「中國第一次嚴格地按照歐美演出話劇的方式來演出的」（《中國現代戲劇史稿》引茅盾語，頁一〇四）。除《少奶奶的扇子》外，「戲劇協社」也演出了創作的劇本，像胡適的《終身大事》、歐陽予倩的《潑婦》、汪仲賢的《好兒子》等。

其他如「辛酉社愛美的劇團」在一九二四年演出了陳大悲的《虎去狼來》。「劇藝社」於一九二九年演出了洪深的《趙閻王》。同年，「葳娜社」在北京演出了李猶龍改譯的莫里哀（Molière, 1622-1673）的《慳吝人》（*L'Avare*, 1668）。

另外一個對現代戲劇影響頗大的愛美的戲劇團體，是田漢（湖南長沙人，原名田壽昌，自幼熱愛戲劇，青年時留日，歸國後從事戲劇活動，創立「南國社」，爲現代戲劇早期的重要劇作家之一。一八九八—一九六八年）創辦的「南國社」。一九二四年，田漢與妻子易漱瑜創辦《南國半月刊》，一九二六年又創辦「南國電影劇社」。一九二七年，田漢任私立上海藝術大學文科長，不久任校長。「南國電影劇社」改組爲「南國社」，是年冬由上海藝術大學師生及「南國社」成員舉行一週「藝術魚龍會」盛大公演。一九二九年，「南國社」中比較激進的分子如左明、陳白塵、鄭君里等另組「摩登社」，以完成「民眾戲劇」爲號召，推行學校戲劇運動。田漢自己的作品，像《蘇州夜話》、《湖上的悲劇》、《古潭的聲音》、《南歸》等，也由「南國社」演出。「南國社」的風格有些近似「創造社」，融浪漫、唯美、革命於一爐，因此對一般青年人的誘惑力特別大。

在這一個階段的話劇，由於學生劇團與愛美的劇團的積極活動，擺脫了迎合小市民低級口味和追求票房價值的壓力，再加上翻譯和改編西方劇作的日漸增多（據一九四四年商務版《中國戲劇運動》一書中田禽〈三十年來戲劇翻譯之比較〉指出，從一九一七到一九二四年，全國二十八種報刊、四家出版社共發表、出版翻譯劇本一百七十餘部，包括十七個國家七十餘位劇作家），使話劇的演出形式日漸接近西方的現代舞臺劇。因此，這一個時期也是我國的文學和戲劇作者努力模仿西方的劇作從事創作的時期。洪深說：

> 民國十三年以後，環境很有利於戲劇創作：學校劇團以及小市民組織的愛美劇團，一天天增多起來了，他們都需要那可以上演的劇本；而各地的書店，因為有人購買戲劇單行本的原故，也肯刊印創作的劇集了。（【中國新文學大系】《戲劇集·導言》，頁七〇）

這個時期可以說是完全採取了西方現代劇形式的中國話劇的確立期和發展期。

很巧合的是，這一個時期的開始正好是五四運動的一年。其實並不是偶然的巧合，而是五四運動確實開啟了現代中國文化的變革之路。話劇的發展也受了五四運動的啟發和影響。由於五四運動的反封建、反傳統的精神，才使中國的話劇能夠毅然割斷了傳統的臍帶，不致像「文明戲」似地與傳統藕斷絲連，因而創立了一個嶄新的劇種。

另一件重要的事，是在新劇開始的時期，一般人均與舊戲的改良扯在一起，認為新劇既然是來代替舊劇，就不能不在舊有的基礎上有所繼承和取捨。到了這一個時期，大家終於瞭解到，「話劇」是一個新劇種，可以與傳統的舊劇並行而不悖，因此不必與舊劇的改良扯在一起。歐陽予倩在〈戲劇改革之理論與實際〉一文即言：「中國戲是歌舞劇，我們應當承認，改造中國戲劇是歌劇革新運動。至於話劇是另外一件事，要分開來講，不能與中國舊劇混為一談。」(見洪深【中國新文學大系】《戲劇集．導言》引，頁五六)

4. 話劇的步向成熟（西元一九三〇—一九三七年）

一九二七年國民黨的清共使國共兩黨正式形成敵對的狀態。一九三〇年是民國建立以後左右兩派的政治鬥爭進入激烈化的年代，一般文人也或明或暗地採取了立場和態度。共產黨特別看重了魯迅在文學界的聲望，盡力拉攏，於是在一九三〇年聯合了左派的文人組織了以魯迅為首的「中國左翼作家聯盟」。

做為「左翼作家聯盟」鋪路的工作，左派的戲劇工作者像「創造社」的鄭伯奇、馮乃超，「太陽社」的錢杏邨、孟超、楊邨人，再加上劉保羅、司徒慧敏、陳波兒、王瑩和重要的共產黨的負責人夏衍，於一九二九年六月五日成立了「上海藝術劇社」，並提出了「無產階級戲劇」的口號。該社編輯出版了《藝術》月刊、《沙侖》月刊及出版《戲劇論文集》從事宣傳的工作。一九三〇年一月，「藝術劇社」首次公演，演出的都是外國原作改編的劇本，計有《梁上君子》（匈牙利莫納 Ferenc Molnar, 1878-1952 原作）、《愛與死的角逐》（法國羅曼・羅蘭 Roman Rolland, 1866-1944 原作）。三月，又演出根據德作家雷馬克（Erich Maria Remarque, 1898-）小說改編的《西線無戰事》。

一九三〇年三月十九日，上海的劇社「戲劇協社」、「南國社」、「摩登社」、「辛酉劇社」、「藝術劇社」、「劇藝社」等聯合組成「上海戲劇運動聯合會」，八月又改組爲「中國左翼劇團聯盟」，公開打出了左翼的招牌。因爲其中的「戲劇協社」持中立態度，故又於一九三一年一月另以個人名義改組爲「中國左翼戲劇家聯盟」，並在各地成立了分盟。左派的戲劇家把戲劇看作是政治鬪爭的工具，因此積極地滲入學校及工廠。他們的工作雖然有政治的目的，卻也因此帶動了戲劇運動，鼓起不少喜愛戲劇的青年人的熱情。

國府方面對文學及戲劇的重視不及共產黨人，但也做了一些工作。例如一九二九年成立「廣東戲劇研究所」，由歐陽予倩任所長，並附設演劇學校（見吳若、賈亦棣《中國話劇史》，頁九五），又於一九三五年十月十八日在南京成立「國立戲劇學校」，聘余上沅爲校長。應雲衛、曹禺、馬彥祥、吳祖光等都曾在該校任教。這所學校造就了不少戲劇人才。

因爲這時「話劇」運動已成爲政治的和社會的重要活動，所以有關戲劇理論和實踐的論著也開始出現了。向培良是這方面的開路先鋒。一九二六年他已經出版了《中國戲劇概評》，是最早的對話劇的評論。一九三二年他又出版了《戲劇導演術》，一九三六年接連出版了《劇本論》、《導演論》、《舞臺服裝》和《舞臺色彩》。其他，洪深出版了《洪深戲劇論文集》，歐陽予倩出版了《予倩論劇》，宋春舫出版了《宋春舫論劇》，馬彥祥出版了《戲劇講座》，袁牧之出版了《演劇漫談》。自一九三〇年起，有關現代戲劇的論著出版了六十餘種。一九三六年商務印書館更出版了【戲劇小叢書】二十種，有系統地介紹了有關戲劇的理論和知識。

此外，討論戲劇的期刊在三〇年代的初期從數種增加到二十多種，其中較有影響力的有《戲》（袁牧之主編）、《現代演劇》（包時、凌鶴編）、《電影戲劇》（葛一虹、徐韜編）、《戲劇時代》（歐陽予倩、馬彥祥編）、《新演劇》（章泯、葛一虹編）等。

外國戲劇的翻譯，這一個時期也大量增長，從一九〇八到一九二九年，共翻譯出版外國戲劇一百七十七部，而從一九三〇年到一九三七年間，卻高達二百六十部（以上資料均來自《中國現代戲劇史稿》）。

但最重要的是話劇的創作在這一個時期獲得空前的成績，話劇史上不少重要的作品，都是在這一個時期完成的。洪深的《農村三部曲》（包括獨幕劇《五奎橋》、三幕劇《香稻米》和四幕劇《青龍潭》）即完成於一九三〇至三二年間。他爲趙家璧主編的【中國新文學大系．戲劇卷】所寫的導言，寫於一九三五年，爲早期的新劇運動做了總結性的分析。李健吾（山西省安邑縣人，在北師大附小讀書時卽參加演劇，後來成爲北京學生劇運的積極分子，曾留學法國，是重要的話劇作家之一。一九〇六—一九八二年）的重要作品，像《這不過是春天》、《十三年》、《梁允達》、《村長之家》、《以身作則》、《新學究》都寫於一九三〇至一九三七年間。袁牧之（浙江寧波人，是活躍於三〇年代影劇界的重要演員和編導。一九〇九—一九七八年）的《一個女人和一條狗》寫於一九三二年。他並且把法國作家雨果（Victor Hugo, 1802-1885）的著名小說《巴黎聖母院》（*Notre-Dame de Paris*, 1831）改編成六幕劇《鐘樓怪人》。

但是這一個時期，成就最大而最出眾的應數曹禺（原名萬家寶，祖籍湖北省潛江縣，出生在一個官僚家庭。在南開中學唸書時卽參加戲劇活動，畢業於淸華大學外文系，是我國重要的話劇作家。一九一〇—）。他在一九三三年淸大畢業的那一年完成了四幕劇《雷雨》。因爲情節曲折，人物個性顯明、對話生動，立刻引起了注意，可說是一舉成名。《雷雨》寫的是多角戀的亂倫關係，又是最早的悲劇，可說在取材及類型上都創了話劇的紀錄。以後又連續寫成了《日出》（一九三五）和《原野》（一九三六），無不轟動一時。

研究現代劇的學者，像陳瘦竹、劉紹銘等都曾指出曹禺曾受到西方劇作家易卜生、契訶夫和奧尼爾等的莫大影響，但是有哪個作家不曾受過前人的某些影響呢？曹禺的《雷雨》是有感而發，故能深刻動人。至於《日出》和《原野》，則今日看來，當日的批評家的確有溢美之處。《日出》是一齣意識形態很重的劇本，卽在該劇中，曹禺遠離了他所企圖的寫實，抱有醜化資產階級及美農村醜都市的成見，致使他的人物落入卡通式的窠臼，而對當日的社會則表現的是扭曲的面貌。至於《原野》，除了場景的設計上太近似奧尼爾（Eugene O'Neill, 1888-1953）的《瓊斯皇帝》（*The Emperor Jones*, 1920）外，對中國農村的生活，也不算有貼切的認識。但是曹禺的最大長處是運用北京話的能力很強，可以使人覺得他寫的對話既生動，又不脫生活中口語的規範；另外一個長處是對人物心理的刻畫相當細膩深入。

田漢在二〇年代已經發表過不少膾炙人口的劇作，像《薛亞蘿之鬼》、《午飯之前》（一九二二）、《獲虎之夜》（一九二四）、《黃花崗》（一九二五）、《蘇州夜話》、《江村小景》、《名優之死》（一九二七）、《孫中山之死》、《火之跳舞》、《一致》（一九二九）等。到了三〇年代，因爲田漢的左轉，使他的作品在思想內容上發生了一些變化。一九三〇年，他把法國作家梅里美（Prosper Mérimée, 1803-1870）的著名小說《卡門》（*Carmen*, 1845, G. Bizet 寫成歌劇）改編成六幕話劇。其中的浪漫情調也正是田漢早期劇作的特徵。在他此一時期的其他作品中，像《年夜飯》、《梅雨》、《姊姊》、《顧正紅之死》（一九三一）、《月光曲》（一九三二）和歌劇《揚子江暴風雨》（一九三四），其表現工人的苦難和反抗精神的意圖是至爲明顯的。其他則是有關愛國情操和抗日的主題，像獨幕劇《雪中的行商》、《水銀燈下》（一九三四）、《暗轉》、《黎明之前》（一九三五）、《初雪之夜》、《晚會》（與陽翰笙合作）、《女記者》（一九三六）和三幕劇《回春之曲》（一九三四）。其中以《回春之曲》較爲著名。一九三七年更寫出了揭開抗日戰爭序幕的四幕劇《盧溝橋》和四場劇《最後的勝利》。

另一個在劇作上有表現的是夏衍（原名沈乃熙，又名沈端先，浙江杭縣人，幼家貧，曾在染坊當學徒，因努力向學而考取公費留日。在日參加革命工作，先入國民黨，一九二七年國共合作分裂改入共產黨，是代表共產黨領導劇運的重要負責人，也是重要劇作家之一。一九〇〇—）。一九三五年寫成獨幕劇《都會的一角》和《中秋月》。一九三六年在《文學》雜誌第六卷第四號發表大型歷史劇《賽金花》，同年十二月完成歷史劇《自由魂》（又名「秋瑾傳」）。一九三七年寫出了夏衍的代表作《上海屋簷下》。夏衍自認爲從此劇起開始了現實主義的創作方法（見《上海屋檐下後記》，一九五七年中國戲劇出版社）。

在這個時期，除了以上所舉的劇作家以外，還有熊佛西、馮乃超、左明、樓適夷、石凌鶴、章泯、姚時曉、谷劍塵、宋春舫、王文顯、楊晦、徐訏、陳楚淮等都有劇作問世。

在話劇的發展上，此時有兩件大事都產生了深遠的影響。一是「農民戲劇」運動，二是話劇的職業劇團的出現。

一九二六年設立的北平藝術專門學校戲劇系在一九三一年停辦了。系主任熊佛西繼南京曉莊學校推動的「農民戲劇」之後，接受「中華平民教育促進會」的邀請，到河北省定縣推行一次長達五年之久的「農民戲劇運動」。中國是一個農業的國家，大家都體認到如果不向農民推行話劇運動，話劇就難有廣闊的天地和前途。熊佛西還特別爲農民撰寫了適合農民觀賞的劇本《鋤頭健兒》、《屠戶》（原名「孔大爺」）（一九三二）、《牛》（一九三三）、《過渡》（一九三五）等。爲了配合農民的習慣和興趣，定縣的農民戲劇實驗設計了「表證劇場」和「流動舞臺」。

什麼是「表證劇場」和「流動舞臺」呢？據楊村彬的記載是：

> 「表證劇場」設在縣城內，一切設備力求實用，而保持與農村經濟水準之平衡。臺下座位不求華麗，但必使觀眾聽視如意；臺上佈景、燈光、天幕、布條種種設備卻應有盡有，以求舞臺藝術之完整。如此從來沒見過，從來沒聽過，而又與自己的生活這樣親近的話劇，農民自然接受。事實進展，發現「表證劇場」只不過為縣城內或縣城附近的農民所欣賞，為了進一步吸收更大多數的農民，就有流動舞臺的辦法，就是把在城內表演成功的戲再搬到村鎮去演。那麼，任何土丘、木板都可做舞臺，臺上的佈景也非常簡單，幾塊大布、幾扇屏風，演到那一村就用大車運到那一村。如此有更多的農民開始知道話劇而且接受話劇。（楊村彬《過渡及其演出．序》，一九三七年，南京正中書局出版）

「流動舞臺」眞像當代美國的「環境劇場」演出的方式。那時候還沒有「環境劇場」的構想，只能說在環境條件的逼迫下，人會產生類似的解決方法。「農民戲劇」雖然在定縣有相當的成就，但終因抗日戰爭爆發，任何農村的戲劇運動都難做了。

至於話劇職業劇團的成立，是因爲「愛美的戲劇」總是有散漫性和臨時性的缺點，再加上那時有水準的導演、演員日漸多起來，可以上演的劇本也已不少，職業劇團的條件遂日漸成熟了。一九三三年，演員唐槐秋組成了第一個職業劇團「中國旅行劇團」，演出的劇目有《茶花女》、《梅蘿香》、《少奶奶的扇子》、《雷雨》、《日出》等。最叫座的則是《雷雨》，在北平、天津、南京、上海等地巡廻演出數年之久。

全國各大城市都出現了專業話劇團，例如山東的「民眾教育館戲劇組」、「山東省立劇院」、上海的「業餘實驗劇團」、「四十年代劇社」都是經常演出的職業劇團。

5. 話劇的鼎盛期（西元一九三七—一九四九年）

一九三七年是抗日戰爭的開始，在話劇運動上也是關鍵性的一年，因爲自中日戰爭正式揭幕，話劇已被國人用做抗日宣傳和鼓勵士氣民心的最有效的工具。話劇因此也不得不走上通俗的道路，諸如更符合民眾口味的小歌劇和最方便演出的街頭劇和活報劇都一一出現。

七七事變後，左右兩派在戲劇界的鬪爭不得不暫時表面上停止下來，爲抵抗共同的敵人而團結一致對外。上海劇作者協會於一九三七年七月十五日改組爲「中國劇作者協會」，並集體創作了三幕抗日宣傳劇《保衛盧溝橋》。「八・一三」滬戰爆發後，中國劇作者協會和上海劇團聯誼社又發起組織了「上海戲劇界救亡協會」，成立十三個救亡演劇隊，分由宋之的、洪深、應雲衛、鄭君里、左明、李實、丁洋、劉斐章、唐槐秋、辛漢文、侯楓、尤競、陳鏗然任隊長。除第十及第十二隊留滬工作外，其他均分赴前線、後方進行宣傳演出。

京、滬相繼失守後，劇運中心移至武漢，遂於一九三七年底組成「中華全國戲劇界抗敵協會」，除話劇外，包括各種劇種在內。由於從事話劇活動的都是當時一時之選的知識分子，故話劇界的人士成為該協會的核心分子。武漢撤守，轉移至重慶，於一九三八年十月十日首屆戲劇節「協會」集合話劇界的重要編導演演出由曹禺、宋之的編寫的《全民總動員》（又名《黑字二十八》）一劇，由余上沅、應雲衛、馬彥祥、曹禺、洪深等集體導演，演員則有趙丹、白揚、舒綉文、張瑞芳、高占非、魏鶴齡、張道藩等。

此外，國防部和教育部，為配合抗日宣傳，也各組織了演劇隊。前者令所有師級以上部隊之政治部設立「政工大隊」及「演劇宣傳隊」；後者成立「巡廻教育戲劇隊」（一九三八年成立），其分隊分赴各省進行演劇活動（詳情參閱吳若、賈亦棣《中國話劇史》第六章）。

除了進行抗日宣傳，話劇成為比任何其他文學、藝術更為有效的媒體外，也因為日軍對中國內地海空的封鎖切斷了外國影片進口的可能，遂使話劇不但成為羣眾主要的娛樂節目，也使過去從事電影工作的編導和演員因無電影可拍轉而從事話劇的演出。因此，在當時的大後方，話劇可說鼎盛一時，特別是戰時的陪都重慶，更是話劇從業者活動的主要中心。當時重慶一地重要的劇團就有：一九四〇年成立，直屬三民主義青年團，由馬彥祥任社長的「中央青年劇社」，中國電影製片廠附設的「中國萬歲劇團」，旗下的導演和演員原為電影界的知名人士，像應雲衛、史東山、袁牧之、白揚、舒綉文、張瑞芳、秦怡、陳波兒、英茵、王珏、王豪等。一九四一年成立了應雲衛、陳白塵、陳鯉庭領導的「中華劇藝社」。一九四二年成立了夏衍、于伶、宋之的、金山等領導的「中國藝術劇社」。此外還有隸屬中央電影攝影場的「中電劇團」、以遷校後的原南京國立劇專爲基礎的「國立劇專劇團」以及年輕人組成的「孩子劇團」等。從一九四〇年到一九四四年，重慶一地每年演出的話劇多達二十多種。

重慶以外，桂林、昆明、成都是後方另外的戲劇活動中心。一九四〇年三月，歐陽予倩主持的廣西省立藝術館在桂林成立，下設「話劇實驗劇團」和「桂劇實驗劇團」。歐陽予倩又創辦了「國防劇社」。一九四一年十月，由田漢、洪深、瞿白音、杜宣等發起組織了「新中國劇社」，多次在桂林並赴昆明、長沙、湘潭等地演出。一九四四年，田漢、歐陽予倩、丁西林、熊佛西等發起在桂林舉辦了「西南第一屆戲劇展覽會」，會期兩月，參加的劇團有三十三個之多，分別來自粵、湘、桂、滇、贛等五省。昆明有「西南聯大劇藝社」，由鄭嬰、孫毓棠教授指導，曾演出田漢改編的《阿Q正傳》。成都則有四川省立戲劇教育實驗學校附設的「表徵劇團」，由校長熊佛西兼任團長。還有航空委員會的「神鷹劇團」，由戲劇學者董每戡任團長。重慶的「中華劇藝社」經常在成都演出。

上海本是我國的戲劇中心，自一九三七年抗日戰爭爆發，上海淪爲孤島，但很多劇人並未撤離，職業劇團繼續活躍。原來的「上海劇藝社」，在于伶、阿英、李健吾的領導下，於一九三九年七月改組爲職業劇社。同年底，唐槐秋的「中國旅行劇團」來到上海。一九四一年日軍佔領上海後侵入租界，抗日分子受到追捕，有的逃去後方，有的轉入地下，戲劇活動曾一度消沉。但不久卽放鬆管制，新劇團又開始出現。費穆邀集「天風劇團」的原班人馬組成「上海藝術劇團」。一九四三年，黃佐臨、李健吾、柯靈等組成「苦幹劇團」、姚克、李健吾等組織了「上海藝光劇團」、吳景平發起成立了「南國劇社」、柳中浩的「上海聯藝劇團」，後改組爲「同茂劇團」。「中國旅行劇團」離滬北上後其部分留滬團員組成「中中劇團」。一九四四年，周劍雲創辦的「大中劇藝公司」等。當時留滬的著名編導有李健吾、黃佐臨、柯靈、費穆、阿英、于伶、姚克、方君逸、楊絳、吳永剛、卜萬蒼、徐昌霖等，著名演員有黃宗江、黃宗英、石揮、張伐、蔣天流、上官雲珠、孫景璐、舒適、璐珊、韋偉、嚴俊、顧也魯、馮喆等。他們並不專屬一個劇團。據吳若、賈亦棣《中國話劇史》載，上海話劇演出最盛之時，曾有卡爾登、新光、辣斐、璇宮、麗華、金城、金都、蘭心、九星、龍門、天宮、皇后、綠寶、巴黎、美華十五家戲院同時演出話劇。

在劇本創作方面，在這個時期當然是在主題方面偏重於抗日戰爭。在類型方面，社會寫實劇、歷史劇和喜劇都有很好的成績。

田漢在四〇年代的劇作甚爲豐碩，他的劇本多與抗戰有關，計有五幕劇《秋聲賦》（一九四一）、四幕劇《風雨歸舟》（一九四二，又名《再會吧，香港》，與洪深、夏衍合作）、四幕劇《黃金時代》（一九四二）、獨幕劇《門》（一九四五）、二十一場劇《麗人行》（一九四六—一九四七年）、三幕劇《清流萬里》（一九四七，又名《文化春秋》，與于伶等集體創作）、十三場劇《朝鮮風雲》（一九四八）。

曹禺繼他的成名三部曲——《雷雨》、《日出》、《原野》——之後，又於一九三九年寫成了批判性的《蛻變》、一九四〇年完成了另一力作《北京人》，緊接著又改編了巴金的小說《家》（一般評論認爲劇本優於原作）。同時他還翻譯了英劇作家高爾斯華綏的《鍍金》和莎士比亞的《柔蜜歐與幽麗葉》。

夏衍繼《上海屋檐下》之後，又寫出了一連串社會寫實的劇作，計四幕劇《一年間》、獨幕劇《贖罪》（一九三八）、獨幕劇《娼婦》（一九三九）、四幕劇《心防》（一九四〇）、獨幕劇《冬夜》（一九四一）、四幕劇《水鄉吟》、五幕劇《法西斯細菌》和《風雨歸舟》（和洪深、田漢合作）（一九四二）、五幕劇《戲劇春秋》（與于伶、宋之的合作）和六幕劇《復活》（據托爾斯泰小說改編）（一九四三）、四幕劇《離離草》和四幕劇《草木皆兵》（一九四四）、四幕劇《芳草天涯》（一九四五）等。

另一位有特殊貢獻的作家是郭沫若（原名郭開貞，字鼎堂，四川省樂山縣人，出身富裕大家庭，曾留學日本習醫，因耳聾而放棄。爲五四時代著名詩人、劇作家，同時對甲骨文、古代史均有深入的研究。一八九二—一九七八年）。他在抗日戰爭期間寫出了他著名的六大史劇，計五幕劇《棠棣之花》（一九四一）、五幕劇《屈原》、五幕劇《虎符》、五幕劇《高漸離》、四幕劇《孔雀膽》（一九四二）和五幕劇《南冠草》（一九四三），前後只用了兩年的時間。

抗日期間的歷史劇是一個重要的類型，除了郭沫若以外，還有一位頗有成就的歷史劇作家，那就是阿英（原名錢德賦，又名錢杏邨，安徽省蕪湖市人。早年參加共產黨，在上海從事地下工作。除了劇作以外，阿英對清末的小說也頗有研究。一九〇〇—一九七七年）。抗日戰爭前，阿英已有劇作問世，但不太成功。他因以聞名的是在上海孤島時期所寫的一系列「南明史劇」，計有四幕劇《碧血花》（又名《葛嫩娘》，一九三九）、四幕劇《海島英雄》（又名《鄭成功》，一九四〇）和四幕劇《楊娥傳》（一九四一）。他另一著名的史劇是寫於一九四四年的五幕劇《李闖王》。此外他還寫過一個現實題材的劇《五姐妹》和一齣神話劇《牛郎織女》。

另一個大有成就的戲劇類型是「喜劇」，在這個時期喜劇作者輩出，有諷刺性的，辛辣的，也有幽默的，輕柔的。原來以寫小說和歷史劇聞名的陳白塵（原名陳增鴻、又名征鴻，江蘇省淮陰市人。爲「南國」的重要成員，先加入國民黨，再加入共青團，三〇年代曾被捕入獄，在獄中作品不少，是話劇的重要劇作家之一。一九〇八—）這時期改寫以諷刺辛辣見稱的喜劇。其中重要的有四幕劇《魔窟》（一九三八）、獨幕劇《未婚夫妻》、《禁止小便》（一九四〇）、三幕劇《秋收》（一九四一）、五幕劇《結婚進行曲》、三幕劇《升官圖》（一九四五）。除了以上的喜劇外，還有五幕劇《大地回春》（一九四一）、三幕劇《歲寒圖》（一九四五）、五幕歷史劇《大渡河》（一九四六）、三幕劇

《懸崖之戀》和三幕劇《清流萬里》（一九四七）。此外尚有電影劇本多部。

除了以上所舉的幾位具有代表性的劇作家之外，還有很多有佳作的劇作家，像于伶、宋之的、吳祖光、張駿祥（袁俊）、沈浮、楊絳、吳天、顧仲彝、楊村彬、姚克、黃佐臨、柯靈、師陀、陳詮都留下了相當可觀的作品。在這個話劇運動炙烈的大時代裏，連一向寫小說的作家像老舍和茅盾，也轉而寫起劇本來。在話劇發展史上，從一九三七到一九四九年，的確是劇作產量最豐的一個時代。

這時期所出版的戲劇期刊也非常豐富而多樣化，有資料可查的計有《劇場藝術》、《戲劇雜誌》、《獨幕劇創作月刊》、《戲劇與文學》、《小劇場》、《戲劇新聞》、《抗戰戲劇》、《戲劇崗位》、《青年戲劇通訊》、《新演劇》、《戲劇春秋》、《戲劇月報》、《戲劇時代》、《演劇藝術》、《東南戲劇》、《福建劇教》等十餘種。

抗日戰爭時代，因為抗日救國運動的需要，話劇成為有力的宣傳武器；又因為電影製作和影片進口的停頓，話劇取代了電影的大眾娛樂地位，致使演出頻繁，觀眾人口大增。由以上兩個主要的原因，再加上一九三七年前話劇已經獲得良好的發展，所以這一個時期造成了話劇的黃金時代。劇作產量豐、導演與演員的藝術均大有精進，終使話劇自從世紀初由西方移植而來後，能夠在中國的土壤上紮根生長起來，成為一個為國民接受而愛悅的新劇種。

一九四九年以後，由於國府的撤退來臺，海峽兩岸政經文化分離，話劇的發展也就各有各的命運，各有各的途徑了，應該成為另外分別研究討論的對象。

四·重要的劇作家與流派

如果我們說中國的傳統戲劇是「演員的劇場」，那麼西方的戲劇從希臘時代開始，就是「作家的劇場」（參閱馬森：〈演員劇場與作家劇場〉一文，收在《當代戲劇》，一九九一年時報出版公司出版）。中國的傳統戲劇重演出，劇作的文學性不高；西方的戲劇重劇作，演出不演出，劇作本身都可以成為重要的文學作品。

西方戲劇移植到中國以後，這種以劇作為重的傳統也同時到了中國，話劇運動就不再只是演員的事，而是劇作家的事；參與劇作的也多半是學有專長的知識分子了。

因為這個緣故，當我們回顧現代戲劇的發展，就不能不以劇作家為主；當我們研究那個時代的話劇流派，也不能再以演員為主（像國劇的流派），而非要以劇作家為主不可了。

首先我們必須認清的是，話劇是由西方移植而來的一個新劇種，所以早期的劇作家，在編劇上是取法於西方的劇作家的。上世紀末和本世紀初是西方寫實劇鼎盛的時代，而寫實劇所具有的客觀性和批判性，也很適合當時一心求變革新的中國國情，因此話劇可說是在西方寫實主義的直接影響下發展起來。西方那時其他的新興的流派像象徵主義、表現主義等卻被有意地忽略了。反倒是比寫實主義更爲古老，而且在西方也一直並未衰竭的浪漫主義的作品，對中國的劇作家也產生了某些影響，特別是性格中本就充溢著浪漫情調的作家，像「創造社」出身的郭沫若和田漢等。

以目前我們所可接觸到的劇作爲基礎，我們大致可以把胡適的《終身大事》以降的創作劇本分成四個大的流派來加以敍述：

㈠ 浪漫愛情劇

浪漫愛情劇指的是那些劇中不但在描寫愛情，而且注重濃烈的情緒和出奇的情節，卻並不十分在意是否符合眞實的生活。最具代表性的劇本是田漢的作品。像他早期的《咖啡店之一夜》、《南歸》、《獲虎之夜》、《名優之死》等是典型的浪漫愛情劇。他後來的作品像《回春之曲》、《秋聲賦》、《麗人行》等雖加強了社會性和革命性，基本上對革命仍採取一種浪漫的憧憬。他所用的語言也是詩意而抒情的，並不符合日常的口語。其他可以歸入這一派的還有張駿祥、吳祖光、陳銓等。張駿祥曾留美，在耶魯大學攻讀戲劇導演。他以袁俊的筆名發表的《小城故事》（一九四〇）、《邊城故事》（一九四一）、《山城故事》（一九四四）（合稱「三城故事」）、《美國總統號》（一九四二）和《萬世師表》（一九四四），雖有寫實的企圖，但終壓不過浪漫的情調以致顯得華而不實。吳祖光寫有《鳳凰城》（一九三七）、《正氣歌》（一九四〇）、《風雪夜歸人》（一九四二）、《牛郎織女》（一九四二）、《少年遊》（一九四四）等。他最有名的作品是《風雪夜歸人》，寫一個京劇名伶的戀愛故事。陳銓的代表作是寫於一九四一年的四幕劇《野玫瑰》，後改編成電影《天字第一號》，是以抗日爲背景的間諜愛情故事，渲染了我國間諜的勇敢、愛國以及私人的戀情。

(二) 歷史劇

從話劇一開始就有歷史劇，這恐怕與我國的傳統戲劇皆爲古裝的歷史劇有關。自然話劇的歷史劇取消了唱腔，全以對白爲主，增加了佈景，而且服裝講究符合時代的要求，並不像京戲似的全以華麗爲主。但是在對話上，總有些文縐縐，不像現代寫實劇一意追求符合日常生活的口語。歷史劇最具代表性的劇作家當然是郭沫若，例如他的早期作品《棠棣之花》、《湘累》（一九二〇）、《女神之再生》（一九二一）、《廣寒宮》（一九二二）、《卓文君》、《王昭君》（一九二三）、《聶嫈》（一九二五）都是歷史劇，只有一九二三年的《日光》取材於現代生活。抗日戰爭期間，郭沫若又發表了一系列的歷史劇。一九四一年他又把早期詩劇的《棠棣之花》改寫成五幕白話劇。其他像《屈原》（一九四二）、《虎符》（一九四二）、《高漸離》（一九四二）、《孔雀膽》（一九四二）、《南冠草》，無不是歷史劇。郭沫若雖然寫的是歷史劇，但是他用以古諷今的手法，使人一看就知道他意有所指。所以他的歷史劇並不在追求歷史之眞象，而在借歷史的人物發洩一己的塊壘而已。寫歷史劇的作家很多，歐陽予倩的《忠王李秀成》（一九四一）和《桃花扇》（一九四七）都是歷史劇。當然他還寫過不少京劇的劇本。阿英是另外一個重要的歷史劇作家，他的「南明史劇」（《碧血花》、《海國英雄》和《楊娥傳》）曾經轟動上海孤島時的劇壇。此外，他的史劇《洪宣嬌》（一九四一）和《李闖王》（一九四五）也是演出較多的兩個史劇。其他像陽翰笙曾寫過《李秀成之死》（一九三七）、《天國春秋》（一九四一）、《草莽英雄》（一九四二），陳白塵曾寫過《石達開的末路》（一九三六）、《金田村》（一九三七），吳祖光曾寫過《正氣歌》（一九四〇）、《嫦娥奔月》（一九四七）等歷史劇。以上的劇作家的政治意識都很強烈，只有姚克的歷史劇似乎並不太在意以古諷今的要旨，而是講求劇情的曲折和趣味。姚克本名姚莘農，也是曾在耶魯大學習戲劇的劇作家。他曾寫過《西施》、《楚霸王》、《美人計》、《秦始皇》等史劇，但他最膾炙人口的作品則是四幕劇《清宮怨》（一九四二），後來改編成電影《清宮秘史》，在文化大革命期間曾掀起「愛國還是賣國？」之爭的軒然大波。就語言而論，姚克史劇中的對話比較接近口語。

(三) 喜劇

在我國的話劇中，悲劇不多，但是喜劇不少，而且成績也相當可觀，這大概與我國傳統戲劇的娛樂取向有關。既然看戲主要是爲了娛樂，那麼多寫一點喜劇也是應該的。最早同時也是最好的喜劇作家是丁西林（一八九三—一九七四年）。他原名丁燮林，曾留英學物理，歸國後在北京大學教授物理學，同時也開始了他的喜劇創作。他寫的多半是獨幕劇，像《一隻馬蜂》（一九二三）、《親愛的丈夫》（一九二四）、《酒後》（一九二五）、《壓迫》（一九二五）、《瞎了一隻眼》（一九二七）、《北京的空氣》（一九三〇）、《三塊錢國幣》（一九三九）都是充滿了情趣、機智和幽默的精品。然而他的兩個多幕劇《等太太回來的時候》（一九三九）和《妙峰山》（一九四〇）因爲要宣傳抗日愛國，反倒失去了原有的自然和妙趣。另一個留美的劇作家熊佛西，因爲提倡「趣味」，也寫過不少喜劇，像《洋狀元》、《蒼蠅世界》、《一對近視眼》、《藝術家》等。但他的喜劇過於誇張，不如丁西林的自然。熊氏的貢獻應該是他的「農民劇」，如《鋤頭健兒》（一九三二）、《過渡》（一九三五）等。留法的劇作家李健吾（一九〇六—一九八二年）也嘗試過喜劇，如《以身作則》（一九三六）、《新學究》（一九三七）等。但眞正以喜劇聞名的則是陳白塵和楊絳。陳白塵也寫過不少小說，也編過電影劇本，但總的來說，則因劇作而聞名。獨幕劇《徵婚》（一九三五）是他的第一部喜劇，已經顯露出他處理情境喜劇的長才。他的四幕劇《恭喜發財》（一九三六）、四幕劇《魔窟》（一九三八）、三幕劇《亂世男女》（一九三九）、獨幕劇《未婚夫妻》（一九四〇）和《禁止小便》（一九四一）、三幕劇《秋收》（一九四一）、五幕劇《結婚進行曲》（一九四二）、三幕劇《升官圖》（一九四五）都是喜劇。雖然他也寫過史劇和正劇，但總言之，卻是以喜劇作品爲主。他的喜劇的特色是人物怪誕、情節巧妙編製，噱頭很多，常常會流於鬧劇。楊絳恰恰相反，她的喜劇，像四幕劇《稱心如意》（一九四四）和五幕劇《弄假成眞》（一九四五）都注重世態人情，沒有陳白塵作品中的那種怪誕、辛辣性。楊絳的風格近似她的夫婿錢鍾書在小說《圍城》中所表現的那種通達人情的幽默感。還有一個有特出喜劇表現的劇作家不可不提，那就是沈復（一九〇五—）。沈復原名沈哀鵑，天津人，他是著名的電影編導，劇作雖然不多，但都是佳作，如三幕劇《重慶二十四小時》（一九四二）、四幕劇《金玉滿堂》（一九四三）和四幕劇《小人物狂想曲》（一九四五）等。他的喜劇通過平凡的人物、平凡的遭遇流露出來機智和幽默。雖然也對社會有所批評，但是相當溫和，使他的作品顯出親切近人的特色。

四 社會批評劇

其實五四以來的劇作，幾乎沒有不含有社會批評的。這一類的戲劇是指既不是歷史劇，又不是喜劇，且又不帶有浪漫的風格，而是企圖以西方寫實的手段達到社會批評之目的的作品。在這一類型中最重要的代表人物是曹禺和夏衍。曹禺的三部曲《雷雨》（一九三三）、《日出》（一九三五）和《原野》（一九三六）都是企圖達到易卜生、契訶夫和奥尼爾的寫實標準的作品。雖然有些力猶未逮，但在我國的話劇發展史上已經算是里程碑式的作品。特別是《雷雨》，其人物的性格的強烈和心理的深度，到今天仍沒有其他的作品可以超過。在主題上打破了「亂倫」的禁忌，在戲劇類型上則爲我國的現代戲劇創造了「悲劇」的典型。曹禺的另一個長處，是對北京話的運用貼切而自如，使人物增加了寫實的成分。他後來的作品四幕劇《蛻變》（一九三九）、三幕劇《北京人》（一九四〇）和根據巴金小說改編的四幕劇《家》（一九四二），在人物、情節和語言上都維持了很高的水準。使人覺得曹禺是在寫實的意圖上下過大功夫的作家，他不但熟讀過西方的名劇，而且他對中國社會人情也有十分深刻的洞察力。我曾當面問過曹禺，他自認的最佳作品是哪一部，他說是《北京人》。他的回答並不能改變我自己的觀點，我仍然以爲他最好的作品是《雷雨》，因爲這是他的自傳體的胸臆之作，人物、情節都非完全虛構者可比。《原野》因爲模仿奧尼爾《瓊斯皇帝》的痕跡太露，又且人物不切合中國農民的形象，不能算十分成功。《日出》應是一齣黑色喜劇，但不像喜劇，而又受意識形態的主觀成見所累，今日看來似乎遠離了那一段歷史過程的社會眞實。

夏衍的作品在再現生活的眞象上，有一定的成就。他選取平凡的人物和生活化的情節，再加以模擬眞實生活的舞臺設計，可說是他力圖實現「生活橫切」（a slice of life）的格言。他的代表作《上海屋檐下》（一九三七）就是這樣的一部作品。但是，問題卻在於夏衍是一個忠實的共產黨員，他不但在創作的時候不能忘卻他所身負的政治使命，他也不能掙脫馬克思主義的意識形態，因此他必定從一定的立場和角度來觀察社會和歷史，就造成他努力模仿寫實主義，結果卻適得其反地用主觀的意願扭曲了歷史社會的眞象。不管在表面上做出了多少形似寫實的外貌，內在的精神卻明顯地透露出一心想牽引觀眾從傾斜的角度來觀察人生，他一手遮住了些什麼，一手又誇大了些什麼，這都是無法逃脫細心的分析的。

其他的劇作家也多半熱心於社會批評的寫實主義，但是同時也不能不熱心於革命，熱心於抗日，熱心於救國，做爲一個國民都是無可厚非的，但做爲一個寫實主義的藝術家，卻形成了不可挽救的致命傷。

從本世紀初，到一九四九年的戲劇創作，其主流是沿著寫實的路線走的。即使以上所提的「浪漫劇」、「歷史劇」和「喜劇」，在演出的形式上（舞臺設計、服裝、化妝、表演的方法等），基本上也是寫實的。我們只要翻開當日《新青年》和其他報章雜誌上所發表的有關戲劇的文章，當日的知識分子如胡適、錢玄同、周作人、傅斯年，戲劇家像歐陽予倩、洪深等都異口同聲地主張寫實，完全排斥了象徵主義、表現主義的美學價值，甚至於認爲「中國本無戲」、「舊戲者，一種之技藝」（歐陽予倩〈予之戲劇改良觀〉，一九一八年十月《新青年》第五卷第四期）。然而，懷抱著這般熱切的寫實主義的意願，卻並不必然能夠產生出眞正的寫實主義的作品出來。其中主要的原因有以下三端：一是有些作者雖嚮往寫實主義的力量，卻並不眞正瞭解寫實主義的原則、態度與方法；二是雖瞭解寫實主義，但因爲政治的參與和意識形態的左右，有意地背棄了寫實主義者所應信守的原則；三是潛意識中傳統的「文以載道」的觀念作祟。由於以上的原因，我國的寫實話劇只做到貌似而神非的地步，因此我稱之謂「擬寫實主義」或「僞寫實主義」。（參閱馬森〈中國現代小說與戲劇中的「擬寫實主義」〉一文，收在《東方戲劇‧西方戲劇》，一九九二年文化生活新知出版社）今日回顧那時代的劇作，它們的價值應該因爲其他的理由，而非因爲寫實。「歷史劇」與「喜劇」是因爲各自的類別，有其存在的理由。曹禺的戲劇，有些是「佳構劇」的模範，或者說創造了中國式的悲劇，像《雷雨》，但論寫實，總覺得力量不足。這倒也使中國的現代戲劇仍有在寫實上開拓的餘地。然而，今日面臨的卻是一個反寫實的時代，至少在形式上，今日的觀眾似乎已不那麼具有欣賞寫實主義的口味了。

但是，換一個角度來說，如果戲劇是人的情緒發洩的一種形式，也是娛樂的一種形式，同時又反映了社會的需求，那麼話劇，在二十世紀中國社會與文化的大變革中，也盡到了它的責任！

五‧研究成果與有關書目

現代中國戲劇尚是一個新的研究領域，目前的研究成果只限於資料的蒐集與編纂、史的編寫、一般評論和對某一劇作家的專論。目前針對個別劇作家的專論，只限於少數的幾個人，像曹禺、田漢、夏衍、陳白塵等。對於其他眾多的劇作家猶待進行研究，評論方面天地也很寬闊。

以下即將這三方面的有關書目分列於後，至於所出版的劇本（包括各別的劇本和劇作家選集、全集），因數量龐大，只能省略。有心的讀者可以參考香港中文大學圖書館所出版的《中國現代戲劇圖書目錄》（一九六七）和《中國現代戲劇圖書目錄續編》（一九七〇）。

1. 資料的蒐集與編纂：

《初期職業話劇史料》　朱雙雲編　重慶　一九三九年出版。

《中國戲劇運動》　商務印書館　一九四四年。

《話劇創始期回憶錄》　徐半梅　北京中國戲劇出版社　一九五七年。

《中國話劇運動五十年史料集》第一輯　北京中國戲劇出版社　一九五八年。第二輯、第三輯　一九五九年。

《自我演戲以來》　歐陽予倩　北京中國戲劇出版社　一九五九年。

《中國話劇運動五十年史料集二編》　香港話劇研究社　一九七六年。

《孤島時期上海的戲劇運動〉在《新文學史料》　一九八〇年第四期。

《夏衍戲劇研究資料》　會林、紹武編　北京中國戲劇出版社　一九八〇年。

《老舍的話劇藝術》　克瑩、李頴編　北京文化藝術出版社　一九八二年。

《南開話劇運動史料》　夏崇善等編　天津南開大學出版社　一九八四年。

《中國話劇藝術家傳》一至四輯　中國藝術研究院話劇研究所主編　北京文化藝術出版社一

九八四—一九八七年。

《曹禺研究專集》上下冊　王興平　劉思久　陸文璧編　福州海峽文藝出版社　一九八五年。

《洪深研究專集》　浙江文藝出版社　一九八六年。

2. 中國現代戲劇史的編纂：

《新劇史》　朱雙雲著　上海新劇小說社　一九一四年。

《近代中國藝術發展史・戲劇》　楊邨人著　上海良友圖書印刷公司　一九三六年。

Mackerras, Colin, *The Chinese Theatre in Modern Times, from 1840 to the Present Day*, London, Thames and Hudson, 1975, pp. 117-119.

Dolby, William, *A History of Chinese Drama*, London, Paul Elek, 1976, pp. 197-215.

《中國話劇史》　吳若　賈亦棣　臺北行政院文化建設委員會　一九八五年三月。

《中國現代戲劇史稿》　陳白塵　董健主編　北京中國戲劇出版社　一九八九年七月。

《中國話劇通史》　葛一虹主編　北京文化藝術出版社　一九九〇年。

《中國現代話劇文學史略》　黃令林著　安徽教育出版社　一九九〇年。

《中國現代戲劇的兩度西潮》　馬森著　文化生活新知出版社　一九九一年。

3. 現代戲劇評論：

甲、一般評論：

《宋春舫論劇》第一集　宋春舫著　上海中華書局　一九二二年。
《宋春舫論劇》第二集　宋春舫著　上海中華書局　一九二三年。
《中國戲劇概評》　向培良著　上海泰東圖書局　一九二八年。
《戲劇論文集》　鄭伯奇等著　神州國光社　一九三〇年。
《劇本論》　向培良著　上海商務印書館　一九三三年。
《洪深戲劇論文集》　洪深著　上海天馬書店　一九三四年。
【中國新文學大系】《戲劇集・導言》　洪深　上海良友圖書公司　一九三五年。
《予倩論劇》　歐陽予倩著　廣東戲劇研究所　一九三六年。
《戲劇大眾化之實驗》　熊佛西著　正中書局　一九三七年。
《戲劇與人生》　陳銓著　上海大東書局　一九四七年。
TAI, Yih-jian, *The Contemporary Chinese Theater and Soviet Influence 1919-1960* (ph. D. Thesis), Southern Illinois University, 1974.
《現代劇作家散論》　陳瘦竹著　江蘇人民出版社　一九七九年。
《焦菊隱戲劇論文集》　焦菊隱著　北京中國戲劇出版社　一九七九年。
《吳祖光論劇》　吳祖光著　北京中國戲劇出版社　一九八一年。

《李健吾戲劇評論選》 李健吾著 北京戲劇出版社 一九八二年。

《論戲劇》 曹禺著 成都四川文藝出版社 一九八五年。

《馬森戲劇論集》 馬森著 臺北爾雅出版社 一九八五年。

【中國近代文學論文集・戲劇卷】 梁淑安編 北京中國社會科學出版社 一九八八年。

《當代戲劇》 馬森著 臺北時報出版社 一九九一年。

《東方戲劇・西方戲劇》 馬森著 文化生活新知出版社 一九九二年。

乙、劇作家專論

《論田漢的話劇創作》 陳瘦竹著 上海文藝出版社 一九六一年。

LAU. Joseph S.M., *Ts'ao Yü, The Reluctant Disciple of Chekhov and O'Neill-A Study in Literary Influence*, Hong Kong University Press, 1970.

HU, John Y.H., *Ts'ao Yü*, New York, Twayne Publishers, 1972.

《曹禺劇作論》 田本相著 北京中國戲劇出版社 一九八一年。

《曹禺的戲劇藝術》 辛憲錫著 上海文藝出版社 一九八四年。

《夏衍傳》 會林紹武著 北京中國戲劇出版社 一九八五年。

《現代戲劇家熊佛西》 上海戲劇學院編 北京中國戲劇出版社 一九八五年。

《攝魂——戲劇大師曹禺》 曹樹鈞、俞健萌著 北京中國青年出版社 一九九〇年。

《陳白塵創作歷程論》　董健著　北京中國戲劇出版社　一九八五年。
《論曹禺的戲劇創作》　朱棟霖著　北京人民出版社　一九八七年。
《曹禺戲劇研究集刊》　南開學報編　南開大學出版社　一九八七年。
《曹禺傳》　田本相著　北京十月文藝出版社　一九八八年。
《攝魂——戲劇大師曹禺》　曹樹鈞、俞健萌著　北京中國青年出版社　一九九〇年。

中國民間戲曲

曾永義

一・緒　言

我國幅員廣大，語言紛歧，所滋生的戲劇種類非常繁多，根據民國五十一年所作的調查統計，全國有四百六十多個劇種，其中偶戲近百種，戲曲三百六十餘種，眞是五花八門，紛披雜陳。

筆者曾有〈中國古典戲劇的形成〉一文，探討漢唐以降主流戲劇所以形成的來龍去脈；本文則針對現存中國地方戲曲分析和歸納其所以形成和發展的種種線索和方式。在尙未進入論題之前，對於所謂「劇種」、「小戲」、「大戲」、「腔調」、「聲腔」、「曲調」等名詞作一番詮釋，庶幾對於本論題的探討有所助益。

所謂「劇種」即戲劇的種類，如就藝術表現形式而分，則有話劇、歌劇、舞劇、戲曲、偶戲等，今日更有電影與電視劇。其中偶戲又因偶人不同而有傀儡、皮影、布袋之分，傀儡更因操作技法之差異而有懸絲、藥發、杖頭、水力之別。中國「戲曲」事實上指的就是歌舞劇，因其藝術層次的高低和故事情節的繁簡則可分爲小戲和大戲兩大類；小戲和大戲又因其體制規律、起源地點、流行區域、藝術特色、民族之別而分爲許多地方戲劇和民族戲劇。目前所謂「劇種」，一般都是指「戲曲」之劇種而言。

所謂「小戲」，就是演員少至三兩個，情節極爲簡單，藝術形式尙未脫離鄉土歌舞的戲劇之總稱；反之，則稱爲「大戲」，也就是演員足以扮飾各色人物，情節複雜曲折，藝術形式已屬完整的戲劇之總稱。大抵說來，「小戲」是戲劇的雛型，「大戲」是戲劇藝術完成的形式。

所謂「聲腔」、「腔調」、「曲調」都屬戲曲音樂的範疇，中國戲曲音樂是建立在宮調、曲牌、聲腔、板眼四個基礎之上。宮調卽「調式」，是七音十二律經由旋宮而得，凡以宮聲爲主的調式稱「宮」，如黃鐘宮、仙呂宮；凡以其他六聲爲主的調式稱「調」，如雙調、越調。曲牌俗稱「牌子」，是元明以來南北曲、小曲、時調等各種曲調的泛稱，每一曲牌都有一定的字數、句數、句式、平仄、韻協、對偶作爲基礎，由此而產生特殊的音樂旋律。聲腔或腔調乃因爲各地方言都有各自的語言旋律，將此各自特殊的語言旋律予以音樂化，於是就產生各自不同的韻味。也因此原始聲腔或腔調莫不以地域名，如海鹽腔、餘姚腔、弋陽腔、崑山腔等。又因爲主奏樂器對聲腔或腔調有相當大的影響，所以陝西、甘肅一帶用硬木梆子作打擊樂器伴奏的聲腔就叫「梆子腔」，又如二黃腔在南方演唱時均用胡琴爲主奏樂器，所以就叫「胡琴腔」。而各種聲腔或腔調都有各自的特質，所以對於那在川劇、湘劇、婺劇、贛劇、調腔等劇種中都被使用、只有打擊樂、臺上一人獨唱、臺後眾人幫和、音調極高亢而富有朗誦意味的聲腔，便把它叫做「高腔」；又如徽劇中的主要腔調所以稱作「高撥子」，也是因爲它音調激越高亢，原用彈撥樂器「火不思」伴奏的緣故。至於板眼則是用來決定曲子節奏的快慢，譬如一板三眼就是相當現代音樂的四分之四，一板一眼就是四分之二。這四個因素，在詞曲系的戲劇如雜劇、傳奇都具備，因此就音樂而言，也可以稱之爲曲牌系的戲劇；因爲每個曲牌必然有它所屬的宮調，和它兼具的聲腔和板眼。而詩讚系的戲劇如平劇和大部分的地方戲劇則止具聲腔和板眼兩個因素，因此就音樂而言，也可以稱之爲腔板系的戲劇。

「腔調」和「聲腔」其實是一事異名，所以要作分別的緣故是因爲「腔調」流傳到某地以後，往往受當地語言的影響而產生某種程度的變化，如果以此作爲劇種的基礎腔調，那麼便產生另一新劇種。譬如陝西梆子流傳到山西便形成山西梆子；流傳到河南，便形成河南梆子；流傳到河北，便形成河北梆子；流傳到山東，便形成山東梆子；於是就把這些新劇種歸入梆子腔的聲腔系統。也就是說「腔調」是戲曲歌唱時所以顯現方言旋律特殊韻味的基礎，而「聲腔」則是對於那些流播廣遠具有豐富生命力的腔調而言。所以「梆子腔」如在陝西的發祥地而言，就是「腔調」，但一經流布自成一體系以後，就是「聲腔」。

至於所謂「曲調」，則是樂曲所自具的旋律和韻味，如係曲牌系戲劇，則由腔調和曲牌決定曲調，像崑曲的仙呂點絳唇、中呂粉蝶兒、正宮端正好等是；如係腔板系戲劇，則由腔調和板式決定曲調，像西皮中的慢板、原板、快板等是。但曲調有時也因其特質而命名，如平劇小生的一種三眼板式就叫「娃娃腔」，又如滬劇中用於表現愁腸百結、悲痛欲絕的曲調就叫「離魂調」。

由於地方戲劇是以地方語言和音樂顯現其特色，所以其命名大多數採取以下三種方式：其一，以地名或種族名爲劇種名，如平劇、蒲劇、晉劇、蘇劇、錫劇、豫劇、郿鄠劇、藏劇、壯劇、苗劇等等；其二，以腔調名爲劇種名，如秦腔、柳子戲、崑劇、山二黃、横歧調、上四調等等；其三，合地名和聲腔名爲劇種名，如武安平調、金華崑腔、九江高腔、朔縣秧歌戲、黃梅採茶戲、梅縣山歌戲等等。但也有像腔調那樣以樂器命名的，如流行於河北石家莊、邢臺、保定一帶的「絲絃戲」，便是因爲它是以琵琶、三絃伴奏的緣故；又如流行於山西垣曲、萬榮、臨猗一帶農村中的「鐃鼓雜戲」，便是因爲它以鐃、鑼、鼓和嗩吶伴奏而不用絃樂的緣故。其他也有因事命名的，如流行於河北望都許家莊一帶的「新頴調」，乃因爲其曲調是淸嘉慶道光間，由馬老新和許頴仙所創的緣故；又如流行於雲南澂江的「關索戲」，乃因爲其起源與民間傳說中三國時關羽之子關索的故事有關的緣故；又如流行於內蒙和山西北部以及河北張家口地區的「二人臺」，乃因爲起初只有一丑一旦演出的緣故；又如流行於上海和江蘇、浙江部分地區的「滑稽戲」，乃因爲其故事情節以喜笑逗鬧爲主的緣故；又如流行於內蒙、山西、河北部分地區的「賽戲」，乃因爲它是專爲迎神賽會時用以敬神演出的緣故；又如流行於江蘇北部中農村的「香火戲」，乃因爲那是用香火酬神還願的「香火會」所演出的戲的緣故；又如流行於安徽貴池、青陽一帶的「儺戲」，乃因爲那是農民業餘班社，每逢節日在祠堂內演出，用以祈禱樂神的緣故；又如流行於廣西壯族地區的「師公戲」，乃因爲它是清同治年間從巫師跳神的基礎上所發展而成的緣故；也因此中國地方戲劇劇種的名稱，就顯得形形色色難以條理了。

若說到中國地方戲劇形成與發展的徑路，那麼可以由以下三個綱目來探討：其一，小戲形成的徑路；其二，大戲形成的徑路；其三，大戲發展的徑路。

二・小戲形成的徑路

中國歷代戲劇，像西漢「東海黃公」、曹魏「遼東妖婦」、唐代「參軍戲」與「踏謠娘」，乃至於宋金「雜劇院本」、明人「過錦戲」，都屬「小戲」的範圍。其中除「參軍戲」與宋金「雜劇院本」中的「正雜劇」含有宮廷小戲的成分外，其餘無不起自民間。而近代的小戲更無不形成於鄉土，考察其根源，則有歌舞、曲藝、雜技、宗教活動等四條線索可以追尋。其中以鄉土歌舞最爲主要。

(一) 以歌舞爲基礎而形成

鄉土歌舞是指滋生於鄉土的山歌里謠雜曲小調和舞蹈，即所謂「踏歌」或「踏謠」，以此而加上簡單的情節和妝扮，以代言體搬演，即形成鄉土小戲。由鄉土歌舞所形成的小戲，往往以花鼓戲、秧歌戲、花燈戲、採茶戲作爲共名，腳色以二小（小丑、小旦）或三小（小生、小旦、小丑）爲主，劇目大多反映鄉土生活的片段，偏重歌舞，並以手帕、傘、扇爲主要道具。玆舉數例如下：

黃梅採茶戲：

湖北黃梅縣的紫雲山和龍平山是產茶地區，在茶山上採茶男女所唱的小調就被稱爲「採茶調」；另外還有紫雲山的「樵歌」和太白湖的「漁歌」也都很有名；這些屬於黃梅縣的歌謠小調，流傳到其他地區就被稱爲「黃梅調」，又因爲是以採茶調爲主，所以也稱作「黃梅採茶調」。乾隆四十九年黃梅大旱，五十年大水，災民紛紛逃至鄰近的安徽太湖、宿江和江西的九江、湖口等地，而以「黃梅採茶調」沿門歌唱乞討，後來逐漸和當地的「花燈」和「高蹺」等鄉土舞蹈結合而形成了一種民間小戲，即所謂「黃梅採茶戲」，是爲「黃梅戲」的雛型。

的篤戲：

浙江嵊縣（舊紹興府屬）的農民在距今八九十年以前，運用他們所熟悉的民歌小調在廣場上或村落的廟會上，化妝演出一些自編自導的小戲。那時整個樂隊只有一個人，一手敲篤鼓，一手敲尺板，的的篤篤地演唱，所以被稱作「的篤戲」，所演劇目如「箍桶記」、「養媳婦回娘家」等，都充滿了詼諧風趣的鄉土情調。這就是「紹興戲」或「越劇」的雛型。

揚州花鼓戲：

清康熙、乾隆年間，每逢燈節就有花鼓的表演，那是一種民間的歌舞。近百數十年前，更發展爲花鼓戲，卽在燈節或鄉間盛會，臨時搭建戲臺，演唱於街頭廣場或大庭院，演員多者十六人，少者八人，分扮小丑和包頭（旦），穿上花衣裳，塗上些粉。小丑持小鑼、手魚子（敲打的兩片木板），包頭提著紅綠手帕。表演開始卽全體「下滿場」作舞蹈，由爲首的「頭鑼」領唱，全體跟著串唱。所演唱的曲牌有百鳥朝鳳、二十八宿、十二月花名等。接著演出「踩雙」、「打對子」，就是由小丑和包頭一對一輪流對唱對舞所謂「撞肩」、「跌懷」、「背劍跨馬」，其內容大都是男女愛悅及鄉土風情，所演劇目如「種大麥」、「磨豆腐」、「打花鼓」、「蕩湖船」、「張古董借妻」等。這就是維揚文戲的前身。

定縣秧歌戲：

流行於河北保定以南、石家莊以北的部分農村，起源於農村插秧種稻時的田間歌謠，相傳北宋蘇東坡治定州時曾爲其塡詞正曲，故又稱「蘇秧歌」。清末開始仿效唱對花、蓮花落或蹦蹦戲而形成小戲，唱詞與對白以方言爲主，結構自由，用打擊樂伴奏，題材主要爲民間生活故事，如

「王小趕腳」、「王媽媽說媒」等，這是「定縣大秧歌戲」成爲大戲以前的情況。

雲南花燈戲：

廣義的雲南花燈包括三個部分：第一部分是各種彩扎燈，如「百獸燈」；第二部分是只舞蹈不唱的化妝隊伍，如「大頭寶寶戰柳翠」；第三部分是又唱又舞的隊伍。第三部分隊伍可單獨演出，也常和只舞不唱的一起演出，這兩部分就是通常稱爲雲南花燈的「花燈」。「花燈」的演出，在參加「會火」的遊行之外，最普遍的是廣場表演，進場後或先跳「秧佬鼓」或先跳「大頭寶寶戰柳翠」，或直接作集體歌舞的所謂「團場」，然後才演出小型的花燈歌舞如「開財門」、「破十字」、「數地名」、「觀花」等，或演出花燈小戲，如「三星賀壽」、「紅寶回門」、「小乞丐接姐」、「九流鬧館」等，所唱的曲子，除明清小曲寄生草、打棗竿、掛枝兒、倒板槳外，絕大部分是一般的民歌小調，如繡荷包、送郎調、十杯酒、十大姐等。可見雲南花燈戲在發展爲「夾燈戲」之前，是由鄉土舞蹈的花燈舞結合民歌小曲而形成的小戲。

㈡　以曲藝爲基礎而形成

其次以曲藝爲基礎所形成的小戲。所謂曲藝是指各種說唱藝術的總稱，以帶有表演動作的說唱來敍述故事、塑造人物、表達思想情感、反映社會生活。曲本體裁有韻散文兼用者，是爲說唱故事；有純爲韻文者，是爲唱故事；有單用散文者，是爲說故事。前二者才是眞正的曲藝，才能作爲發展形成戲曲的基礎。根據粗略的調查，中國曲藝至少有三百餘種。其中有一變而爲小戲者，有一變而爲大戲者；一變而爲小戲者體製簡短，反之，具有豐富音樂和曲折故事者則一變而爲大戲。其一變而爲小戲者如以下二例：

無錫灘簧：

起初叫做無錫東鄉調，又名東鄉小調，產生在無錫東北鄉的嚴家橋和羊尖一帶，本是農民哼唱白樂的山歌小調，進而爲對口唱，淸代乾嘉間逐漸形成曲藝坐唱的形式。到了道光、同治年間，江南普遍盛行一種「採茶燈」的民間舞蹈，唱灘簧的藝人因此從中吸收不少舞蹈動作，於是由坐唱而起立歌舞，由敍述而爲代言，乃形成歌舞小戲。演出形式最初止是兩個演員的醜扮對子戲，進而也有雙丑雙旦的「雙對子戲」。演員出場總要先唱四句開篇，戲演完之後，還要唱兩句「小小灘簧功完滿，各位先生轉回還」之類的話語來收場，並藉以送客。這些，當然還保留說唱形式的痕迹。無錫灘簧正是「錫劇」的前身。

洋琴戲：

洋琴戲是一種以洋琴爲主奏樂器的民間說唱，因方言之不同，而有河南洋琴、蘇北洋琴、徐州洋琴、山東琴書、膠東洋琴等不同名稱，它原是匯集明淸小曲，諸如銀紐絲、鳳陽歌、疊斷橋、打棗竿、羅江怨、上河調、下河調、鋪地錦、五更調、呀呀喲、太平年、蓮花落、剪靛花、小上墳、靠山調、粉紅蓮等來聯唱的，後來因爲「鳳陽歌」較易上口，遂成爲洋琴的主要曲調。它的演唱形式是三四人一起，至少兩個人。演唱者兼操樂器，通常是洋琴居中兼搭板，左右爲墜琴與箏等。唱時就故事中人物分腳色，有時用敍述體，但多半用代言體，不僅有回憶、自述的獨白、獨唱，而且有抒情的對話和對唱，已具初步的戲曲形式。大約是清同治初年，在山東廣饒縣有唱洋琴的時殿元、譚明倫、崔興樂等，在農村舉行春節遊藝娛樂時，開始把「王小趕腳」改用化裝演出。演出時用竹篾紮成驢頭、驢身，糊上紙殼，崔興樂扮作二姑娘，把驢頭繫在腰前，驢尾繫在腰後，驢身下垂流蘇，遮掩著演員的腿部，並在驢身裝上假腿，作眞人騎驢狀。時殿元則扮演腳夫王小，執鞭趕驢，在廣場上邊跑邊唱。這種富有生活氣息、載歌載舞的新鮮形式，很受歡迎，於是羣起效之，而以洋琴中的小節目化妝上演的如「光棍哭妻」、「小寡婦上墳」「大閨女要婆家」等也一天天多起來，於是乃成就了洋琴小戲。這就是山東「呂戲」的本來面目。

㈢　以雜技爲基礎而形成

第三由雜技發展形成的小戲。雜技在西漢稱爲「角觝戲」，東漢以後又稱「百戲」或「散樂」，內容非常廣泛，包括各種特技如扛鼎、吞刀、吐火等，以及形形色色妝扮人物的樂舞，如神仙、動物、高蹺等。由於雜技含有化妝表演，所以也會演進成爲戲劇，但爲數不多，茲舉二例說明如下：

宋江戲：

在兩三百年前的閩南地區，由於農民崇拜梁山英雄，逢到迎神賽會，總喜歡扮宋江、林沖、李逵之類的英雄人物，表演一些極爲簡單的武打技術，以自娛娛人。慢慢參加的人多了，增加到一百零八個，並且使用不同的兵器，打出各式的套子，有時還在廣場上擺出各種陣勢，如長蛇陣、龍門陣、蝴蝶陣、田螺陣等。這還止是一種武打技術表演，缺乏故事情節。後來發展到廟臺上去表演時，就在武打的基礎上，配進一些《水滸》的故事情節，譬如大名府中的「過關」和「刼法場」，因爲戲裏的中心人物是以宋江爲主，所以叫「宋江戲」；而未成戲劇之前的武術表演就叫「宋江陣」。「宋江戲」是「高甲戲」的前身，它雖然比一般小戲「壯大」，但表演藝術尙且簡陋，仍是小戲性質。

武安落子：

在清嘉慶年間，河北武安及其鄰近的地方有一種高蹺的小演唱，吸收秧歌的曲調和動作，而形成爲歌舞小戲，表演時以小生、小旦、小丑爲主，經常演出的劇目是「小過年」、「借髢髢」、「端花」、「賣布」等。其伴奏止用板胡、板鼓、大鑼、小鑼。

㈣以宗教儀式爲基礎而形成

第四是由迎神賽會的宗教儀式所發展形成的小戲。這類小戲的根源，應當是「驅儺」，《論語·鄉黨篇》早就有「鄉人儺」的話語，《後漢書·禮儀志》、唐段安節《樂府雜錄》、《唐書·禮樂志》、《唐六典》等也都有「大儺」或「驅儺」的記載。這種古代在臘月舉行，用來驅鬼逐疫的「儺」，它的儀式正是通過歌舞來表現的。儺舞由四人主演，表演者頭戴面具和冠，金色四目，身穿熊皮，手執戈盾，口中發出「儺儺」之聲，稱爲「方相」；又有十二人朱髮畫衣，手執數尺長鞭，甩動作響，直高呼各種專吃惡鬼、猛獸之神名，稱爲「十二神舞」，此外還有小兒五百人的隊舞，舞時有音樂伴奏。

像這樣的儺舞，後來逐漸向娛樂方面轉變，有的就發展成爲戲曲，稱爲「儺戲」。譬如：安徽貴池、青陽一帶農民業餘班社的「儺戲」，表演動作反覆而誇張，唱儺腔，用大鑼、鈸、鼓伴奏，有「舞傘」、「打赤鳥」、「五星齊會」、「拜年」等數十齣小戲。最後一場結束之前，必演「關公斬妖」以「祈福驅邪」。又如流行於湖北西部山區的「儺戲」，是羣眾舉行酬神還願儀式後所唱的戲，俗稱「儺願戲」，唱腔簡單樸實，用鑼鼓伴奏，人聲接唱，劇目不多，有「柳毅傳書」、「姜女尋夫」、「鮑家莊」等。此外像起源於江西修水的「寧河戲」，流行於湖南西部和沅江、澧水流域，漢苗侗瑤等民族各用其語言演唱的「師道戲」，流行於陝西全陽沿黃河地區的「跳戲」等，也都經由儺戲發展而成的。至於像流行廣東紫金、五華、龍川、惠陽等縣的「花朝戲」，是百餘年前從朝拜天后的民間歌舞「神廟」的基礎上發展而成的；像流行在廣西壯族地區的「師公戲」，是淸同治年間從巫師跳神的基礎上發展而成的；像流行於陝西南部西鄉、寧強、鎭巴以及四川北部交界區的「端公戲」，是由巫師跳神驅逐鬼疫和祈求吉祥的歌舞形式發展而成的；諸如此類，也都具有儺戲宗教儀式的風格。

揚州和蘇北的「香火戲」，雖也是由宗教活動發展形成的小戲，但卻是別具一格。香火戲是由揚州、蘇北一帶農村的「青苗」、「火星」、「牛欄」等會發展起來的，這種會又稱「香火會」，是農民爲了謝神還願、拜佛超生而興起的。「香火」指念佛打醮的僧道巫師和會唱這些曲調的農民漁民。大約在淸末民初，他們於午後無事，敲起鑼鼓就唱起來。由於廣大羣眾的喜愛，於是由室內的講唱逐漸變成室外搭臺演出的戲曲，當時有這麼一句話：「內壇是會，外壇是戲。」內壇講唱內容止限於說佛參禪之類，而外壇則亦兼演民間故事了。香火戲的形式十分簡單，服裝也極不講究，用十字句或七字句由演員自由發揮，伴奏也只有大鑼大鼓，風格粗獷雄壯，所以也稱爲「大開口」。如此看來，香火戲實質上是經由宗教活動和說唱曲藝發展形成的小戲。

三・大戲形成的徑路

大戲在中國傳統的主流戲劇中，像金元北曲雜劇、宋元南曲戲文、明清傳奇和雜劇、清代皮黃等都是。北曲雜劇是經由金院本吸收北諸宮調而形成的；南曲戲文是宋雜劇注入街坊小曲和賺詞而形成的；明傳奇則由戲文經過文士化、北曲化、崑腔化而蛻變形成的，明雜劇則由北曲雜劇經過南曲化、文士化、崑腔化而蛻變形成的。至於皮黃則已屬近代地方戲劇的範圍，下文當述及。

考中國近代地方戲劇大戲的形成，約由以下三種徑路：其一由小戲發展而形成，其二由大型的說唱文學一變而形成，其三以偶戲為基礎轉化而形成。分別說明如下：

㈠ 由小戲發展而形成

小戲經由上文所敍述的四種徑路形成以後，有的再繼續發展，終於脫胎換骨而蛻變為大戲。考其所以蛻變而為大戲的徑路，則大抵為：吸收其他小戲或說唱和大戲。有的止吸收其他小戲，有的止注入說唱的故事和音樂，有的止引進大戲的劇目或舞臺藝術，有的則說唱、大戲同時並舉，有的則小戲、說唱、大戲逐漸兼容並蓄，茲舉例說明如下：

三脚戲：

這是流行在浙江遂安、淳安、開化以及安徽歙縣、屯溪一帶的地方戲，近年因爲遂安、淳安舊屬睦州，所以改稱睦劇。早在明代，當地農民有一種「跳竹馬」的鄉土舞蹈，小孩騎在紙糊的竹馬之上，打扮得大紅大綠，跳起各式各樣的陣勢，配以民歌小調，載歌載舞；其後把跳馬者扮成小丑小旦，紙馬也改爲布馬，做一齣小戲，是爲「兩腳戲」。「兩腳戲」成立以後，接著又吸收出江西一帶傳到浙江的「採茶戲」而擴展爲「三腳戲」，並且根據民間故事，增加腳色，編成大戲，但名稱仍依舊叫做「三腳戲竹馬班」，也因此，其劇目就有小戲如和尚鋤茶、南山種麥、小放牛、看相、補缸、王婆罵鷄等等，大戲如馬房逼女、拷打紅梅、金蓮送茶、山伯訪友等。由此可見，現在所謂的「睦劇」是由鄉土雜技「跳竹馬」形成爲小戲「兩腳戲」，再結合外來的小戲「採茶戲」而發展形成爲大戲的。

維揚文戲：

上文說過的揚州花鼓戲，在民國八年被杭州的大世界戲院邀請上演，頗受觀衆的歡迎；但它那粗獷的演出形式和僅有的四十多齣小戲，畢竟無法完全滿足觀衆的耳目；於是它向平劇學習，把平劇中的東西原封不動的搬過來，如鑼鼓經、上下場規格、排場以及身段舞姿、叫板起調，甚至哭板、吊毛、念白、上場的倒板等等程式化的動作與韻白，都加以採用，此外服飾化裝和音樂場面也一樣；同時它又廣泛的吸收當時流行的揚州小曲，將它融化到舞臺之上，在劇目上也添了很多「部頭本戲」，雖然它是沒有劇本和唱詞說白的「路頭戲」（又名「幕表戲」），但仍舊贏得城市大小手工業者和婦女們的熱愛，而蛻變成爲大戲的形式，就叫做「維揚文戲」。可見維揚文戲是在小戲揚州花鼓戲的基礎上吸收大戲平劇的種種滋養而發展完成的。

皖南花鼓戲：

是安徽宣城、郎溪、廣德、寧國一帶的地方戲，除流行安徽其他地方以外，也進入江蘇、浙江、江西的部分地區和上海市。它的前身是淸咸豐間的湖北花鼓戲爲基礎，吸收河南「地燈子」而形成的小戲。後來政府認爲其內容是「誨淫誨盜」、「不能敬神」，屢屢明令禁演，不得已而與徽劇同班合演爲所謂「二蓬子」，有時也與江淮戲、黃梅戲合作；在徽劇衰落後，又與京劇並演，其新替交接時則更與「京夾徽」（卽京不京徽不徽）合班。也因此皖南花鼓戲便無形中吸收了各種大戲的表演藝術和腔調，本身也發展成爲大戲的形式。可見皖南花鼓戲是經過吸收其他小戲再融入大戲的影響然後完成的。

黃梅戲：

上文說過的小戲黃梅採茶戲，由於湖口高腔大戲常在湖北的黃梅、安徽的至德、東流、望江、懷寧一帶演唱，於是便向高腔大戲學習，汲取它的腔調和妝扮，因此初期之黃梅大戲在宿松、望江等地稱之爲「二高腔」。道光二十九年宿、望水災，乃因逃亡而將「二高腔」流傳至以懷寧爲中心的大江南北十數縣，懷寧爲安慶府首縣，爲徽劇發祥地，因之黃梅戲乃與徽劇合班，其時已在辛亥革命之後，於是黃梅戲受徽劇影響，加上吸收許多民歌小調，乃由粗獷、墊字多、用幫腔、鑼鼓過門的老唱法，變爲柔和而墊字少、不用幫腔、絲絃過門的新唱法，是爲「懷腔」。唱懷腔的黃梅戲在民國十五年首度入城在安慶市演出，其後又與平劇合班，更據彈詞、唱本、章回小說改編本戲，於是戲劇藝術和劇目更趨完備。可見黃梅戲的發展及壯大完成，乃是經由小戲黃梅採茶戲吸收大戲高腔、徽劇與平劇，甚至於說唱藝術的滋養然後成就的。

至於由小戲吸收說唱文學和藝術然後發展爲大戲的例子，最明顯的莫過於上文舉過的傳統主流戲劇中的南戲與北劇。至於近代地方戲劇，這種情況極少，僅有流行於山東青島、膠縣、即墨、平度一帶的「柳腔」，是在「柳琴戲」的基礎上受曲藝「四股弦」的影響發展而形成的。但直接由大型說唱一變而形成的大戲就較多了。

(二) 由大型說唱一變而形成

由於大型說唱本身含有豐富曲折的故事、具備聲腔和各種曲調，說唱者說唱時很自然的會注入表情；這時說唱和戲劇間的差別，止是一在敍事演說，一在妝扮代言而已；也就是說只要將說唱故事中的人物，改用腳色妝扮以代言，便可以一變而爲戲劇，由以下兩段記載，便可以印證這種現象。明張元長《梅花草堂筆談》云：

董解元西廂……先君云：予髮未燥時，曾見之盧兵部許，一人援絃，數十人合坐，分諸色目而遞歌之，謂之磨唱。盧氏盛歌舞，然一見後，未有繼者。趙長白云：一人自唱，非也。

雖然張元長批評趙長白所認爲的《董西廂》搬演時係「一人自唱」乃「非也」，但其實那才是說唱諸宮調的正常說唱法，明人盧氏家那樣數十人合坐，分諸色目而遞歌的「磨唱」，不過是偶一爲之而已。可是由此也正可以看出說唱之一人敍述有逐漸轉成由諸色目分擔代言的情形，又晚明張岱《陶庵夢憶》記柳敬亭說書云：

余聽其說「景陽岡武松打虎」白文，與本傳大異。其描寫刻畫，微入毫髮，然又找截乾淨，並不嘮叨，㗂夬聲如巨鐘。說至筋節處，叱咤叫喊，洶洶崩屋。武松到店沽酒，店內無人，謈地一吼，店中空缸空甓皆瓮瓮有聲。

像柳敬亭那樣的說書，豈不就是表演？如果加以粉墨登場，豈不就是戲劇？所以李家瑞〈由說書變成戲劇的痕迹〉一文（《史語所集刊》第七集），便舉出諸宮調、打連廂、燈影戲、彈詞、灘簧等五個例子。

考查李氏所舉這五種說唱變成戲劇的情形，則打連廂和灘簧止蛻變爲小戲，灘簧已如前文所述，打連廂，【綴白裘】載有「連廂」一劇，演陳二好吃懶做，蕩盡家產，妻子和三個妹妹都會彈唱，陳二逼她們去長街賣唱，所得供其花費。一日其妻妹在外唱曲時，遭人調戲，四人回家後吵成一團，不肯甘休。最後以陳二跪在地上向四人賠不是作結。這種表演形式和現存曲藝「打連廂」（亦稱覇王鞭、會錢棍）的載歌載舞，基本上是相同的；而燈影戲則屬偶戲；諸宮調事實上則如前文所述是經由小戲宋金雜劇院本吸收諸宮調之音樂和故事而壯大爲大戲的。所以眞正可以說是由說唱一變而爲大戲的，就李氏所舉，止有彈詞一種而已。李氏謂敍述體的彈詞在乾隆時才開始變爲代言體的彈詞，這種變化應當是受戲劇的影響。而由此也可見說唱的彈詞是走上戲劇的路途了。

若考察現存的中國地方戲劇，則尚有些是經由大型說唱而一變爲大戲的。茲舉三例如下：

杭劇：

是杭州的地方戲，最盛時期曾流傳至浙江各地及蘇南、江西等地。在清末民初，杭州每逢觀音菩薩生日的廟會都有說唱「宣卷」的節目，其形式是在佛堂前擺開兩張方桌，桌上放置花瓶，說卷人圍著桌子坐下，開篇先唱一段「八仙慶壽」，然後轉入《琵琶記》、《珍珠塔》等正卷卷本。自下午七時說起至次日五時方散。每人面前擺了卷本，且翻且念，分出生旦淨末丑，彼此接口，有時小丑還要打諢，腔調簡單，只用念佛調子一種，無管絃伴奏，只敲一只木魚。後來不僅觀音生日說卷，而且富家作壽及小兒彌月，也招來宣卷的作堂會了。民國十二年，杭州開辦大世界遊樂場，場內有大京班、紹興大班、寧波灘簧、揚州戲等戲曲形式，其中揚州戲是首度到杭州，由於它的腔調很簡單而臺詞通俗，廣被觀眾所歡迎，於是宣卷藝人裘逢春等十人乃組織民樂社，在次年便採用揚州戲的表演方式將宣卷搬到舞臺上演出，第一個劇目是「賣油郎」，當時大家稱它爲「化妝宣卷」。又過了一年，杭州一些愛好宣卷的人，看到民樂社營業良好，也發起組織班子，同時向平劇學習，於是「杭劇」就眞正成立了。可見「杭劇」就是以說唱宣卷爲基礎，經過如上文所云「分諸色目而遞歌之」的初步戲劇化，再向同時的其他大戲學習戲劇藝術，一變而成爲大戲的。

黔劇：

也叫文琴劇，流行於貴州。是民國四十二年由曲藝文琴（又叫揚琴、貴州彈詞）轉變過來的新劇種。文琴相傳起於淸嘉慶、道光間，一說康熙年間卽已傳至貴州。表演時七八人爲一組，演員係男性，分生旦淨丑。演唱時主樂揚琴置於正中，其他樂器圍桌而坐，揚琴奏「八譜」，其他樂器按「八譜」調音定調。基本曲調有：淸板、三板、揚調、苦禀、二流、二黃，唱本韻文、散文相結合。韻文基本爲七字和十字句，用韻較寬，每句最後一字分平仄聲；散文近於戲曲的韻白，多屬代言體。伴奏樂器除揚琴外有：瓮琴、月琴、小京胡、琵琶、三絃、二胡、簫、笛、懷鼓、碰鈴、甩板。曲目有「南平志」、「珍珠塔」、「一捧雪」、「列國志」等。像這樣的大型曲藝，如果將那「分諸色目而遞歌之」且「多屬代言體」的生旦淨丑教他們站起來妝扮演唱，豈不就一變而為戲劇了嗎？

龍岩雜戲：

是山西臨猗縣龍岩寺的社火戲。當地農民每年正月十六日演出祈神。按龍岩寺建於金大定三年（西元一一六二年），而雜戲的存在，據說與寺同時產生，其特色是尚有部分為非代言體。劇中人物用演員扮飾者只有主腳，其他如丫環、院子、中軍、報子、旗牌官、太監、侍兒等等，以及在故事發展中作用不大的其他次要人物，都沒有演員扮飾，而是由一人擔任，譬如「長坂坡」一戲，桃園弟兄手下與曹操手下，都只是有將無兵，也沒有報子、中軍之類的人。如果是排開酒宴，則由一位類似撿場的戲外人物來捧酒。這位類似「撿場」的人，叫做打報的，通常由導演或教戲師傅擔任。他的任務是負責除主腳以外的其他腳色的說白、搭話、動作等。比如「家院看坐」，他就搬坐位；主腳如果是皇帝，「宣某某上殿」，他就代表太監宣旨：「萬歲爺有旨：某某上殿。」打報的還分「明報」和「暗報」，「暗報」猶如現在劇場的「搭架子」；而「明報」則是手拿小令旗出來在臺上報。這個人不化妝，也不穿任何戲服，然而他卻兼任演員。由此看來，這分明是一種半代言體的戲劇，是由敍述的講唱文學走向代言的戲劇文學的過渡。

㈢　以偶戲爲基礎而形成

我國偶戲中的傀儡戲和皮影戲都發達得相當早，傀儡戲在唐代已成爲重要娛樂，皮影戲在北宋也已經可以搬演三國故事。偶戲發展的結果雖然成爲大戲的縮影，但也有以偶戲爲基礎而形成大戲的情形，因爲將「偶人」改由「眞人」扮演，豈不就成了大戲，譬如以下四種戲劇：

長沙湘戲：

清同治江西《萬載縣志・風俗》有云：「又有所謂陽戲，心願者提挈傀儡，始爲神，繼爲優，各家有願演之。」這是說，清同治時江西萬載農村有一種傀儡戲叫陽戲，用傀儡充當案神。所謂「案神」是瀏陽、長江一帶叫一尊巫廟小神做一案，長沙東鄉的巫神小廟有清堂案、陳堂案等稱呼。瀏陽人扛擡神像、旗、劍到家迎供，名叫「接案」，因此這種巫神又叫「案神」，巫神小廟叫「案堂」。早年江西萍鄉立春前一天，農民將所祀案神擡到城裏，等縣官接春後即擡向官衙、民戶逐疫。而江西萬載的傀儡案神也被用作戲中人物；於是貴州的陽戲便用人來扮演，它們都和現在長沙湘戲的整本大戲相同。因此這種原本用傀儡扮演的陽戲，一般被認爲是長沙湘戲的早期面貌。

唐戲：

流行於河北唐山一帶。民國四十八年在皮影戲的基礎上吸收傳統戲曲表演藝術發展而成。因此其劇目大多自原有皮影戲改編，其名稱也一度稱作「影調劇」。

山西碗碗腔：

原爲流行於陝西東部的紗窗皮影戲。約在清光緒年間傳入山西曲沃、新絳以及汾陽、孝義一帶。傳入曲沃、新絳的一支，受蒲劇、郿鄠劇的影響，形成曲沃碗碗腔；傳入汾陽、孝義的一支，受中路梆子和汾孝秧歌的影響，形成孝義碗碗腔。民國三十八年以後，孝義碗碗腔傳到太原，於民國四十八年在皮影戲基礎上發展成舞臺劇，正式成爲眞人演出的大戲。

隴劇：

流行於甘肅省，源於甘肅東部環縣一帶的皮影戲「隴東道情」，於民國四十七年借鑒秦腔、郿鄠等劇種的表演藝術而搬上舞臺成爲大戲，定名爲「隴劇」。

四・大戲發展的徑路

大戲無論是由小戲進一步發展而完成，或逕由說唱、偶戲一變而形成，隨著歲月的推移或地域的流傳，有的自然會有所發展，甚或蛻變爲另一新劇種。好像上文所舉傳統主流戲劇南戲北劇的逐漸交化，至明嘉靖年間而南戲蛻變爲傳奇，北劇蛻變爲南雜劇。若就地方戲劇而言，則有汲取其他腔調以成多元性音樂而壯大者、有與其他劇種同臺並演而壯大者、有以傳統古劇爲基礎再吸收民歌曲調或其他戲曲而蛻變更新者、有隨著劇種聲腔的流傳而與當地民歌曲調結合而產生新劇種者，這四種情形，可以作爲考察大戲發展的線索。分別說明如下：

㈠　汲取其他腔調而壯大者

凡是廣受歡迎的大戲劇種，幾乎沒有不汲取其他腔調來豐富自己的。譬如平劇的成長史便是明顯的例子：

說到**平劇**的成長史，就要先從徽戲說起。明代萬曆年間弋陽腔流傳到皖南徽州，與當地戲曲結合而形成徽調，根據王驥德等人的說法，那還是一種簡陋的土戲，由於那時崑腔勢力雄厚，徽調自然對它有所吸收和學習；到了清康熙中葉，亂彈興起，使徽調產生兩大系統，即「吹腔」和「撥子」。吹腔的內涵是極其複雜的，其中有的就是梆子腔的曲牌，有的是由「四平腔」受亂彈的影響而形成，到後來又有一部分再度發展而成爲「四平調」；撥子因爲初用「火不似」即「琥珀」的一種彈撥樂器而得名，它也有相當濃厚的梆子味道，與吹腔的關係其實很密切，它的進一步發展就成爲「嗩吶二黃」。在乾隆末年徽戲已經有較完整的班社，高朗亭入京，更以安慶二黃會京、秦兩腔爲三慶班，時稱「三慶徽」。緊接著四喜、啟秀、霓翠、和春、春臺等徽班相繼入京，造成了徽班在北京的雄厚勢力，終於形成了三慶、四喜、春臺、和春四大徽班各擅勝場的局面。道光初年漢調來京，其中余三勝、程長庚、張二奎等皆以二黃享大名，他們不僅充實了徽班，同時對它的發展也起了推動的作用。原來徽班裏本有二黃、吹腔、京腔、秦腔、崑腔，而漢調加入後，使其中的二黃、西皮（卽秦腔經湖北傳入武漢而與當地民間曲調結合演變而形成的腔調）更加發展。徽漢會流以後，已經不是合班，而是雜揉諸腔各調融會貫通而形成一個完整的新劇種了。由於它是形成於當時的北京，故稱京戲，民國改北京爲北平，故又稱平劇。這時它不僅有二黃、西皮、吹腔、南梆子、反二黃，並且還有高腔、崑腔、囉囉腔……等等，而且逐漸流播全國，儼然以「國劇」自居了。

其次又如**湘劇**：

湘劇流行於湖南長沙和湘潭一帶。淵源於明代，在發展過程中，高腔、低牌子來自弋陽腔；崑腔來自崑曲；亂彈也叫南北路，包括西皮與二黃，係淸乾隆間從湖北、安徽傳入。康熙年間的福秀班以唱高腔爲主；乾隆年間的大普慶班以唱崑腔爲主；道光年間的仁和班以唱亂彈爲主；終於使湘劇逐漸成爲包括高腔、低牌子腔、崑腔、亂彈腔四大腔調，用中州韻而又富有鄉土特色的劇種。

(二) 與其他劇種同臺並演而壯大者

不同的劇種同臺並演從而相結合的情形，除了上文所述，小戲在無法自立，有賴仰仗大戲以謀生存，而從中汲取滋養以壯大自身外；另一種情形，卽同是大戲而同臺並演以壯大聲勢，從而形成一個更爲舉足輕重的劇種。

譬如**川劇**：

川劇流行於四川全省及雲南、貴州部分地區。包括外省傳入的崑腔、高腔、胡琴、彈戲和四川的燈戲五種腔調藝術。原先這五種聲腔劇種單獨在四川各地演出，清乾隆以來，由於經常同臺演出，逐漸形成共同風格，清末乃統稱爲「川戲」，後稱「川劇」。其中高腔部分最爲豐富、最爲顯著。

又如**婺劇**：

婺劇是盛行於浙江金華、衢州的地方戲劇，是流行於浙江東南的高腔、崑腔、亂彈腔、徽調、灘簧等腔調劇種的總稱。其中的「二合半班」是崑腔、東陽亂彈和徽調班社的合班；「東陽三合班」是崑腔、信陽高腔和東陽亂彈班社的合班；「衢州三合班」是崑腔、東陽亂彈、西吳高腔和西安高腔班社的合班；它們由此而構成較爲壯大的婺劇。

再如**閩劇**：

閩劇也叫「福州戲」，流行於閩中、閩東、閩北的二十多個縣。其形成過程相當複雜。明萬曆至清道光間，唱江湖調的「江湖班」與以方言演唱的「平講班」，以及唱崑曲、徽調的「嘮嘮班」同時存在，後以「平講班」爲中心，並收「江湖班」和「嘮嘮班」，形成前「三下響」。道光至光緒年間，唱江湖調和洋歌的「平講班」與唱逗腔、洋歌的「儒林班」，以及唱徽調、崑曲的「嘮嘮班」同時存在，並以「儒林班」爲中心形成後「三下響」。民國以後更吸收平劇的表演藝術而壯大成爲福建省的代表劇種。

㈢ 以傳統古劇爲基礎而蛻變更新者

以傳統古劇爲基礎再吸收民歌曲調或其他戲曲而形成的地方戲劇，最顯著的是「莆仙戲」、「梨園戲」和「潮劇」。

莆仙戲：

也叫興化戲，是流行於福建興化語系所屬的莆田、仙遊兩縣，惠安北部、福清南部，以及鄰近的晉江、永泰兩縣交界地區的地方戲。在演出時，首先的「開臺」是打三通鑼鼓，謂之報吹、次吹，再次打砂鑼，繼吹打「撲燈蛾」曲；三通鑼鼓後，出一神將上場「彩棚」（或稱淨棚），後臺全體齊唱「盛世江南景，春風畫錦堂，一枝紅芍藥，開出滿天紅」四句；接著唱下調尾（郎田公元帥咒）：「囉哩嗹，哩囉嗹，哩嗹囉嗹哩囉嗹哩囉嗹，囉囉哩囉嗹。」繼由穿紅袍戴瓦楞巾掛三綹鬚的「頭出生」（或稱末）出場，走到臺中念四句開場白：「一篇翰林黃卷，多少禮部文章，琴彈陽春白雪，引動公侯將相。」念畢，向臺中及左右三揖，徐步向右入場，然後開始演戲。

首段是小折戲，稱作「艷段」，演片段的故事，如「潘必正」僅演探病、幽會兩折；「祝英臺」僅演訪友、弔喪兩折。首段演完，才演故事完整的正劇。由小生唱引上場，直至故事結束，唱迎仙客，團圓爲止。在正劇終，故事不得團圓時，後臺便唱「落平」曲，於是另扮老員外、安人、小生、小姐四人闔家團圓。團圓時先唱二句引子：「且喜合家重聚會，有如缺月再團圓。」接唱「迎仙客」，曲詞如下：

齊鞠躬，齊團圓，受封叩謝受鴻恩。安百姓，治萬民，且喜月團圓，人也團圓。添丁進財，福祿壽喜萬年。子子孫孫科甲喜連登，榮耀入門庭，全家聲名顯。顯佢八方四面，千秋萬萬年。

團圓之後，接著是「過棚」，這時演員自後臺退入化妝室，僅留後臺之鼓吹鑼三人吹打「梧桐樹」或「皂角兒」，曲文是：

梧桐樹，對景生悲，望君闌珊，待奴無情無意，憔悴蛾眉。

其次接演「雜扮」，俗稱「末齣」，多演滑稽詼諧短劇。雜扮演完，便是「狀元遊街」，二軍士一狀元，上臺說白「初及第」一句，便入臺。全部戲的演出，便此結束。

除了上面這些呆板的形式之外，還有「加官」和「弄仙」兩種。凡屬喜慶戲，總有「加官」；凡是慶壽或神明聖誕，便「弄八仙」。弄八仙還有大小之分，普通是弄小八仙，有特別熱鬧的，才弄大八仙。大八仙則加添王母、龍王、侍者等。

以上莆仙戲的演出形式，若與周密《武林舊事》、陶宗儀《輟耕錄》所記宋金「雜劇院本」的體製和爨弄情況比對，乃至於與南戲「張協狀元」、元人高安道般涉哨遍散套「談行院」參較，都不難看出莆仙劇保留許多宋金「雜劇院本」的遺規和面貌，譬如開臺的鑼鼓、打和，收場後的斷送、打散，乃至於正戲的「艷段」、「正雜劇」、「雜扮」，以及「淨」腳之稱「靚粧」等都是顯而易見的具體證據。但是莆仙戲除了深厚的古老傳統外，仍有逐漸添入的新成分，因此在表演方面，有「大鼓戲」和「小鼓戲」兩種；在音樂方面也有「大題」（即大曲，有三百六十首）、「小題」（即小曲，有七百二十首）之分。前者都是古老的傳統，在身段動作上深受傀儡戲的影響；後者都是新近的成分，其中不少京劇與閩劇的面貌。所以說，莆仙戲是以傳統古劇傀儡戲、宋金「雜劇院本」爲基礎再吸收近代戲曲京戲、閩劇而發展形成的地方戲。

其次**梨園戲**是閩南語系中最古老的劇種：它的劇本尙有嘉靖丙寅（西元一五六六年）年重刊的《五色潮泉荔鏡記戲文》；其劇目、表演和音樂各方面都還保存著很多的傀儡戲風格；元末明初的五大南戲荆、劉、拜、殺和琵琶記至今還全部或部分的保留其中；「宋人詞益以里巷歌謠」是南戲的特點，現在梨園戲的劇詞也具有同樣的風格；又梨園戲的主要曲調是流行泉州、厦門一帶的「南曲」（又名絃管、南音，在臺灣叫南管），「南曲」三十六大套，除佛道兩套外，所有曲文，都跟梨園劇本相同，多是仿照宋元詞曲體裁而雜用方言，並保留了相當數量的古詞調名，至於泉州當地的民歌、山歌之類，也被採入「南曲」之內，編爲各種滾調，此外又採用了一部分弋腔和潮州民歌，如此以宋元詞曲與地方民歌相融合的「南曲」，就成爲梨園戲內容極其豐富的樂曲。可見梨園戲是一種以傳統古劇傀儡戲、南戲爲基礎再吸收民歌小調所形成的地方戲劇。

再如流行於廣東汕頭地區和閩南、臺灣的「**潮劇**」，嘉靖間已有劇本流傳，上文所說的《荔鏡記戲文》也可以用潮調演唱，稍後出版的《摘錦潮調金花女》和《蘇六娘》也是。其腔調受崑、弋、漢等影響，樂曲以聯曲體爲主，也吸收板腔體的上下句式，保留了相當多的宋元古樂曲，又不斷的吸收當地的大鑼古音樂、廟堂音樂和民歌小調，形成優美動聽，管絃樂和打擊樂配合和諧的曲調。可見潮劇是以宋元南戲爲基礎，再吸收民歌小調所形成的地方劇種。

(四) 隨劇種聲腔的流布而產生新劇種者

隨著劇種聲腔的流布而與各地民歌曲調結合，從而產生各地的新劇種，這種劇種聲腔的生命力必然非常強大。其例最顯著的是上文提過的「梆子腔系統」。

「**梆子腔**」源於陝甘一帶的民間曲調和宋元的鐃鼓雜劇，形成於明代中葉，曾受崑腔、弋陽腔、青陽腔的影響，以梆子擊節，音調高亢激越，長於表現雄壯悲憤的情緒。淸乾隆間有秦腔班社入京演唱，使康熙間的「秦優新聲」「復振於世」。秦腔亦卽「陝西梆子」，它以豐沛的生命力向各地流布，每至一地，卽與當地的民歌曲調結合而產生一新的劇種，卽在陝西一省，亦分四路：有同州梆子（東路秦腔）、西安亂彈（中路秦腔）、西府秦腔（西路梆子）、漢調桄桄（南路秦腔）；流入河東則爲蒲州梆子、代州梆子、上黨梆子（東路梆子）、老梆子、河北梆子；流入山東則爲曹州梆子、萊蕪梆子、章丘梆子；流入河南，以西則爲豫西梆子、南陽梆子，以東則爲祥符調、河西調、大平調和懷梆；流入安徽則爲沙河梆子；甚至於遠達西南邊陲的貴州梆子和雲南梆子也都是它的苗裔。卽此可見「梆子腔」的流布，使得「秦腔」劇種隨地汲取新滋養，隨地更生新劇種，而若追根溯源，這其實也是「秦腔」這種地方大戲的發展與壯大。

其次「**高腔**」的生命力也非常雄厚。高腔的前身就是明代流傳最廣最受人歡迎的「弋陽腔」，弋陽腔本是江西的地方聲腔和劇種，祝允明的《猥談》說它在正德間（西元一五〇六—一五二一年）已經流行，徐渭的《南詞敍錄》說它在嘉靖間（西元一五二二—一五六六年）就流傳於南北兩京、湖南和閩廣，而湯顯祖在〈宜黃縣戲神清源祖師廟記〉中已說到這時的弋陽腔已變爲樂平腔、徽調和青陽腔。湯氏所謂的「變」，正是弋陽腔流布後的必然結果。到了明末清初，弋陽腔在北京和當地語言相結合形成所謂「京腔」，但有時仍稱作「弋腔」或「高腔」。「京腔」在康熙、乾隆之際盛極一時，當時曾有「南崑、北弋、東柳、西梆」之說，其中「北弋」即指「京腔」而言。雖然乾隆末年，秦腔、徽調相繼入京後，作爲弋陽腔後代子孫的「高腔」開始衰落，但由於它的流布，近代也產生不少「高腔系」的地方戲劇，其可考者如浙江的衢州西安高腔、信陽高腔、西吳高腔、瑞安高腔、松陽高腔，安徽的岳西高腔，福建的詞明戲，江西的贛劇、東河戲、宜黃戲、九江高腔，還有湖北的淸戲。可見「高腔」仍舊延續著「弋陽腔」那豐沛的生命力。

五・結　論

總上所論，可見中國近代地方戲曲的劇種和腔調有極其密切的關係。腔調或聲腔命名之法，主要以地名，但也有以樂器或本身特質命名的。劇種命名之法，主要或以地名種族名，或以腔調聲腔名，或合地名與腔調名。中國戲曲可大別爲「小戲」與「大戲」，其形成與發展的徑路，可從小戲的形成、大戲的形成、大戲的發展三個方向探討。其中「小戲的形成」又可從歌舞、曲藝、雜技、宗教儀式四條線索追尋。「大戲的形成」又可從由小戲發展而形成、由大型說唱一變而形成、以偶戲爲基礎轉化而形成三條徑路溯源。由小戲發展而形成大戲的方式，大抵爲吸收其他小戲或說唱或大戲；由大型說唱一變而形成大戲的方式，主要在將敍述體易爲代言體再加上分別腳色扮演；以偶戲爲基礎轉化而形成的大戲，則止將「偶人」改由「眞人」扮演。至於「大戲的發展」則有汲取其他腔調或聲腔以成多元性音樂因而發展壯大者，又有因相異之劇種同臺並演而結合壯大者，亦有以傳統古劇爲基礎再吸收民歌小調或戲曲而形成地方新劇種者，更有隨著劇種聲腔的流布而與各地民歌小調結合而產生各色新劇種者。

就因爲這些自然而然約定俗成的「不具文法」而使幅員廣袤、方言歧異的偉大中國，滋生如此五花八門、紛披雜陳、炫眼奪目的地方戲曲，成就了取之不盡、用之不竭的藝術文化之寶藏，陪伴著人們的生活，豐富了人們的見識，溫暖了人們的心靈，子子孫孫，生生不息。

六・參考書目

《華東戲曲劇種介紹》　華東戲曲研究院編輯　新文藝出版社

《萊蕪梆子》　張彭整理
《膠東的柳腔和茂腔》　蔣星煜著
《揚劇》　宋詞著
《關於黃梅戲》　陸洪非著
《紹興亂彈簡史》　袁斯洪著
《福建的梨園戲》　陳嘯高、顧曼莊著　（以上第一集）
《呂戲介紹》　張斌著
《山東梆子（高調梆子）介紹》　紀根垠整理
《柳琴戲的成長》　蔣星煜著
《皖南花鼓戲介紹》　徐風著
《婺劇》　劉靜沅著
《福建的莆仙戲》　陳嘯高、顧曼莊著　（以上第二集）
《五音戲介紹》　徐扶明著
《二夾絃介紹》　紀根垠、張彭整理
《錫劇介紹》　向安、葉林著
《徽劇的成長和現況》　劉靜沅著

《睦劇介紹》 施振楣、洛地著
《福建和臺灣的劇種——薌劇》 陳嘯高、顧曼莊著 （以上第三集）
《柳子戲介紹》 紀根垠整理
《從灘簧到蘇劇》 星耀、宗青著
《泗州戲介紹》 完藝舟執筆
《杭劇介紹》 叢樹桂著
《甬劇發展簡史》 華東戲曲研究院資料研究組
《福建的閩劇》 陳嘯高、顧曼莊執筆 （以上第四集）
《山東化的山西梆子——本地傗》 紀根垠整理
《談崑曲》 趙景深著
《廬劇介紹》 辛人著
《越劇》 戴不凡著
《從餘姚腔到調腔》 華東戲曲研究院資料研究組
《福建的高甲戲》 陳嘯高、顧曼莊執筆
《閩南法事戲》 陳嘯高、顧曼莊執筆
《中國大百科全書·戲曲曲藝》 張庚等編 北京中國大百科全書出版社

《川劇詞典》　胡度等編著　北京中國戲劇出版社
《中國戲曲曲藝辭典》
《中國地方志民俗資料匯編》　丁世良、趙放主編　北京書目文獻出版社
《戲曲聲腔劇種研究》　余從著　北京人民音樂出版社
《中國戲曲與中國宗教》　周育德著　北京中國戲劇出版社
《地方戲曲選編》　北京中國戲劇出版社
《戲曲音樂史概述》　莊永平著　上海音樂出版社
《中國少數民族戲劇叢書・廣西卷》　羅明申辰編　北京中國戲劇出版社
《中國少數民族戲劇叢書・貴州卷》　俞百巍主編　北京中國戲劇出版社
《中國民間小戲》　張紫晨著　浙江教育出版社
《清代戲曲史》　周妙中著　河南中州古籍出版社
《中國雜技史》　傅起鳳、傅騰龍著　上海人民出版社
《新編大戲考》
《定縣秧歌選》　李景漢、張世文合編
《雲南戲曲曲藝概況》　雲南省戲劇創作研究室編
《龍岩雜戲》　杜笠芳著　戲曲論叢第三輯

《論長沙湘劇的流變》　黃芝岡著　歐陽予倩中國戲曲研究資料初輯
《湘劇漫談》　周貽白著　周貽白中國戲曲論集
《閩臺民間藝術散論》　福建鷺江出版社
《明本潮州戲文五種》　廣東人民出版社
《粵劇史》　賴伯疆、黃鏡明著　北京中國戲劇出版社
《錫劇小戲考》　江蘇省錫劇藝術研究會主編　上海文藝出版社
《錫劇傳統劇目考略》　金毅主編　上海文藝出版社
《漫話越劇》　朱玉芬、史紀南主編　中國廣播電視出版社
《越劇史話》　高義龍著　上海文藝出版社
《越劇戲考》　謝中編　浙江人民出版社
《陝西傳統劇目匯編》　陝西省文化局編印
《山西戲曲折子戲薈萃》　郭恩德、趙雲華著　北京中國戲劇出版社
《山東地方戲曲劇種史料匯編》　李趙璧、紀根垠主編　山東人民出版社
《論梆子腔》　常靜之著　北京人民音樂出版社
《河北梆子簡史》　馬龍文、毛達志著　北京中國戲劇出版社
《高腔學術討論文集》　北京文化藝術出版社

《新花部農譚》　周傳家著　河北花山文藝出版社
《大調曲子初探》　河南省戲曲工作室編
《老調簡史》　李忠奇等著　北京中國戲劇出版社
《柳子戲簡史》　紀根垠著　北京中國戲劇出版社
《崑劇發展史》　胡忌、劉致中著　北京中國戲劇出版社
《崑劇史補論》　顧篤璜著　江蘇古籍出版社
《戲曲與浙江》　洛地著　浙江人民出版社
《廣西劇展劇本選》　郭秀芝編選　廣西人民出版社
《廣西戲曲音樂簡論》　鍾澤騏等著　廣西民族出版社
《廣西儺藝術論文集》　廣西藝術研究所編　北京文化藝術出版社
《安順地戲論文集》　沈福馨等編　北京文化藝術出版社
《貴州儺戲》　高倫著　貴州人民出版社
《貴州地戲簡史》　高倫著　貴州人民出版社
《信仰、生命、藝術的交響——中國儺文化研究》　李子和著　貴州人民出版社
《儺・儺戲・儺文化》　王恆富主編　北京文化藝術出版社
《黔劇藝術》　王恆富主編　北京文化藝術出版社

《黔劇史話》 魏緒文著 貴州人民出版社
《黔北花燈初探》 崔克昌等著 貴州人民出版社
《貴州花燈史話》 王希古等著 貴州人民出版社
《布依戲史話》 毛鷹著 貴州人民出版社
《苗族曲藝嘎百福研究》 李瑞岐等著 貴州人民出版社
《中國京劇史》 馬少波等編 北京中國戲劇出版社
《綴白裘》（見【善本戲曲叢刊】） 王秋桂主編 臺北學生書局
《變遷中的臺閩戲曲與文化》 林勃仲、劉還月合著 臺原出版社
《布袋戲》 沈平山著
《中國民間戲劇之研究》 譚達先著 木鐸出版社
《西皮福路的故事》 邱坤良著 時報文化公司
《現代社會的民俗曲藝》 邱坤良著 遠流出版社
《民間戲曲散記》 邱坤良著 時報文化公司
《臺灣電影戲劇史》 呂訴上著 銀華出版社
《臺上臺下》 施叔青著 時報文化公司
《扮仙與作戲》 王嵩山著 稻香出版社

《野臺鑼鼓》　陳健銘著　稻香出版社
《八仙在元明雜劇和臺灣扮仙戲的狀況》　陳玲玲著　文化大學藝術研究所
《臺灣皮影戲的技藝與淵源》　柯秀蓮著　文化大學藝術研究所
《臺灣歌仔戲唱曲來源的分類研究》　徐麗紗著　師大音樂研究所
《臺灣歌仔戲音樂》　張弦文著　臺北百科文化事業公司
《臺灣北管音樂研究》　王振義著　文化大學藝術研究所
《泉州絃管研究》　呂錘寬著　師大音樂研究所
《鹿港所見的南管手抄本》　陳秀芳　臺灣文獻
《臺南所見的南管手抄本》　陳秀芳　臺灣文獻
《鹿港雅正齋及南管唱腔之研究》　林淑玲著　師大音樂研究所
《鹿港南管音樂的研究與調查》　許常惠主持
《歌仔戲劇團結構與經營之研究》　黃秀錦著　文化大學藝術研究所
《本地歌仔戲音樂之調查與探討》　張月娥著　文化建設委員會
《臺灣車鼓之研究》　黃玲玉著　師大音樂研究所
《臺灣地方音樂文獻資料之整理與研究》　蔡曼容著　師大音樂研究所
《麥寮拱樂社的研究》　陳秀娟　文化建設委員會

《電視歌仔戲研究》 林瑋儀著 文化建設委員會
《本地歌仔戲子弟班調查報告》 邱寶珠著 文化建設委員會
布袋戲專輯 《民俗曲藝》第六十七、六十八期
梨園戲專輯 《民俗曲藝》第七十五、七十六期
目連戲專輯 《民俗曲藝》第七十七、七十八期
中國儺文化與民間信仰 《民俗曲藝》第八十二、八十三期
《說民藝》 曾永義著 幼獅文化事業公司
《臺灣歌仔戲的發展與變遷》 曾永義著 聯經事業公司
《鄉土的民族藝術》 曾永義等著 文化建設委員會

民間文學概論

應裕康

一．民間文學的特性

民間文學的異名很多。主要的原因，這是一門新興的學問，民國以前，很少有學者去注意以及研究它。民國以後，研究的學者多了，也就有了不同的名稱。一般說來，有稱民眾文學，平民文學的；也有稱通俗文學，民俗文學，俗文學的❶。而文學二字，也有稱爲文藝的。

因爲時被稱爲民俗文學或俗文學、通俗文學的緣故，便與民俗學這個名稱，有了牽連。錢小柏氏〈民間文學與民俗學的關係〉❷一文，曾詳細說明二者的不同：

❶ 婁子匡、朱介凡編著的《五十年來的中國俗文學》，其導論說：「……又有稱爲大眾文學、農民文學、鄉土文學、口耳文學、口碑文學、或講唱文學、或大眾語文學。——但還沒有叫風謠文學，謠俗文學的。」這些名稱，除講唱文學外，都罕見流行。

❷ 錢文見《晉陽學刊》，一九八一年第三期。也載於王文寶編的《中國民俗學論文選》，中國民間文藝出版社，一九八六年北京出版。

民間文學是指來自民間的文學作品或可以加工和已經加工成為民間長期口頭流傳的通俗作品與素材，如民間歌謠、史詩、民間故事、神話、傳說、童話、寓言、笑話、謎語、諺語、歇後語、民間說唱……等等。民間文學是供人民大眾以藝術欣賞為主，而具有口頭性、流傳性、集體性、傳統性和變異性等特徵的文學作品。它是屬於文學藝術系統的。而民俗學呢，是指有意識、有計畫地全面收集、了解、整理、研究各社會、各民族、各地區古往今來的風俗習慣、信仰行為、思想意識、宗教迷信……等的一種學問。它以人文研究為主。它將對各民族、各地區、各時代、各社會的民情風俗、社會風氣、意識形態的嬗遞演變、歷史意義作深入的了解，來供移風易俗的參考，達到改進社會、改造社會的目的。它屬於社會科學研究範圍。

然而從另一方面來看，民間文學充滿民俗的資料，這也是無可置疑的事實。例如我國最早整理民間文學的資料，是從採集跟整理開始。民國七年二月，北大文科教授發起徵集歌謠，主事的是劉復先生。民國九年冬北大教授組成歌謠研究會，十一年十二月十七日，北大校慶，歌謠研究會在那天創刊《歌謠周刊》，直至民國十四年夏天才停刊，一共出了九十七期。《歌謠周刊》第一期就說：

歌謠是民俗學上的一種重要的資料，我們把它輯錄起來，以備專門的研究。

以民間文學中的歌謠，作爲民俗研究的資料，兩者之間關係的密切，也就不言而喻。因此中外各國的學者，儘管開始是研究民間文學爲主的，而最後則鮮有不走到研究民俗的道路上去的。所以，狹義的來說，民間文學自與民俗學不同，而從廣義的來說，民間文學自是民俗學的一部分，兩者實有不可分割的關係❸。

民間文學與民俗學的關係如此，然則它與一般的所謂正統文學的界限又在哪裏？這就牽涉到民間文學的特質問題。於是研究民間文學的學者，就從民間文學的創作特點，和流傳方式等各方面來觀察文學作品，認爲若是具備這些特質的，可以稱爲民間文學。否則就是一般的作家文學，或者書面文學。這些特質，歸納起來，大約可以分爲以下六點：

(一) 通俗性

---

❸ 民俗學之英文 Folklore，一八四六年創於英人湯姆斯 W. J. Thoms，其義大略爲民衆之知識。百年來各學者紛紛發揮其含義跟範圍，莫衷一是。不過無論如何，都把民間文學的神話、故事、民謠、諺語、謎語、歌舞、戲曲等等，都包含進去，則是事實。

民間文學出自民間，而不是出於生活在象牙塔中的文人學士之手。所以它要吐露的，往往是民間的心聲。它的題材，也往往是大眾所最喜愛的，或爲民間的英雄，或爲純樸的愛情，或者吐露民間的疾苦，生活的感受等等。總之，都是民間大眾所喜愛所關心的題材。

因爲這些以民間爲主的文學作品，往往是出於一般文人學士想像之外的，所以當文人學士接觸到這些作品時，莫不感覺到一種新鮮、眞實、純樸的力量，使得許多作家，受到這種力量的影響，而改變他自身作品的內容。這在文學史中，所見非鮮。因此民間文學，在我國的文學史中，乃居於一個主導的地位，一些正統文學，在走到無路可走時，便常常由民間文學中，獲得一股清新的力量，而創造新一代的文學。所謂一代有一代的文學，我們可以從民間文學的影響，來看每一時代的書面文學。

(二) 集體性

民間文學是大眾集體的創作，這是與作家文學爲個人創作最大的不同之點。因爲是集體的創作，所以在作品的內容上，往往表現大眾的願望和要求，也因爲如此，所以作品乃爲民間所喜愛，因其所反映的都是跟大眾切身有關的問題。

因爲是集體的創作，所以民間文學往往集合大眾的想像能力，其想像力乃有無限的發展，這是一般個人的作家，所不能比擬的。民間故事中，往往敍述具有超人能力的兄弟，最初可能只有兩兄弟，比如一個具有超人的視力而另一個則具有超人的聽力，這就是千里眼與順風耳的原型。但經過大眾集體的創造，其能力便慢慢地膨脹跟增加，最後便可能形成十個無所不能的超人，所以由兩兄弟發展到十兄弟的故事，可以說明民間文學的集體創造，是個人創造所不能及的。

民間文學的集體性，不但呈現在創造上，也呈現在流傳上。這種創造與流傳，往往橫越空間跟時間，換言之，可以由一個地域傳到另一個地域，一個時代傳播到另一時代，在傳播中，不斷地增加新的材料，這些新的材料，在個人作家中，或者認為太駁雜、太新潮，而不敢使用，但在民間的作家中，卻大膽地照單全收，因此民間文學，永遠保持一種新鮮的色彩，為書面文學所不及。

以民間的「說話人」為例，一個優秀的「說話人」，不但從他的老師那裏繼承很多「說話」的資料，他本身往往加以發揚，一邊傳播，一邊創作，而使得「說話」的內容，便更加地豐富起來。

(三) 口頭性

許多民間文學的學者，特別強調民間文學的這一種特質，而把口頭文學，作為代表正統文學的書面文學的一種界限。甚至認爲民間文學的作品，在口頭上流傳的，才算是民間文學，一經書寫記錄，就變成書面文學了。如楊蔭深氏〈試談民間文學的範圍〉（見一九五七年《民間文學》第六期）一文說：

古的如《詩經》的「國風」，原來都是各地的民歌，但經文人記錄或整理以後，大家就不當它是民間文學了。他如漢魏六朝的樂府，唐五代的詞，元明的散曲，也多如此。這些既已稱為一般文學，當然不再屬於民間文學範圍之內了。

這種看法，未免失之過偏，因爲他們把民間文學這一種特質，過於膨脹，以至把其他的特質，近於一筆抹煞了。有的學者乾脆把民間文學稱爲口頭文學，就是這個因素使然。

至於口頭性的優點，根據譚達先《中國民間文學概論》（香港商務印書館，一九八〇年十月初版），又可使民間文學產生五種優點與性能：⑴易於發揮創作的集體性，即男女老幼，人人都參加創作。⑵易於「即興即景」，隨時反映現實。⑶便於和表演藝術的特點結合在一起。如民間曲藝、戲劇的表演者，大都熔說、唱、演於一爐。⑷藝術形式生動活潑，表現手法多樣化，易講易懂易記。⑸講唱跟停止，不受限制，不露痕跡，便於運用，難於禁絕與消滅，而且集體、個人，都運用方便，爲書面文學所不及。

民國以前，我國文盲及半文盲，實居多數，他們大都不能接觸書面文學，而民間文學由口頭傳播，於是便成爲大多數人民唯一的精神食糧，這可以說是民間文學最佔優勢的地方。

四 流傳性

由民間文學的集體性和口頭性來看，參與創作跟傳播的旣是大眾，則在民間流傳，便是非常自然的事。民間文學的作品，因在民間不斷流傳的緣故，也不斷地得到修訂的機會，使得作品日趨完美。同時，作品流傳的廣泛與否，也正好是作品受歡迎程度的一種反映。愈是受歡迎的作品，流傳的地區愈廣，而流傳的時間，也歷久不衰。像梁山伯與祝英臺的故事，便是很好的例子，因爲在我國各個地區，都流傳梁祝的故事，甚至還流傳到漢族之外的其他民族。而且流傳的方式，也有很多種，最重要的，便是故事、山歌、曲藝與戲曲。可見梁祝故事受民間歡迎的程度。

作品流傳旣廣，則每流傳一處，免不了受地方環境的影響、甚至民族的影響，內容和形式便有所變遷改動。如梁祝故事，在殉情之後的結尾，便有合葬、墳裂、化蝶、化鳥、甚至化虹等多種。又如漢族中流行的梁祝，是共同欲入書塾而相識，在流傳到貴州布依族去之後，祝英臺就變成一位挑水的姑娘。梁祝的故事，梁山伯始終沒有識破祝英臺是女兒身，流傳到朝鮮族去之後，則變成男子早已窺破，因而竭力追求。凡此種種，都足以說明，民間文學在流傳的過程中，不斷地會被修改，因而產生變異。

當然，在流傳的過程中，有時內容縮小縮短，這便使得作品流傳面縮小，甚至完全停止，當然這也可以說是這個作品已不受大眾的歡迎。反之，內容擴大，顯示流傳面廣，作品受大眾的歡迎，於是作品便廣泛地保留下來。這種作品，因廣泛地流傳的關係，作品也不斷地被修改，於是內容也不斷地更加多彩多姿，民間文學發展的方向，大約如此。

(五) 無名性

民間文學的作者，有一個顯著的特徵，便是無名氏，這跟書面文學的作家大多有名姓可考，恰好相反。民間文學的作品，不易查考其原始的作者，大約有兩個原因：

第一，因爲作品是口頭流傳的，所以流傳的人，往往只用「從前……」、「有人說……」這樣的起首詞，而並不提作者的姓名。這種用「聽得人家說」的方式，有時連原始創作人也不免，這也可以說，民間文學的作者，自始就有匿名、不欲人知的動機。

第二，作品既是在口頭流傳，則本來有作者名字的作品，也可能因流傳的關係而佚名。

不過，無名性只是民間文學次要的特質，不能據此來分辨是否是民間文學的界限，因爲有極少數的民間文學的作品，還是有作者可考的，例如《詩經》中的「國風」，其中有些篇章，有作者可考，便是一個很好的例子。

㈥ 傳統性

民間文學以口頭流傳爲主，則其作品的形式自與書面文學不同。因爲書面文學是以閱讀爲主，有時稍微深奧，讀者也可接受，過於深奧難懂的，也可藉助注解。但民間文學則不同，它完全是口耳相傳，傳播者可能是知識分子，但接受者則大多是文盲，或者半文盲，他們接受能力差，不能接受難懂的作品。

同時，民間文學傳播的過程，也有賴於接受者的興趣。假如接受者沒有興趣，則作品就無法傳播。因此傳播作品也必須注重娛樂性。

民間文學因在傳播的過程中，必須注意口頭性跟娛樂性的緣故，因此在說、唱、演的方式裏，便有一定的藝術結構和表現的手法，幾千年來，累積的經驗，便形成民間文學的傳統：易講、易記、易唱、易懂，這也就是民間文學與書面文學在藝術形式跟風格上，最大的不同。

二・民間文學的分類

民間文學的分類，至今未有定論。這是因爲對於民間文學的認定，學者們見仁見智，各有不同的看法。王顯恩氏在民國二十年所著的《中國民間文藝》一書中，第四章〈民間文藝的分法〉，就列舉了民國以後二十二個學者的分類法。其中有的學者兼顧韻文和散文，有的學者則專就韻文，或專就散文，各有所偏。

王顯恩自己的分類，則分爲三大類，十八小類：

㈠散文的：1.神話，2.傳說，3.故事，4.童話，5.寓言，6.趣事。

㈡韻文的：1.情歌，2.生活歌，3.滑稽歌，4.敍事歌，5.儀式歌，6.兒歌，7.雜歌，8.時調，9.唱詞，10.俚曲。

㈢其他的：1.片段的——⑴謎語。⑵諺語。⑶歇後語。⑷拗口令。

2.唱演的——民間戲劇。

這種分法，基本上有三種缺點：第一，民間戲劇是民間文學非常重要的一環，王氏的分類，把它列入「其他的」這一大類中，顯而易見的，民間戲劇在這種分類法裏，得不到應有的定位。第二，民間曲藝也是民間文學重要的一部分，但王氏的分類似乎漏了這一部分，又或者把它分散在散文跟韻文兩部分中，總之很不恰當。第三，謎語和諺語的藝術形式都是很完整的，王氏把它分到其他類的「片段」這一部分去，也是極不恰當。

民國五十二年八月，正中書局出版婁子匡、朱介凡二氏所編著的《五十年來的中國俗文學》，也列舉了十一家的分類，該書自己的分類，大體上爲三部門：

㈠講說的——神話、傳說、故事、笑話。

㈡講、唱之間的——歌謠、諺語、謎語。

㈢歌唱的——俗曲、說書、鼓詞、彈詞、寶卷。

該書是《中華民國五十年文藝史》的系列著作，所以通俗小說和地方戲曲，因有小說史、戲劇史的專册，該書皆不列入，另外寓言部分因缺乏資料，也沒有列入。假如以分類而言，則⑴講說的，尙應列入通俗小說和寓言；⑵講、唱之間的，尙應列入地方戲曲，只是地方戲曲是否可以屬於講、唱之間的呢？看來婁、朱二氏的分類，對於地方戲曲，還是缺乏適當的定位。

五〇年代末，大陸方面民間文學的主要學者賈芝，也曾對民間文學的分類，發表意見❹：

❹ 一九五八年，大陸中國社會科學院文學研究所民間文學組領導人賈芝，發表〈採風掘寶，繁榮社會主義民族新文化〉（七月九日在全國民間文學工作者大會上的報告），收於一九六三年北京作家出版社出版之賈芝《民間文學論集》。

內容豐富多彩，形式千變萬化的中國民間文學，大致包括羣衆口頭創作、民間曲藝、民間戲曲三大類。而羣衆口頭創作裏又有民歌、民謠、快板、史詩、長篇敍事詩、民間故事、傳說、神話、童話、寓言、笑話、諺語、俗語等；在民間曲藝和民間戲曲方面，曲種、劇種名目繁多，不下數百種。……

在口頭創作裏，漏了謎語。當然，賈氏的意見，並不是對於民間文學正式的分類，所以自無法在小類中分得很清楚。不過，他的三分法，對於六〇年代以後民間文學學者的分類，有很大的影響。

民國五十二年，吉林人民出版社出版的張紫晨氏《民間文學知識講話》，其第三章中，把民間文學也分作這三大類：

整個民間文學分為三個部分，卽羣衆口頭創作、民間說唱、民間戲曲。這中間以羣衆口頭創作部分最為複雜，又可分為散文、韻文兩個部分。散文的包括神話、傳說、民間故事；韻文的包括民間歌謠、民間敍事詩、諺語、謎語等。而民間歌謠一項，又較其他項複雜些。從內容說，有勞動歌、生活歌、政治歌、愛情歌之分，從傳播對象和應用範圍說，有兒歌、童謠、儀式歌等。……

除了把民間曲藝改為民間說唱以外，其餘兩大類的分類，全都一樣。賈、張二氏的分類，對於民間文學先採取所謂「三分法」，這「三分法」的實質，大約大多數研究民間文學的學者都會贊同，但是個人對於「羣眾口頭創作」這一個名稱，深覺不甚妥當，因為「羣眾性」「口頭性」都是民間文學主要的特質，若說這一大類是羣眾的、口頭的，然則其他兩類就是個人的、書面的？所以賈、張二人這一大類的名稱，顯然不合邏輯。

當然這一大類的作品內容，基本上較為複雜，在形式上又有散文跟韻文的區別，假如不把它們區別，是很難冠以一個適當的名詞的。賈、張二氏的名稱，自也有其不得已的苦衷。至於每一大類中，許多小類的細分，恐怕也不是一時間能夠理淸，也可以說是研究民間文學的學者，共同應該努力的目標。

民國七十年一月，北京大學出版社出版段寶林氏《中國民間文學概要》一書，其第一章第一節〈民間文學的概念與分類〉，就把賈、張二氏所謂「羣眾口頭創作」，分為「民間故事」、「民間詩歌」兩部分，而把「民間曲藝」和「民間戲曲」，則合為一部分，他的三大類如下：

㈠民間故事——包括神話、傳說、生活故事、寓言、童話、笑話等散文作品。
㈡民間詩歌——包括民歌、民謠、諺語、民間長詩、繞口令、謎語等等韻文作品。
㈢民間曲藝和民間戲曲——包括反映人民生活的民間小戲和曲藝。曲藝又包括評書、鼓詞、彈詞、快板、相聲、快書等等多種說唱文學形式。

這個分類大致已將賈、張二氏所分的「羣眾口頭創作」的問題解決。但曲藝跟戲曲各有複雜的內容，自不宜把它併作一類。此外，以民間故事爲名，而包括神話、寓言跟童話等等，名實也並不相符。當然，要求一名稱能冠蓋全類的作品，也確實是不容易的事。

三・各類民間文學概述

㈠ 散文類

爲了便於作個別的介紹，現在將民間文學分成四大類，第一大類是屬於散文方面的，包括神話、傳說、寓言、故事、童話、笑話等六小類。這一類的民間文學，大致篇幅短小，但情節卻很完整。加上內容生動活潑，所以非常吸引人。

每個民族談到文學的起源，大多是推**神話**爲首。因爲遠在文字發明之前，神話已在口頭間廣泛地流傳了。先民們因爲缺乏知識，因此對於許多現象，尤其是自然現象，不能理解。於是他們以自己人事的經驗，嘗試去解釋各種現象，乃認爲天地萬物，皆有生命，在人世的背後，也有一個神的世界跟它相應。同時先民們在困難的環境中奮鬪，自然也產生一種征服自然的願望。這種願望的昇華，便創造了各種各樣的神，編製成各種各樣神的故事。這種故事經過不斷地流傳，和不斷地再創造，於是不同的神話便產生了。

我國神話起源雖早，但早期神話的資料卻保留下來得很少，主要的原因，是儒家落實人生，不談神鬼的態度，因此很多神話，經過儒家之手，都歷史化了。神話中的人物，也都變成了歷史中的人物。

不過一些零星的資料，我們還是可以在古籍中見到。《詩・商頌》的〈玄鳥〉，《詩・大雅》的〈生民〉，尚保存史事化的神話。《楚辭》的〈天問〉也有很多對於天地日月星辰神話的疑問。其他如《莊子》、《呂氏春秋》乃至秦漢晚出的《神異經》、《山海經》、《穆天子傳》等都有豐富的神話材料。

在我國神話中，表現很多積極及大我的精神，正說明我先民生活的一種態度，如「精衛塡海」、「刑天舞干戚」、「羿射九日」等等都是，在本質上，與宗教的迷信，以及一切歸於命運的宿命論，大異其趣。

在研究方面，我國的學者已有不少的神話研究的著作，以民間文學來說，神話的研究是起步最早的。

廣義地說，**傳說**也是一種神話。只不過傳說的主人公是人，跟神話的主人翁是神不同。所以狹義地分別，傳說跟神話就變成兩種類型的故事了。在先民跟大自然抗爭的時候，自然會產生一些聰明勇敢、孔武有力的人物來領導，這些人物，不管成功失敗，都會被先民視爲英雄，作爲模範。他們的故事，廣泛流傳，便成爲傳說。

傳說的形成，大約可分爲兩種方式。一種是以眞實的歷史人物爲基礎，他們的事蹟廣泛流傳以後，往往就會成爲「箭垜式的人物」。換言之，其他一切與這一人物相似的事情，大多會附會在他的身上，於是人物的性格，日益鮮明突出，而故事也日漸曲折生動。這一種的傳說人物，也常常跟地方風物發生聯繫，有的甚至成爲全國性的風俗，像屈原跟端午吃粽子，就是一個顯著的例子。

另一種方式，則是從神話漸漸發展而成。例如在很多古書上的記載，鯀及禹都是神話中的人物，《山海經‧海內經》〈鯀腹生禹〉一則，描寫鯀治水無功遭殛，屍首不爛，禹就是他父親腹中生出來的，顯然是一個神話人物。但在《孟子》、《韓非子》中的記載，禹就是一個十足的治水英雄，公而忘私，連過家門都不肯入的偉大人物了。所以當神話在流傳過程中，神的部分漸漸消失，英雄的部分加強，神就變成人，而神話也就變成傳說了。

民國以來，我國學者對於傳說的搜集、記錄、整理，漸成風氣，而傳說的範圍，也逐漸擴大，不專限於人物一方面。目前傳說的分類，大約可以分爲人物傳說、歷史傳說、地方傳說、物產傳說、風俗傳說、行業傳說、新聞傳說等多種。研究的學者也很多。

寓言是一種含有教育性的小故事，一般來說，篇幅都比較短小。而故事的內容，一定包含一個非常明顯的寓意，所以叫做「寓言」。寓言的諷諭性非常強，它通常是藉譬喻的手法，來諷刺、批評人類共同的缺點。

依照寓言所描寫的事物看，寓言大約可以分爲三大類，第一類的主人翁是人，所以可以稱爲「人物寓言」。第二類的主人翁是動植物，所以可以稱爲「動植物寓言」。第三類的主人翁很廣，凡是非生物及其他日用器物乃至人體器官等，凡是以上兩類不能包含的，都可以放到這一類寓言裏去，所以叫做「其他寓言」。

我國古代寓言，以先秦時代爲最盛。雖然當時沒有專集的寓言保存下來，但先秦諸子，以及《戰國策》裏，都有大量寓言的資料。這是因爲先秦諸子在闡述他們的思想時，以寓言作爲例子，以收輔助之效，既而使得文章生動活潑，增進可讀性。莊子的文章如行雲流水，而又變幻莫測，實在是得力他善用寓言的緣故。

先秦寓言，很多也是借用神話的材料，因此我國古代的神話資料，雖然保留下來的不多，但卻輾轉地保存在寓言之中。因此，對於神話和寓言的研究，學者往往必須兼顧，以免顧此失彼。

除了神話，寓言創作的過程，還可以有兩種方式，一種是將生活的經驗，加以總結，然後用誇張的手法加以描述，以達到敍述其哲理的目的，《孟子》中「拔苗助長」的寓言，就是很好的一個例子。

另一種是根據諺語或某種哲理，將之舖陳爲一個寓言，在動物寓言中，我們可以看到大量這類例證。因爲動物基本的性格是獸性，正好用來比喻人類中很多貪狠的性格。所以在動物的擬人化寓言中，形象就特別鮮明。此外動物的性格鮮明，綿羊、白兔的善良，牛的忠實、虎的兇狠、狐的狡猾等等，不必多費筆墨，而栩栩如生，合乎寓言短小的原則，而又容易引人入勝，富於可讀性。

段寶林《中國民間文學概要》，分有民間故事一大類，是指神話、傳說、寓言、童話、笑話、生活故事等散文類的總稱。民間文學學者，時有把故事作爲這一類的總名的。至於狹義的故事，就是段氏所謂的生活故事，它主要以民間日常生活爲題材，而故事的主人翁也是現實中的人物。

不過**故事**和傳說不同，故事中的人物，不一定與史實有聯繫，所以人物大多是匿名的，情節也大多屬於烏有虛構。這從故事的開頭：「從前有個老人……」，或者：「從前有一個人家……」「從前有兩兄弟……」等等，可以看出它的虛構性來。

然而有時傳說與故事，也不是截然分得開的。拿孟姜女的故事來說，究竟是傳說，還是故事，就很難有一定的分別。甚至加上神話，三者的區別，也不是嚴格可以分開的，譬如牛郎織女的故事，究竟屬於神話、傳說，還是故事呢？學者們見仁見智，恐怕也沒有一定的結論。

故事經過一定時期的流傳，不斷地再創造，故事往往成爲一定的「類型」，像我國流傳的民間故事中，「兩兄弟型」「巧妻子型」「戆女婿型」等就是極主要的幾個類型。同時，觀察不同的民族，甚至不同的國家裏，都會發現有相似類型的故事，在這種情形下，研究比較民間文學，也就成爲一個非常重要的課題。

有兩種學說常用來解釋這種相似的問題：一是「同源說」，卽這些故事有同一個來源，因爲流傳的關係，乃傳布到各地。梁山伯與祝英臺的故事在我國各地，甚至各民族都有，就可以看作是一個故事流傳的結果。另外一個是「同境說」，則認爲各地社會，生活環境相似，於是產生相似「類型」的故事。例如「呆子類型」的故事我國與西方國家都有，因嘲笑呆子是人類生活上「共同的興趣」，只是「呆子類型」的故事，我國常以「戇女婿型」出現，而西方則多以「傻妻子型」出現，運用「同境說」，就比較有力而切實際了。

童話就是兒童故事，所以它以適合兒童的興趣爲第一優先。童話顯著的特徵，大約有下列四點：

1. **趣味性强**：

兒童們聽故事特別注意到趣味，如果冗長沒有趣味的故事，聽了厭倦，就不耐煩再聽了，所以好的童話，兒童們聽了津津有味，入耳不忘，一定是趣味性特別強的。

2. **富於想像力**：

兒童們缺乏知識跟生活的經驗，因此特別富於好奇心跟幻想力，因此童話大多不是眞實的故事，眞實的故事在兒童們反而容易覺得倦煩。童話中不乏神仙以及尋寶，就是這個原因。因爲在兒童的心目中，這些神仙法寶，往往反而是眞實的。

3. **內容單純：**

若內容太過複雜，兒童們就不能把握跟理解，所以童話中的人物，往往是善惡兩分法的形式，善惡分明，則兒童就容易了解。至於情節，則可以曲折而有起伏，較引起兒童的興趣。

4. **有教育性：**

在童話裏，兒童學得做人處世的態度，以及傳統美德、用功發奮的精神，以鼓勵兒童向上進取。所以童話中的教育意義，是必不可缺少的。

以童話的特徵來看，童話大約可以分爲仙人法寶故事、精靈故事、動物故事、人物故事等幾種。但人物故事雖以人物爲主，仍有不少誇張的成分，如「十兄弟」的童話，十位兄弟皆有一種超人的神通，就是一個例子。「超人」的故事，主要還是適合兒童好奇、富幻想的心理。

從文獻中追溯**笑話**的歷史，可以確定以我國爲最早，在西元前三百五十年，我國東周列國時代末期，已經有笑話的記載。《孟子》中「月攘一雞」、「齊人一妻一妾」等就是最好的例子。

笑話最主要的目的是要逗人發笑，因此它具有強烈的喜劇性，但它並不是使人哈哈一笑便罷，往往使人留有餘味，發人猛省，因此它也是極具教育性的。在民間文學中，笑話實居一個極重要的地位，因爲世人幾乎是無人不愛聽笑話的。

笑話的特徵，包含其形式及功用，大約有六點：

1. 篇幅極短小，情節極簡單。

2. 人物極稀少，結構極緊湊。

3. 敍事極明快，言辭極鋒利。

4. 既富娛樂性，又富譏諷性。

5. 記憶極快速，傳播極方便。

6. 理解雖容易，思想卻深刻。

民國以後，學者們把笑話看作是民間文學重要的資料，加以搜集、整理、研究。於是笑話在我國文學中，便有了新的定位。

(二) 韻文類

民間文學韻文類的內容，包含也很廣泛。其中最主要的，當推**歌謠**。歌和謠的分別，大略在於有曲譜可以唱的，稱爲**歌**；只說不唱的，則稱爲**謠**。不過我國古代以合樂與否來區別歌謠。《詩・魏風・園有桃》：「心之憂矣，我歌且謠。」《毛傳》：「曲合樂曰歌，徒歌曰謠。」所謂合樂，就是有樂器伴奏。到南宋郭茂倩編《樂府詩集》，將樂歌和謠辭分爲兩類，不以合樂與否來作區別，而以唱和誦來作區別了。

因爲「謠」往往具有諷諭性，所以自古卽受重視。《國語・周語》：「風聽臚言于市，辨妖祥于謠。」卽是說，以謠中的內容，來辨吉凶。

「謠」既富於諷諭，也可以說是人民對政治的反映，發爲心聲，於是古代官吏，便以採問風謠來了解民間情況，進而補察時政的。《後漢書・羊續傳》：「羊續爲南陽太守，當入郡界，乃羸服閒行，侍童子一人，觀歷風謠，然後乃進。」可以爲證。

民國以後民間文學研究的開始，可說是以採集歌謠開其端的。民國七年，北京大學開始徵集歌謠，參與的學者一直爲研究民間文學各領域之冠。其後因歌謠太多，於是又以分地方出專集的辦法，縮小範圍，以便研究，像《福州歌謠集》等，就是一個例子。

另外一種則是母題歌謠的彙集。如董作賓氏的《看見她》，民國十三年十月出版，歌謠研究會叢書第一種。卽是搜集同一母題之歌謠，加以研究。董氏搜集的「看見她」，一共四十五首。民國二十六年四月十日的《歌謠週刊》三卷二期，董氏有〈看見她之回顧〉，說明又搜集凡二十三首。

又如婁子匡氏，有〈月光光歌謠專輯〉，見《民間月刊》二卷四號，民國二十二年元旦出版。共收浙江省各地「月光光」兒歌一二七首。這是歌謠研究一個很好的新方向。

歌謠的分類，根據朱自清《歌謠發凡》❺，可用下列十五種標準來分類：⑴音樂。⑵實質。⑶形式。⑷風格。⑸作法。⑹母題。⑺語言。⑻韻腳。⑼歌者。⑽地域。

⑾時代。⑿職業。⒀民族。⒁人數（如獨歌與和歌）。⒂效用。

朱氏自己解釋說：

應用以上十五種分類標準，我們可以研究歌謠的各方面。就中前八項都是關於歌謠本身的，後六項是關於它們的背景的；末一項則是獨立的。五、六、十四三項用處甚少；末一項則不易確定，所謂聊備一格而已。最有用的實在是一、二、三及九項裏的民歌兒歌二分法。本章擬卽以這種二分法為經，實質為緯，來討論歌謠的分類。……

朱氏所謂第九項的分類標準，卽是以「歌者」爲標準，共可以分爲「民歌」「兒歌」兩大類。「民歌」之中，又可以分爲情歌、生活歌、滑稽歌、敍事歌、儀式歌、猥褻歌、勸戒歌等七類，每類之中，又再分爲若干小類。

歌謠分類繁複，若一一分述，恐不是本文所能負擔，讀者欲得其詳，可以參閱專書，此處不贅。

諺語可說是一種短謠，有時只有短短一句，最長不超過四句。同時諺語除了有一定的文學性

❺ 民國十八年，朱自淸氏於國立淸華大學講授歌謠，編有《歌謠發凡》，作爲講義。中央研究院歷史語言研究所有其油印本，分十二章，唯第三章以下內容，缺。民國四十七年五月，臺灣世界書局出版，稱《中國歌謠》，與楊蔭深氏《中國俗文學概論》合刊。共分十章，其第七章以下之內容，缺。

外，還包含哲理的思想，跟科學的經驗在內。如：

「自稱好，爛稻草。」對自吹自擂者的貶斥，可謂一針見血。

「淹不死的白菜，旱不死的葱。」這是對於農作物適性的經驗。

諺語的文學性也很強，因爲它短小，所以內容是極洗鍊的，三言兩語，所言都是經驗的累積，有結論，也有證明，沒有一點故弄玄虛的地方。

諺語的其他特性，還可歸納到它修辭、結構與音樂上去。諺語因需要高度的語言技巧，所以特別注重修辭的手法。在諺語中，最常用的是隱喩的技巧：「敵人只是狼，長著黑心腸。」或是借代的手法：「寧交雙腳跳，不交迷迷笑。」

擬人化的修辭技巧也爲諺語所多用，如：「人勤地不懶。」以地擬人。有時則將誇張和比喩的手法同時使用，如：「春雨貴如油。」「寧可棄我三畝稻，不可棄我鰲魚腦。」等。

諺語有時還運用對偶跟迴珠的手法。前者如：「活到老，學到老。」「不走高山，不知平地。」後者如：「船幫水，水幫船。」

諺語的結構嚴密，上下文的對立，非常鮮明。如：「過頭飯好吃，過頭話難說。」「救寒莫如重裘，止謗莫如自修。」等都是。

諺語一般都是押韻的，所以屬於韻文。這個特性，使得諺語易講、易懂、易記。如：「蜻蛉鳴，衣裘成；蟀蟋鳴，懶婦驚。」所以諺語的音樂性特別的強。

因爲這個緣故，諺語便有很多雅號，如「哲理小詩」「科學小詩」「語中之鹽」等等都是。

謎語與諺語相似，也是一種短謠。只不過謎語的特徵，是含蓄而咏物的。它是由最古的「廋辭」「隱語」轉變而來的。《國語・晉語》中有「秦客廋辭于朝，卿大夫不知也。」之語。荀子的〈箴賦〉裏，有很多隱語，如：「無知無巧，善治衣裳，不盜不竊，穿窬而行。」指的就是縫衣服的針。

《漢志》中有讔（同隱）語十八篇，其內容，根據唐顏師古注引劉向的《別錄》說：「讔書者，疑其言以相問，對者以意慮思之，可以無不喻。」然則讔書已是謎語了。惜其書不傳，不能明其究竟。

南朝宋代的鮑照，作〈字謎〉三首，是文獻中「謎」的首次出現。梁劉勰《文心雕龍・諧隱》說：「自魏代以來，頗非俳優，而君子嘲隱，化爲謎語。謎也者，互廻其辭，使昏迷也。」據其所述，則我國的謎語，在魏晉之時，已經非常興盛了。

謎語由兩個部分組成，一是謎面，也是謎語的主要部分。至於另一個部分就是謎底，它即是謎面所隱示要人猜的事物本身。如「一塊板，七個眼，安個把，會說話。」是謎面，它的謎底就是「頭」。

謎語的內容，按其謎底的不同，可以分爲「字謎」「物謎」跟「事謎」三大類。它的結構形式，方法很多，限於篇幅，不贅。

此外可以一談的，是一種含蓄的民間俗語，稱爲歇後語，它並不獨立成篇，往往跟諺語一樣，在一種特定的狀況下使用❻。

歇後語跟謎語一樣，也分成兩個部分，前半部是形容語，類似謎面，是喻體。後半部是本意的解釋，好似謎語的謎底，稱爲本體。

在引用歇後語之時，「本體」可以省略，成爲「歇後」。聽者往往根據「喻體」所述，就知道說話者的意思，如「外甥提燈籠」是「喻體」，它的「本體」是「照舊」。「舊」字是「舅」字的諧音，本來外甥提燈籠，是替舅舅照明的意思，經過諧音，就變成依舊的意思了，可見歇後語跟謎語一樣，可以有許多手法的。

歇後語使用時，也可以「喻體」「本體」同時說出，如「陰天打孩子——閒著也是閒著」，此時語言顯得生動有力，妙趣橫生，而謎語卻不能謎面謎底同時說出，這是兩者之間一大不同之處。

歇後語因有這種特色，因此在語言中常有一種修辭作用，使得語言活潑明快，幽默風趣，有時並有一種諷諭的作用，使得語言更強而有力。在民間文學中，歇後語是很有文學特色的俗語。

❻ 歇後語如把所歇的後半段語言一起說出，則跟諺語就十分接近了。實際上有的歇後語，卽是從諺語蛻化而來的。如「千里送鵝毛」，歇的是「禮輕人意重」。兩者相連，卽是諺語了。

㈢ 曲藝

曲藝又稱講唱文學，或說唱文學。它的形式很多，流傳也廣泛，可以說是深得大眾喜愛的一種民間文學。若拿它和歌謠比較，它有樂器伴奏，而演唱的藝人又大多是職業性的。所表演的內容，篇幅較長，不如歌謠那樣短小。這些地方，曲藝似乎跟戲曲很相類似。

但它跟戲曲也有不同的地方，因爲戲曲主要是代言體的，一個演員在特定的時間內只扮演一個腳色。而曲藝主要是敍述體的，雖然在某種需要時，曲藝演員也會替一種腳色代言，但他通常是一個人把好幾個腳色都扮演了，一會兒充當腳色甲，一會兒又充當腳色乙，輪廻流轉，一會兒又以第三人稱來交代故事。因此在這方面來講的話，曲藝演員是比戲曲演員還要難度來得大些。

曲藝的歷史，非常悠久。大陸四川曾有說書俑出土，據考證爲東漢時殉葬之俑，則說書這一種曲藝，已有二千年左右的歷史了。至於文獻上的記載，據唐代詩人元稹的記載，唐時說《一枝花話》的說話人，非常流行。此外清末民初，在敦煌出土的變文，有說唱佛經故事的，也有說唱非佛經故事的。這跟說唱文學便有直接的關係。依此推之，則曲藝至少也有一千多年的歷史了。

我國曲藝的種類也非常之多，各家學者的敍述也各有所偏重。根據段寶林氏《中國民間文學概要》所載，曲藝大致可以分爲十一個大類：

評書、相聲、快書、快板、大鼓、彈詞、漁鼓道情、琴書、牌子曲、時調小曲、走唱。前三類是說的，後八類是唱的（應按：其實彈詞是兼說兼唱的）。每類之中，又各自包括許多曲種，綜合起來，可有三百多種，眞是漪歟盛哉。因篇幅關係，今擇其中數種簡介於後。

評書，又稱評話、說書。在江南則稱評書爲說大書，彈詞爲說小書。評書僅有一人登臺演出，道具也極簡單，一椅一桌一塊醒木一把扇子而已。然而藝高的說書人，往往動人心魄，興盛處縱橫撼動，聲搖屋瓦，俯仰離合，皆出己意，使聽眾悲泣喜笑。因此極受民眾之歡迎。

唐代的俗講，跟評書的淵源極深。宋代則有話本傳世，所謂話本，簡單地說，就是說書人的底本。近代的說書人，則都以明末的柳敬亭爲始祖。陳汝衡《說書小史》述柳敬亭的事甚詳：

> 柳敬亭為江蘇泰縣人。說書本非所習，初則耳剽模仿，已傾市人；繼經儒者指導，技乃益進。苦心練習，固不僅天資卓越而已。……柳不特擅長說書，且豪情俠氣，為人排難解紛，擘劃周詳，有古英雄名士氣。雖不知書，然能授人機宜，使據其意為文檄，故又為極佳之幕客。柳自甘貧困，不肯服官。晚年技藝更精，年八十餘猶事說書。

評書之所以吸引聽眾，大約有下列四個優點：

(1)故事性強，情節曲折，往往在關鍵處，可以「賣關子」，以吸引聽眾。

⑵篇幅特長，一部書往往可以說好幾個月，因此聽眾逐日聽書，不會因爲老套而厭煩。

⑶結構單純，章回淸楚，複雜的情節，卻往往以單線發展，因而使聽眾容易接受。

⑷表演細致，雖然都用說白來敍述故事，但說白尙可分爲三種：表白敍述故事；對白則爲故事人物的對話，此時必須模仿其腔調、口吻，以突出人物之個性；其他還有獨白，以對人物的內心加以描寫。

總之，評書乃充分利用語言的藝術表現，加上身上動作跟表情，以吸引聽書人的一種民間藝術，在講唱文學中，居於極重要的地位。

至於**彈詞**則是江南（主要以蘇州爲中心的吳語區域）說書的另一種形式，跟評書合稱評彈。彈詞分一人與兩人兩種，一人表演者稱爲單檔，說書人唱時自用三弦伴奏。兩人表演者稱雙檔，一人操三弦，一人則操琵琶。

彈詞除了有評書說的形式外，還加上唱的形式，因此更易引得聽眾的入迷。藝人唱的腔調，往往形成流派，成爲典型。如在淸代時有兪調（兪秀山）、馬調（馬如飛）等，民國以後則流派更多，如蔣調（蔣月泉）、沈調（沈儉安）等皆是，不勝枚舉。

彈詞講究說噱彈唱，說唱已如前述，所謂彈就是伴奏樂器的伴奏技巧，噱卽「噱頭」，江南人所謂「噱頭」，乃指幽默諷刺，引人發笑的笑料。江南俗語說：「無噱不成書。」可見「噱頭」

在彈詞中的重要性❼。

相聲一般由兩人對說，一人為主角，叫「逗哏（音ㄍㄣ）」，另一人為配角，叫「捧哏」。二人互相配合對逗，引人發笑，而笑料則極盡幽默諷刺之能事。

相聲的淵源，可推至六朝及唐代的「參軍戲」。近代的相聲，相傳始自同治年間皮黃戲的小丑朱少文（藝名窮不怕），他因同治去世，國喪不能舉樂演戲，生活無著，於是改說相聲而謀生。他說時僅獨自一人，稱為「單春」（後也稱「單口相聲」），他又收了兩徒弟，叫貧有本跟窮有根，此兩人配合說逗，乃形成兩人說的「對口相聲」。後來相聲還有三人以上合說的，稱「羣口相聲」或「羣活」。

跟相聲近似的，尚有**相書**，或稱「隔壁戲」，表演者在布幕裏用口技模擬各種人物的聲音，維妙維肖，甚至還能表演整段故事。不過它著重口技的表演，而與相聲著重語言藝術者不同。

快書是以說韻文進行表演的曲藝形式，表演者以梨花片（鴛鴦板）控制節奏速度。以其中最著名的山東快書而言，開始時用「春雲板」交待人物，再用「流水板」鋪陳故事內容，最後用「連珠板」形成高潮，結束全篇。韻律靈活，而節奏較其他曲藝為快，故名快書。

❼「噱頭」常因對社會的諷刺，而引起聽眾會心的微笑。大陸為共黨統治後，說書人對於時政的諷刺，每有忌諱，因此「噱頭」大減，於是彈詞的趣味性及吸引性，便大為減弱。其實不單彈詞如此，其他以「說」為主的曲藝，都是如此。

快板一般又叫順口溜、數來寶，多用竹板伴奏、非常簡便，語言也簡單，易於創作。因此沿門賣藝者常以快板的形式求乞，然而因爲創作簡單，羣眾常以此種形式表達心聲。如最近大陸流行一種順口溜以表示對現狀的不滿：

打麻將三宿四宿不睡，喝茅臺三瓶四瓶不醉，跳舞三步四步都會，玩女人三個四個不累，貪污受賄永遠不退，幹工作啥也不會。

這種以高度概括而又形象鮮明地描畫只會吃喝玩樂、貪污腐化的幹部，入木三分，可說正是快板這種形式的特徵。

走唱這種曲藝，表演時邊唱邊說邊舞。像西南一帶的車燈，湖北等地的三捧鼓，東北的二人轉，西北的二人臺，以及各地的打連廂、花鼓等，都包括在內。它的特色，是表演者一邊以敍事者的身分演唱故事，有時卻扮演故事裏的人物，以代言身分作歌舞表演。

鼓曲唱詞，包括大鼓、漁鼓、墜子、琴書、牌子曲、時調小曲等。這些曲種，以唱爲主，唱時以弦樂器伴奏，而以鼓、板等打擊樂器控制節奏。這些曲種大多音樂性強烈，而曲詞內容，則也多爲敍述故事。

在這些曲種裏，流行最廣的，則是**大鼓**，宋詩人陸游（放翁）在〈小舟遊近村〉一詩中說：

「斜陽古柳趙家莊，負鼓盲翁正作場，身後是非誰管得，滿村聽唱蔡中郎。」可見當時大鼓已經流行了，而藝人是盲者，也有近代的曲藝藝人可以印證，如快書中的寧波快書（四明快書），其從業員多是盲者。大略盲者就業困難，而以口耳相傳，習得曲藝，以爲餬口之計，這跟算命業者，多爲盲者，其理正同。

鼓詞通常是非常優美的韻文，採取民歌、話本及故事等資料加以發展，抒情敍事，兼而有之，通俗易懂，而又生動活潑。以大鼓而論，現在的表演，大略拿故事的一段作爲標準，稱爲「段子」，每段大約唱十多分鐘的樣子。句子不是七言，就是十言，有時再加上襯字。

㈣戲曲

戲曲是合說白、歌唱、舞蹈爲一爐的綜合性藝術。我國各地的民間戲曲，其劇種在四、五百種以上，差不多每一地區都有民間戲曲，而其中如平劇、越劇等，已經成爲全國性的劇種，因而平劇又有國劇之稱。至於所有民間戲曲的劇目，更加浩如煙海，已不能以千百計。所以在世界各國中，我國稱爲戲曲大國，孰曰不宜？

我國的地方戲曲，都有**大戲**與**小戲**兩個大系統，**大戲**淵源有自，可以溯自金、元的院本。清嚴長明《秦雲擷英小錄》有一段話，敍述大戲的淵源，很有系統，現在根據他的敍述，可以替各地的大戲，列一個系統表：

- 院本
  - 曼綽（俗稱高腔，在京師者稱京腔，流行中國南部）
    - 弋陽腔（江西）
    - 海鹽腔（浙江）
    - 崑山腔（江蘇，梁伯龍，魏良輔始創）
  - 弦索（流行於中國南部）
    - 樅陽腔（吹腔・安徽）
    - 湖廣腔（襄陽腔・兩湖、兩粵、貴州、四川）
    - 秦腔（陝西、河北、山東、山西、河南）

至於**小戲**，大多是以清唱民歌或其他曲藝的形式爲基礎，漸漸發展而成。例如**越劇**，現在已是江南地區的一個主要劇種，甚至已有全國的聲望，但在清末民初之時，它還是被稱爲「小歌戲」的小戲，甚至連戲劇的形式都沒有，只是兩人對唱而已。柴蕚《梵天廬叢錄》，對越劇的起源，敍述甚詳：

> 的篤戲或曰小歌戲，肇始於吾浙之嵊縣。在初原係一種歌曲，敲板按拍，娓娓動聽，是以彼處戴盆荷簣之夫，皆喜歌之。……每三四句或五六句必一頓，而以「啊呵呤啊」等音銜

接之。……節歌之器，以竹箸擊小鼓，和以拍板，另一人擊劉海籤（此物今已不用），聽者全集。民國二年，嵊西童家村有王桂老童大砲者，將所歌各曲，編排戲文，登臺試演。淫情浪態，過於花鼓戲。……邑令以有害風化，出示嚴禁。地方敗類，從而庇之，反較未禁前為盛。日久禁弛，劣紳乃選集各班名角，於嵊城江西會館開設振業戲園，座位常苦不容。未幾，風行各地，若滬杭紹等處，亦陸續開園演唱。

這大致說明地方小戲成長的一種過程：

(1)起初只是一種清唱，連伴奏的樂器都沒有。遇到有過門之時，也用「啊呵呤啊」等和音幫腔，所以越劇早期也稱爲「呤哦調」。

(2)節奏的樂器，不過是小鼓、拍板，伴著演員演唱。所以越劇早期也稱爲的篤班。

(3)大多在鄉村中流行，但農村工作規律，日出而作，日入而息，因此這些小戲，只是在農閒時作爲消遣。

(4)開始時歌者都是業餘的，逐漸一些歌優者乃轉入半職業化，以適應聽眾的需要，但起初也是在農閒之時演唱，農忙之時依舊在田工作，農閒時據此賺點外快。

(5)起先無所謂服裝、化裝，可能女角略用胭脂、包頭而已，男角可能完全本色。所演節目，也大多沒有完整的故事。

(6)由鄉村至城鎭，由流通而至固定演出場所，乃逐漸注意腳色及劇本。起先所演，大多爲男女愛情之小戲，描寫男貪女愛，因此紫蔘說其「淫情浪態」「有害風化」。

(7)小戲語言，簡單易懂，所以容易吸引羣眾，雖經官府禁演，但民眾需要娛樂，因而演者自演，最後造成愈禁愈盛的現象。民間活動，不能禁止，只宜疏導，於此可得一證。

上面七點，也大致說明地方小戲的一種特性。地方小戲因初期根本缺乏固定的場所演出，也沒有布景可言，所用的道具也非常的簡單，所以劇情的發展，完全依賴演員通俗的唱白，和虛擬的舞蹈來表達。因此小戲的演員常常比較入戲，形成劇中人跟演員打成一片，觀眾也深受感動，隨著劇情的發展而悲泣喜笑，渾然不覺這是在演戲，這可以說正是我國戲曲的藝術基礎。

地方小戲因爲劇種太多，不能一一介紹，茲再以秧歌戲、灘簧、花鼓戲三種，略爲敍述，以概其餘。我國地方小戲，在北方多稱爲秧歌戲，在南方多稱爲花鼓戲，在華東江南，則多稱爲灘簧。所以我選擇這三種，也是因爲它們富有代表性的緣故。

秧歌流行的地區頗廣，凡是河北、河南、山東、山西諸省，都有秧歌戲。至於其來源，學者們大多以爲本是農民插秧時所唱之歌謠，轉而變爲俗曲，再加上表演，便成爲一種小戲了。

秧歌所用的樂器，只有鑼鼓、鐃鈸和喇叭等打擊跟吹奏的樂器，沒有絲絃樂器伴奏，因此唱的腔調也非常簡單，平常只是一板或二板，很少有花腔。所演的劇目，大都是民間的小故事，沒有出將入相的歷史大故事。

在山東，秧歌也有叫肘骨子、五音班、五人班的，至於河北、河南和山西，都還保存著秧歌的名稱。北方還流傳一種**蹦蹦戲**，又叫評戲或評劇，它跟評書和秧歌戲都有淵源的關係。

灘簧是流行在江浙間的地方小戲，在江南幾個主要的城市，都有這種小戲，在寧波的叫寧波灘簧，在蘇州的就叫蘇州灘簧等等。

灘簧的起源，學者們的說法也很歧異，其中以起源於上海的可信度較大些，其理由有以下兩點：

(1)上海素有灘的名稱，如上海灘，以及上海黃浦江邊的地方稱黃浦灘等。可見這個灘字，跟上海有密切的關係，與其他地方則不然。

(2)上海灘簧又稱申灘、滬灘，又稱本地灘簧或本灘。所有流行灘簧的地區，都在灘簧前面冠以地名，然沒有像上海灘簧這樣，冠上「本地」兩個字的，此可見灘簧本起於上海，乃有「本地」之名，其後流傳他處，遂以各處地名為名了。

上海灘簧大約在乾隆四十年前後產生，初期流行於上海東鄉，故也稱東鄉調，後來也叫過花鼓戲❽，其後遂有灘簧的名稱，經過不斷地改良，在民國以後稱為「申曲」，就變成一種地方小戲了。

❽上海灘簧與流行湖南、湖北的花鼓戲雖是同名，只是因為兩者伴奏的樂器中，都有一個花鼓，因而得名。兩者雖有同名，卻非同源。

本灘所演，不外小兒女私情，一部分是民間故事，一部分幾乎沒有故事情節可言，如〈賣草囤〉、〈賣青炭〉、〈賣紅菱〉、〈賣橄欖〉等以「賣」字作劇目的，只是男女二人，藉說唱互逗而已。灘簧所用的伴奏樂器極簡單，只是二胡等簡單絃樂器而已，有時清唱，只有拍板節奏，這點跟越劇非常類似。因此演員咬字清脆，易聽易懂，非常重要。

花鼓戲盛行在湖南湖北一帶。它的起源，據歐陽予倩〈從漢調說到花鼓戲〉說：

> 花鼓戲起源於一種牧歌，但是與其說牧歌，不如說山歌。牧歌是游牧者唱的山歌，歌是限於牧。我們那邊（指湖南）的山歌，只有秧歌和採茶兩種，牧歌從來沒有聽過。採茶種秧都是在春夏之交，那個時候，男男女女大家唱著戀歌，互相吸引，以求安慰。唱來唱去，唱成一種新調，加以戲劇的組織，便變成了花鼓戲。所以花鼓戲我們又叫採茶戲。

不過湖南的花鼓，是由廣西的採茶傳入演進的，雖有些戲劇的結構，但並沒有完全脫離山歌的格調。湖北的花鼓戲已經是一種獨立的戲曲，因此兩湖的花鼓戲，並不完全相同。在伴奏上說，湖南的花鼓戲用鑼鼓及弦樂器二胡，湖北的花鼓戲則只有打擊樂器，沒有弦樂器，尾腔需要和唱幫腔，以代替過門。

湖北的花鼓戲，經過不斷地改良，以及吸收漢劇的優點，逐漸脫離了原來的型態，又改名為楚劇，便成爲一個新興的劇種了。

四・民間文學的搜集、整理與研究

以上把民間文學的重要部門大略敍述一過，由此我們知道民間文學的領域，浩瀚無邊。我中華民族歷史悠久，又有很多少數民族。上面敍述，全部是屬於漢民族的，而其他少數民族的民間文學，也不知有凡幾。所以民間文學，在研究文學的人來說，實在是一個重要的課題。尤其是很多材料，都是保留在口頭，並沒有書面的資料。這些活的資料，很可能隨著保留人的逝世，一去不回，永遠不能再加搜集。因此，搜集、整理、研究民間文學，是最急迫最重要的工作。

楊蔭深氏在他的《中國俗文學概論》〈緒論〉一章裏，曾提及研究俗文學，有四個困難，約略爲下列四點：

(1)俗文學大多保存於口頭，門類既廣，作品又多，因此材料不易搜集。

(2)作品中充滿方言俗語，不易了解。有些門類的分別，乃至起源，也是說法不一，不容易下結論。

(3)古代的俗文學因缺乏書面保存的材料，更加難以研究。如宋、金的雜劇與院本，已一本也沒有傳世了，因此要測知眞相，實在難上加難。

(4)俗文學隨時產生，又隨時變化。若不時時搜集，則新的產生，舊的已被厭棄，就無法再加搜集。

這四點大略都是談到民間文學搜集、整理及研究的困難問題。研究民間文學的學者，大多對於這些問題，有些原則性的看法，歸納起來，略如下述。

搜集方面，需要顧到全面性，只要是民間文學的資料，不管古今，都要加以搜集。甚至同一作品的異文，也都要加以搜集，以備學者可以作綜合的研究。

整理方面，需要慎重，尤其對於搜集所得的材料，要加以忠實的記錄，絕不可以擅加改動、增刪，也不能加以修飾，以便保留其本色。對於其語言中的各種稱呼，也要保留其原貌。總之，記錄民間文學，一定要保持其作品的完整性，以及其語言原有的風格，雖方言土語，也一定要忠實地記錄。若是屬於「唱」的方面的作品，也一定要忠實地記下曲譜。

大陸研究民間文學的學者，儘管在搜集跟整理方面，很努力地工作，然而限於環境，及共產黨的種種限制，始終不能有很好的成就。像我上面在順口溜方面提到，諷刺貪污腐敗的幹部一則，肯定他們不會搜集。他們甚至不肯承認這些作品是產生民間，反之，恐怕要給這些作品戴頂帽子，說是僞造汚衊祖國的僞民間文學了。

舉例來說，譚達先《中國民間文學概論》中，其第六章〈民間文學中的僞品與糟粕〉，專章討論所謂民間文學的「眞品」與「僞品」，以及「精華」與「糟粕」。觀其所舉的例子，大多以所謂「黨性」「階級性」來作分別的標準，像這樣帶了有色眼鏡來作民間文學的搜集與整理，又如何避免偏見？婁子匡、朱介凡二氏合著的《五十年來的中國俗文學》，第一四八頁起，有專節〈赤色大陸假造歌謠〉，敍述共產黨假造歌謠的情形。然則對於民間文學的搜集與整理，已抱偏頗態度，進一步再加僞造，則直是對民間文學的一種侮辱了。

這種對民間文學的態度，大陸學者也是直言不諱的，段寶林《中國民間文學概要》一書，有〈社會主義新故事〉專節，敍述在一九六二年，上海曾舉辦故事員訓練班，訓練學員們講述所謂「社會主義的新故事」，以爲共產黨的宣傳，進而在工廠、里弄組織故事會。在這種情形下，羣眾對於聽故事，豈非引爲苦事，跟出公差看樣板戲有什麼兩樣？段寶林氏敍述這類事實，篇幅不少，還認爲「新故事」大大豐富了羣眾的文化生活，使社會主義新文化在偏僻的農村也生根發芽。這是把民間文學當作工具，所謂民間故事，根本就變成了帝王故事，而帝王故事正是他們要打倒的民間文學的僞品。在如此矛盾下研究民間文學，如何能有成就？並且進一步的，還增加研究民間文學學者的負擔，將來要如何清除這些眞正民間文學的僞品。

五・民間文學概論著作簡介

我國近代研究民間文學的著作與論文極多，無法一一列舉。本文爲導讀性質，故僅就概論性的著作，擇其有代表性的，介紹數種於後，以備參考：

《民間文學》

徐蔚南著　民國十七年世界書局再版

《中國民間文藝》

王顯恩著　民國二十一年廣益書局出版

《中國民眾文藝論》

陳光堯著　民國二十四年商務印書館出版

《中國俗文學史》

鄭振鐸著　民國二十七年商務印書館出版

此書臺灣商務印書館曾重印再版，唯改名爲鄭篤。又民國四十七（一九五八）年，大陸人民文學出版社曾出版北京師範大學中文系五五級學生集體編寫的《中國民間文學史》，曾對鄭著，大事批判。但《中國民間文學史》寫作之水準極差，對於古代文學作品，凡合其教條框框，皆崇之爲民間文學，否則一筆抹煞。

《中國俗文學概論》

楊蔭深著　民國三十五年世界書局出版

此書臺灣世界書局於民國五十四年再版，與朱自清《中國歌謠》合刊，爲【中國俗文學叢刊】第一集，第七册。卷後並附《中國游藝研究》，分〈雜技〉、〈弈棋〉、〈博戲〉等三大類。

《民間文藝概論》

趙景深著　民國三十九年（一九五〇）北新書局出版

《民間文學概論》

匡扶著　民國四十六（一九五七）年甘肅人民出版社出版

《中國民間文學講話》

馮明之著　民國四十六（一九五七）年香港上海書局出版，民國六十七年臺北莊嚴出版社出版署名該社編輯部，並改名「民間文學與愛情」。

《民間文學知識講話》

張紫晨著　民國五十二（一九六三）年吉林人民出版社出版

《五十年來的中國俗文學》

婁子匡、朱介凡合著　民國五十二年正中書局出版

本書在〈導論〉的第五部分「五十年來中國俗文學的進程」裏，對於民國以來研究民間文學的團體、刊物、著作等，介紹極詳細。內有㈠俗文學研究的目錄，㈡俗文學的綜

合集錄，㈢俗文學的專刊。第六部分「從敦煌變文看俗文學的歷史傳承」中錄有㈠七十八種敦煌變文，㈡有關敦煌變文的著述（分：甲、目錄與文輯；乙、研究；丙、校跋）等，皆富目錄參考的價值。

《中國民間文學概論》

譚達先著　民國六十九（一九八〇）年香港商務印書館出版

此書爲譚氏所著【中國民間文學理論叢書】❾的導論之部，據譚氏自序，讀者可以把此叢書合起來閱讀，也可分開逐本閱讀。因爲各本有一定之聯繫，又各不相同。

又此書卷末，附錄：參考資料選抄和主要理論、作品參考書目，共分十項，極具參考價值：

⑴現代探究民間文學淵源於五四文學革命

---

❾【中國民間文學理論叢書】，譚達先著，臺北木鐸出版社將其影印出版，共有下列各部：
《中國民間文學概論》
《中國神話研究》
《中國民間寓言研究》
《中國民間童話研究》
《中國動物故事研究》
《中國民間戲劇研究》
《中國評書（評話）研究》
《中國民間謎語研究》

(2)民間文學工作的道路
(3)民間文學的藝術傳統
(4)二、三〇年代北京大學的民間文學工作
(5)二、三〇年代中山大學民俗學會及國內其他民俗學團體的民間文學工作
(6)二、三〇年代民間故事作品叢書
(7)二〇—四〇年代重要謠諺集書目
(8)二〇—四〇年代重要民間文學理論集書目
(9)五〇—六〇年代重要民間文學理論集書目
(10)五〇—六〇年代重要的民間文學雜誌、叢書和作品集書目

《中國民間文學概要》
段寶林著　民國七十（一九八一）年北京大學出版社出版

應用文

董俊彥

一・導言

(一) 應用文的意義

凡是以文字爲抒發情感、闡述思想、傳情致意所記錄而成的文件，皆可謂之爲廣義的「應用文」。所以，它的範圍包羅萬象。但是，抒發情感或闡述思想，皆因自娛性或自發性，有感而發，記錄自己的情感或對某一事物的看法，完全是自我發洩或自我娛樂，並不一定要公諸於世，如日記、讀書札記或純文學作品之類，故無特殊的格式，也無特別的實用意味，不必歸之爲「應用文」。今之所謂「應用文」，是指狹義的「應用文」，乃重在實用，重在傳情致意，強調人與人間、人與機關團體間，或機關團體與機關團體間因特定事物所往來的文字，始謂之爲「應用文」。這些公私間因特定事物往來應用之文字，由於相沿成習，蔚成風尚，形成大家共同遵行的一種特殊格式與術語。今日學習應用文，就是要認識這些特殊格式與術語，如果不識這些特殊格式與術語而亂寫一通，就會貽笑大方。「應用文」雖然不是什麼大學問，但要達到盡善盡美的地步，還需要有一些學養加以輔助，才能完成一篇優美的應用文來。

(二)應用文的特質

應用文既然是人與人間、人與機關團體間，或機關團體與機關團體間因特定事物而傳情致意的文書，故必須具備有以下的特質：

1. 對象：

應用文既是因特定事物而傳情致意，必然要有特定對象，此一對象，有時是人，包括個人或多數人，有時是機關團體。無論如何，對象必定是與此文有關聯的特定人或機關團體。不像一般文章只因自娛或自發而爲，漫無特定對象，可以任意寫作，盡情揮灑。

2. 實用目的：

應用文既有特定對象，又因特定事物而起，爲了要解決特定事物，故必有實用目的。因此，其內容必定在此特定事物的範圍內，不可海濶天空，憑空虛構，任意發揮，而失去實用目的。

3. 時間性與空間性：

應用文既強調實用目的，其實用目的必然受制於某一時間或某一空間的特定地區，方可適用，才能發揮時效，否則，必失去時效，而失去實用目的。不像一般文章可流傳千古，不受時間或空間的限制。

4. 格式：

應用文既然發生在人與人間、人與機關團體間，或機關團體與機關團體間爲了特定事物而有的文書往來，必然是慢慢演進，而約定俗成，而形成一個固定的格式，以便大家共同遵守。它不像一般文章可以隨心所欲，自由發揮。此爲應用文所該特別重視者。

5. 專門術語：

應用文除了慢慢形成固定的格式之外，其用字遣詞也慢慢形成習慣用語，而成專門術語。不像一般文章可以自創美詞，推陳出新。

唯有合乎以上五個特質，始能稱之爲狹義「應用文」。

㈢ 應用文的種類

綜上所述，狹義應用文的範圍就沒有過去所分那麼廣大、種類那麼繁多，過去有的分類竟高達十七種之多，甚至連演講辭、簡報、標語也包括在內。其實，演講辭所重的是內容與技巧，與狹義應用文所強調的格式與術語不合。簡報、標語亦然，皆重內容，並無特定格式與術語，只是文字的運用，可以不必列入。連契約、規章、啟事、電報、慶弔文、題辭等皆可不必歸入。因為，契約是當事人之間因彼此同意，訂定其權利義務，以便共同履行的一種法律行為。由於涉及法律問題，需具有法律專業知識，始能訂定周延，才能避免某方吃虧，已軼出應用文知識之外。加上又無絕對的款式，當由熟知法律專業知識者為之，故可不必劃入一般應用文內。規章亦是法律性文書，亦可排除在一般應用文外。啟事為告知某事之意，不管是屬於個人或團體，或刊登於報章、雜誌，或透過電視、廣播傳達，或張貼於公共場所，皆無既定格式，又無特定術語，只要將事實能說明清楚即可，此為文字的表達運用，故與應用文之重格式與術語不同，仍可不必歸入狹義應用文內。電報，在今日科技進步，傳眞機出現之後，已被取而代之，逐漸式微，使用率不高，更不必列入應用文內。至於慶弔文包括慶賀與弔祭兩種，皆是表達自己恭賀或哀悼的心情，不受格式的限制，可以長篇大論，盡情表達純粹表達個人才華，文學造詣，已屬一般的作文，不容易寫好，且有專業人員代筆，不宜列入狹義應用文內。題辭也是，是以最簡短的詞句，表達自己稱頌、贊美、慶賀、哀悼的心意，同樣沒有格式，除非自鑄新詞，否則援引過去現成實例，只要取材適當，亦不宜列入狹義應用文內。

因此，狹義應用文的種類可以濃縮爲公文、書信、便條、名片、柬帖、對聯、論文格式等七種，其中尤以公文、書信最爲重要，爲應用文的重點所在。便條、名片較爲簡單，柬帖、對聯又有現成樣本參考，故不擬介紹。値得一提的是把論文格式視爲應用文種類之一，可以說是創舉。主要是鑒於國內近十幾年來各校研究所蓬勃發展，研究生大量增加，論文寫作不能像過去毫無章法，漫無格式的爲所欲爲，自然會汲取西方自然科學與社會科學的論文格式而慢慢形成人文學科的論文格式，以求統一，方便審查。加上中文系所開設的各學科中，無一科涉及論文格式，就是國學導讀或治學方法也都偏重閱讀、研究方法上，對於格式無一涉及。而應用文所強調的重點在於格式，因此，將論文格式列爲應用文講授項目之一，就是爲了彌補此項缺憾。底下僅分別介紹公文、書信、論文格式等三種內容，以供參考。

二・公　文

凡是提到公文時，必須以政府最近所頒布的最新資料為據。政府最近所頒布的公文資料是在民國八十七年三月二十六日行政院祕書處所編印的《文書處理檔案管理手冊》中的「文書處理」部分。以下所論，皆以此為據。

(一) 公文的意義

依民國八十二年二月三日修正公布的公文程式條例第一條云：「稱公文者，謂處理公務之文書。」所謂公務，就是公眾的事務，處理公眾事務的，是政府機關，因此，政府機關為處理公眾事務所作的文書，就是公文。所以，公文必須具備有兩個條件，一是公眾的事務，二是發、受雙方，起碼有一方為機關。由此可知，機關與私人間，或私人與機關間，或機關與機關間往來的文書，皆謂之公文。

至於民間團體，雖屬私人機構，若其團體性質特殊，或在法律上有其地位，其相互間往來的文書，亦可謂之爲公文。

而所謂「文書」，也有加以解釋的必要，因爲處理公務的文書，有其一定的程式。程式就是指程序和格式。程序是指製作公文和傳遞公文的程序，格式則指公文所具備的形式。公文所重視的就是在程式上，尤其是格式上。雖然傳遞公文程序上已非承辦人之工作，但若能瞭解公文傳遞過程，亦能有助於處理公文。

(二) 公文的程序

公文的程序是指完成一件公文的整個過程而言，可分爲製作公文的程序和傳遞公文的程序。

整個流程共包括以下幾個步驟：

1. 收文：

係指將外來的文件點收，通常由外收發人員擔任，然後交給總收文人員。總收文人員收到之後，首先要「拆封」，拆封時要注意公文封上的機密性與時間性，機密性共分絕對機密、極機密、機密、密四等。若爲機密性或書明「親啟」字樣的文件，應送由機關首長指定的密件處理人員或收件人收拆。時間性分爲最速件、速件、普通件三種，遇到速件以上，要盡速登記分送，以爭取時效。拆封之後就要「點收」，點驗來文及附件名稱、數量是否相符。若附件屬現金、有價證券、貴重或大宗物品，應先送出納單位或承辦單位點收保管。然後是「編號」、「登記」，在來文正面適當位置加蓋收文日期編號戳，依序編號，其總收文號按年順序編號，年度中間如遇機關首長更動時，其編號仍應持續，不另更換。並將來文機關、文號、附件及案由摘要登記於總收文登記簿（表）上。

2. 分文：

視來文的內容，依本機關的組織與職掌，確定承辦單位，並在來文右上角上加蓋承辦單位戳，迅速分給承辦單位。若來文內容涉及二個單位以上者，應以來文所敍業務較多或首項業務之主辦單位爲主辦單位，於收辦後再行會辦或協調分辦。以上爲傳遞程序。

3. **擬辦**：

即是承辦人接獲單位收發送來的文書，擬具處理的意見，謂之擬辦。又有屬創稿性質者，即若機關首長或單位主管對主管業務認爲有辦理文書之必要者，得以手諭或口頭指定承辦人擬辦；或負責主辦某項業務之人員，對其職責範圍內之事件，認爲必須以文書宣達意見或查詢事項時，得自行擬辦。若案件與其他單位的業務有關者，應儘量會商或送會。

4. **陳核**：

文件經承辦人擬辦後，應即分別按其性質，使用不同的公文夾，即

(1)最速件用紅色。

(2)速件用藍色。

(3)普通件用白色。

(4)機密件用黃色或特製之密件袋。

遞送主管人員核決。文書之核決，其權責區分如左：

(1)初核者係承辦人之直接主管。

(2)覆核者係承辦人直接主管之上級核稿者。
(3)會核者係與本案有關之主管人員（如無必要則免送會）。
(4)決定者係依分層負責規定之最後決定人。

5. **批示**：

是決定者對於承辦人所擬具意見的決定或指示。通常公文經決定者批示後，即送回承辦人手中，由承辦人據此批示處理或擬稿。

6. **擬稿**：

就是承辦人根據決定者的批示，或主管的交辦，撰擬公文稿。此部分就是應用文中最重要的部分，如何撰擬，留在後面說明。若有會簽，已於擬辦時會核的案件，如稿內所敍與會核時並無出入，應不再送會，以節省時間及手續。會稿單位對於文稿有不同意見時，應由主辦單位綜合修改後，再送決定。

7. **核稿**：

就是承辦人的直接主管就承辦人所擬稿件進行初核，及直接主管的上級進行覆核，謂之核稿。核稿時如有修改，應注意勿將原來之字句塗抹，僅加勾勒，從旁添註，並於修改處加蓋印章。上級主管對於下級簽擬或經辦之稿件，認爲不當者，應就原稿批示或更改，不宜輕易發回重擬。而且核稿人員對於承辦人員所塡稿件之機密性、時間性或重要性，認爲不當時，得予改定並簽名，以示負責。

8. 判行：

是由機關首長或按分層負責之規定由單位主管決定公文稿是否可以繕發，可以者就批示「發」字，若認爲無繕發必要尙須考慮者，宜作「不發」或「緩發」之批示。

9. 繕打：

就是將公文稿繕寫或打字，使成正式公文。分配繕打之文件，應以當日繕打竣事爲原則，若繕打人員對交繕之文稿，認其不合程式或發現原稿有錯誤或可疑之處時，應先請示主管或向承辦人查詢改正後再行打繕。

10. 校對：

公文繕打完畢後應由校對人員負責校對，校對人員應注意繕打公文之款式、內容、標點符號與原稿是否相符，若相符，則於文末加蓋校對章，以示負責。若校對人員發現繕打之文件有嚴重錯誤時，應退回重新打繕，如無關重要者得退回改正後在改正處加蓋校對章。校對人員如發現原稿有疑義或有明顯誤漏之處，應洽承辦人予以改正。重要公文及重要法案經校對人員校對後，爲愼重計宜送請承辦人複校後再送發。

11. 用印：

由監印人員負責，在繕打並校對無誤的公文上蓋用機關印信及首長簽署，非經機關首長或依分層負責規定授權各層主管判發者，不得蓋用印信。蓋用印信要依左列的規定：

(1)發布令、公告、派令、任免令、獎懲令、聘書、訴願決定書、授權狀、獎狀、褒揚令、證明書、執照、契約、證券、匾額及其他依法規定應加蓋印信之文件，均蓋用機關印信及首長職銜簽字章。

(2)呈：用機關首長全銜、姓名，蓋職章。

(3)函：上行文署機關首長職銜、姓名，蓋職章。平行文蓋職銜簽字章或職章。下行文蓋職銜簽字章。

(4)書函、開會通知單、移文單及一般事務性之通知、聯繫、洽辦等公文，蓋用機關或承辦單位條戳。

(5)機關內部單位主管依分層負責之授權，逕行處理事項，對外行文時，由單位主管署名，蓋單位主管職章或蓋條戳。

(6)機關首長出缺由代理人代理首長職務時，其機關公文應由首長署名者，由代理人署名。機關首長因故不能視事，由代理人代行首長職務時，其機關公文，除署首長姓名註明不能視事事由外，應由代行人附署職銜、姓名於後，並加註「代行」二字。機關內部單位基於授權行文，得比照辦理。

(7)會銜公文如係發布命令應蓋機關印信，其餘蓋機關首長職銜簽字章。

此外，公文及原稿用紙在兩頁以上者，其騎縫處均應蓋用騎縫章。文件經蓋印後，原稿不用蓋印，僅在原稿正面加蓋「已用印信」之章戳。

以上為公文製作程序，以下又為傳遞程序。

12.**發文**：

由總發文人員對待發之公文，詳加檢查核對，如有漏蓋印信、附件不全或受文單位不符者，應分別退還補辦。待發之文件，應按其性質依序在文稿發文欄內，編列發文字號及蓋發文日期戳。有關發文字號，各機關得視實際需要，可採用收發文同號，以符合工作簡化原則。

13.**歸檔**：

卽將收文經批存者，或發文後之原稿件，除承辦單位註明發後補判、發後補會者應退承辦單位自行辦理後送檔案管理單位點收歸檔外，其餘稿件應隨同總發文登記表送檔案管理單位簽收歸檔。歸檔後又有檔案管理的規定，此不贅述。整個公文程序，可參閱文書處理流程圖示如左：

文書處理流程圖示（資料來源：《文書處理檔案管理手冊》，頁一二）

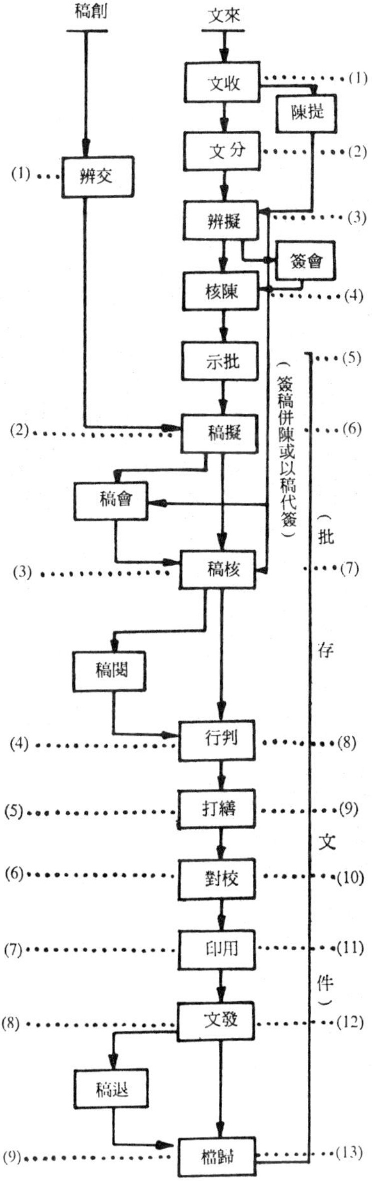

㈢公文的種類

依現行公文程式條例，公文分為六種：令、呈、咨、函、公告、其他公文，其用法如次：

1、令　公布法律，發布行政規章，發表人事命令，總統、軍事機關、部隊發布命令時使用。

2、呈　對總統有所呈請或報告時使用。

3、咨　總統與國民大會、立法院、監察院公文往復時使用。

4、函　各機關處理公務有左列情形之一時使用：

（1）上級機關對所屬下級機關有所指示、交辦、批復時。

（2）下級機關對上級機關有所請求或報告時。

（3）同級機關或不相隸屬機關間行文時。

（4）民眾與機關間的申請與答復時。

5、公告　各機關就主管業務，向公眾或特定的對象宣布周知時使用。

6、其他公文　此項公文類別，在公文程式條例中沒有列舉的規定，而依文書處理檔案管理手冊及事實上的使用情形，大要有以下十一種：

（1）書函

甲、於公務未決階段需要磋商、徵詢意見或通報時使用。

乙、代替過去的便函、備忘錄、簡便行文表，其適用範圍較函為廣泛，舉凡答復簡單案情，寄送普通文件、書刊，或為一般聯繫、查詢等事項行文時均可使用。其性質不如函之正式性。

（2）電報、電報交換、電傳文件、傳真或其他電子文件：求快速時用。令、呈、咨、函等公文，必要時都可使用。

（3）簽

甲、幕僚處理公務，表達意見，以供上級瞭解案情，並作抉擇的依據時使用。

乙、個人對長官有所請示、建議、請求時使用。

（4）報告：個人對長官有所報告或請求時使用。

（5）通知：機關、單位通知個人時使用。

（6）通告、通報：通知機關內各單位、各同仁時使用。

（7）開會通知單：召集會議時使用。

（8）公務電話紀錄：使用電話聯繫、洽詢、通知公務的通話紀錄。

（9）移文單：移送文件時使用。

（10）催辦案件通知單：催辦案件時使用。

（11）交辦交議案件通知單：交辦交議案件時使用。

除以上所列舉者外，尚有手令、手諭、箋函、便箋、聘書、證明書等，依身分、公務性質及處理方式等使用之。

四公文的結構

公文應具備固定的形式，依現行規定，為方便以電子方式傳遞交換，一般公文的結構（見附錄一）可分為下列八項：

1、發文機關全銜及文別　公文上須標明發文機關的全銜，以表示發文主體；並應寫出公文的類別，使承辦人員處理時，一目了然。至於總統發布的令，以及對國民大會、立法院、監察院所用的咨，則應寫為總統令、總統咨，而不能寫成以總統府名義行文的總統府令或總統府咨。

2、發文機關地址及傳真號碼　為便利公文收發機關或民眾間相互聯絡作業，有關相互往來之公文如函等增列發文機關之地址及傳真號碼欄位，以提供完整發文機關資料。令、公告不須此項。

3、受文者　這是行文的對象，在發文者之後，寫明受文機關的全銜或個人的姓名。但公布法律、任免官員的令，另有它的形式，不列「受文者」。公告類，因為是要使公眾周知，沒有特定的受文對象，所以也不必書寫「受文者」。至於機關內部所用的簽、報告、便箋，也可將受文者寫在正文之後，只要在對方的名銜之前加「謹陳」、「右陳」或「此致」、「此上」等字樣即可。

4、管理資料　含速別、密等、發文日期、發文字號及附件等資件。

（1）速別：係指希望受文機關辦理之速別。分「最速件」、「速件」等，普通件不必填寫。令、公告不須此項。

（2）密等及解密條件：分「絕對機密」、「極機密」、「機密」、「密」，解密條件於其後以括弧註記。如非密件，則不必填寫。令、公告不須此項。

（3）發文日期：任何公文，在發文時都要註明發文日期，以為法律上時效的依據。

（4）發文字號：任何公文，在發文時都要編列發文字號，以便於檢查。這對發文、受文兩方面，同屬必要。如答復對方來文時，須將來文的字號寫上，一方面固然便於自己的引據，另一方面也使對方易於查考。

（5）附件：公文如有附件，應在此項下註明名稱及數量或其他有關字樣。

（6）正本、副本：公文除了正本之外，如果公文內容涉及正本受文者以外的有關機關或人民，為了加強聯繫，配合工作，以提高行政效率，因此發送和正本的內容、形式完全相同的副本。為便利電子傳遞交換時正、副本項下所列機關（單位）名稱之擷取，宜將所有正、副本發送機關列明。但為避免因正、副本項下資料較多時，影響公文本文顯現位置，將正本及副本項目移至本文後面。

5、本文　即公文的主體。茲將發布令、函、公告、書函、簽的基本結構分別說明如下：

（1）令

甲、發布令（見附錄二）

子、發布行政規章之令文可不分段，敘述時動詞一律在前，例如：

訂正「○○○施行細則」。

修正「○○○辦法」第○條文。

廢止「○○○辦法」。

丑、多種規章同時發布，可併入同一令內處理。

寅、發布之方式可以公文分行或登載於各級政府公報，由各機關自行規定。

乙、人事命令

子、人事命令分：任免、遷調、獎懲。

丑、人事命令格式由人事主管機關訂定。

（2）函

甲、行政機關的一般公文以「函」為主（見附錄三），製作要領如左：

子、文字敘述應儘量使用明白曉暢、詞意清晰的文字，以達到公文程式條例第八條所規定「簡、淺、明、確」的要求。

丑、文句應正確使用標點符號。

寅、文內避免層層套敘來文，只要摘述要點。
卯、應絕對避免使用艱深費解、無意義或模稜兩可的詞句。
辰、應採用語氣肯定、用詞堅定、互相尊重的詞句。
巳、函的結構，採用「主旨」、「說明」、「辦法」三段式，案情簡單可用「主旨」一段完成者，勿硬性分割為二段、三段；「說明」、「辦法」兩段段名，均可因事、因案加以活用。

乙、分段要領

子、「主旨」：為全文精要，以說明行文目的與期望，應力求具體扼要。
丑、「說明」：當案情必須就事實、來源或理由，作較詳細的敘述，無法於「主旨」內容納時，用本段說明。本段段名，可因公文內容改用「經過」、「原因」等其他名稱。
寅、「辦法」：向受文者提出的具體要求無法在「主旨」內簡述時，用本段列舉。本段段名，可因公文內容改用「建議」、「請求」、「擬辦」、「核示事項」等其他名稱。

丙、各段規格

子、每段均標明段名，段名之上不冠數字，段名之下加冒號「：」。
丑、「主旨」一段不分項，文字緊接段名書寫。

寅、「說明」、「辦法」如無項次，文字緊接段名書寫；如分項條列，應另行低格書寫為一、二、三、……，（一）（二）（三）……，1、2、3、……，（1）（2）（3）……。

卯、「說明」、「辦法」中，其分項條列內容過於繁雜、或含有表格型態時，應編列為附件。

丁、「函」之正文，除按規定結構撰擬外，並應注意左列事項：

子、訂有辦理或復文期限者，應在「主旨」內敘明。

丑、承轉公文，應摘敘來文要點，不宜在「稿」內書：「照錄原文，敘至某處」字樣，來文過長仍應儘量摘敘，無法摘敘時，可照規定列為附件。

寅、概括的期望語「請　核示」、「請　查照」、「希照辦」等，列入「主旨」，不在「辦法」段內重複；至具體詳細要求有所作為時，應列入「辦法」段內。

卯、「說明」、「辦法」須眉目清楚，分項條列時，每項表達一意，其意義完整者，雖一句，可為一項；否則雖字數略多亦不應割裂。

辰、通常行文的目的如僅為檢送文件，則採一段完成的寫法，將附件名稱及份數在「主旨」段內敘明；若採用二段以上的寫法，則附件名稱及份數，寫在「說明」段的最後一項，並在「管理資料」的「附件」項下註明「見說明段第○項」字樣。

附件在兩件以上，應冠以數字，以促使受文者注意。

巳、文末首長簽署，敘稿時，為簡化起見，首長職銜之下僅書「姓」，名字則以「○○」表示。

午、須以副本分行者，應在「副本」項下列明；如要求副本收受者作為時，則應改在「說明」段內列明。

（3）公告（見附錄四）

甲、公告一律使用通俗、簡淺易懂的文字製作，絕對避免使用艱深費解的詞彙。

乙、公告文字必須加註標點符號。

丙、公告內容應簡明扼要，各機關來文日期、文號及會商研議過程等，非必要者，不必在公告內層層套用敘述。

丁、公告的結構分為「主旨」、「依據」、「公告事項」（或說明）三段，段名之上不冠數字，分段數應加以活用，可用「主旨」一段完成者，不必勉強湊成兩段、三段。

戊、公告分段要領

子、「主旨」應扼要敘述公告之目的和要求，其文字緊接段名冒號之下書寫。

丑、「依據」應將公告事件之原因敘明，引據有關法則及條文名稱或機關來函，非必要不敘來文日期、字號。有兩項以上「依據」者，每項應冠數字，並分項條列，另行低格書寫。

寅、「公告事項」（或說明）應將公告內容，分項條列，冠以數字，另行低格書寫。使層次分明，清晰醒目。公告內容僅就「主旨」補充說明事實經過或理由者，改用「說明」為段名。公告如另有附件、附表、簡章、簡則等文件時，僅註明參閱「某某文件」，公告事項內不必重複敘述。

己、公告登載時，得用較大字體簡明標示公告之目的，不署機關首長職稱、姓名。

庚、一般工程招標或標購物品等公告，得用表格處理，免用三段式。

辛、公告張貼於機關布告欄時，必須蓋用機關印信，於公告兩字下闢出空白位置蓋印，以免字跡模糊不清。

（4）書函　書函文字用語比照「函」之規定。

（5）簽　簽可分為兩種：一為機關內部單位簽辦案件，依分層授權規定核決，簽末不必敘明陳某某長官字樣。二為具有幕僚性質的機關首長對直屬上級機關首長之「簽」，文末得用「右陳　〇〇長」字樣（見附錄五）

6、署名　發文機關首長於本文之後，應簽署職銜姓名，或加蓋印章，以示負責。遇有機關首長出缺或因故不能視事時，則該機關所發公文之署名，依照公文程式條例第四條規定辦理。

7、印信　公文蓋用印信，旨在防止偽造、變造，以資信守。

8、副署　這是依法應副署的人，在公文的首長署名之後，加以副署，以示與首長共同負責之意。依憲法第三十七條規定：「總統依法公布法律，發布命令，須經行政院院長之副署，或行政院院長及有關部會首長之副署。」但依中華民國憲法增修條文第二條第二項：「總統發布行政院院長與依憲法經國民大會或立法院同意任命人員之任免命令及解散立法院之命令，無須行政院院長之副署。」不需副署的公文，也不得任意加以副署。

(五) 如何撰擬公文

瞭解了公文的意義、程序、結構、種類之後，學習公文最主要的目的就是如何撰擬，以下介紹撰擬公文的幾個基本方法：

1. 確定行文目的與立場：

首先，撰擬公文之前，先要確知行文的目的為何？為何撰擬此公文？當然對於案情必已洞悉，瞭解行文的原因，也知道所依據的規定、法令，然後確定所要達到的效果，才能決定行文的內容。否則，不知行文的目的為何，則無從下筆。在下筆之前，亦要注意行文的立場，就是發文者與受文者之間的關係為何，這就牽涉到政府行政組織系統，要知道其系統關係，才能確定立場。如行政院所屬的各部會署局，為同一個行政組織體系，為相隸屬的關係，行政院與各部會署局，或各部會署局與行政院往來的公文，謂之下行文與上行文。若各部會署局之間爲不相隸屬之關係，其往來之公文謂之爲平行文。瞭解發文與受文之間的立場，則可決定是爲上行文、下行文，或平行文，其措辭用語也因之而異。

2.明瞭各類公文之不同格式：

確定行文的目的與立場後，則可依行文事項之性質選用適合其類別的公文，公文因不同的類別而有不同的格式，撰擬者要能瞭解。

3.熟知公文的用語：

公文既經約定俗成，自然慢慢形成一定的習慣用語，撰擬公文之前，必定要能熟知公文的用語，不僅用語要熟知，用字也要特別注意。以下引用「公文用語表」（見附錄六）及行政院所頒布的「法律統一用字表」（見附錄七）以供參考。

4.文字力求簡、淺、明、確：

在撰擬公文之時，文字要依公文程式條例第八條規定：「公文文字應簡淺明確，並加具標點符號。」「簡」就是「簡潔」之意，不要拖泥帶水；「淺」是「淺顯」，不要艱深古奧；「明」是「明白」，不要含意不清；「確」是「確實」，不要空洞不實。

在撰擬公文之前，能熟知公文的用語，又能知各類公文的不同格式，撰擬時又能確定行文的目的與立場，行文時文字能掌握簡、淺、明、確的原則，必能完成一篇完美無誤的公文來。

附錄一：公文紙格式（資料來源：《文書處理檔案管理手冊》，頁五二）

1.5公分

裝　訂　線

1.0公分

（機關全銜）（文別）

（會銜公文機關排序：主辦機關、會辦機關）

機關地址：（會銜公文列主辦機關，令、公告不須此項）

傳　　真：（會銜公文列主辦機關，令、公告不須此項）

受文者：（令、公告不須此項）

速別：（令、公告不須此項）

密等及解密條件：（令、公告不須此項）

發文日期：

發文字號：（會銜公文機關排序：主辦機關、會辦機關）

附件：

2.5公分

（本文）（令：不分段

公告：主旨、依據、公告事項三段式

函、書函等：主旨、說明、辦法三段式）

（會銜公文：按機關排序蓋用機關首長簽字章

令：蓋用機關印信、機關首長簽字章

公告：蓋用機關印信、機關首長簽字章

函：上行文——署機關首長職銜蓋職章

下行文——機關首長簽字章

書函、一般事務性之通知等：蓋機關（單位）條戳）

2.5公分

正本：（令、公告不須此項）

副本：（含附件者註明：含附件或含○○附件）

（蓋章戳）

3公分

說明：

一、本格式以A4七十磅以上模造紙（或再生紙）製作。

二、依據「公文程式條例」，如以電子交換方式行之，得不蓋用印信。

三、一般公文蓋用機關印信之位置，以在首頁中間偏右下方空白處用印為原則，簽署使用之章戳位置則於全文最後。

附錄二：令的作法舉例（資料來源：《文書處理檔案管理手冊》，頁六五）

行政院令

發文日期：中華民國〇〇年〇〇月〇〇日

發文字號：（　　）　　字第　　號

訂定「票據法施行細則」。

附「票據法施行細則」一份

院長〇〇〇

附錄三：函的作法舉例（三段式、二段完成、下行函、通函、創稿、有副本收受者）

臺東縣政府　函

機關地址：
傳真：

受文者：各國民中學

速別：
密等及解密條件：
發文日期：中華民國○○年○○月○○日
發文字號：（　）字第　號
附件：

主　旨：各校應切實按照「課程標準」規定召開班會，使學生了解會議進行程序，培養其民主政治理念，希照辦。

說　明：

一、各校得視實際需要情形，酌予安排學生參觀各級地方民意機關及政府活動項目，並洽請被參觀機關指定專人負責講解該機關概況，以增認識。

二、各校班會實施情形，列入視導考核重點。

正本：各國民中學
副本：各督學、教育局學管課　　　　縣長　〇〇〇

附錄四：公告的作法舉例（張貼用、三段式）

內政部　公告

發文日期：中華民國〇〇年〇〇月〇〇日
發文字號：（　）　　字第　　　號

主　旨：公告民國〇〇年出生的役男應辦理身家調查。

依　據：徵兵實施條例。

公告事項：

一、民國〇〇年出生的男子，本年已屆徵兵及齡，依法應接受徵兵處理。

二、請該徵兵及齡男子或戶長依照戶籍所在地（鄉、鎮、區、市）公所公告的時間、地點及手續，前往辦理申報登記。

部長　〇〇〇

附錄五：簽的作法舉例（具有幕僚單位性質的機關首長對上級機關首長用。資料來源：《文書處理檔案管理手冊》，頁八一）

簽　於（機關或單位）

主　旨：○○部為亞洲開發銀行請撥付亞洲蔬菜研究發展中心補助費新臺幣○○○元，擬准動支本年度第二預備金，簽請　核示。

說　明：○○部函為○○銀行以亞洲開發銀行請自該行B帳戶我國繳付本國幣股本內支付亞洲蔬菜研究發展中心新臺幣○○○元，業已先行墊撥，上項亞洲蔬菜研究發展中心補助費，本年度未列預算，既由○○銀行墊付，請准在○○年度第二預備金項下撥還歸墊。又本案事關涉外重要案件，特專案簽辦。

擬　辦：擬准照○○部所請在本年度中央政府總預算第二預備金項下動支。

敬陳

○　長

副○長

○　○　○（蓋職章）（日期）

附錄六：公文用語表（資料來源：張仁青《應用文》，頁二四—二八。）

類別	用語	適用範圍	備考
起首語	查・關於・謹查	通用。	儘量少用。
	制（訂）定・修正・廢止	公布法令用。	
	特任・特派・任命・派・茲派・茲聘・僱	任用人員用。	
稱謂語	鈞	有隸屬關係之下級機關對上級機關用，如「鈞部」、「鈞府」。	㈠直接稱謂時用之。㈡書寫「鈞」、「大」、「貴」、「鈞長」、「鈞座」時，均應空一格示敬。
	大	無隸屬關係之較低級機關對較高級機關用，如「大部」、「大院」。	
	貴	有隸屬關係及無隸屬關係之上級機關對下級機關、或無隸屬關係之平行機關、或上級機關首長對下級機關首長、或機關與社團間用之，如「貴會」、「貴社」。	
	鈞長・鈞座	屬員對長官、或有隸屬關係之下級機關首長對上級機關首長用。	
	台端	機關或首長對屬員、或機關對人民用。	

	先生・君・女士	機關對人民用。	
	本	機關學校社團或首長自稱，如「本縣」、「本校」、「本廳長」。	
	職	屬員對長官、或下級機關首長對上級機關首長自稱時用之。	
	本人・名字	人民對機關自稱時用。	
	該・職稱	機關全銜如一再提及可稱「該」，對職員則稱「該」或「職稱」。	間接稱謂時用之。
引述語	奉	接獲上級機關或首長公文，於引敘時用。	「奉」、「准」、「據」等字儘量少用。
	准	接獲平行機關或首長公文，於引敘時用。	
	據	接獲下級機關或首長或屬員或人民公文，於引敘時用。	
	奉悉	接獲上級機關或首長公文，於開始引敘完畢時用。	
	敬悉	接獲平行機關或首長公文，於開始引敘完畢時用。	

	已悉	接獲下級機關或首長公文，於開始引敘完畢時用。
	復……（來文年月日字號）……函	於復文時用。
	依據、根據……（來文機關發文年月日字號及文別）……辦理	於告知辦理之依據時用。
	……諒蒙鈞察（發文年月日字號及文別）……	對上級機關發文後續函時用。
	……諒達・計達（發文年月日字號及文別）……：：	對平行或下級機關發文後續函時用。
經辦語	遵經・遵即	對上級機關或首長用。
	業經・經已・均經・迭經・旋經	通用。
准駁語	應予照准・准予照辦・准予備查	上級機關對下級機關或首長用。
	未便照准・礙難照准・應毋庸議・應從緩議・應予不准・應予駁回	同右。
	如擬・可・照准・准如所請・如擬辦理	機關首長對屬員或其所屬機關首長用。

	敬表同意・同意照辦	對平行機關表示同意時用。	
	不能同意辦理・歉難同意・無法照辦・礙難同意	對平行機關表示不同意時用。	
除外語	除……外・除……暨……外	通用。	如有副本，可儘量少用。
請示語	是否可行・是否有當・可否之處	通用。	
期望及目的語	請 鑒核・請 核示・請 鑒察・請 鑒核備查・請 核備	對上級機關或首長用。	
	請 查照・請 察照・請 查照辦理・請 查核辦理・請 查照見復・請 查照辦理見復・請 查照轉告・請 查照備案・請 查明見復	對平行機關用。	
	希 查照・希 查照轉告・希照辦・希辦理見復・希轉行照辦・希切實辦理	對下級機關用。	
抄送語	抄陳	對上級機關或首長用。	有副本或抄件時用之。
	抄送	對平行機關、單位或人員用。	
	抄發	對下級機關或人員用。	

附送語	附・附送・檢附・檢送	對平行及下級機關用。	
	附陳・檢陳	對上級機關用。	
結束語	謹呈	對總統簽用。	
	謹陳・敬陳・右陳	於簽末用。	
	此致・此上	於便箋用。	

附錄七：法律統一用字表（資料來源：《文書處理檔案管理手冊》，頁五八—六〇。）

用字舉例	統一用字	曾見用字	說明
公布・分布・頒布	布	佈	
徵兵・徵稅・稽徵	徵	征	
部分・身分	分	份	
帳・帳目・帳戶	帳	賬	
韭菜	韭	韮	

礦・礦物・礦藏	礦	鑛	
釐訂・釐定	釐	厘	
使館・領館・圖書館	館	舘	
穀・穀物	穀	谷	
行蹤・失蹤	蹤	踪	
妨礙・障礙・阻礙	礙	碍	
賸餘	賸	剩	
占・占有・獨占	占	佔	
牴觸	牴	抵	
雇員・雇主・雇工	雇	僱	名詞用「雇」。
僱・僱用・聘僱	僱	雇	動詞用「僱」。

贓物	贓	贜	
黏貼	黏	粘	
計畫	畫	劃	名詞用「畫」。
策劃・規劃・擘劃	劃	畫	動詞用「劃」。
蒐集	蒐	搜	
菸葉・菸酒	菸	煙	
儘先・儘量	儘	盡	
痲類・亞痲	痲	蔴	
電表・水表	表	錶	
擦刮	刮	括	
拆除	拆	撤	

磷・硫化磷	磷	燐	
貫徹	徹	澈	
澈底	澈	徹	
祇	祇	只	副詞。
並	並	并	連接詞。
聲請	聲	申	對法院用「聲請」。
申請	申	聲	對行政機關用「申請」。
關於・對於	於	于	
給與	與	予	給與實物。
給予・授予	予	與	給予名位、榮譽等抽象事物。
紀錄	紀	記	名詞用「紀錄」。

記錄	記	紀	動詞用「記錄」。
事蹟・史蹟・遺蹟	蹟	跡	
蹤跡	跡	蹟	
糧食	糧	粮	

三・書信

㈠ 信封部分

信封分有中式信封與西式信封兩種，此所介紹以中式信封爲主。凡是寫在信封上的文字，謂之封文。中式信封上中間印有長方形紅框，在其上頭空白的謂之天頭，在其下面空白的謂之地廓，一般天頭比較長，地廓比較短。長方形紅框並將信封分成左右中三欄，在紅框右邊的謂之框右欄，紅框裏面的謂之框內欄，紅框左邊的謂之框左欄。由於書信投遞的方式不同，有用郵寄的、有託人帶交的、有派人專送的，故其書寫的方式因之而異，以下分別加以介紹。

1. 郵寄封：

即透過郵局，由郵差代爲投遞的，其信封的寫法如下：

(1)框右欄：

包括有受信人的地址及郵遞區號，或轉交人及轉交語。郵遞區號是郵局爲了加速郵件的分遞利用機器而設計，故務必要書寫，以加快郵件投遞的速度。過去郵遞區號與地址混同書寫，使用者頗感不便，現已移回信封右上方上，仍維持五位號碼。希望大家多加配合，利己利人。受信人地址是寫給郵差看的，務必要寫清楚，否則投遞不到。地址第一個字從何寫起，約從信封中間紅長框的上橫線低兩個字寫起，若地址太長需寫兩行，第二行地址要比第一行地址略低兩個字寫起。但有的地址短，一行可以完成者，仍分寫兩行者，因過去信封的行數有「三凶四吉五平安」的禁忌，只有從受信人的地址分行較爲方便。又有人除寫對方受信人的地址外，尚須寫受信人服務的機關、公司行號，或就讀的學校，其實機關、學校、公司行號與地址是重疊的，但卻可湊行數。若遇此情況，需把機關、學校、公司行號名稱另提一行擡頭，擡高到與框內欄受信人的姓平齊，表示尊敬之意。

此外，此封信若因受信人行蹤不定或其他原因，需由另一人轉交，便有轉信人的出現。轉信人的姓名書寫位置與機關、學校、公司行號名稱同一位置，仍是爲了尊敬而擡頭。轉信人的姓名底下要加上稱呼，如「先生」、「女士」，或發信人與轉信人之間的私關係，如「世伯」、「伯母」、「大嫂」等。其下空一、二個字再接上轉交語，轉交語的寫法就要注意到發信人、轉信人、受信人的三方關係而有不同的寫法，第一個字是依發信人與轉信人之間輩分決定，轉信人與發信人是平輩或長輩，則需用「請」或「煩」字，若有時間性，則可用「請即」或「煩速」；若轉信人是發信人的晚輩，此晚輩是指年齡差距很大，或有血親關係的晚輩，則轉交語的「請」、「煩」字可以省略不寫。「請」、「煩」字下所接的字，則依轉信人與受信人的關係輩分而定，兩者是平輩，則接「交」字，若受信人是長輩，則改爲「陳」字，若是晚輩，則改爲「擲交」。整個框右欄的字體不得大於框內欄內受信人的姓名，字體要略小。

(2)框內欄：

包括受信人的姓名及發信人對受信人的稱呼，與啟封詞兩部分。爲全信封字體最大的部分，要算好全部的字數，間隔距離要勻稱，第一個字要頂著長方形紅色框的上橫線寫，但不能觸線；啟封詞的最下面一個字，也要抵著長方形的下橫線寫，亦不能觸線。關於姓名、稱呼的寫法也有幾種不同的方式，最普通的是姓名，底下加稱呼如「先生」、「女士」、「小姐」之類，是沒有帶什麼尊敬的。其次是將「先生」之類的稱呼改爲職稱，如「教授」、「校長」、「經理」、「主任」之類，因爲職位是代表一個人的成就，以職位稱呼表示對此人的尊敬禮貌之意。雖然是寫給郵差看，郵差仍然可以以此職位相稱呼，千萬要注意，不可以私關係稱呼，如「父親」之類的稱呼。比此更恭敬禮貌的，就是將職稱與名相對調，把職稱移到名之前。另有最爲禮貌尊敬的寫法，就是把職稱移到名之前，將名移右，謂之側書，爲不敢直呼其名之義，字體又略微小一點，此爲目前最爲禮貌尊敬的寫法，雖然有人認爲可將名改成字或號，或將名或字中任取一個字，底下加上一個「公」字，爲最恭敬的寫法。但筆者認爲信封係寫給郵差看的，字或號，或再加一個「公」字，郵差未必認識，也不必如此諂媚，只將職稱移上，名字側書，就已經是最尊敬禮貌的寫法了。此處最常見的錯誤是所側書的不是名，而是將職稱側書；另有將「先生」與名對調，因爲「先生」已成普通的泛稱，沒有特別尊敬，所能對調的只有職稱，要特別留神。

至於啟封詞不是寫給郵差看的，是發信人向受信人說的。因此，啟封詞一定要能適合發信人和受信人之間的關係，通常用一「啟」字，「啟」就是「開」的意思，上面再加一形容詞加以形容，所加的形容詞可以代表受信人的身分地位，也可以代表發信人與受信人之間的關係，以下簡介一些適用的啟封詞：

福啟：對血統、親戚的祖父輩用。指很福泰地開這個封。

安啟：對血統、親戚的父親輩用。指很安泰地開這個封。今則福啟、安啟可交互使用，不加區分。

道啟：對有道德學問的師長輩用。

鈞啟：對有地位的政界用。三十斤爲一鈞，表示有分量之意，指你這有分量的人開啟這個封。

勛啟：對有功勛的軍界用。今則鈞啟、勛啟混合使用，不分政界、軍界，凡是負有行政工作者皆可使用。

賜啟：對一般的長輩用。指你像賞賜我般的開啟這個封。

台啟、

大啟、

惠啟：三者對一般的平輩用。

收啟：對晚輩用。

也因爲「啟」是「開」的意思，故明信片不得用「啟」字，只能用「收」字，甚至有時連「收」字也不用。

姓名、稱呼與啟封詞如何勻稱分配，稱呼若接在姓名之下，稱呼之字不要有間隔距離，啟封詞所用二字也不要有間隔距離，但與稱呼之間距離稍大也無妨。若稱呼改爲職稱移到名之上時，職稱之字要有間隔距離，反而名不要有間隔距離，尤其是側書時更不能有間隔距離。

(3)框左欄：

包括郵票、發信人地址、姓名、緘封詞、郵遞區號。郵票貼在左上角，最好以一張爲宜。發信人地址務必詳明，不可省略，方便回信或退信。第一個字最好以不超過信封二分之一爲宜，若因地址太長，以不超過三分之二爲宜。地址以一行爲原則，發信人姓名緊接在地址之下，平信只寫個姓，掛號則需寫出姓名，以方便投遞不到時退件。緘封詞是接姓名之下而寫，緘封就是把信封的口封起來的意思，若沒有封口，就不能用緘封詞，故明信片不可用緘封詞，只能用「寄」字。緘封詞不是寫給郵差看的，而是對受信人說的，故與啟封詞相對。若是長輩，則用「謹緘」，一般則用「緘」字。最後則書寫郵遞區號，務必要寫，以方便回信時對方能寫出正確的郵遞區號。此欄字體要略小。

2. 託人帶交封：

即透過熟識的人幫你帶信，其寫法如下：

(1)框右欄：

因爲是熟識的人，框右欄就不必有郵遞區號，也可能沒有受信人的地址（若不知，則可以書寫），只有保留託帶語，託帶語是寫在地址的位置。託帶語的寫法與郵寄封的轉交語相同，要考慮到發信人、託帶人、受信人三人關係，託帶人是發信人的長輩或平輩，則用「敬請」或「敬煩」二字，與轉交語比起來多一個「敬」字，主要是託帶人有如郵差一般，對他麻煩多多，要表示特別的敬意。有時則寫出託帶人之名字與稱呼，如××世伯，其位置與轉交人同。若託帶人是發信人的晚輩，指年齡差距很大，或血親之晚輩，則可省略「敬請」、「敬煩」二字。若託帶人是受信人的晚輩，在「敬請」下挪擡空一字再接「面陳」二字；若託帶人與受信人平輩，則接「面交」或「帶交」二字；若託帶人是受信人的長輩，則接「擲交」二字。如除信函之外，尙有其他附帶之物，則需在託帶語右側低一字書寫「外書籍乙册」之類的附件語，以便受信人接到此信函時，能知另有他物。

⑵框內欄：

與郵寄封同，可寫受信人的姓名、稱呼，但因託帶人是熟人，故可以表現一下發信人與受信人之間的私關係，甚至連姓也都可以略去，只寫名字，如「××姑丈」、「××家兄」。若是血親長輩，連名字也可省去，只保留稱謂，如「家嚴」、「家慈」就可以了。又因爲託人帶信，最好要能相信託帶人，一般都不封口，故不能用啟封詞，可改用「收」字，長輩用「賜收」，平輩用「台收」，晚輩用一「收」字。若有附件，可用「檢收」或「查收」。

⑶框左欄：

包括發信人自署、拜託詞及託帶時間。自署是發信人寫上自己的名字或姓名，從信封二分之一以下寫起。緊接著寫拜託詞，帶信人是長輩用「謹託」、「敬託」，平輩用「拜託」，晚輩用「託」字。時間則寫在拜託詞右下方，通常寫幾月幾日，字體略小。

3. 派人專送封：

基本上，所派之人必然是晚輩或是工友之類的人，所以，發信人與所派之人的客套話可以全免，直接顯示發信人與受信人的輩分關係卽可。在框右欄的部分，若有附件，其寫法與託帶封相同。受信人地址若送信人不知，就要寫明，若已知道，地址就不必寫。唯一要寫的就是專送詞，專送詞的位置就在地址位置上，若要寫地址，則在地址左邊高一個字的位置。其寫法是受信人爲發信人的長輩，則寫「專陳」或「面陳」，平輩則寫「專送」，晚輩則寫「送交」。框內欄的部分與郵寄封同，包括受信人姓名、稱呼和啟封詞，此種派人專送封可能封口的機會較多，若未加封，則啟封詞可不必書寫。框左欄的部分包括發信人自署和派送時間，若有加封，則另加緘封詞，長輩用「謹緘」，一般用「緘」字。唯一要注意的，若希望對方要立刻覆信，則必須要加上候覆詞，卽在信封左上角處寫「候覆」二字。若接到候覆信，要立刻覆信，其所寫的回件封與專送封的寫法相同，只有專送詞的寫法稍有不同，回覆對象是長輩用「藉陳」或「回陳」，餘則用「藉交」或「回交」，其餘都與來封相同。

(二) 信箋部分

凡是寫在信箋上的文字，謂之箋文。信箋上構成的要件共有以下幾種：

1. 稱謂：

是發信人稱呼受信人的，包括名（字、號）、公職位、私關係和尊詞。並不是所有稱謂都包含這麼多，而是稱謂中至少要含有這些項目之一。

(1)名：受信人的名，若有字或號，儘量用字或號稱呼，以表示尊敬，與信封上最好稱名不同，因爲信封上是給郵差看，信箋已是受信人本人，當然要表示客氣。有時爲了表示更爲恭敬，還可在名或字、號中任擇一個字，底下再加一個「公」或「老」字。但對於晚輩，只稱名而不稱字或號。遇到直系血親的長輩，更有「親不稱名」的規定，不得直呼名字。

(2)公職位：是指受信人目前的職銜，如校長、主任、部長之職銜。

(3)私關係：是指發信人與受信人之間的關係而稱呼，有家族關係稱呼（見附錄八）、親戚關係稱呼（見附錄九）、師友同學關係稱呼（見附錄十），表中稱人（受信人）的部分爲本項私關係稱呼所用。

(4)尊詞：爲表示尊敬受信人的詞，以前慣用的尊詞是「大人」，現在已經少用，只保留對自己父母親以上的直系血親。現在慣用的尊詞是「先生」、「仁兄」或「吾兄」等詞。

稱謂雖然包括名（字、號）、公職位、私關係、尊詞四種，但不是四種皆要具備，而是可以靈活運用，從中選取幾個加以組合。有私關係加尊詞者，如「父親大人」、「岳父大人」；有名（字、號）加私關係者，如「某某伯父」、「某某學弟」；有名（字、號）加尊詞者，如「某某先生」、「某某仁兄」；有名（字、號）加公職位者，如「某某校長」、「某某縣長」；有名（字、號）

加公職位加尊詞者，如「某某部長先生」；有名（字、號）加公職位加私關係者，如「某某校長吾師」。只要善加斟酌，必能運用自如。

2. 提稱語：

是提高稱謂之意，也就是提高受信人的詞語，緊接在稱謂之下，含有請求受信人察閱箋文，或表示此封信置放處所之意。用請求察閱時，就要用「鑒」字，「鑒」就是「看」，在「鑒」字之上再加一形容之字，此一形容之字，基本上，與信封上啟封詞所用之字相同，政界、軍界可用「鈞鑒」或「勛鑒」，一般長輩可用「賜鑒」，師長用「道鑒」，平輩用「大鑒」、「台鑒」、「惠鑒」。用表示此封信置放處所時，父母、祖父母常用「膝下」二字，代表此信置放之位置；師長用「函丈」，代表置放於書房之意；一般長輩用「尊前」，政界、軍界用「鈞座」，平輩用「左右」、「足下」，皆表示書信置放的處所。

3. 啓事敬詞：

爲過去常用的述說事情的發語詞，今已少有人使用，除非是不知對方的姓名，沒有稱謂，尚可保留啟事敬詞，用「敬啟者」三字。「啟」字與信封上啟封詞的「啟」不同，信封上的「啟」作「開」，信箋內的「啟」則作「告訴」之意，就是我很恭敬地告訴底下之事。所以，在一般推銷廣告書信中，尚有使用價值。

4. 開頭應酬語：

是開始寫正文之前，所說的幾句客套話。因爲書信寫作，總不能開門見山，一來就談正事，開頭總要客套幾句。客套話沒有一定的限制，可以從思慕，或時令天氣、生活起居、頌揚祝福開始，完全視對象關係，靈活運用。當然，熟識的朋友，開頭應酬語有時是可以省略的。

5.正文：

爲信箋的主體，是寫作此信的主要目的所在，沒有此部分，就失去寫此封信的作用了。

6.結尾應酬語：

是箋文將結束時所說的幾句應酬話，緊接在正文之後，主要的功用，在緩衝箋文的突然結束。但要注意其應酬語要與正文內容相配合，文氣才能緩和。

7.結尾敬語：

爲結束箋文時向受信人表示禮貌的語句，緊接在結尾應酬語之下，分成二部分，一爲敬語，如「耑此」、「肅此」、「草此」，有時亦可省略；另一爲問候語，一定要有，不可省略。問候語所該注意者爲如用「恭請」、「敬請」、「叩請」時，則其所接的一定是「安」字，在「安」字之上再加一字形容，此一形容字較爲活潑自由，可就所欲「請」之「安」爲何而變化，可從受信人與發信人之關係問候（如金安），亦可從受信人之身分地位（如鈞安）、所從事工作（如教安）、目前之狀況（如旅安）、天氣時令（如暑安）等各方面問候。若用「祇頌」、「敬頌」、「順頌」時，則其所接的一定是「祺」、「綏」、「祉」字，其上之形容字，與「安」字同，變化較多。但不管是用「×安」、「×祺」、「×綏」、「×祉」，皆要另提一行擡頭，以表示尊敬。

8. 自稱、署名、末啓詞和日期：

自稱是自己稱呼自己，是針對受信人而言，故要與受信人的稱呼相應，文後附錄八至附錄十的表中自稱部分就是。但有時也可以不用自稱，因爲實在難以找到一個適當的自稱。自稱要從信箋二分之一以下開始書寫，側右，字體略小，其下是署名，就是寫上自己的名字，若對不熟識的人，不僅署名，亦要署姓。但絕對不可用字或號，因爲字號是別人用來尊稱自己的。若是直系血親長輩給子孫的信，通常不署姓名，只寫「父字」、「祖父字」就可以了。末啟詞就是一般所謂的署名下敬詞，是在箋末說自己如何啟說以上之事的詞，對父母、祖父母用「叩上」或「敬稟」；對長輩或平輩則用「敬上」或「拜啟」。日期則是寫信的時間，與信封上發信的時間不同，至少要寫月與日，重要的連年也要寫上，通常在末啟詞右下方，亦有在左下方，若爲湊行數，也有在另行下方書寫的。

一般信箋構成要件有如上述，但可分成三部分，從稱謂至開頭應酬語謂之前文，其次是正文，從結尾應酬語至日期謂之後文，這樣構成一篇完整的信箋。除此之外，若遇到非常熟悉之人，可能會有並候語與附候語。所謂並候語是請受信人代向受信人的親友問候之語，其位置在問候語左旁一行，若是問候受信人的長輩，則與問候語齊平，如「令尊大人前，乞代叱名請安」；

若是問候受信人的平輩或晚輩，則比問候語稍低一點，如「某兄處祈代致候」、「某弟處煩爲致候」。所謂附候語是發信人的親友向受信人問候的語句，其位置在自稱署名那行左側一行，高度視附筆問候人與發信人輩分而定，輩分高的，比自稱稍高一點，如「家嚴囑筆問候」；同輩的齊平，如「某兄囑筆問好」；晚輩則稍低一點，如「小兒侍叩」。此外，雖有附件語或補述語，卽寫完信箋之後，忽然想起有些話未寫或有突發之事，要加以補述，或因除此信箋之外，尚有他物，需要附記的附件詞，最好能在信箋內敍述，不然，只好重新再寫，以保持箋文的整齊完美。

最後，值得一提的是信箋要從何寫起？當然從第一行寫起。但從第一行的何處寫起，這又牽涉到「擡頭」的問題。傳統的「擡頭」共有三擡、雙擡、單擡、平擡、挪擡等五種。「三擡」就是高出普通字行三個字，「雙擡」是高出普通字行二個字，「單擡」是高出普通字行一個字，「平擡」是與普通字行齊平，「挪擡」是原行中空一格。除了使用「三擡」時，開首是從第一行的第二個字寫起外，餘皆從第一個字起首。現今「三擡」、「雙擡」、「單擡」已不使用，只保留「平擡」與「挪擡」兩種。何時要擡頭？卽稱人擡頭，凡是提到受信人本人，或是受信人有關的人、事、物，都要擡頭，可用平擡。若提到受信人的晚輩，或是聖人、國父、或發信人的尊親，則可用挪擡。在使用擡頭時，要注意「擡兄不擡吾」，卽提到「吾兄」時，只擡「兄」，不能擡「吾」字。若一句有兩處需擡頭，則需「首擡餘不擡」，如「賜卓裁」，「賜」是受信人「賜」，「卓裁」也是受信人「卓越的裁奪」，應該都要擡頭，但此只擡「賜」字，「卓裁」二字仍緊接

「賜」下，不必擡頭。還要儘量避免「行底不成擡」，就是要擡頭時，不要剛好寫到一行的最後一字，這樣便顯不出是擡頭了，便要增減字數，以顯出擡頭。亦要避免「全箋吊腳」，即不能行行都吊腳，至少要有兩三行是要寫到底的。

還有一個問題就是「側書」，信封上的側書是受信人的名，謂不敢直呼其名；而信箋內的側書卻是自己，凡是提到自己有關的人、事、物都要側書，以表示謙遜，不敢居正之意，字體要略小。提到自己有關的人僅限於晚輩要側書，長輩是不用側書的，也就是附錄八、附錄九對他人自稱部分，凡是用「家」的，都是發信人的尊長，不用側書，其餘用「舍」「小」及「內子」「外子」者，皆要側書。若是用「敝」字，除是發信人的事、物外，如「敝宅」，餘僅側一「敝」字，其他不側，如「敝業師」、「敝友」，只側「敝」字，「業師」與「友」是不用側書的。但是側書也要注意「首側餘不側」，即兩個同時要側書時，只側第一個，如「小兒○○」，「小兒」是發信人的晚輩，「○○」是其小兒的名，皆應當側書，但此只側「小兒」而不側「○○」，作「小兒○○」。當然側書時，也要「應側不當頭」，就是逢到側書時，不要剛好是在一行的開頭，要加以增減。同樣「名不落兩行」，不要把名字分兩行書寫。如此注意，必可完成一篇完美無缺的箋文來。

附錄八：家族稱謂（資料來源：張仁青《應用文》，頁一八一——一八三。）

稱人	自稱	對他人稱	對他人自稱
祖父、祖母	孫、孫女	令祖父、令祖母	家祖父、家祖母（或家大父、家大母）
伯（叔）祖父、伯（叔）祖母	姪孫、姪孫女	令伯（叔）祖父、令伯（叔）祖母	家伯（叔）祖父、家伯（叔）祖母
父親、母親	男、女（或兒）	令尊、令堂（或尊公或尊翁、或尊堂或尊萱）	家父（或君・尊大人・嚴）、家母（或慈）
伯（叔）父、伯（叔）母	姪、姪女	令伯（叔）、令伯母（叔母）	家伯（叔）、家伯母（叔母）
兄、嫂（或某哥、某姊）	弟、妹	令兄、令嫂	家兄、家嫂
弟、弟婦（或某弟、某妹）	兄、姊	令弟、令弟婦	舍弟、舍弟婦
姊、妹	弟（妹）、兄（姊）	令姊、令妹	家姊、舍妹
夫子（或某哥・某兄・夫君）、某某（單稱名或字）	妻（或妹）、某某（單稱名或字）	某先生（或尊夫君）	外子（或某某・拙夫）

〈頁下續〉

吾妻（或某妹・賢妻・愛妻） 某某（單稱名或字）	夫 某某（單稱名或字）	尊夫人（或閫） 嫂	內子（或拙荊・賤內） 內人
吾兒（或幾兒或某某兒） 吾女（或幾女或某某女）	父 母	令郎（或公子・郎君・嗣） 令嫒（或嬡・愛）	小兒（或小犬・豚犬・賤息・豚兒） 小女
賢媳（或某某或某某兒）	父（或愚） 母	令媳	小媳
某某姪（或賢姪） 姪女（或賢姪女）	伯（叔） 伯母（叔母）	令姪 姪女	舍姪 姪女
幾孫（或某某孫） 孫女（或某某孫女）	祖 祖母	令孫 孫女	小孫 孫女
賢姪孫 孫女	伯（叔）祖 祖母	令姪孫 孫女	舍姪孫 孫女
君舅（或父親） 姑（或母親）	媳（或兒）	令舅 姑	家舅 姑
伯（叔）翁（或伯（叔）父） 姑（或伯（叔）母）	姪 媳	令伯（叔）翁 姑	家伯（叔）翁 姑

【說　明】

㈠凡尊輩已歿，『家』字應改為『先』字。自稱已歿之祖父母，為『先祖父母』或『先王父』、『先祖考』、

『先王母』、『先祖妣』。稱已歿之父母，父爲『先父』、『先君』、『先嚴』、『先考』、『先君子』、『先府君』，母爲『先母』、『先慈』、『先妣』。

㊁稱人父子爲『賢喬梓』。對人自稱爲『愚父子』。稱人兄弟爲『賢昆仲』、『賢昆玉』。對人自稱爲『愚兄弟』。稱人夫婦爲『賢伉儷』。對人自稱爲『愚夫婦』。

㊂家族幼輩稱呼，『賢』字大可不用，卽媳婦亦可不用。

㊃舅、姑對媳婦，本多自稱愚舅、愚姑，因與舅父或姑母之稱有時相混，故用一『愚』字。其實可自稱父母，或逕寫字號爲宜。

㊄稱已故之兄姊曰『先兄』、『先姊』。稱已故之弟妹曰『亡弟』、『亡妹』。

附錄九：親戚稱謂（資料來源：張仁青《應用文》，頁一八四——一八六。）

(9-1)

稱人	自稱	對他人稱	對他人自稱
姑丈 姑母	姪（或內姪） 姪女（或內姪女）	令姑丈 令姑母	家姑丈 家姑母
外祖父 外祖母	外孫 外孫女	令外祖父 令外祖母	家外祖父 家外祖母
舅父 舅母	甥 甥女	令母舅 令舅母	家母舅 家舅母
姨丈 姨母	姨甥 姨甥女	令姨丈 令姨母	家姨丈 家姨母
表伯（叔）父 表伯（叔）母	表姪 表姪女	令表伯（叔） 令表伯（叔）母	家表伯（叔） 家表伯（叔）母
表舅父 表舅母	表甥 表甥女	令表母舅 令表舅母	家表母舅 家表舅母
岳父 岳母	子壻（或壻）	令岳 令岳母	家岳 家岳母
伯（叔）岳父 伯（叔）岳母	姪壻	令伯（叔）岳 令伯（叔）岳母	家伯（叔）岳 家伯（叔）岳母

(9-2)

姻伯(或叔)父、姻伯(或叔)母	親家(或親翁)、親家母(或親家太太)	姊丈、姊倩	妹丈、妹倩	表兄、表嫂	內兄、內弟(或弟兄)	襟兄、襟弟	姻兄、姻嫂	賢內姪、賢內姪女	賢外孫、賢外孫女
姻姪、姻姪女	姻愚弟、姻愚妹(或姻侍生)	內弟、姨妹(或妹弟)	內兄、姨姊(或姊兄)	表弟、表妹	妹壻、姊壻	姻愚弟、姻愚兄	姻弟、姻侍生(或姻愚妹)	姑丈、姑母	外祖、外祖母
令親	令親家(或令親翁)、令親家母(或令親家太太)	令姊丈	令妹丈	令表兄、令表嫂	令內兄、令內弟	令僚壻	令親	令內姪、令內姪女	令外孫、令外孫女
舍親	敝親家(或敝親翁)、敝親家母(或敝親家太太)	家姊丈、家姊夫	舍妹丈、舍妹夫	家表兄、家表嫂	敝內兄、敝內弟	敝連襟	舍親	舍內姪、舍內姪女	舍外孫、舍外孫女

(9-3)

賢甥、賢甥女	愚舅、愚舅母	令甥、令甥女	舍甥、舍甥女
賢壻、賢倩	愚岳、愚岳母	令壻（或令倩坦）	小壻
賢表姪、賢表姪女	愚表伯（叔）、愚表伯母（叔母）	令表姪、令表姪女	舍表姪、舍表姪女
賢姻姪、賢姻姪女	愚	令親	舍親

【說　明】

㈠親戚中，『姻伯』、『姻叔』、『姻丈』乃指姻長中無一定稱呼者，如姊妹之舅姑及其兄弟姊妹，兄弟之岳父母及其父母兄弟姊妹，用此稱謂最富彈性。

㈡平輩者皆依表列定稱。

㈢幼輩稱呼『賢姻姪』三字，只能用於極親近者。普通親戚雖屬晚輩，亦以『姻兄』相稱，而自稱『姻弟』或『姻末』。

附錄十：師友同學稱謂（資料來源：張仁青《應用文》，頁一八六—一八七。）

稱人	自稱	對他人稱	對他人自稱
太夫子　太師母	門下晚生		
夫子（或吾師・老師）　師母	生（或受業・學生）	令業師　師母	敝業師　師母
太世伯（叔）父　母	世再姪　姪女		
世伯（叔）父　母	世姪　姪女		
世仁丈	晚		
世兄　姊（或吾姊兄）	世弟　妹（或妹弟）	令友	敝友
學長（或學姊兄）	學弟　妹（或妹弟）	貴同學	敝同學
同學（或學妹弟）	小兄　愚姊（或友生）	令高足	敝門人　敝學生

〈續下頁〉

世講（或世臺 世兄）
愚

【說明】

㈠『夫子』二字，常爲妻對夫之稱。女學生對師長，則以稱『老師』、『吾師』或『業師』爲宜。

㈡世交中伯叔字樣，視對方與自己父親年齡而定，較長者稱『伯』，較幼者稱『叔』。

㈢世交而兼有戚誼者，按尊長年齡比較，稱『太姻世伯（叔）』、『姻世伯（叔）』。

㈣確有世誼關係，年長於己二十歲以上，而行輩不易確定者，稱『仁丈』或『世丈』。

㈤世交平輩中，如係交誼深厚者，可稱『吾兄』、『我兄』，一則表示親近，再則免與通稱晚輩爲『世兄』者相混。

㈥對女老師之夫可稱『師丈』或『某（姓）先生』，不可稱『師公』或『師父』。

四・論文格式

本節依宋楚瑜先生參照《美國特氏論文寫作手册》稍加修訂所編成的《學術論文規範》而來，從其中選出與「中文界」較有關係的重要部分加以介紹，希望有助於學生能完成一篇層次井然、徵引資料交代清楚、引文完整適當、參考書目齊備、合乎論文格式的論文。

(一) 論文的組成

一篇完整的論文，至少要包括三個主要部分，一是卷頭，二是正文，三是參考書目。每一個部分又可細分爲幾個子目，一篇較長的論文裏，可能要如此細分，才能完整。若是一篇短的研究報告，則只具備封面和正文就可以，正文是否分章分節，可依內容斟酌而定，以下介紹各部分的內容。

1. 卷頭：

凡是在正文之前的皆謂之卷頭，包括有：

(1)書名頁：應與封面相同，緊跟在論文封面後的首頁，若是簡短的讀書報告，則可以省略封面，以書名頁代替封面。有中式直排與西式橫排，今只介紹中式直排。若爲博碩士論文，右上方爲校名、所名、博（碩）士論文，左旁爲指導教授之名，中間爲論文題目，左下方爲研究生姓名，左旁爲日期（見附表一）。若是研究報告或讀書報告，則右上方的博（碩）士論文改爲研究報告或讀書報告，左旁爲日期、科目、授課教授，中間仍爲題名，左下方爲姓名、級別、學號（見附表二）。

附表一：（資料來源：宋楚瑜《學術論文規範》，頁四。）

國立臺灣大學中國文學研究所博士論文

指導教授：戴君仁先生
龍宇純先生

金履祥的生平及經學

研究生：何淑貞

中華民國六四年六月

附表二：（資料來源：宋楚瑜《學術論文規範》，頁六。）

國立臺灣師範大學公民訓育學系學生研究報告

日　期：
科　目：
授課教授：

美國各州教育基準方案之研究

姓　名：
級　別：
學　號：

(2)目次：目次爲論文中的章節名稱，依文章論述的次序而排列的一覽表，包括從目次以下的各項，如附圖一覽表、附表一覽表、簡稱用語對照表、序言、凡例、正文、附錄、參考書目等之頁次。有人誤之爲「目錄」，是錯誤的。正文部分可依內容自行決定分篇，或分章分節，或以數字區分，只要眉目清楚卽可。

(3)附圖、附表一覽表：若論文中，附圖或附表較多時，則可獨立分列，單獨成頁，將之編號，列出名稱及頁次，以方便查考。

(4)簡稱用語對照表：是在本論文中所使用的特殊簡稱，列出其全名，以便讀者查對。對於常用的簡稱用語，則無必要單獨列出。

(5)序言：或稱前言，一般分爲「他序」與「自序」兩種。「他序」多爲專家、師長對本論文內容的介紹推薦，「自序」則爲作者用來闡明本論文寫作的原由、目的與過程。若有因論文的編排程序、材料取捨的依據，或因所用術語、符號的說明，則可以另成一部分，謂之「凡例」。

2.正文：

正文是論文的主體，一篇完整論文的正文當包括引言、章節、注釋與結論。引言又稱導言，爲介紹正題的開始，所以引言的第一頁就是該論文的第一頁。而論文的主要部分通常是以章節來劃分，每一章節都有一個名稱，且每章開始往往另起新頁。若是在短的論文裏，可不分章節，而是以數字在主要段落標題前區分卽可。

在論文寫作時要特別注意的事項有引文與注釋，引文是引用他人的文字，原則上，引文應與原文完全相同，包括字數、字的寫法及標點符號，但刪節及添改則不在此限。引文中有時並不需要全部的文字，可以將不必要的文字加以刪除，這時就需要運用標點符號中的刪節號。若是所刪的只有幾個字，或少數幾句，則可以六小點如「……」的刪節號表示；若是所刪的文字較多，或是一大段文字，則可以一整行的小圓點表示。若是在引文中，作者有意摒補數語加以解釋、澄清或更正原文，則可運用標點符號中的方括號如〔 〕，以方括號在原處括起，以表示此爲添改字。何以要用方括號而不用圓括號？主要是圓括號用於解釋或說明，或說出資料來源，爲避免引文中已有原作者的圓括號，故以方括號表示出作者自己的添改字。引文要如何引用？一般短的引文或文氣相同的引文，可用引號括起，直接置於正文中；若是引文較長，或文氣不類者，則可從正文分出，另一行低三格寫起，無需引號。若是排版者，則多需空一行，字體較小。

引文時爲了避免抄襲之嫌，表示不掠人之美，故要加以注釋，卽註明出處。注釋有兩種，一種是解釋內容的注釋，卽對正文中所提的事或論點，提供進一步的評論或意見，較無問題；另一種是說明引文出處的注釋。正文中的每一注釋應依其順序編號，並以圓括號在該句標點符號之前括起來，若是引文，則在引號之後。注釋編號的方法約有三種，一是以頁爲單位，每頁皆從注一開始編號，但限於排印者，因注釋必在同一頁出現；二是以章節爲單位重新編號；三是以全篇爲單元，從頭到尾逐一編號。使用注釋時，若同一段文字中，同時提及同一作品的數個引句，僅需在最後一句附加注釋，並在附注中的注釋說明各引句的資料出處；或同一段文字中，如有若干一連串的人名需分別加以注釋，可以在最後一名字注釋，並於附注的注釋中逐一說出其資料，不必就每一名字逐一編號。不管採用那一種方式注釋編號，除以頁爲單位外，皆需在各章節或篇末加「附注」二字，並逐一加以說明。若是說明引文資料出處時，必說出資料出處的頁次，於正文中初次徵引時，必須在注釋中備列作者之姓名、作品之名稱、出版者、出版日期、版次等全部詳細資料，若是期刊，則增列卷號、期別。此後再徵引同一資料時，則可以簡化，不必詳列，或作「見注×」。在列資料的作者時，不必加上如教授、博士之類的頭銜。

此外，在徵引資料時，若係二手資料，爲了表示未曾見到第一手資料，在附注說明時可用兩種方式以表達對學術的眞誠，第一種是先舉第一手資料的資料，如作者、書（篇）名、出版者或刊名卷號、期別、頁次，然後用「轉引自」下接第二手資料的作者、書（篇）名、頁次，若是第一次徵引，仍需詳列有關資料。第二種就是直接引二手資料的名稱資料，然後再用「引自」第一手資料的有關資料。如此讀者可以從注釋中得知作者並未見到第一手資料，因爲有些第一手資料因時空關係，作者不一定能見到，爲了不欺騙讀者，對學術的尊重，有必要在注釋中透露出來。

「結論」是正文最後的一部分，也是論文中最重要的一部分，沒有結論，論文就失去了意義。結論是就本論文的研究所得，將其創見，提綱挈領，簡要敍述，以呈現本論文的價值所在，故不宜闕漏。

3. 參考書目：

在論文之最後，是作者列舉與此論文相關的參考書目，一方面以反映作者蒐集資料的完整與治學的淵博，另方面提供讀者進一步研究的指南。書目中的項目與完整的注釋相似，但其目的有一點差別，就是注釋要列舉頁次，主要是指引讀者方便查證作者所徵引資料的正確與否，及方便讀者按圖索驥，作進一步的研究。列舉書目時，並不是每一種被看過的資料都要列入，而是要與論文主題相關的才列入。也不是論文中曾徵引某一書中的一段文字，但此書整個主題與論文主題無關，就可以列入，而是要加以排除。所以，列舉參考書目一定要與此論文主題相關的才能列入。由於書目繁多，無法保證能完整地毫無遺漏地蒐集所有資料，因此，書目又可區分為「重要書目」、「引用書目」、「參考書目」，作者可斟酌使用。書目的規格，一般依書名、作者、出版者（刊名卷期）、出版日期、版次為序，不必註明頁次。書目少時，其排列順序，可依性質相近或時代先後為序；若書目多時，則依資料出版形式分類，如圖書、期刊、報紙，再依性質相近或時代先後為序；或依語文不同，如中文、日文、英文，而分別排列，主要是要在繁中有序，使讀者能一目瞭然。

五・參考書目

由於「應用文」與一般學科不同，一般學科都偏重在「學」，而「應用文」則重在「術」，故有關參考書目大同小異。加上公文部分隨時在變，最近的改變是在七十四年三月十八日，故在此之前所出版的應用文書籍有關公文部分皆不能參考。主要要以行政院秘書處編印的《事務管理手册》爲主，尚可參考洪五宗編著的《公文書寫作與處理》。其他則可參考各類資料都蒐集豐富的張仁青《應用文》與謝海平、黎建寰合編的《應用文》。至於韋日春的《應用文》，其書雖出版於七十四年前，但書信部分值得參考，而宋楚瑜的《學術論文規範》則完全偏重在論文格式上。以下詳列其出版時地：

《事務管理手册》　行政院秘書處　黎明文化事業股份有限公司　七十四年三月

《公文書寫作與處理》　洪五宗編著　五南圖書出版公司　七十四年八月初版

《應用文》　張仁青編著　文史哲出版社　六十八年十一月初版　七十八年八月修訂二十六版

《國學常識與應用文（下）》　謝海平　黎建寰編著　國立空中大學　七十七年元月初版

《應用文》　韋日春編著　華視文化事業股份有限公司　六十九年二月初版

《學術論文規範》　宋楚瑜編著　正中書局　六十六年三月臺初版、六十九年八月臺增訂一版

書法學

汪中

一、前言

我國歷史悠久，有優美豐富的傳統文化，大約在殷商王朝，已經建立了文字，最早都是一些占卜用的，書寫或契刻在獸骨和龜甲上，那是商代後期，距今已三千年前了。這些叫做甲骨文字，是和畫圖相近似，一圖、一字、一音，分佈排列，也參差錯落，構成爲一個整體的美。除了甲骨上的契文，殷人還有些銅器：鼎、彝、卣、觥，這些器物，有的是生活實用品，有的則是爲了一件特定的事，製造作爲裝飾紀念的寶物。銅器上的圖案是象形文字和符號線條，也帶有筆勢方圓的藝術美，從這些甲骨和銅器，可以觀察到先民書寫技巧、書寫工具，供後來研究和學習。

書，這個字就是寫的意思，後漢許慎說：「書，著也，从聿，者聲。」古人又說：「著於竹帛謂之書。」原來寫在紙上的字，後來漸漸又稱它爲書，本是一個動詞的寫（書），又轉變而爲名詞的一本「書」了。

法，本字作灋，把右上面去了，簡化作法。許慎說：「灋，刑也。」《易》曰：「利用刑人以正法。」引申爲模范，後來又作爲法則、法律，含有一種大家公認的標準、客觀的方法。

所以書法，也可以說就是寫字的方法。甲骨銅器，雖然已是文字，可是殷人文獻並不曾留下說明文字書寫的方法，是後來人看見古人書寫的文字，感覺到它的美，而加以研究，書法乃從無法而有法，作各種各式的分析，也形成一門學問。漢、唐以後，理論書籍浩如煙海，都希望把這一古老的文化，更加光大下去。書寫文字，本來是一實用性的——傳遞語言，發表意見，都用文字寫下來；史官紀事，官家文書、告示，人與人溝通，種種都運用文字書寫表達。那些都用毛筆作工具，漸漸養成一些傳統的方法，數千年來被愛好者運用傳承，每一時代，都有偉大書家前後輝映，各放異彩。一直到了近代，工具慢慢改變，毛筆感到不便，於是鉛筆、原子筆一類的，取而代之，大家用慣了原子筆，毛筆失去了功能，我們傳統的書法漸次被疏遠、隔閡，所以就不得不重拾話題，再重新來談談這一門學術，希望大家能從這簡單的介紹，認識我國傳統的書法，而去學習研究它。

參考書目

甲骨學六十年　董作賓
中國文字的起源（大陸雜誌五卷十期）　董作賓

說文解字　許愼
商周彝器通考　容庚
甲骨文編　孫海波
中國古代書史　錢存訓

二・書體與欣賞

歷史是不斷在推進，隨著時間、經驗，人們許多事物，都在改易、精進、美化。文字的書寫，是由簡易轉而爲繁雜，由方而圓，由端正而流易；我先民有高度智慧，汲取各種物象、變化滋乳，不知不覺的都滲透到書體之中了。

㈠　甲骨文

甲骨文是卜辭，又稱殷墟文字。淸光緒二十五年被發現在河南安陽縣洹水南岸的小屯村，是古殷墟、盤庚都城所在地。

自民國十七年十月起，到二十六年六月間，由中央研究院歷史語言研究所計畫，分十五次發掘，共得甲骨一萬八千餘斤，董作賓先生主持，研究結果，分為五期。

第一期盤庚武丁時代

書風雄偉。甲骨大版大字為代表作品，筆畫粗而有力。占卜後在甲骨上塗以朱色，集中埋藏，以為神聖之物。大版出土時，非常完整，龜甲、獸骨現在中央研究院。小的碎片，刻字工整秀麗，是接受武丁中興，氣魄宏放，契刻十分純熟。

第二期祖庚祖甲時代

書風謹飭。繼武丁大業，卜師恪守舊規，端麗可愛，只有小片留存。

第三期廩辛康丁時代

書風頹靡。或許因為老書家凋謝，後起契刻疲弱，錯誤層出，為一灰暗時期。

第四期武乙文丁時代

書風勁峭。前期掌管占卜，多有署名，如賓貞，稱為貞人。武丁以後，又不署名。此時一洗前期頹廢，轉為放逸不羈。

第五期帝乙帝辛時代

書風嚴整。卜辭分段、分行，小字排列端正，有蠅頭小楷趣味。

董氏後來在《甲骨學六十年》一書中，說到從甲骨文字上，可以見到毛筆字跡，起迄收放十分清楚，因而斷定殷代寫字確是用著精良的毛筆。董氏自己擅長書法，他寫的契文聯語、詞曲，流行很多，有時用朱筆寫，看來和甲骨文古趣爭妍。

甲骨文字排列自由，不像一些後來書法的嚴謹。他的筆道分布勻稱，平衡；那些還保留著繪畫色彩的象形字，注意到文字筆畫安排，而又不失素描式的寫意神態。「透過刀鋒看筆鋒」，那些書家刀痕下面，也可以見到用筆的輕重、粗細，以及剛柔的變化，只可惜發現的未刻墨跡太少，不然那些眞跡，更是見得早期甲骨書法技藝的實證，多寶貴的墨寶啊！

參考書目：

甲骨文斷代研究例（慶祝蔡元培先生六十五歲論文集上册民二十二年一月）　董作賓
甲骨學六十年　董作賓
小屯一——四編　李濟
卜辭通纂　郭沫若
殷虛書契菁華　羅振玉
殷虛文字甲編　董作賓
殷契佚存　商承祚
殷虛卜辭綜述　陳夢家
中國書法概要　陳其銓
中國古代書法藝術　張龍文

(二) 金文

金文是銅器銘文，又稱鐘鼎文。許慎在《說文解字・序》中說：「郡國亦往往於山川得鼎彝，其銘則前代古文。」後來歐陽脩《集古錄》、呂大臨《考古圖》、趙明誠《金石錄》、薛尚功《鐘鼎款識》，也都記錄金文，到了清朝和近代，金文研究日益繁富。

安陽出土的殷代銅器，尚多圖象文字，一器只有一、二字，那是早期的器物；後來也出現較長的銘文，那些字緊密鋒利，筆畫則現粗肥，是用筆慢慢描繪鑄造成的。也有的是把字照原樣琢在銅器上面，字畫顯得細而淺。

周武王滅商，建宗廟於西安，稱爲宗周，亦稱鎬京。河南洛陽，名爲成周，爲京都所在地，稱爲西周。西周銅器銘文，多爲宰臣史官所作，大約可分爲三個時期。

前期是武王、成王、康王，初期的大豐殷，是筆勢描繪的字形；令殷、令彝是周公旦時史官所鑄，字勢闊大，筆力宏肆。康王時代金文文字漸多，敍述文體，一似《尚書》，有體積較大的器物，像大克鼎、大盂鼎，後者銘文十九行，共二九一字，排列整齊，而又顧盼自如，有雄健不可一世之概，爲前期金文中之上品。

中期是昭王、穆王，製器較少，金文亦無多變化；今天所能見到的像靜敦，八行，八十九字，整飭秀麗，字勢與大盂鼎相似，而無其雄健壯大。又如遹敦，六行，五十五字，字勢鬆潤，雄健勝於靜敦。

後期金文已漸漸不見肥筆，多偏旁形聲字。像史頌毁便極爲優美，字體緊密而又疏落，字形方潤。大克鼎二十八行，二九一字，字鑄在方格界畫之中，爲此時期風格最爲特異的形式。毛公鼎三十二行，四九七字，是金文中最長篇的銘文，有質樸端莊、遒健舒展之美。散氏盤十九行，三五〇字，都是後期作品中最純美的。毛公鼎、散氏盤都藏在臺北故宮博物館，是金文中的寶器。清代如張叔未、吳廷康都臨寫金文，近人劉海粟專橅散氏盤。

參考書目：

校經閣金文拓本　劉體智
積古齋鐘鼎款識　阮元
恒軒所見吉金錄　吳大澂
毁文存　羅振玉
金文編　容庚
三代吉金文存　羅振玉
簠齋吉金錄　陳介祺

周金文存　鄒安

兩周金文辭大系考釋　郭沫若

雙劍誃古器物圖錄　于省吾

續殷文存　王辰

㈢ 篆　書

從甲骨文字用契刀彫刻，形成狹長的字勢，出鋒尖削。金文就變爲圓勻的筆畫，漸漸已是篆書的筆勢了。

講到篆書，使人想到一些名詞，籀書（古籀）、大篆、小篆，弄得義界不甚明白。我們知道古代各個地方分割、文字形式也各個獨立，不能畫一，到秦始皇統一天下，文字也要統一，李斯所寫的碑刻、詔令文字，都爲小篆，那麼石鼓文、金文的一些部分，都可以稱做大篆和古籀了。

大篆和古籀字畫較繁，像散氏盤那種圓勻的筆意，字勢安詳，已經和石鼓文同一趨勢、同一風格，只是金文是西周時代，而石鼓文可能已是春秋的末期了。

文字的演變，早期甚爲簡易，以後加以美化，由簡而繁，小篆又由繁而趨簡；可是寫書法的人，喜好又各人不同，有好寫大篆古籀的，有偏愛小篆的。清代文字學家江聲，好寫古籀；吳大澂愛寫金文，他們寫信都常常會用古籀、大篆。鄧石如、趙之謙精篆刻，十分愛好小篆，吳昌碩就專寫石鼓文。性情所近，容易專工，也就各自名家了。

參考書目：

說文解字部首　許愼（有趙之謙寫本）
說文古籀補　吳大澂
石鼓爲秦刻石考　馬衡
石鼓刻於秦靈公三年考　唐蘭
石鼓文集釋　郭沫若
石鼓文寫本　吳昌碩

㈣隸書

秦始皇時有下邽人程邈，他在雲陽獄中研究文字的改進，於是變篆書筆畫的圓勻對稱，而作平正，以求書寫時的快捷，因用於一般公文的操作，所以稱爲隸書。隸書用筆不同於篆，橫畫起筆收筆特異。講到隸書，又使我們想到古隸、八分一些名稱，不能得到確切的定論。近人鄧散木以爲古隸是近乎篆書的，橫畫起筆收筆都和篆書用筆相同，那橫畫起筆如蠶頭，收筆如鳳尾的便是八分書了。

隸書究竟是程邈所造，還是由許多人長時間的慢慢變易而成呢？近年以來，在長沙漢墓裏面，發現了《帛書老子》，我們看看那種寫法，筆勢已是從篆書改易而近乎隸法，有些寫得較快的，也帶有章草的意味，隸書平正的卻又近乎楷字，所以古人說隸，往往是指楷書。書體的發展，是不能硬性劃分它是始於某人，某一時期；一種書體，將會是經過許多人的努力，經長時期漸次形成的。

漢代以隸書為主，篆已漸次沒落，東漢碑刻，隸書尤多，後期桓帝有建和、永壽、延熹諸年號，靈帝有建寧、熹平、光和、中平諸年號，到獻帝則有初平、建安諸年號，體態甚多。

近人祝嘉在《書學簡史》中有一段話：

漢碑自來見於著錄的，只有三百種，拙編《漢碑錄》所收在七百種上，存的也有一百七十種。

漢中太守鄐君開通褒斜谷道碑，刻於東漢明帝永平六年。畫像蛇蚓，雖細而氣很雄厚，結構也奇特，不是腕力極強是不容易學的，和魯孝王石刻一樣，也是分書。

敦煌太守裴岑紀功碑，順帝永和二年刻。體像隸而畫像豕，也是分書。

司隸校尉楊君石門頌，建和二年刻。筆畫極其勁健，結構極其變化，是漢碑的上乘。

楊淮表紀，熹平二年刻。也一樣逸宕，雄強。

魯相韓勑造孔廟禮器碑，永壽二年刻。畫勢犀利，有很細處，也有很粗處，參錯互用，很為美觀，純為方筆，結構勻整，和「史晨」、「乙瑛」等都是孔廟中的石刻。

泰山都尉孔宙碑，延熹七年刻。畫勢長而勁，多為圓筆。

夏承碑，建寧三年刻。畫甚雄厚，參以篆意，也很可愛。原石已沒有了，宋拓影印本，尚不難買到。

武都太守李翕西狹頌，建寧四年刻。雄厚像夏承。這是摩崖。（裴岑、楊淮表、石門頌都是因山刻石、不另立碑）

西嶽華山碑，延熹八年刻。原石久亡，影印本尚不難得。

蕩陰令張遷碑，中平三年刻。碑近楷書，樸素雄厚，筆多含蓄變化，畫短而勢長。

安陽殘碑，其中「正直」、「子游」，雄健奇逸，很能變化，是漢碑中的冠冕。

曹全碑太秀媚，四川「沈君闕」、「馮君闕」筆畫細而氣勢雄厚，像「沈」字末筆，幾佔三個字的位置，也很奇特。

這一段話，把重要的漢碑隸書約略介紹，初學已不難窺知門徑。

參考書目：

隸辨　顧靄吉
藝舟雙楫　包世臣
廣藝舟雙楫　康有為
增補校碑隨筆　原清方若著　近人王壯弘增補
碑帖敍錄　楊震方
書學簡史　祝嘉

(五) 章　草

章草亦爲草書之一類，名稱就非常不易解，來源說法也不一致。張懷瓘《書斷》說：「章草，漢黃門令史游所作。」王愔說：「漢元帝時，史游作《急就章》，解散隸體，粗書之，漢俗簡墮，漸之以行。」又說：「建初中，杜度善草，且稱於章帝，上貴其跡，詔使草書上事，蓋因章奏，後世謂之章草。」杜度後於史游一百餘年，章草應爲史游開創，爲隸法之變。粗書之的意思，應該是不必精細了，所以說簡墮，唐朝孫過庭說：「章務檢而便。」檢是攝斂，便是方便。清人劉熙載說：「大抵章草用筆結字，取乎有制，非檢不足以敬章（章奏也）。」總之古人說的話，以意逆志，它是簡便又是草書，當然不是像漢隸之正規了。

史游之章草，今已不得見，流傳有晉代索靖所寫的〈史孝山出師頌〉眞迹。元人趙孟頫、楊維楨都善章草書，明人宋克最稱有名，近代如沈曾植、王世鏜、張默君也寫章草書，而卓君庸又研究章草之學，爲作專書。

參考書目：

法書要錄　張彥遠
書譜　孫過庭
藝概　劉熙載
書譜　香港書譜社印雜誌
章草考　卓君庸

(六) 草書

草書爲後漢張芝所作，張芝，字伯英，敦煌人。爲別於章草，所以通稱爲今草。自杜度章草之妙，崔瑗、崔寔父子繼起有名，羅暉、趙襲都擅長此體，襲與張芝爲友。張芝說：「上比崔杜不足，下方羅趙有餘。」宋羊欣說：「張芝善草書，精勁絕倫。家之衣帛，必先書而後練。臨池學書，池水盡墨。每書云：悤悤不暇草書，人謂爲草聖。」悤悤不暇，是愼重的意思。又說：

「王羲之晉右軍將軍會稽內史，博精羣法，特善草隸，古今莫二。」「王獻之骨勢不及父，而媚趣過之。」自東晉以後，二王草書，至於極致。

書家不稱篆聖、隸聖，而稱草聖。因爲草書千變萬化，難於執持尋逐。古人草書重筆力，草勢尚險；重筋節、轉換，所以劉熙載說：「草書尤重筋節，若筆無轉換，一直溜下，則筋節亡矣。雖氣脈雅尚緜亙，然總須使前筆有結，後筆有起，明續暗斷，斯非浪作。」又說：「欲作草書，必先釋智遺形，以至於超鴻濛，混希夷，然後下筆。（此節卽忘我之境，不必作意，然亦在先有修養。）古人言悤悤不及草書，有以也。」草書之難，可以想見。

唐人狂草，大放異彩，更富有變化，但是也學之不易。好的字是書家眞能把自己的懷抱自然的從筆墨中流露，以見性靈之美。古人說：「筆精墨妙。」那要用在草書，是最好不過的了。唐代張旭本來工於書藝，只是總覺不能更上一層，後來看到了大唐名歌舞藝人公孫大娘舞劍器，才開始激盪情思，把書藝更向上提昇，想像那美人婀娜翩躚的舞姿，如飛花、如墜絮，都一一能變成筆墨點畫，任意揮灑，得心應手。所以傳說張旭寫字寫得痛快的時候，會把墨汁都弄到頭髮上去，那是如何的高興發狂、手舞足蹈了。後來懷素（中唐時）自述草書所得，說是看了夏雲多奇峯，就以他爲師，我們知道夏天的雲，忽然像那奇異的山峯突起，應該是瞬息萬變而沒有定質的，就因爲沒有定質，才眞是草書的變化神通啊！這兩位唐代草書大家，一位是看了舞蹈，一位是取象於自然，可見學習書法是要借重許多方面，今人常說字外求字了。

寫《書譜》的孫過庭，字虔禮，初唐陳留人。擅長書法理論，用草書寫了《書譜》一個卷子，今存臺北故宮博物院。孫氏草書極有造詣，劉熙載說：「孫過庭草書，在唐爲善宗晉法。其所書《書譜》，用筆破而愈完，紛而愈治，飄逸愈沈著，婀娜愈剛健。」《書譜》稱右軍書「不激不厲」，應該是很好的自我批評。

宋人草書，以黃庭堅爲最擅長，元明人草書，大約相似，黃氏論書，最重一韻字，韻是一高士，必去俗氣，古人以人品比書品，才是根本之道。

參考書目：

法書要錄　張彥遠

書概　劉熙載

自敍　懷素

杜工部集　杜甫

(七) 行　書

張懷瓘《書斷》裏面說：「行書者，後漢潁川劉德昇所造。是正書的小僞，趨於簡易，相間流行，故謂之行書。」有人也說：行如趨，快些走的意思。這些書法上的名稱，都相沿已久的了。行書是日常運用最容易流行的，快速、生動、活潑。它不像草書變化太大，不容易認識，行書是隨著楷書而自然流行的字體。工楷太難、草率一些，就是行書。像王羲之所寫的〈蘭亭集序〉，是楷書而又夾雜一些行書，後來唐僧懷仁集王字而成〈聖教序〉，也是行與楷相間，眞是像張懷瓘所說的「相間流行」了。

東晉王羲之、獻之父子，以及一時名流：謝安、王導、庾翼、王珣等人，平常寫信，都用行書，只是眞跡卻越來越少。唐太宗更是喜愛大王書，一時風尙，被搜集保留下來，見於著錄，何止數百件，可是終究經過許多浩劫，今日難見眞本，多是鈎模，像〈快雪時晴〉、〈喪亂帖〉等等，只是下眞跡一等，還値得學習欣賞，取爲範本。又有許多叢帖，像宋代〈淳化閣帖〉、〈羣玉堂帖〉，明人〈停雲館帖〉，〈餘清齋帖〉，都可以看到晉人行書。

行書的體勢近於楷，又近於草書，他近於楷而沒有楷書方正嚴整的束縛，近於草又沒有那草書的省便、放縱。只是一種較爲自由的書體，筆畫不求合於六書，可多可少，依旁一點也可。甚至一個字有幾種寫法。運筆較快，筆不能在點畫上多作滯留。收起轉折，如行雲帶過，自然形成連筆、游絲、圓轉多、方筆少，所以生動活潑，天眞可愛。

參考書目：

書法要錄　張彥遠
宣和書譜

蘭亭集序
聖教序
淳化閣帖
羣玉堂帖
停雲館帖
餘清齋帖
淳化祕閣法帖考正　王虛舟
叢帖目　容庚
書法概論　啟功

(八) 楷　書

楷書又名眞書、正書。從魏晉人開始，像鍾繇的〈宣示表〉、〈丙舍帖〉，王羲之的〈樂毅論〉、〈東方畫像贊〉、〈黃庭經〉。北朝碑版尤多，有方正的，有娟秀的，有樸質的，大字如〈泰山金剛經〉，字徑尺許，小的則不及方寸的墓誌銘。張懷瓘在《書斷》中，不列楷書，他以隸書爲楷書。初唐書家往往楷書中帶有隸筆。隸書多平扁，而楷書形長方。隸書行氣，多取橫勢。楷書行氣，就重縱勢。楷書一幅中，第一行如果是十八個字，第二行也可以十六個字，不必拘於一個格子寫一個字，只要直格子不必用橫格子，像王羲之的〈黃庭經〉、王獻之的〈洛神賦〉十三行，大都如此。後來印好了直橫方格，一格一字，無舒放自然之趣，楷書就會覺得侷促難於自然了。

寫楷書是要善於利用毛筆，本來寫任何書體都不能離開毛筆，而楷尤精工，就更加要注意，人說王羲之寫〈蘭亭序〉是一隻鼠鬚舊筆，我想大書家的舊筆，恐怕還是一隻好筆吧！楷書要取筆的豐富的彈性、鋒芒來表現出美的點畫形態。所以有人說唐人楷書像美女簪花，搖曳生姿；北朝渾厚、方正；唐朝娟秀、婀娜。前者方厚，宜於大字；後者俊逸，宜於小字。楷從隸蛻化而來，北朝〈鄭文公碑〉、唐代褚遂良都看得出有隸筆風味。

唐楷冠傑書壇，曾有人說：「晉人尚韻，唐人尚法，宋人尚意。」魏晉學者，多處亂世，生命微賤，好談《老》、《莊》。往往做事乘興，像王羲之父子，「曲水流觴」、「雪夜訪戴」，一種瀟灑風韻，入於藝事之中。大唐李氏起於太原，開疆闢土，太宗十八學士，秦王府之赫赫，生命力非常旺盛，一切中規中矩，崇尚法度，書藝也嚴謹，足爲萬世楷模。至宋理學，是一種理性意念爲主，大家寫字都要從唐人平穩中走出來，追求跌宕欹側的個人表現。所以書法有成就的大書家，他們也都受到環境的影響，確實在晉、唐、宋這三個時代，都是對行、楷書成就最高且最輝煌的了。

唐初從歐陽詢、褚遂良、虞世南、薛稷到顏眞卿、柳公權他們所寫的豐碑名迹，赫赫流垂至今，永爲楷則。宋四大家蔡襄、蘇軾、黃庭堅、米芾，都卓爾不羣。元代趙子昂，明人董其昌、文徵明、祝允明、黃道周，都把楷書發展達到了頂峰。楷書一直被民間使用，官家文書，都以楷書爲準，通行廣泛。使學者習書，認爲必先著手，有卓立永久、不會動搖的地位。

參考書目：

書概　劉熙載
晉唐小楷十一種
羣玉堂米帖
明六家書畫卷　周天球輯
書譜雜誌
書法研究
書法叢刊

三・執筆、運筆、永字八法

寫字一定先要學會執筆，以前人把執筆視爲不傳之秘，關起門來寫，不讓人看到。於是就有人從門隙偷窺，又有人會聽到寫字人筆桿掉到桌子上有聲音，就從這些去揣想，前人自私，也是十分可笑的。其實正確的執筆，也不一定把字寫好，不正確的執筆，也可以寫好字呢！但是我們還是要談談正確的執筆姿勢。

前人用擫、押、鉤、格、抵五個字，分別說明執筆。現在就用沈尹默氏的說法：

擫字是說明大指底用場的。用大指肚子出力緊貼筆管內方，好比吹笛子時，用指擫著笛孔一樣，但是要斜而仰一點，所以用這字來說明它。

押字是用來說明食指的用場的。押字有約束的意思。用食指第一節斜而俯地出力貼住筆管外方，和大指內外相當，配合起來，把筆管約束住。這樣一來，筆管是已經捉穩了，但還得利用其他三指來幫助它們完成執筆任務。

鉤字是用來說明中指的用場。大指食指已經將筆管捉住了，於是再用中指的第一第二兩節彎曲如鉤的鉤著筆管外面。

格字是說明無名指底用場的。格取擋住的意思，又有用揭字的，揭是不但擋住了而且用力向外推著的意思。無名指用指甲肉之際緊貼著筆管，用力把中指鉤向內的筆管擋住，而且向外推著。

抵字是說明小指的用場的。抵取墊著、托著的意思。因為無名指力量小，不能單獨擋住和推著中指的鈎，還得要小指來襯托在它的下面去加一把勁，才能夠起作用。

這五字執筆法，說得十分正確，也是執筆的不二法門。在沈氏《論書叢稿》書中，刊有執筆勢照片兩幀。溥心畬畫集上也常見到握筆的手勢，臺北外雙溪張大千摩耶精舍紀念館中，有大千先生執筆的蠟像。今天寫字執筆的姿勢，都可公開看得見，沒有什麼神秘可以隱藏的了。

筆已經握好了，就得把寫字的工作交給手腕，運筆是手腕的事。五字執筆法做到，手掌自然是虛著，這就合乎「指實掌虛」的規定。掌虛而豎起，腕平而肘懸，肘自然比腕高。寫大字常常要求肘臂高懸，離開桌面，以便筆的縱橫使轉，不會因掌腕在案上而受牽掣。

沈尹默先生是近代書法名家，聽說他寫小字都懸腕離開桌案。但是他在講運腕一文中說：

腕卻只要離案一指高低就行，甚至於再低一些也無妨。但是不能將豎起來的手掌跟部的兩個骨尖同時平放在案上，只要將兩個骨尖之一，交替著換來換去地切近案面，因之提筆也不必過高，過高了，徒然多費氣力，於用筆不會增加多少好處的。這樣執筆是很合於手臂生理條件的。寫字和打太極拳有相通的地方，太極拳每當伸出手臂時，必須鬆肩垂肘，運筆也得把肩鬆開才行。

這些話眞是最通達沒有的了。

握筆運腕以後，下面就是毛筆活動於紙上了。筆毛在紙上活動就像人走在地上，有輕、重、快、慢。寫字的活動，我們就叫它提、按、疾、澀。筆毛有相當的彈性，一按一提，筆鋒會常常居中，米芾說：「筆貴圓」，使筆尖垂直。於是轉換走筆，不斷提按的作用，自然生動飛躍。字寫多了手倦筆懶，到了手倦筆懶，是提按不得，任筆滑走，當然是敗筆滿紙，那還有什麼藝術可言呢！

能控制得筆，讓它點是個點，畫成個畫，這樣才可以臨帖。點畫能成，再注重整個字的間架結構、長短、疏密，得到一定的位置，便是中規中矩了。

字由書契發展到唐朝精緻的楷書，也就漸漸從無法而有法。所以說到「八法」，清人爲了寫正楷，合乎適用最緊要的也是楷書，如考試白摺、平時作文，就有《書法正傳》一書，專門著重正書，那八法也是從正書筆法來講，爲最合適。

八法，根據張懷瓘《玉堂禁經・用筆法》說：

> 夫書之為體，不可專執；用筆之勢，不可一概。雖心法古，而制在當時，遲速之態，資於合宜。大凡筆法，點畫八體，備於永字。

就永字分析筆法，有八種：

側，是第一筆點。

勒，是第二筆短橫，右轉向下的。

沈尹默氏說：

> 橫平豎直，不是一般的平和直，因為眞正像用尺那樣畫出來的平和直並不美。平要不平才能取得平；直要不直才能取得直。寫一橫，落筆時筆鋒先是直的；而寫一豎時，筆鋒卻先是橫的。這叫做「回鋒」，也叫做「橫來直受」、「直來橫受」。這勒不等於橫，筆尖在橫畫中，不是平的。

努，是第三筆由第二筆短橫直下，像是一豎，到了豎尾端，直筆向左，是努。再向上趯出，變爲第四法了。

趯，是第三筆的最後一筆，趯向左上。這筆是和第三直筆下來努完再趯上，一筆中有兩勢。這就是八法中的兩法。

策，是第五筆，又像由左起短橫，微向右上。

掠，是第六筆，連在第五筆末，向左斜方撇去，掠又叫做撇。

啄，是第七筆，筆從右下斜向左略短，其勢似掠而短小。

磔，是第八筆，筆尖從第三筆似豎的二分之一略上，向右下方捺出收筆，而八法已完成矣。

磔又叫做捺。

《玉堂禁經》上說：

側不得平其筆。

勒不得臥其筆。

努不得直，直則無力。

趯須蹲其鋒，得勢而出。

蹲其鋒，就是第三筆直下，筆要蹲下，略頓趯上去。

策須背筆，仰而策之。

掠須筆鋒左出而利。

啄須臥筆疾罨。

磔須趯筆戰行右出。

這些講筆法的短語，古人說的很清楚，可是我們起初一看，也不十分明瞭。沈尹默氏書中講「筆勢和筆意」，曾經引用顏眞卿〈張長史筆法十二意〉文中的話，在後面沈氏說：「上面所引的文章，初看了，未免有些難懂，但是有志書法的人們，這一關必得要過的，必須耐性反覆去看、去體會，不要著急，今天不懂，明天再看，不厭不倦，繼續著看，今天懂一點，明天懂一點，總要看到全懂爲止，凡人想學成一藝，就必須要有這樣鑽研的貫徹精神才行。」沈氏所說，非常重要，他在書中只照錄原文，不給語譯，要研究的人自己去慢慢看懂它，我是覺得縱然是語譯了，恐怕是不能盡古人之意，那微妙不盡之意，不能顯現出來，我們的責任就太大了，所以還是照錄原文，這種用心，我們覺得眞是求眞知，太可愛了。

近些年來，我常見到臺靜農先生在看《書法要錄》，用明人汲古閣刊大字本，先生每次說這書裏面的古人，講書法講得太好了。我也看見先生摘錄那些話，寫在條幅上，可見是如何的重視古人論書之語，如「張懷瓘書斷」、「庾肩吾書品論」、「李嗣眞論右軍飛白書」、「竇眾述書賦」、「右軍自論書」，他和沈氏的心意一樣，這些特別重要，附帶寫在此地，這也是青年學子在中學爲什麼還要學習文言文哩！學文言文，就是爲了這些，可以派上用場啊！

八法也只是爲重要的筆法舉例子是如此，八法也實在不能包括淨盡的筆法。但說明八法就不容易，《翰林禁經》說：

點為「側」，側不得平其筆，當側筆就右為之。

橫為「勒」，勒不得臥其筆，中高下兩頭，以筆心壓之。

豎為「努」，努不宜直其筆，直則無力，立筆左偃而下，最要有力。

挑為「趯」，趯須蹲鋒得勢而出，出則暗收。

左上為「策」，策須斫筆背發而仰收，則背斫仰策也，兩頭高，中以筆心舉之。

左下為「掠」，掠者拂掠須迅，其鋒左出而欲利。

右上為「啄」，啄者，如禽之啄物也，其筆不罨，以疾為勝。

右下為「磔」，磔者，不徐不疾，戰行顧卷，復駐而去之。

清人包世臣說：

夫作點勢，在篆皆圓筆，在分皆平筆。既變為隸，圓平之筆，體勢不相入，故示其法曰側也。平橫為勒者，言作平橫，必勒其筆，逆鋒落字，卷（鋪）毫右行，緩去急回。蓋勒字之義，強抑力制，愈收愈緊。又分書橫畫，多不收鋒，云勒者，示畫之必收鋒也。後人為橫畫，順筆平過，失其法矣。直作努者，謂作直畫，必筆管逆向上，筆尖亦逆向上，平鋒著紙，盡力下行，有引弩兩端皆逆之勢，故名努也。鉤為趯者，如人之趯腳，其力初不在腳，猝然引起，而全力遂注腳尖，故鉤末斷不可作飄勢挫鋒，有失趯之義也。仰畫為策者，如以策（馬鞭）策馬，用力在策本，得力在策末，著馬卽起也。後人作仰橫，多尖鋒上拂，是策末未著馬也。又有順壓不復仰卷（趯）者，是策旣著馬而末不起，其策不警也。長撇為掠者，謂用努法，下引左行，而展筆如掠，後人撇端多尖穎斜拂，是當展而反斂，非掠之義，故其字飄浮無力也。短撇為啄者，如鳥之啄物，銳而且速，亦言其畫行以漸，而削如鳥啄也。捺為磔者，勒筆右行，鋪平筆鋒，盡力開散而急發也。後人或尚蘭葉之勢，波盡處猶嫋娜再三，斯可笑矣。

我們看了這些說明八法的文字，對筆法該有十分清楚的印象，自己寫每一筆，都要想到八法是如何說，其要點是怎樣，書法書法，這就是法了。

參考書目：

沈尹默論書叢稿
米芾羣玉堂帖論書
玉堂禁經　張懷瓘
臺靜農行草小集
翰林禁經
藝舟雙楫　包世臣

四・臨摹與工具

寫字不僅靠用功臨摹，最重要的還要讀書、讀帖。

讀書有兩種，讀一般書籍和書法專著，它能助長我們的見識，前人的經驗，都記載在書本上，有些問題，單靠個人思考，是得不到結果的，看看書有時會豁然貫通，況且有些是專門知識的書。

天天寫字，有時會感覺並沒有什麼進步。我們就需要平時看看碑帖，碑帖上的字迹、結構分布、運筆長短、大小鬆緊，古人寫出來的，都是累積許多時日的經驗，覺得像這樣才是美。我們臨寫也必須照著它的姿態，才會是學某一碑、某一家，日久已十分相似，再慢慢臨寫多家，也漸漸才能創新。

臨摹可以分爲幾項來說：㈠選帖　㈡影摹　㈢對臨　㈣背臨　㈤習作。

㈠選　帖

各體碑帖繁雜，中外印製紛陳，我們要寫某一體書，就得知道那些才是好的範本。今天是一個科技發達的時代，社會開放，圖書館、博物館的收藏都會公開，甚至有出版品，這些足以使我們選購，以飽眼福，而更有益於學習。選帖應該是初學最茫然、不知所從的，在這兒按體開列一些名目和印刷者。

甲骨金文部分：

甲骨文集　日本二玄社印

金文集　日本二玄社印

大小篆部分：

北宋拓石鼓文　明安國收藏　唐蘭題跋　馬衡跋　臺北華正書局印

吳昌碩臨石鼓文　日本二玄社印

吳昌碩臨石鼓文　大陸出版

嶧山碑　藝林出版社

瑯琊泰山碑　二玄社

秦權量　二玄社

鄧石如篆書弟子職　臺北學海出版社

鄧石如篆書廬山草堂記　日本印

趙之謙說文部首　華正書局

吳熙載集　二玄社

楊沂孫說文部首　藝林出版社

隸書部分：

石門頌　大陸出版

乙瑛碑　二玄社

禮器碑　大陸出版

衡方碑　學海出版社

史晨碑　二玄社

曹全碑　學海出版社

張遷碑　學海出版社

華山碑　李文田藏　趙之謙雙鈎缺頁　香港印　華正書局四明等三種

夏承碑　華正書局

魯峻碑　漢華出版社

婁壽碑　日本印

楷書部分：

爨寶子碑　二玄社

爨龍顏碑　二玄社
始平公造像記　龍門二十品　二玄社印
瘞鶴銘　二玄社印
石門銘　二玄社
鄭文公碑　華正書局
張玄（黑女）墓誌銘　何紹基跋　華正書局
張猛龍碑　狄平子跋　漢華出版社
龍藏寺碑　日本印
啟法寺碑　日本印
董美人墓誌銘　大通書局
智永千字文　故宮印
歐陽詢皇甫誕碑　二玄社
歐陽詢化度寺碑　日本大谷大學印
歐陽詢九成宮醴泉銘　華正書局
虞世南孔子廟堂碑　有正書局
褚遂良孟法師碑　日本印

褚遂良雁塔聖教序　日本印
褚遂良倪寬贊　故宮印
褚遂良陰符經　葉氏藏
敬客王居士塼塔銘　學海出版社
歐陽通道因碑　二玄社
薛稷信行禪師碑　日本大谷大學印
魏栖梧善才寺碑　日本印
李邕端州石室記　華正書局
顏眞卿多寶塔碑　二玄社
顏眞卿麻姑仙壇記　二玄社
顏眞卿顏勤禮碑　日本印
柳公權神策軍碑　學海出版社
楊凝式韭花帖　三希堂法帖　東方出版社
沈傳師柳州羅池廟碑　學海出版社

行草部分：

陸機平復帖　大陸書法叢刊本

王羲之快雪時晴帖　故宮印
王羲之平安、何如、奉橘帖　故宮印
王羲之喪亂帖　日本藏
王羲之蘭亭集序　神龍半印本　學海出版社印
集聖教序　故宮印　大陸印
王獻之中秋帖　二玄社
王珣伯遠帖　大陸書法叢刊本
陸柬之文賦　故宮印
顏眞卿爭坐位稿　書譜雜誌本
顏眞卿祭姪稿　故宮印
蘇軾寒食帖　故宮印
蘇軾墨迹　故宮法書本
蔡襄墨迹　故宮法書本
黃庭堅墨迹　故宮法書本
米芾墨迹　故宮法書本
米芾蜀素帖　故宮印

米芾苕溪帖　二玄社
趙孟頫蘭亭十三跋　二玄社
董其昌臨閣帖　大陸印
董其昌秋興詩　故宮印

二　影摹

影摹以前人叫做響搨，把原迹放在窗戶上用一張透明紙鈎摹，現在有好的透明油紙，把原迹放在桌上，加上透明紙，就可以摹了。

影摹有幾種方法：⑴直接用毛筆書寫，原迹粗細長短，用筆照樣摹畫，類似描紅。⑵雙鈎塡墨，或者不塡墨，就把原迹只用墨筆細線，鈎出原字輪廓，像李文田的〈西嶽華山碑〉，中間缺了幾頁，就由趙之謙氏雙鈎，那雙鈎也是從別本影摹的。⑶把油紙放在原迹上，用單線筆（鉛）畫出每筆中心骨幹，然後再對著帖臨寫，在那細線的骨幹上去加每筆的肉，這叫間接書寫。

影摹的好處，是可以把握古人寫字的點畫、間架、結構。所謂「摹帖易得位置」。影摹之初，選最美好的單字，反覆影摹，一面摹，一面揣摩，那個字畫與畫的距離位置，影摹幾次，腦子裏印象深刻，自己再寫這個字，比較有規律，也比較像那個字體了。

㈢ 對　臨

自從影摹工夫以後，對原帖大致已有很好的印象，再來對帖臨寫，影摹既求其間架，臨寫就要能得其神味。臨寫時只用眼角餘光，掃視原帖，看一個字寫一個字，再次看幾個字寫幾個字，不可看一筆寫一筆。對臨主要是希望能領略前人用筆規律，尤其是掌握那整體用筆的連貫性。這種對臨以前，應該反覆看帖，也就是說平時讀帖（看帖）工夫，閒下來把帖放置案頭，隨時觀看，注意原帖的精神，原字的筆勢位置，如能掌握，也就有些神似了。

㈣ 背　臨

從影摹、對臨的工夫下過了，已經對原帖一些個體字，漸有心得。每個字每個字，記得多少，那整幅也大略記得些，再從平時讀帖的記憶，然後可以把帖閤上，完全從記憶中去照樣把帖寫出來。像我們喜歡一首詩，熟讀後會背。現在喜歡的字，也由平日熟讀，一下子要把它背寫出來。不過這比背書難得多，背書是一個字一個字的聲音連續，背臨是要把整幅字的長短、距離、粗細、位置連續寫出，聲音簡單，筆迹難摹。這不僅是靠腦子的記憶，重要的還是融會全幅的神情，要做得好，那影摹、讀帖的工夫，尤不可少了。

(五) 習作

經過以上幾種途徑，熟習古人作品，他們寫一段文字、一首詩篇、一段題識。我們也仿照他們，來習作一件作品。假定選擇一首唐人王維的詩來寫，內容是很重要，那語言要切合當時的心情，文字筆畫繁簡，重出的字多不多，都要考慮。因爲古人文字和我們相印合，比較輕鬆寫出來，沒有隔閡。相同的字在一行中太多，不容易處理，也就是說儘量避免筆勢雷同。大家都知道，王羲之寫〈蘭亭集序〉一篇中「之」字很多，他都能有變化。如梅蘭芳的歌舞，他的水袖姿態變化特多，這才是藝術。所以我們要自己習作一幅字，首先注重到，不要相同的字出現太多。其次行款要注意，三行、五行，最後不要寫到底，要多少留下一節空白。正文寫完，後面寫些小字，說明時間內容的特性，這就要有些學問了，因爲那是一段敍述性的短文，要言簡意賅，不要冗長拖沓，而又能透出自己的見地，這就非常難了。像何紹基寫的一冊小楷《黃庭經》（華正書局印）他在後面寫了一段話，說今年正月很忙，在家中寫小楷，是一種習靜工夫，這已是從寫字到人生的修養工夫了。他又說這一册子格子太大，又透出寫作的經驗之談，像這些我們習作書法的時節，要多多留心古人是怎樣安排字幅後面的話頭。一幅字附帶寫上年月日也很重要，時間準確，可以留作後來的省察，然後寫上名款，不高不低，中間偏下，加蓋印章，印章主要是篆文正確，形式方正，不要用奇形圖章，不超過三個卽可（冠印、名印），避免怪異，這一習作，大概可以算完成了。

此外，寫書法必備一些工具，也就是前人所說的文房四寶，筆、墨、紙、硯。今天也有人說四種不够，還得加添一些什麼筆洗、文鎭、印章、印泥、筆架等等。

1. 筆：

我國是文化最古老的民族，一般說秦人蒙恬製筆，現在已覺不甚確當。本來日本奈良正倉院所藏唐筆，號稱毛筆最早的。可是在一九五四年，長沙左家公山一座古墓中發現的戰國筆，才是現存最古的毛筆。筆管帶套竹製，管長十八點五厘米，徑零點四厘米，毛長二點五厘米，兔毫。一九三二年在居延附近紅城子也發現一管漢筆，木筆桿，長二十點九厘米，筆尖露出部分爲一點四厘米，筆管是兩束麻線捆紮四條木片，筆頭塞入筆管，筆頭可以替換，一如今天用的鋼筆可換筆尖。（馬叔平有專文記居延漢筆）

毛筆取料種類繁多。梁朝蕭子雲以嬰兒胎髮製筆，今天也還有製作的。明陳白沙以茅草製筆，叫做茅龍。日本有竹子分劈如細毛的筆。但是一般多用獸毫，如羊毫、狼毫、兔毫（紫毫）、牛耳毛、鬃毛、鼠鬚、山馬毛、山貓毛、雞毛等等。總歸來說，可別爲三種，柔毫、硬毫、兼毫。

柔毫，多用羊毛製作，雞毫也很柔軟，用的較少。羊毛價廉，用來普遍，羊毫可做長鋒筆，攝取墨汁多可以寫較大的字。用羊毫可以製出斗筆、提筆、聯筆、屏筆。現在湖州筆羊毫還是上好的筆，比日本東京溫恭堂的羊毫，要價廉物美多了。羊毫性子柔軟，用來寫篆字、隸書，甚至寫行草，如能善爲控制，那是非常好而有趣味的。沈尹默先生詩句：「使筆如調生馬駒。」如能善於駕馭，羊毫粗細筆畫，曲屈眞似珊瑚、鐵網了。清代篆隸大家，如鄧完白、何紹基都能以羊毫作書，臺灣書家臺靜農先生寫隸書，也使用羊毫，有些人說羊毫不能寫字，古代根本無有羊毫，就武斷的說不可用，像葉恭綽就說：「羊毛流行，不及二百年，清代以用羊毛筆而著名的，只有包世臣一人，此外未聞有用羊毛而得名的。」羊毛是柔軟性，柔能克剛、柔中見剛，不妨試之。

硬毫，是用山兔毛、黃鼠狼毛、山馬毛、山貓毛、紫色兔毛的紫毫，這些毛比羊毛價值貴上好多倍，硬毫粗細比較好控制，也許有人以爲可以寫篆、健挺，宜作長畫，可是筆畫鋒芒太過顯露，不比羊毫含蓄有味。硬毫只能疾不能澀。因爲唐代名詩人白居易有〈紫毫詩〉：「紫毫筆，尖如錐兮利如刀。江南石上有老兔，吃竹飲泉生紫毫。宣城工人采爲筆，千萬毛中擇一毫。」紫毫便成爲硬毫筆中最名貴的了。

兼毫，是兩種以上的動物毛，按照比例配合製造的。它是合乎柔毫、硬毫之間的一種筆。兼毫做得適中的軟硬度，可以剛柔相濟，像日本所製的長流筆。如果以兼毫筆來寫行書，應該是比較適合的。像兼毫這種組合的筆很多，有的叫三紫七羊毫、又有七紫三羊、五紫五羊、九紫一羊、二紫八羊等。另外還有狼羊毫、紫狼毫、鷄狼毫、豹狼毫，後者是較硬的兼毫。

筆除了毛的種類不同，筆管也多變化，如青玉、犀角、紫檀、琉璃、象牙等一些珍貴材料，無非是裝飾好看，呈現富貴氣，故宮留下來乾隆皇帝的筆大多是裝飾名貴的桿子，其實還是竹管，最適合於使用，因爲它輕。琉璃、紫檀、玉角都重，手握著甚爲不合適，米芾談寫字握筆說：「把筆輕」，只有筆毛（筆頭）才是最重要的。明代屠隆的《考槃餘事》中說：「製筆之法，以尖、齊、圓、健爲四德。」尖是筆頭毫能聚合，鋒穎尖銳如針。齊是修削整齊，筆頭發開，把端部擠扁，見到內外毫長短俱齊。圓是豐滿圓潤，毫聚攏在一起時，周身顯得飽滿，筆腰無凹凸，不扁不瘦。健是毫毛每根直垂，發開收攏，不會變形，自然勁健有力了。

工欲善其事，必先利其器（韋誕語）。書法練習，筆最重要，包世臣在《藝舟雙楫》書裏面，特別介紹兩筆工語：

> 王興源說：能手之修筆也，其所去皆毫之曲與扁者，使圓正之毫獨出鋒到尖，含墨以著紙，故鋒皆勁直，其力能順指以伏紙。

王興源爲歸安善連鎮人，今日大陸製筆，仍號稱善連。

王永清說：此筆（王興源製）善矣。然尖善而根不善，著水則腰脹。其修工淨己，而劣毫之根未去，選鋒雖健，被劣根間錯，不能朋諧周比，出力以到尖。書道尚頓、跌、轉、換，而頓跌轉換時，指取筆力，常自尖達根，根有病則尖必散，是尖被根累也。

他們兩位雖是筆工，都十分瞭解書法之道。宋朝有名的製筆家宣人「諸葛高」，詩人梅聖俞曾經拿家鄉宣筆送給歐陽脩，歐陽脩有詩說：

聖俞宣城人，能使紫毫筆。宣人諸葛高，世業守不失。緊心縛長毫，三寸頗精密。軟硬適人手，百管不差一。

除了諸葛筆，還有歙州呂道人、黟州呂大淵（替黃庭堅製筆，名香筆）、徽州汪伯立筆。

名家製筆，固然好而適用，可是好筆也得好好保養它，從發筆、用筆、洗筆三個步驟，都要注意。一隻新筆使用時，先用清水洗淨筆頭膠質，讓筆頭泡開，再用手指把筆毛上的水擠乾，順勢使毛垂直，然後入硯吸墨，在硯上平掭後就可著紙書寫，不用時要洗淨，尤其是筆管與筆毛根部相接合處，要把墨洗得淨盡，洗筆如果在自來水管下面沖洗，不可性急，水由筆毛根向下沖到筆尖，順勢沖洗，待得洗淨，也用手指把毛上水擠乾，垂直懸掛起來，這些都是要使筆毛每根垂直，不可雜亂。下次用筆，也如同新筆使用時一樣，筆毛下水浸泡後弄乾，再入硯吸墨，這樣筆毛比較溫軟，用時使轉、提頓會自如而不費力。

2. **墨**：

墨是寫字最重要的工具之一，筆墨之妙，稱筆墨就是說書和畫，因爲都用筆墨而留下來的形象。漢代應該就有很好的墨了。根據《漢官儀》和《雲麓漫鈔》上面記載，當時做官的人，每月可以獲得大小「隃麋」墨各一枚。「隃麋墨」便是陝西隃麋（汧陽縣）所製的貴重墨，得名最早。其實漢代產墨地區如抉風、延州都製墨，而以隃麋所製爲最佳。後來徽州的墨，圖案標誌就題作「古隃麋」了。漢末製墨最主要的原料是松煙；曹植詩：「墨出青松煙。」鄭眾也說：「九子之墨，藏于松煙。」晉時煙和膠配合質量尤佳，陶侃獻給晉帝墨二十丸，皆極精妙。王羲之父子流傳墨迹，至今千六百年，墨迹猶如皎潔星月，爛然耀目，陸機《平復帖》比《蘭亭集序》早百餘年，墨迹留在紙上的，算是世界上最古的孤本了。

墨原料固然取材於松煙，好的墨往往還得加上許多名貴的香料。泡製時有猪膽、麝香、珍珠粉十數種藥材。墨可以治瘳「腮腺炎」、「赤白痢下」、「吐血不止」、「風癬」、「鼻血不止」等，都載在李時珍的《本草綱目》裏面。

現在好墨難得，今天也不容易用古法材料製墨了。現代寫字的人，多用墨汁。墨汁當然也可以用以上材料製成，用墨汁寫在紙上的字，不知千百年後，是否光彩如新，就無法知道了。大約寫行書、小楷，用墨不多，還是用墨錠來磨著寫，比較順手。墨汁總不免過於膠性，筆毛一沾上分不開，運動不能靈活，就不能善其事了。古人磨墨一面看書、讀帖，也算是一種修養，近代書家溥儒、沈尹默都是磨墨寫字，其效果是一定超過用墨汁的。

3. 紙：

古代書寫用竹帛，甚爲不便。漢人應劭在《漢官儀》裏面說：「赫蹏，薄小紙也。」唐人顏師古注《漢書》引孟康注說：「蹏猶地也，染紙素令赤而書之，若今黃紙也。」赫蹏，是稱紙塊最早的一個名詞，就是染紅色的紙塊。應劭又在《風俗通》一書裏面說：「車駕（光武帝）徙都洛陽，載素、簡、紙經凡二千輛。」西漢已經有紙了。一九五七年，陝西博物館在西安東郊灞橋附近發掘一座西漢墓，得紙一批稱之爲「灞橋紙」，年代也不晚於武帝時代。

唐代段成式在九江造「雲藍紙」，以贈詩人溫庭筠，當時江西又有白藤、觀音紙。臨安有漿粉紙、蠲紙。吳門孫生造「春膏紙」，其色如蠟，其光可鑑。

晉、唐、宋紙，東傳朝鮮、日本；南傳印尼、印度；西傳西域、大食、非、歐、美諸洲。國外朝鮮歲貢襯書卷用的「蠻紙」，南越貢「側理紙」或稱「苔紙」，以海苔爲原料，側理卽陟厘。紙的產生和改進，年代久遠得很了。

安徽宣州出產宣紙，據宋人周密《澄懷錄》中記載：「唐承徽中，宣州僧欲寫《華嚴經》，先以沉香和楮樹，取以造紙。」唐人徐堅《初學記》和【太平御覽】書中記載，用谷樹皮造紙。唐張彥遠《歷代名畫記》說：「好事家宜置宣紙百幅，用法蠟之，以備摹寫。」這就是唐人用宣紙加工，製成透明紙，以備摹書畫之用。《方輿勝覽》說：「歙縣、績溪交界處有地名『龍鬚』的，生產麥光、白滑、冰翼、凝霜等佳紙。」宣州包括涇縣一帶，今日宣紙，多產在涇縣，用青檀樹做原料，檀、楮、谷都是落葉喬木桑科樹，所以平常稱紙為「楮」，又稱「桑皮紙」。南唐李後主用的澄心堂紙，也是宣州造的。

在【古今圖書集成・理學匯編】的《字學典》中記載：後人除了仿製澄心堂紙，涇縣又有金榜、畫心、潞王、白鹿、卷帘。歙州有碧雲春樹箋，龍鳳印邊三色內紙，印金團花及各色金花箋。池州也有聞名的細白佳紙。宋人陳標《負暄野錄》：「新安玉版、色理極細膩，既光且堅。」今天的宣紙名稱仍有「玉版」宣。

宣紙分生宣、熟宣，生宣散墨快，用起來不易控制，但更能顯現書畫的墨韻。熟宣是加工過的，墨不會散開，兩種都適合書畫之用，性尤耐久，大約可保存千年以上。臺灣近年仿製，「埔里紙」也很合用。除了宣紙，又有毛邊紙、玉扣紙都可以寫毛筆字，一般開始學習寫字，毛邊紙是最價廉的，只是表面太滑了，受墨差些，如果寫中楷以上的大字，是可以寫反面，會更好些。

還有詩箋，小幅上面印花。唐代名妓薛濤在四川成都，利用井水製箋，給文人詩歌酬答之用，便成詩書畫三絕了。李義山送友人到四川的詩，也開玩笑的說：「浣花箋紙桃花色，好好題詩詠玉鉤（月）。」那是一種通行的詩箋。明朝有木刻彩色的《十竹齋箋譜》，又有《蘿軒變古箋譜》，近代四川成都還有《詩婢家箋譜》，以供做詩人寫稿之用。箋上都是名人書畫，仿古彝器、塼文、瓦當，眞是古色古香。魯迅、鄭西諦，特別欣賞這種箋譜，怕這些藝術會失傳，曾經搜集出版，我們今天很難看到，想來一定精美極了。只是詩箋雖好，價亦不廉，不能被一般人採用。記得梁實秋先生文章裏面也提到：「自毛筆衰歇之後，以宣紙製做的箋紙，也漸漸不能流行。偶有文士蒐集，當做版畫一般的藝術品看待。周作人的書信好像是一直維持用毛筆箋紙，徐志摩、楊今甫、余上沅諸氏也常保持這種作風，至於稿紙之使用宣紙者，自梁任公先生之後不知尙有何人。新月書店始製稿紙，採胡適之先生意見，單幅大格寬邊，有宣紙、毛邊、道林三種。其中宣紙的購者絕少，後遂不復製了。」那時候已經如此，今天就可想而知了。

4. 硯：

古人磨墨寫字，就必須用得到硯，硯的種類也多，陶硯、瓦硯、鐵硯、澄泥硯、端石硯、洮河石硯、歙硯、二水石硯等等。

端硯爲世所稱，出產地是廣東高要縣端溪，其中以斧柯山的石頭爲最難得，多天水涸時候，才可以一個人匍匐入洞採石，蘇軾說：「千夫挽綆，百夫運斤；篝火下縋，以出斯珍。」可見那個時代科技落後，採石困難。

歙硯開始著名於唐代，據宋人洪景伯所著《歙硯譜》記載，唐開元中獵人葉氏逐獸至婺源（原安徽縣名，又屬江西）長城里，見壘石如城，瑩潔可愛，携歸成硯，自是歙硯聞名天下。蕭穎士，唐開元二十三年進士，他也贊美歙硯。硯石以金星、金暈爲多，粗細羅紋、刷絲羅紋、水浪紋、古犀紋、對眉子紋千不一見。石硯黝黑，微呈青碧。以各種羅紋質地最細膩，發墨而不耗墨，極易洗滌。

古來對端溪、歙縣二硯，各有看法。「端石如風流學士，竟體潤朗。龍尾（南唐李煜所用歙硯）如清寒道人，時見機穎。」又說：「端石如豔婦，千嬌百媚；歙石如寒士，聰俊清癯。」歙硯名稱甚多，龍尾，廟前青，都以地名顏色來命名。唐詢《硯錄》稱：「常過金陵，于翰林葉道卿處見一硯，其色淡青，如秋雨初霽，遠望暮天，表裏瑩潔，都無紋理，蓋石之美者，得于歙，今不復有。」又汪扶晨《龍尾石辨》說：「于豐溪吳太史家，得一瀗字硯，相傳爲米元章所寶，石色淡青，如秋雨新霽，表裏瑩潔，因知龍尾之精，以色青肌膩爲貴。」徐毅《歙硯輯考》說：「石以眉子爲絕，眉子品種不一，要以石色青碧，石質瑩潤，而紋理勻淨，尤爲精絕。」三書所說，都帶青色，而又說到瑩潤、石質細膩，用手觸撫卽知，紋理勻淨，就是說觀賞的美了。潤可以含水不乾，細也能下墨，就是好硯。梁實秋先生說：「所謂良硯，第一是要發墨，因其石之質地堅細適度，磨墨不費時，經磨三二十下，墨瀋濃濃，而且墨愈堅則發墨愈速，佳硯佳墨乃相得而益彰。除了發墨以外，還要不傷筆，筆尖軟而硯石糙則筆易受損。並且磨起來不可有沙沙的聲響。磨成墨汁後要在相當久的時間內不滲不乾。」梁先生能書善畫，這些話都是經驗之談。臺灣中部二水硯石，有紫色、有青色，亦甚細膩，發墨後墨汁不易乾，可以供文房之用，眞不必求端、歙等名品了。

參考書目：

遐庵談藝錄　葉恭綽
法書篇一　中華五千年文物集刊　臺北故宮印
書法概論　啟功
齊如山全集　齊如山
中國安徽文房四寶　穆孝天
中國古代書史　錢存訓
沈尹默論書詩墨跡　沈尹默
白氏長慶集　白居易
羣玉堂帖　米芾
考槃餘事　屠隆
法書要錄　張彥遠

藝舟雙楫　包世臣
歐陽文忠公集　歐陽脩
漢官儀　應劭
雲麓漫鈔　趙彥衛
陳思王詩　曹植
本草綱目　李時珍
漢書注　顏師古
風俗通　應劭
澄懷錄　周密
初學記　徐堅
歷代名畫記　張彥遠
方輿勝覽　祝穆
古今圖書集成　清康熙印
負暄野錄　陳槱
李商隱詩集　李義山
十竹齋箋譜　胡正言

蘿軒變古箋譜　沈尹默入蜀詞册
詩婢　家箋譜　中國時報人間版　梁實秋
文房四寶　蘇軾
蘇文忠公全集　洪景伯
歙硯譜　唐詢
硯錄　汪扶晨
龍尾石辨　徐毅
歙硯輯考　闕名　百川學海本
端溪硯譜　同右
硯譜　米芾　百川學海本
廣倉硯譜
硯史

五・結　語

書法這門學問，前人所寫的專門理論書籍極多，而前人留下的筆跡，供我們觀賞借鏡的，也舉不勝舉。今天印刷術進步，人們需求也多，所以要看書、看帖，非常容易。古人墨寶，過去是秘不示人，今天博物館是公開展示，印行單行卷子、册子，我們可以買回家，細細研讀，這些都是以前人所沒有的條件。有幾位書法家，能看到神龍本〈蘭亭集序〉呢？清人如何紹基、沈曾植，在他們的論書著作中，都不曾見到。又如米芾的〈蜀素帖〉，何、沈也不曾得見，我們今天不僅看，且能擁有，不是可以比何、沈眼界開濶多了嗎？

寫字是可以修身養性，端坐執筆，兩足平放，兩眼平視握在正中間的筆桿，寫時心無雜念，全身血脈自然循環，這是一種非常享受又有益的健身之道；書法家長壽，也是盡人都知的。所以寫書法，不僅是保存傳統文化，也實在是有益身心。不要執著曹丕所說：「雖在父兄，不能以移子弟」的話，我們要以後天美好的環境去充實、精進。寫一筆好字，人家看了會愛不忍釋，情感不是更融合和諧嗎？

中等教育	司　琦　著	前政治大學
中國教育史	胡美琦　著	文化大學
中國現代教育史	鄭世興　著	臺灣師大
中國大學教育發展史	伍振鷟　著	臺灣師大
中國職業教育發展史	周談輝　著	臺灣師大
社會教育新論	李建興　著	臺灣師大
中國社會教育發展史	李建興　著	臺灣師大
中國國民教育發展史	司　琦　著	前政治大學
中國體育發展史	吳文忠　著	臺灣師大
中小學人文及社會學科教育目標研究總報告	教育部人文及社會學科教育指導委員會　主編	
中小學人文學科教育目標研究報告	教育部人文及社會學科教育指導委員會　主編	
中小學社會學科教育目標研究報告	教育部人文及社會學科教育指導委員會　主編	
教育專題研究　第一輯	教育部人文及社會學科教育指導委員會　主編	
教育專題研究　第二輯	教育部人文及社會學科教育指導委員會　主編	
教育專題研究　第三輯	教育部人文及社會學科教育指導委員會　主編	
選文研究——中小學國語文選文之評價與定位問題	教育部人文及社會學科教育指導委員會　主編	
英國小學社會科課程之分析	張玉成　著	教育部人指會
	教育部人文及社會學科教育指導委員會　主編	
如何寫學術論文	宋楚瑜　著	省政府
論文寫作研究	段家鋒、孫正豐、張世賢主編	政治大學
美育與文化	黃昆輝主編	總統府
師生關係與班級經營	陳奎憙 王淑俐 單文經 黃德祥　著	臺灣師大 臺北師範學院 臺灣師大 彰化師大

三民大專用書書目——教育

教育概論	張鈿富	著	政治大學
教育哲學	賈馥茗	著	臺灣師大
教育哲學	葉學志	著	彰化師大
教育原理	賈馥茗	著	臺灣師大
教育計畫	林文達	著	政治大學
普通教學法	方炳林	著	臺灣師大
各國教育制度	雷國鼎	著	臺灣師大
清末留學教育	瞿立鶴	著	
教育心理學	溫世頌	著	傑克遜州立大學
教育心理學	胡秉正	著	政治大學
教育社會學	陳奎憙	著	臺灣師大
教育行政學	林文達	著	政治大學
教育經濟學	蓋浙生	著	臺灣師大
教育經濟學	林文達	著	政治大學
教育財政學	林文達	著	政治大學
工業教育學	袁立錕	著	彰化師大
技術職業教育行政與視導	張天津	著	臺北技術學院
技職教育測量與評鑑	李大偉	著	臺灣師大
高科技與技職教育	楊啟棟	著	臺灣師大
工業職業技術教育	陳昭雄	著	臺灣師大
技術職業教育教學法	陳昭雄	著	臺灣師大
技術職業教育辭典	楊朝祥	編著	教育部
技術職業教育理論與實務	楊朝祥	著	教育部
工業安全衛生	羅文基	著	高雄市教育局
人力發展理論與實施	彭台臨	著	臺灣師大
職業教育師資培育	周談輝	著	臺灣師大
家庭教育	張振宇	著	淡江大學
教育與人生	李建興	著	臺灣師大
教育即奉獻	劉真	著	前臺灣師大
人文教育十二講	陳立夫等	著	國策顧問
當代教育思潮	徐南號	著	臺灣大學
心理與教育統計學	余民寧	著	政治大學
教育理念與教育問題	李錫津	著	臺北市教育局
比較國民教育	雷國鼎	著	臺灣師大

日本近代史	林明德 著	臺灣師大
臺灣史綱	黃大受 著	
近代中日關係史	林明德 著	臺灣師大
美洲地理	林鈞祥 著	臺灣師大
非洲地理	劉鴻喜 著	臺灣師大
自然地理學	劉鴻喜 著	臺灣師大
地形學綱要	劉鴻喜 著	臺灣師大
聚落地理學	胡振洲 著	前臺灣藝術學院
海事地理學	胡振洲 著	前臺灣藝術學院
經濟地理（增訂新版）	陳伯中 著	前臺灣大學
經濟地理	胡振洲 著	臺灣藝術學院
經濟地理	姜善鑫等著	臺灣大學
都市地理學	陳伯中 著	前臺灣大學
中國地理（上）（下）（合）	任德庚 著	
中國地理	張瑞津 潘桂成 等著	臺灣師大

戰國風雲人物	惜　秋　撰	
漢初風雲人物	惜　秋　撰	
東漢風雲人物	惜　秋　撰	
蜀漢風雲人物	惜　秋　撰	
隋唐風雲人物	惜　秋　撰	
宋初風雲人物	惜　秋　撰	
民初風雲人物（上)、(下)	惜　秋　撰	
中國文化史	杜正勝主編	中央研究院
世界通史	王曾才　著	考試委員
西洋上古史	吳圳義　著	政治大學
羅馬人的故事 I ——羅馬不是一天造成的	塩野七生　著 徐幸娟　譯	
羅馬人的故事 II ——漢尼拔戰記	塩野七生　著 張惠君　譯	
羅馬人的故事 III ——勝者的迷思	塩野七生　著 林雪婷　譯	
羅馬人的故事 IV ——凱撒時代（盧比孔之前）	塩野七生　著 李曼榕 李璧年　譯	
羅馬人的故事 V ——凱撒時代（盧比孔之後）	塩野七生　著 黃紅杏　譯	
羅馬人的故事 VI ——羅馬和平	塩野七生　著 張麗君　譯	
我的朋友馬基維利	塩野七生　著 沈寶慶　譯	
馬基維利語錄	塩野七生　著 楊征美　譯	
世界近代史	李方晨　著	
世界現代史（上)、(下)	王曾才　著	考試委員
西洋現代史	李邁先　著	前臺灣大學
東歐諸國史	李邁先　著	前臺灣大學
英國史綱	許介鱗　著	臺灣大學
德意志帝國史話	郭恒鈺　著	柏林自由大學
法國史	吳圳義　著	政治大學
印度史	吳俊才　著	前政治大學
日本通史	林明德　著	臺灣師大
日本史	林明德　著	臺灣師大
日本信史的開始——問題初探	陶天翼　著	中央研究院
日本現代史	許介鱗　著	臺灣大學

三民大專用書書目──歷史・地理

中國歷史	李國祁 著	臺灣師大
中國歷史系統圖	顏仰雲編繪	
中國通史（上）、（下）	林瑞翰 著	臺灣大學
中國通史（上）、（下）	李方晨 著	
中國通史（修訂版）	甘懷真 著	臺灣大學
中國史	林瑞翰 著	臺灣大學
中國近代史四講	左舜生 著	
中國現代史	李守孔 著	臺灣大學
中國現代史（修訂版）	薛化元編著	政治大學
	薛化元	政治大學
中國現代史	李福鐘編著	交通大學
	潘光治	中研院
中國近代史概要	蕭一山 著	
中國近代史（近代及現代史）	李守孔 著	臺灣大學
中國近代史	李守孔 著	臺灣大學
中國近代史	李方晨 著	
中國近代史（增訂新版）	李雲漢 著	政治大學
中國近代史（簡史）（增訂新版）	李雲漢 著	政治大學
中國近代史（修訂版）	古鴻廷 著	東海大學
中國近代史（增訂版）	薛化元編著	政治大學
隋唐史	王壽南 著	政治大學
明清史	陳捷先 著	臺灣大學
黃河文明之光（中國史卷一）	姚大中 著	東吳大學
古代北西中國（中國史卷二）	姚大中 著	東吳大學
南方的奮起（中國史卷三）	姚大中 著	東吳大學
中國世界的全盛（中國史卷四）	姚大中 著	東吳大學
近代中國的成立（中國史卷五）	姚大中 著	東吳大學
秦漢史話	陳致平 著	
三國史話	陳致平 著	
通鑑紀事本末 1/6	袁樞 著	
宋史紀事本末 1/2	陳邦瞻 著	
元史紀事本末	陳邦瞻 著	
明史紀事本末 1/2	谷應泰 著	
清史紀事本末 1/2	黃鴻壽 著	